R 2238.
24. 5.

LE MINISTERE
DE
L'HOMME-ESPRIT.

M. C. de Saint-Martin

LE MINISTERE

DE

L'HOMME-ESPRIT.

L'Homme est le mot de toutes les énigmes.
De l'esprit des choses.

Par le Philosophe inconnu.

A PARIS,

DE L'IMPRIMERIE DE MIGNERET,
RUE DU SÉPULCRE, F. S. G. N.° 28.

An XI. — 1802.

INTRODUCTION.

Toutes les fois qu'un homme de desir se sent pressé de faire entendre sa voix aux mortels, il ne peut s'empêcher de s'écrier : ô vérité sainte, que leur dirai-je ! Tu as fait de moi comme une malheureuse victime, destinée à soupirer en vain pour leur bonheur.

Tu as allumé en moi un feu cuisant, qui corrode à-la-fois tout mon être.

J'éprouve pour le repos de la famille humaine un zèle, ou plutôt un besoin impérieux qui m'obsède et qui me consume.

Je ne puis, ni l'éviter, ni le combattre, tant il me tourmente et me maîtrise.

Pour comble de maux, ce zèle infortuné est réduit à se nourrir de sa propre substance, et à se dévorer lui-même, faute de trouver à assouvir la faim que tu m'as donnée de la paix des ames.

Il se termine sans cesse par des sanglots qui étouffent les sons de ma voix.

Il ne me laisse point de relâche, si ce n'est pour me plonger, le moment d'après, dans de nouvelles douleurs, et me laisser en proie à de nouveaux gémissemens.

Et c'est dans cet état que tu me presses d'élever ma voix parmi mes semblables !!!!!

Comment d'ailleurs me ferai-je entendre des hommes du torrent !

Je n'ai à leur offrir que des principes ; et ils se répondront d'eux-mêmes par des opinions, pour ne pas dire par des illusions insensées, et dont le prestige ne leur laissera pas même appercevoir leur mauvaise foi.

Je ne peux élever aucun édifice qui n'ait pour base leur être impérissable, et tout rayonnant de l'éternelle splendeur ; et le dernier terme de leur science, est de s'assimiler à l'inerte et impuissante poussière.

Je voudrois, en faisant renaître en eux l'orgueil de leur titre, les animer du glorieux desir de renouveler leur alliance avec l'universelle unité ; et ils se sont armés contre cette unité, et semblent ne veiller que pour l'effacer du nombre des êtres.

Je souhaiterois, en ne faisant usage auprès d'eux que de la parole de vie, les amener à ne pas employer eux-mêmes un seul mot qui ne fût vivifié par cette intarissable puissance qui vivifie tout ; et à force d'avoir méconnu cette parole de vie, et d'avoir voulu se passer de son secours, ils ont transformé toutes leurs langues en autant d'instrumens de confusion et de mort.

Mais avant tout, n'ai-je pas à me purger de mes propres souillures ! N'ai-je pas à prononcer solemnellement mon divorce avec mes infidélités ! N'ai-je pas à m'assainir et à me diviniser moi-même avant de songer à assainir et à diviniser les autres !

Que lui répond la vérité ? « La timidité est aussi une

souillure ; c'est même la plus préjudiciable des souillures, et celle qui peut donner naissance à tous les autres égaremens. »

Prends confiance en celui qui te guide ; c'est cette confiance qui te purifiera.

Ne laisse pas éteindre ce zèle qui te poursuit ; fais qu'il ne te soit pas donné en vain : qui te garantiroit qu'il se rallumât ?

Tu crains que les hommes ne profitent pas de tes paroles ! Ils sont tous dans l'indigence de la vérité. Que sais-tu si tu ne feras pas sentir à quelques-uns de tes frères le besoin qui les dévore à leur insçu ? Peu d'entr'eux sont assez gangrenés pour fuir cette vérité volontairement ; tu ne saurois calculer le pouvoir d'un zèle pur, alimenté par la confiance.

Et puis, quel est le pêcheur, qui, la ligne à la main, s'attende à prendre tout ce qui nage dans le fleuve ? Quand il a pêché quelques petits poissons pour faire son repas, il s'en va content.

Dans tous les cas, porte tes regards au-delà de cette terre passagère, où l'homme de desir est condamné à semer ses œuvres. Elle est pour la véritable agriculture la saison des frimats et des vents orageux.

Ce n'est pas dans cette saison-là que tu dois t'attendre à la récolte.

Le laboureur ne sème que pour l'avenir ; ne vois comme lui dans ton travail que l'heureux terme de la moisson ; c'est-là le moment où la terre et le propriétaire te paieront de tes sueurs. »

Alors cet homme de desir se résigne et dit : « Je sais

que tu es un Dieu caché et enveloppé de ta propre gloire; mais tu ne veux pas que ton existence soit inconnue, et tu ne cherches qu'à faire briller devant nous tes puissances, pour nous apprendre à te révérer et à t'aimer.

Sois donc le maître de ma volonté et de mon œuvre! Sois le maître de ceux qui viendront s'instruire à mes paroles!

Que n'es-tu le maître de tous les mouvemens des ames des hommes, comme tu l'es par tes puissances de tous les mouvemens de la nature, et de toutes les régions qui n'ont pas repoussé ta main bienfaisante! »

Celui qui va publier cet ouvrage a partagé quelquefois les angoisses des hommes de desir; il en partage les vœux pour le bonheur de la famille humaine, et il va essayer de porter les regards des mortels sur le tableau de ce qu'il regarde comme étant la source de leurs maux, et sur l'objet qu'ils auroient à remplir dans l'univers, en qualité d'images du principe suprême; c'est donc à l'homme qu'il adresse le fruit de ses veilles.

Oui, homme qui n'es plus qu'une source d'amertume, puisque tu ne répands qu'une lumière de douleur; homme, objet le plus cher pour mon cœur, après cette souveraine source, qui n'est sans doute composée que de l'amour même, puisque son témoin le plus éloquent est ce doux et sublime privilége qu'elle m'a donné de pouvoir t'aimer, c'est toi-même que j'appelle aujourd'hui à seconder mon entreprise; c'est toi que je convoque à la plus légitime comme à la plus respectable des associations, celle qui a pour but d'exposer devant mes semblables le tableau de leurs véritables titres, et de faire, que frappés par la grandeur de leur origine, ils ne négligent rien pour faire revivre leurs priviléges, et pour recouvrer leur illustration.

Lecteurs, vous vous abuseriez cependant si vous ne cherchiez ici que des objets récréatifs, et n'ayant pour but que de vous distraire; espérez encore moins de n'avoir à y contempler que des peintures flatteuses et mensongères, qui nourrissent vos illusions et votre amour-propre. Assez d'autres, sans moi, se feront les adulateurs et les complices de vos déceptions.

Je viens exercer auprès de l'homme, mon semblable, un ministère plus véridique et plus sévère; je viens y exercer l'important ministère de l'homme. Or la famille humaine n'est point comme les rois qu'on encense, et qu'on abuse par de trompeuses louanges; et l'homme qui va vous parler, honore trop son espèce, et se respecte trop lui-même pour faire jamais envers un homme et envers son frère, le rôle dissimulé d'un courtisan.

Avant de poursuivre, voyez donc si vous vous sentez le courage et la force de joindre vos accens aux miens, pour déplorer ensemble les maux qui nous sont communs.

Le bonheur qui devoit appartenir à notre espèce ne se montre plus parmi nous que comme un phénomène et un prodige. Nos larmes sont aujourd'hui les seuls signes de notre fraternité; nous ne sommes plus parens que par l'infortune. Voilà cette fatale redevance pour laquelle nous sommes tous devenus solidaires, au lieu de cette paix héréditaire à laquelle nous aurions tous eu des droits, si nous n'avions pas laissé égarer nos titres originels.

Eh! comment! la connoîtrions-nous cette paix! Il n'y a pas une joie humaine ; que dis-je, pas un seul des mouvemens de l'homme qui n'ait l'aveuglement pour base, et les gémissemens pour résultats.

Homme, rappelle un instant ton jugement. Je veux bien t'excuser pour un moment de méconnoître encore la sublime destination que tu aurois à remplir dans l'univers; mais au moins ne devrois-tu pas t'aveugler sur le rôle insignifiant que tu y remplis pendant le court intervalle que tu parcours depuis ton berceau jusqu'à ta tombe.

Jette un coup-d'œil sur ce qui t'occupe pendant ce trajet. Pourrois-tu croire que ce fût pour une destination si nulle, que tu te trouverois doué de facultés et de propriétés si éminentes? Ne serois-tu né si pénétrant, si grand, si vaste dans les profondeurs de tes desirs et de ta pensée, que pour consumer ton existence à des occupations si fastidieuses par leur périodisme; si ténébreuses et si bornées dans leur objet; enfin si contraires à ta noble énergie, par le caprice, qui seul semble les tenir dans sa dépendance et en être l'arbitre souverain?

Ce sublime privilége de la parole, sur-tout, crois-tu qu'il ne te soit donné que pour entretenir journellement tes semblables du détail de tes monotones occupations, et de l'historique de ta vie bestiale; que pour les étourdir par ta bruyante éloquence à justifier tes fureurs ou tes délires ; ou que pour les tromper et les égarer, par les innombrables et abusives fictions de ta pensée ?

Si un simple coup-d'œil te suffit pour te désabuser sur le frivole et coupable usage de tes facultés, un simple coup-d'œil doit te suffire aussi pour te désabuser sur les résultats que tu en retires. Pèse tous ces résultats dans la balance, tu n'en trouveras pas un qui ne t'échappe, ou qui ne demeure au-dessous de tes espérances ; qui ne te nourrisse d'inquiétudes, ou qui ne finisse par te coûter des larmes.

Quelle est donc cette région, où rien de ce qui est nous, n'accomplit sa loi, et où nous ne goûtons pas une joie qui ne nous trompe ! Oui, un prestige dominateur, et comme constitutif, semble composer l'atmosphère où nous sommes plongés. Nous sommes réduits à respirer sans cesse et presque exclusivement cette vapeur d'illusion qui nous environne, et que nous nous transmettons ensuite les uns aux autres, après l'avoir infectée encore de notre propre corruption ; ou si nous voulons nous en garantir, il faut que nous nous condamnions à suspendre le jeu de toutes nos facultés, et à exister dans une entière immobilité.

Dans les Alpes, voyez ce chasseur qui quelquefois est surpris et enveloppé soudain d'une mer de vapeurs épaisses, où il ne peut pas seulement appercevoir ses propres pieds, ni sa propre main ; et où il est obligé de s'arrêter là où il se trouve, faute de pouvoir faire en sûreté un seul pas. Ce que ce chasseur n'est que par accident et par intervalle, l'homme l'est ici-bas continuellement et sans relâche. Ses jours terrestres sont eux-mêmes cette mer de vapeurs ténébreuses qui lui dérobent la lumière de son soleil, et le contraignent à demeurer dans une pénible inaction, s'il ne veut pas, au moindre mouvement, se briser et se plonger dans des précipices.

Hommes prompts à juger, sans doute mon écrit ne doit pas s'attendre auprès de vous à un succès très-éclatant. Vous ne me pardonnerez pas de croire tout-à-fait à une vérité, puisqu'à force d'enseigner le doute, vous ne nous permettez tout au plus que des demi-croyances, pour ne pas dire que vous ne nous en permettez aucune.

Si cependant j'avois le bonheur de faire quelque bien, je me consolerois facilement de ne point faire de bruit; je me croirois même amplement récompensé et je ne me plaindrois point de la sentence de mes juges; d'autant que s'ils m'avoient cru digne d'être enrôlé sous leurs drapeaux, il m'auroit fallu aussi prendre parti pour les opinions qui les dominent, et pour les principes qu'ils professent; or, je n'aurois pas pu servir long-temps sous de pareilles enseignes.

D'ailleurs si je dois renoncer à l'encens du plus grand nombre, ma cause ne sera pas perdue pour cela, parce qu'elle a le droit d'être portée devant un tribunal fixe et compétent, dont les jugemens ne sont point exposés aux vacillations des opinions humaines.

Peut-être même que le temps n'est pas éloigné où les Européens jetteront les yeux avec empressement sur des objets que la plus grande partie d'entr'eux n'envisagent qu'avec défiance, et même qu'avec mépris. Leur édifice scientifique n'est point assez solide pour ne pas devoir subir avant peu quelques révolutions ; ils en sont déja à reconnoître dans les corps organisés ce qu'ils appellent une attraction élective ; expression qui les menera loin, quelque soin qu'ils prennent de ne vouloir pas appeler la vérité par son nom.

Les richesses littéraires de l'Asie viendront aussi à leur secours. Quand ils verront les nombreux trésors que la littérature indienne commence à nous offrir; quand ils parcourront tout ce que nous promettent les recherches asiatiques de la société de Calcutta; le Mahabharat, recueil de seize poëmes épiques, contenant 100,000 stances sur la mythologie, la religion et la morale des Indiens, et sur leur histoire ; l'Oupnek'hat, traduit par M. Anquetil, et qui contient des extraits des Vedas, etc. ils pourront être frappés des rapports qu'ils appercevront entre les opinions orientales et celles de l'occident sur les points les plus importans.

Les uns pourront chercher dans cette mine les correspondances des langues par les alphabets, les inscriptions et les monumens.

Les autres pourront y appercevoir les bases de toute la théogonie fabuleuse des Egyptiens, des Grecs et des Romains.

D'autres enfin y trouveront sur-tout des similitudes frappantes avec tous les dogmes publiés depuis quelques siècles par les divers spiritualistes de l'Europe, qu'ils ne soupçonneront pas d'avoir été les apprendre dans l'Inde.

Mes écrits alors leur paroîtront probablement moins obscurs et moins repoussans, puisqu'ils y découvriront ces mêmes dogmes répandus dans des lieux si distans, et à des époques si éloignées les unes des autres.

En attendant que ces richesses théosophiques de l'Asie me soient plus connues, et que je puisse moi-même en retirer d'utiles clartés, je dois prévenir qu'elles ne pourront pas plus que les autres livres porter l'homme au-delà du spiritualisme spéculatif; il n'y a que le développement radical de notre essence intime qui puisse nous conduire au spiritualisme actif.

Aussi c'est sur cette base indispensable que repose l'ouvrage que je publie aujourd'hui, ainsi que tous ceux que j'ai publiés antérieurement.

Descartes a rendu un service essentiel aux sciences naturelles en appliquant l'algèbre à la géométrie matérielle. Je ne sais si j'aurai rendu un aussi grand service à la pensée, en appliquant l'homme, comme je l'ai fait dans tous mes écrits, à cette espèce de géométrie vive et divine qui embrasse tout, et dont je regarde l'Homme-Esprit comme étant la véritable algèbre, et l'universel instrument analytique; ce seroit pour moi une satisfaction que je n'oserois pas espérer, quand même je me permettrois de la desirer. Mais un semblable rapprochement avec ce célèbre géomètre, dans l'emploi de nos facultés, seroit une conformité de plus à joindre à celles que nous avons déjà lui et moi, dans un ordre moins important, et parmi lesquelles je n'en citerai qu'une seule, qui est d'avoir reçu le jour l'un et l'autre dans la belle contrée connue sous le nom du jardin de la France.

Cet ouvrage est divisé en trois parties. La première traite de la Nature, page première; la seconde, de l'Homme, page 145; et la troisième, de la Parole, page 319.

Nota. Le lecteur est instamment prié de commencer par corriger sur son exemplaire les fautes essentielles indiquées dans l'errata qui est à la page suivante; sans cela, il pourroit être arrêté, ou même repoussé dans plusieurs endroits.

ERRATA.

Pag. 12 lig. 19 assez aveugles, *effacez* assez.
Pag. 46 lig. 24 quelqu'affection, *lisez*, quelqu'affliction.
Pag. 48 lig. 1 mystères, *lisez*, mystère.
Pag. 48 lig. 2 que les douceurs, *supprimez* que.
Pag. 50 lig. 1 apportées, *lisez*, apportée.
Pag. 113 lig. 26 éclipses, *lisez*, ellipses.
Pag. 126 lig. 27 de la qualité, *lisez*, à la qualité.
Pag. 127 lig. 24 qui sache, *lisez*, que sachent.
Pag. 181 lig. 30 soutre, *lisez*, souffle.
Pag. 186 lig. 9 quo, *lisez*, où.
Pag. 186 lig. 16 accompagne, *lisez*, accompagna.
Pag. 241 lig. 13 vastes, *lisez*, vaste.
Pag. 262 lig. 12 la lo, *lisez*, la loi.
Pag. 283 dernière, enfin, *lisez*, en soi.
Pag. 307 lig. 27 jouer, *lisez*, jouir.
Pag. 329 dernière, certaines, *lisez*, certains.
Pag. 332 lig 14 pourras, *lisez*, pourra.
Pag. 355 lig. 23 *effacez* pour.
Pag. 358 lig. 15 une forco, *lisez*, un fracas.
Pag. 366 lig. 27 ténébreuses, *lisez*, obscures.
Pag. 383 lig. 16 parla, *lisez*, parle.

LE MINISTÈRE
DE
L'HOMME-ESPRIT.

PREMIÈRE PARTIE.

De la Nature.

L'INTELLIGENCE humaine, à force de ne se fixer que sur les choses de l'ordre externe, dont elle ne parvient pas même à se rendre un compte qui la satisfasse, se ferme bien plus encore sur la nature de son être, que sur celle des objets visibles qui l'environnent; et cependant, dès que l'homme cesse un instant de porter ses regards sur le vrai caractère de son essence intime, il devient bientôt entièrement aveugle sur l'éternelle source divine dont il descend, puisque si cet homme, ramené à ses élémens primitifs, est le témoin par excellence et le signe positif par lequel cette source suprême et universelle puisse être connue, elle doit s'effacer de notre esprit, dès qu'on fait disparoître le véritable miroir qui ait la propriété de nous la réfléchir.

Quand ensuite de louables écrivains et d'estimables défenseurs de la vérité veulent essayer de prouver qu'il y a un Dieu, et déduire de son existence toutes les conséquences qui en résultent, ne trouvant plus cette ame humaine assez régulièrement harmonisée pour leur servir de témoignage, ils se reportent sur la nature et sur des spéculations puisées toutes dans l'ordre externe. C'est pour cela que dans nos siècles modernes, nombre d'excellens esprits ont employé toutes les ressources de la logique, et ont mis à contribution toutes les sciences extérieures, pour tâcher d'établir solidement l'existence de la Divinité ; et cependant, malgré ces nombreux témoignages, jamais l'athéisme n'a eu plus de vogue et n'a autant étendu son empire.

Ce seroit donc déjà une grande gloire pour notre espèce, comme ce seroit une grande sagesse dans la Providence, que toutes les preuves prises dans l'ordre de ce monde fussent si défectueuses. Car si ce monde avoit pu nous offrir des témoignages complets de la Divinité, elle se seroit contentée de ce témoin ; et elle n'auroit pas eu besoin de créer l'homme. En effet, elle ne l'a créé que parce que l'univers entier, malgré toutes les magnificences qu'il étale à nos yeux, n'auroit jamais pu manifester les véritables trésors divins.

Aussi quelles autres couleurs on remarque dans les argumens des grands écrivains, défenseurs de l'existence de Dieu, lorsqu'ils prennent pour preuve et pour base de leurs démonstrations cet homme lui-même, sinon tel qu'il est, au moins tel qu'il devroit être ! Leurs témoignages acquièrent alors une force réelle, une abondance et une plénitude qui satisfait à la fois toutes nos facultés. Ces témoignages qu'ils puisent dans l'homme, sont doux et semblent nous parler le langage de notre propre nature.

Ceux qu'ils puisent dans l'ordre externe de ce monde sont froids et secs, et paroissent comme un langage à part et dont il nous faut faire une laborieuse étude ; d'ailleurs, plus ces témoignages froids et secs sont décisifs et péremptoires, plus ils humilient nos antagonistes, et leur font, en quelque sorte, haïr leurs vainqueurs.

Ceux, au contraire, qui sont puisés dans la nature de l'homme, quand même ils obtiendroient une victoire complète sur l'incrédule, ne lui occasionneroient cependant point d'humiliation, puisqu'ils le mettroient à portée de sentir et de partager toute la dignité attachée à sa qualité d'homme.

En outre, celui qui ne seroit point subjugué par ces sublimes témoignages, pourroit tout au plus les couvrir quelquefois de ses dérisions ; mais d'autres fois il pourroit bien aussi regretter intérieurement de ne savoir pas atteindre à leur supériorité, et certainement il ne pourroit jamais s'indigner, ni même murmurer contre la main qui les lui auroit présentés ; ce qui est suffisant pour nous montrer avec quel soin nous devrions scruter l'être de l'homme, et constater la sublimité de son essence, pour pouvoir démontrer l'essence divine, puisqu'après lui, rien dans le monde ne peut nous en offrir une démonstration immédiate.

Aussi, malgré la célébrité des beaux génies qui ont fait la glorieuse entreprise de défendre la Divinité par les simples loix de la nature, il n'y a pas une de leurs démonstrations prises dans cet ordre externe, qui ne laisse quelque chose à desirer, non pas par l'insuffisance de ceux qui les ont avancées, mais par l'ordre nécessairement limité dans lequel ils les ont puisées, et parce qu'elles ne peuvent tout au plus prouver, dans le suprême Agent, que ce qui n'est, pour ainsi dire, que la moins saillante de ses facultés, savoir, la puissance.

Je n'en excepte ni les preuves géométriques de Leibnitz, ni l'axiôme fondamental de la mécanique de Newton, ni les raisonnemens de Nieuwentyt sur cet axiôme, ni les superbes observations d'autres auteurs distingués, soit sur la combinaison des chances à l'infini qui cependant n'opèrent rien, soit sur le mouvement qui, tendant à s'étendre dans tous les sens, est commandé, dans sa direction, par une force supérieure.

Mais je ne choisirai ici qu'un seul exemple de ce genre, et ce sera l'objection de Crouzas, au sujet de la combinaison régulière qui auroit eu enfin son tour dans la suite infinie des temps, et qui dès-lors admettroit une infinie régularité dans la confusion, puisque ce seroit supposer que toutes les combinaisons différentes à l'infini se seroient succédées par ordre.

L'objection est forte sans doute, et quoiqu'il y ait loin de là au terme où l'on voudroit amener l'incrédule, je suis cependant persuadé qu'elle peut le tenir en échec; mais en même temps je crois qu'elle ne tire tout son avantage que de la fausse supposition sur laquelle elle repose.

Les incrédules et les athées s'arrêtent peu à cette longue et vague série de combinaisons antérieures à la formation des choses. Leur esprit, qui a besoin de fixer un point de vue plus déterminé, ne s'accommoderoit pas long-temps de cet apperçu ténébreux, et qui suppose même déja quelque pouvoir existant d'où ces séries puissent recevoir leur puissance, leur rang et leur cours.

Aussi ils se portent tout de suite à quelque chose de plus positif, c'est-à-dire, à l'éternité du monde, n'importe même qu'il ait ou non changé plusieurs fois de forme pendant cette longue durée, parce qu'ils ne peuvent admettre l'éternité du monde sans admettre aussi l'éternité de ce mouvement qui est une de leurs ressources, et parce qu'ils veulent la regarder comme la cause opérante de toutes les formes et de tous les phénomènes qui, selon leur système, se sont succédés et se succéderont éternellement dans le monde. Ainsi, se réfugiant, comme ils le font, dans l'idée de l'éternité du monde, toute la série des combinaisons successives ne les atteint plus et manque tout son effet.

Ce ne seroit donc plus que sur la nature de ce mouvement prétendu qu'on pourroit les attaquer, et encore ce ne seroit pas une chose aisée de les battre sur cet article, parce que tous les mouvemens quelconques de cet univers ayant des loix fixes, lors même qu'ils n'ont pas un cours uniforme, pourroient, selon ces incrédules, être une suite du mouvement éternel et primitif, ou être ce mouvement éternel lui-même.

J'avoue cependant qu'il doit leur être extrêmement difficile, pour ne pas dire impossible, de concevoir et de nous faire comprendre, comme éternel et sans commencement, ce monde matériel que nous voyons, ainsi que tout ce qui le compose, parce que le premier attribut que nous présente l'idée d'une source éternelle, qui seroit Dieu, est celui d'être une chose parfaite : au lieu que ce monde, malgré les merveilles qu'il renferme, nous offre l'idée d'une chose dont la perfection est incomplète et mêlée d'incohérences et d'oppositions très-répugnantes, quoique les doctes se soient réduits à nier ces incohérences ou à les dissimuler, quand ils n'ont pas pu les expliquer.

Au reste, ceux qui croient Dieu éternel, seroient-ils plus en état de comprendre cette éternité divine et de la démontrer, s'ils ne s'appuyoient que sur des témoignages pris dans le temps ; et, quelque forte que fût leur persuasion, ne seroient-ils pas dans un grand travail, s'ils vouloient, par des moyens aussi inférieurs, porter l'esprit de l'homme au sommet de cette imposante vérité ?

Je pense donc que les incrédules et les athées ne nient pas un principe éternel, mais seulement qu'ils le transposent : ils veulent que ce principe soit dans la matière ; les défenseurs de la vérité veulent qu'il soit hors de la matière. C'est en cela que consiste toute la difficulté, ainsi que je l'ai écrit dans ma Lettre à un ami sur la révolution française.

Mais je crois que pour leur faire adopter le principe divin, éternel et supérieur à l'univers, l'argument tiré des séries infinies des combinaisons est insuffisant, comme étant trop facile à neutraliser de la part de ceux qu'il attaque.

J'en pourrois dire autant de celui tiré des mouvemens indéterminés, comparés aux mouvemens réguliers que nous présente la marche universelle de tout ce qui se meut dans le monde, puisque ces mouvemens indéterminés ne s'offrent jamais à nos yeux.

Enfin j'en pourrois dire autant de celui tiré du mouvement infini en ligne droite que suppose l'axiôme de Newton ; car ce phénomène, quoiqu'il ne soit point nié par les mathématiciens, n'existe cependant que métaphysiquement, et il n'y en a pas un seul exemple dans la nature, puisque même le moindre projectile ne peut procéder dans son cours sans décrire une parabole.

Je crois donc, je le répète, que pour atteindre le but en question, toutes les ressources tirées de l'ordre de ce monde et de la nature, sont précaires et fragiles.

En effet, comme nous venons de le voir, nous prêtons à ce monde des suppositions, pour arriver à un être fixe et en qui tout est vrai ; nous lui prêtons des vérités abstraites et figuratives, pour établir un être réel et entièrement positif : nous prenons à témoin des substances non intelligentes, pour monter à un être qui est l'intelligence même ; des substances qui n'aiment point, pour démontrer celui qui n'est qu'amour ; des substances liées dans des limites, pour faire connoître celui qui est libre ; enfin des substances qui meurent, pour expliquer celui qui est la vie.

Ne craignons-nous point qu'en nous livrant à cette imprudente et fragile tentative, nous ne nous remplissions nous-mêmes de toutes les défectuosités inhérentes aux moyens dont nous nous servons, au lieu de démontrer à nos antagonistes tous les trésors de celui que nous voudrions faire honorer ?

Nous allons voir naître de tout ceci une clarté qui pourra paroître extraordinaire, mais qui n'en sera pas moins réelle : c'est que si l'homme (qui, remarquons-le bien, n'est point de ce monde) est un moyen sûr et direct de démontrer l'essence divine ; si les preuves que nous tirons de l'ordre externe de ce monde, sont défectueuses et incomplètes ; enfin, si les suppositions et les vérités abstraites que nous prêtons à ce monde, sont prises dans l'ordre métaphysique, et n'ont point d'existence dans la nature ; il résulte évidemment que nous ne comprenons rien dans ce monde où nous sommes, que par les lueurs du monde où nous ne sommes pas; qu'il nous est bien plus facile d'atteindre aux lumières et aux certitudes qui brillent dans le monde où nous ne sommes pas, que de nous naturaliser avec les obscurités et les ténèbres qui embrassent le monde où nous sommes; qu'enfin, puisqu'il faut le dire, nous sommes bien plus près de ce que nous appelons l'autre monde, que nous ne le sommes de celui-ci.

Il n'est même pas bien difficile de convenir que c'est par abus que nous nommons l'autre monde le monde où nous ne sommes pas, et que c'est celui-ci qui véritablement est l'autre monde pour nous.

Car si, à la rigueur, deux choses peuvent être autres respectivement l'une pour l'autre, il y a cependant entr'elles deux une priorité, soit de fait, soit de convention, qui oblige de regarder la seconde comme autre par rapport à la première, et non pas la première comme autre par rapport à la seconde; puisque ce qui est premier est *un* et ne peut offrir de différence, comme n'ayant pas de point de comparaison antérieur à soi; au lieu que ce qui est second, trouve avant soi ce point de comparaison.

Tel est le cas des deux mondes en question. En effet, je laisse au lecteur à comparer les lumières et les certitudes que nous trouvons dans l'ordre métaphysique, ou dans ce que nous appelons l'autre monde, avec les obscurités, les approximations et les incertitudes que nous trouvons dans celui que nous habitons; et je le laisserai également prononcer si le monde où nous ne sommes pas n'a pas quelques droits à la priorité sur celui où nous sommes, tant par les perfections et les counoissances qu'il nous offre, que par le rang d'ancienneté qu'il paroît avoir sur ce monde d'un jour où nous sommes emprisonnés.

Car il n'y a que les esclaves de l'ignorance et des jugemens précipités, qui pourroient imaginer de faire descendre l'esprit de la matière, et par conséquent ce que nous appelons l'autre monde de celui-ci, tandis que celui-ci paroîtroit au contraire dériver de l'autre, et ne venir qu'après lui.

Ainsi donc si le monde où nous ne sommes pas, enfin si ce que nous appelons l'autre monde, a, dans tous les genres, la priorité sur celui-ci, c'est vraiment ce monde-ci, ou le monde où nous sommes, qui est l'autre monde, puisqu'il a avant lui un terme de comparaison dont il est la différence ; et ce que nous appelons l'autre monde, étant *un* ou le premier, entraîne nécessairement avec soi-même tous ses rapports, et ne peut être qu'un modèle et non pas un autre monde.

Cela nous montre également combien l'Homme-Esprit doit se trouver extraligné en étant emprisonné par les élémens matériels, et combien ces élémens matériels ou ce monde-ci est insuffisant pour signaler la Divinité : aussi, rigoureusement parlant, nous ne sortons jamais de l'autre monde ou du monde de l'Esprit, quoique si peu de gens croient à son existence. Nous ne pouvons douter de cette vérité, puisque, même pour faire valoir les preuves que nous tirons de la matière ou de ce monde-ci, nous sommes obligés de lui prêter les qualités de l'esprit ou de l'autre monde. La raison en est que tout tient à l'esprit, et que tout correspond à l'esprit, comme nous le verrons par la suite.

Ainsi la seule différence qu'il y ait entre les hommes, c'est que les uns sont dans l'autre monde en le sachant, et que les autres y sont sans le savoir : or voici, à ce sujet, une échelle progressive.

Dieu est dans l'autre monde en le sachant, et il ne peut pas ne pas le croire et ne pas le savoir, puisque lui-même étant l'Esprit universel, il est impossible qu'il y ait pour lui, entre cet autre monde et lui, quelque séparation.

Les esprits purs sentent bien qu'ils sont dans l'autre monde, et ils le sentent perpétuellement et sans interruption, parce qu'ils ne vivent que de la vie de cet autre monde; mais ils sentent qu'ils ne sont que les habitans de cette autre vie, et qu'un autre qu'eux en est le propriétaire.

L'homme, quoiqu'étant dans ce monde terrestre, est bien toujours dans cet autre monde qui est tout; mais tantôt il en ressent la douce influence, tantôt il ne la sent pas; souvent même il ne ressent et ne suit que l'impulsion du monde mixte et ténébreux qui est comme coagulé au milieu de cet autre monde, et qui est, par rapport à cet autre monde, comme une plaie, une loupe ou une apostume. Delà vient qu'il y a si peu d'hommes qui croient à cet autre monde.

Enfin les esprits égarés, dont l'homme réfléchi peut se démontrer invinciblement l'existence par la simple lumière de sa raison, et sans le secours des traditions, en sondant jusqu'au vif cette source du bien et cette source du mal qui se combattent dans lui et dans sa pensée; ces esprits égarés, dis-je, sont bien aussi dans cet autre monde, et ils croient à cet autre monde.

Mais non-seulement ils ne sentent pas sa douce

influence, non-seulement ils ne goûtent pas non plus le repos et le rafraîchissement que le monde apparent lui-même laisse passer jusqu'à l'homme ; mais ils ne connoissent l'autre monde que par l'inépuisable supplice que leur cause la fontaine âpre qu'ils ont ouverte, et ils ne connoissent celui-ci que par le poids que ses puissances laissent tomber sur eux. Si l'homme, par sa négligence, leur laisse goûter quelque moment de répit, ce n'est que pour un temps, et, à chaque instant, il leur faut rendre au centuple ces biens mal acquis ou usurpés.

Quelle idée devons-nous donc nous faire de cette nature, ou de cet univers qui nous rend si aveugles sur cet autre monde, ou sur ce monde spirituel, soit bon, soit mauvais, dont nous ne sortons point ? On peut le savoir en deux mots.

Sans le monde spirituel mauvais, la nature seroit une durée éternelle de régularité et de perfection ; sans le monde spirituel bon, la nature seroit une durée éternelle d'abomination et de désordre. C'est la sagesse ou l'amour suprême qui, pour tempérer l'éternité fausse, a jugé à propos d'y opposer un rayon de l'éternité vraie. Le mélange de ces deux éternités compose le temps qui n'est ni l'une ni l'autre, et qui cependant offre une image successive de l'une et de l'autre, par le bien et le mal, par le jour et la nuit, la vie et la mort, etc.

L'amour suprême n'a pu employer ainsi à cette œuvre que des puissances descendues de l'éternité vraie ; et voilà pourquoi, d'un côté, tout est mesuré dans le temps ; et de l'autre, pourquoi le temps, soit général, soit particulier, doit nécessairement passer.

Mais comme l'éternité vraie est, pour ainsi dire, sortie d'elle-même pour contenir l'éternité fausse, et qu'au contraire l'éternité fausse a été forcée par là de rétrograder; voilà pourquoi nous avons tant de peine à reconnoître dans le temps ces deux éternités qui n'y sont à leur place ni l'une ni l'autre; voilà pourquoi il est si difficile de prouver le Dieu complet par cette nature où tout est morcelé et mixte, et où les deux éternités ne se montrent que sous le voile externe de la corruptible matière.

Dans l'état d'apathie où l'homme se plonge par ses propres illusions journalières, et par ses études appliquées uniquement à l'ordre externe de la nature, il ne voit pas en elle la source de sa régularité apparente, ni la source cachée de son désordre; il s'identifie avec cet univers extérieur; il ne peut se défendre de le prendre pour un monde et même pour un monde exclusif et seul existant.

Aussi, dans cet état de choses, l'idée qui a le plus de peine à trouver accès dans l'homme, est celle de la dégradation de notre espèce, ainsi que de l'altération de la nature elle-même dans laquelle il se trouve placé, et sur laquelle les droits qu'il devoit exercer ne le touchent plus à force de les avoir laissé tomber en désuétude; et il a fini par confondre cette nature aveugle et ténébreuse, avec lui-même et avec sa propre essence.

Cependant, s'il vouloit considérer un instant l'ordre externe sous une face plus vraie et plus profitable, une simple remarque lui serviroit pour lui faire observer à la fois et la dégradation effective de son espèce, et la dignité de son être, et sa supériorité sur l'ordre externe.

Les hommes pourroient-ils nier la dégradation de leur espèce, quand ils voient qu'ils ne peuvent exister, vivre, agir, penser, qu'en combattant une résistance ? Notre sang a à se défendre de la résistance des élémens ; notre esprit, de celle du doute et des ténèbres de l'ignorance ; notre cœur, de celle des faux penchans ; tout notre corps, de celle de l'inertie ; notre acte social, de celle du désordre, etc.

Une résistance est un obstacle ; un obstacle dans la classe de l'esprit est une antipathie et une inimitié ; mais une inimitié en action est une puissance hostile et combattante ; or cette puissance étendant sans cesse ses forces autour de nous, nous tient dans une situation violente et pénible, dans laquelle nous ne devrions pas être, et hors de laquelle cette puissance seroit pour nous comme inconnue et comme n'existant pas, puisque nous sentons intérieurement que nous sommes faits pour la paix et le repos.

Non, l'homme n'est pas dans les mesures qui lui seroient propres ; il est évidemment dans une altération. Ce n'est pas parce que cette proposition est dans les livres, que je dis cela de lui ; ce n'est pas parce que cette idée est répandue chez tous les peuples ; c'est parce que l'homme cherche par-tout ce lieu de repos pour son esprit ; c'est parce qu'il veut conquérir toutes les sciences, et jusqu'à celle de l'infini, quoiqu'elle lui échappe sans cesse, et qu'il aime mieux la défigurer et l'accommoder à ses ténébreuses conceptions, que de se passer d'elle ; c'est parce que, pendant son existence passagère sur cette terre, il semble n'être au milieu de ses semblables que comme un lion vorace au milieu des brebis, ou comme une brebis au milieu des lions voraces ; c'est que, parmi ce grand nombre d'hommes, à peine en est-il un qui se réveille pour autre chose que pour être la victime ou le bourreau de son frère.

Néanmoins l'homme est un grand être ; car s'il n'étoit pas grand, comment auroit-il pu se trouver dégradé ? Mais indépendamment de cette preuve de l'ancienne dignité de notre être, voici ce que la réflexion auroit pu faire naître dans la pensée de l'homme, pour lui montrer même aujourd'hui sa supériorité sur la nature.

La nature astrale et terrestre opère les loix de la création, et n'a pris naissance et n'existe que par la virtualité de ces loix.

Le végétal et le minéral ont à eux l'effet de ces loix, car ils renferment les propriétés de toutes les essences élémentaires, astrales et autres, et cela avec plus d'efficacité et de développement que les astres eux-mêmes, qui contiennent seulement une moitié de ces propriétés, et que la terre qui n'en contient que l'autre moitié.

L'animal a l'usage de ces loix de la création, puisqu'il est chargé de se substanter, de se reproduire, et de s'entretenir, et qu'en lui résident tous les principes qui lui sont nécessaires pour concourir au maintien de son existence.

Mais l'Homme-Esprit a à la fois l'effet, l'usage et la libre direction ou manipualtion de toutes ces choses. Je ne veux donner de tout ceci qu'un exemple de matière, et même très-commun, mais au moyen duquel la pensée pourra monter plus haut dans celui qui en sera susceptible.

Cet exemple sera, 1.° un champ de bled qui a en soi-même l'effet de toutes ces loix de la nature. 2.° Un animal broutant, qui a l'usage de ce bled, et qui peut s'en nourrir. 3.º Un boulanger qui a en soi la direction et la manipulation de ce bled, et qui peut en faire du pain ; ce qui indique très-matériellement que toutes les puissances de la nature ne sont que partielles pour les êtres qui la constituent, mais que l'Homme-Esprit embrasse à lui seul l'universalité de ces puissances.

Quant à tous ces droits matériels que l'homme possède et que nous avons terminés à la manipulation du boulanger, si nous nous portons en pensée dans la région réelle de l'homme, nous pressentirons, sans doute, que tous ces droits se peuvent justifier d'une manière plus vaste et plus virtuelle encore, en sondant et découvrant les merveilleuses propriétés qui constituent l'Homme-Esprit, et quelles sont les hautes manipulations qui en peuvent provenir.

Car si l'homme a si évidemment le pouvoir d'être ouvrier et manipulateur des productions terrestres, pourquoi ne pourroit-il pas être aussi ouvrier et manipulateur des productions de l'ordre supérieur ? Il doit pouvoir comparer ces productions divines avec leur source, comme il a le pouvoir de comparer l'effet total de la nature avec la cause qui l'a formée et qui la dirige, et il est le seul qui ait ce privilége.

Toutefois l'expérience seule peut donner l'idée de ce droit sublime, et encore cette idée même doit-elle sans cesse paroître nouvelle à celui qui y seroit le plus accoutumé.

Mais hélas ! l'homme connoît ses droits spirituels, et il n'en jouit pas ! A-t-il besoin d'autre preuve pour attester sa privation, et par conséquent sa dégradation ?

Homme, ouvre donc un instant les yeux; car avec tes jugemens inconséquens, non-seulement tu ne recouvreras pas tes priviléges, mais tu pourras encore moins les anéantir. Les êtres physiques ne cessent même de te donner des leçons qui devroient t'instruire. Les animaux sont tout cœur; et il est bien clair que quoiqu'ils ne soient pas des machines, ils n'ont cependant point d'esprit; puisqu'il est comme distinct d'eux, hors d'eux et à côté d'eux. Ils n'ont point, par cette raison, à établir comme nous une alliance entre eux et leur principe. Mais vu la régularité de leur marche, on ne peut nier, à la honte de l'homme, que l'ensemble des êtres non libres ne manifeste une alliance plus suivie et plus complète que celle que nous sommes les maîtres de former en nous-mêmes avec notre principe. On pourroit même aller jusqu'à dire qu'excepté l'homme, l'universalité des êtres se montre à nous comme autant de cœurs dont Dieu est l'esprit.

En effet, le monde ou l'homme égaré veut être tout esprit, et croit pouvoir se passer de son vrai cœur, ou de son cœur sacré et divin, pourvu qu'il mette avant son cœur animal et sa superbe.

Dans Dieu, il y a aussi un cœur sacré et un esprit, puisque nous sommes son image; mais ils ne font qu'un, comme toutes les facultés et puissances de cet être souverain.

Or, nos droits peuvent aller jusqu'à former, comme la suprême sagesse, une éternelle et indissoluble alliance entre notre esprit et notre cœur sacré, en les unissant dans le principe qui les a formés; et même ce ne sera qu'à cette condition indispensable que nous pourrons espérer de nous rendre de nouveau images de Dieu, et c'est en y travaillant que nous nous confirmons dans la conviction douloureuse de notre dégradation, et dans la certitude de notre supériorité sur l'ordre externe.

Mais en travaillant à nous rendre de nouveau images de Dieu, nous obtenons l'avantage inexprimable, non seulement de faire disparoître par intervalle notre privation et notre dégradation; mais en même temps celui d'approcher et de jouir réellement de ce que les hommes avides de gloire appellent l'immortalité; car le desir vague de l'homme du torrent, de vivre dans l'esprit des autres, est la preuve la plus foible et la plus fausse de toutes celles que le vulgaire emploie en faveur de la dignité de l'ame humaine.

En effet, quoique l'homme soit esprit, quoique dans tous ses actes, soit réguliers, soit désordonnés, il ait toujours un mobile spirituel quelconque, et que dans ce qui émane de lui, il ne puisse jamais travailler que par l'esprit et pour l'esprit; cependant il n'est porté à ce desir d'immortalité que par un mouvement d'amour-propre, et par le sentiment présent d'une supériorité sur les autres, et d'une admiration de leur part, dont le tableau actuel le frappe et le remue; et s'il ne voit pas jour à effectuer ce tableau, son desir et les œuvres qui en sont souvent les suites courent risque de se ralentir.

Aussi peut-on assurer que ce mouvement-là repose plutôt sur une velléité d'immortalité, que sur une véritable conviction, et la preuve qu'on en peut donner, c'est que ceux qui se livrent à ce mouvement, sont communément ceux qui, pour le réaliser, n'ont que des œuvres temporelles à produire; ce qui annonce assez

B

que la base sur laquelle ils s'appuient est dans le temps, attendu que les fruits indiquent l'arbre.

S'ils avoient une véritable conviction de cette immortalité, ce seroit en cherchant à travailler dans le Dieu réel et pour le Dieu réel, et par conséquent en s'oubliant eux-mêmes, qu'ils donneroient une preuve authentique de cette conviction ; et en même temps leurs espérances de vivre dans l'immortalité, ne seroient point déçues, parce qu'ils semeroient alors dans un champ où ils seroient bien sûrs de retrouver leur grain ; au lieu que ne travaillant que dans le temps, et ne semant que dans l'esprit des hommes, dont une partie aura bientôt oublié leurs œuvres, et dont l'autre n'en aura peut-être jamais connoissance, c'est s'y prendre de la manière la plus désavantageuse et la plus mal-à-droite pour s'établir, comme ils s'en flattent, dans les demeures de l'immortalité.

Si nous voulions un peu réfléchir, nous verrions qu'il se présenteroit tout auprès de nous des preuves péremptoires de notre immortalité. Il ne faut en effet que considérer la disette habituelle et continuelle où l'homme laisse son esprit ; et cependant cet esprit ne s'éteint pas pour cela. Il s'échauffe, il se dévoie, il se livre à des erreurs, il devient méchant, il devient fou, il fait du mal au lieu du bien qu'il devroit faire, mais proprement il ne meurt pas.

Si nous traitions nos corps avec la même mal-adresse et la même négligence ; si nous les laissions jeûner aussi exactement et d'une manière aussi absolue, ils ne feroient pas le mal, ils ne feroient pas le bien, ils ne feroient rien, ils mourroient.

Un autre moyen d'appercevoir au moins des indices

de notre immortalité, ce seroit d'observer que sous tous les rapports, l'homme marche journellement ici bas à côté de sa fosse, et que ce ne peut être que par un sentiment quelconque de son immortalité, que dans tous ces cas il cherche à se montrer supérieur à ce danger.

C'est ce que l'on peut dire des guerriers, qui à chaque moment peuvent recevoir le coup de la mort. C'est ce qu'on peut dire de l'homme corporel, qui en effet peut à tout instant être retiré de ce monde; il n'y a d'autre différence, sinon que le guerrier n'est pas nécessairement la victime de ce danger, et que plusieurs en réchappent; au lieu que les hommes naturels y succombent tous, sans qu'il leur soit possible de s'en préserver.

Mais il y a dans ces deux classes la même tranquillité, pour ne pas dire la même insouciance, qui fait que le guerrier et l'homme naturel vivent comme si le danger n'existoit pas pour eux. C'est-à-dire, que leur insouciance même est un indice qu'ils sont comme pleins de l'idée de leur immortalité, quoiqu'ils marchent l'un et l'autre sur le bord de leur fosse.

Sous le rapport spirituel, le danger pour l'homme est encore plus grand, et son insouciance est encore plus extrême; non-seulement l'homme-esprit marche sans cesse à côté de sa fosse, puisqu'il est toujours près d'être englouti ou dévoré par l'immortelle source du mensonge; mais même y en a-t-il beaucoup parmi l'espèce humaine qui ne marchent pas continuellement dans leur fosse? et l'homme aveugle ne s'occupe pas même des moyens d'en sortir, et ne s'informe pas si jamais il en sortira !

B.

Quand il a le bonheur d'appercevoir un seul instant qu'il marche dans cette fosse, c'est alors qu'il a une preuve spirituelle bien irrésistible de son immortalité, puisqu'il a spirituellement la preuve de son épouvantable *mortalité*, et même de ce que nous appelons figurément sa *mort*. Or, comment pourroit-il sentir le tourment et l'horreur de sa *mortalité* spirituelle, s'il n'avoit pas en même temps le sentiment énergique de son immortalité ?

Ce n'est que dans ce contraste que se trouve son supplice ; comme les douleurs physiques ne se sentent que par l'opposition du désordre et du dérangement avec la santé. Mais ce genre de preuve ne peut également s'acquérir que par l'expérience, et elle est un des premiers fruits du travail de la régénération ; car si nous ne sentons pas notre *mort* spirituelle, comment pourrons-nous songer à appeler la *vie* ?

C'est-là aussi où nous apprenons de nouveau, qu'il y a un être encore plus malheureux sans doute, c'est le prince du mensonge, puisque sans lui nous n'aurions pas même idée de lui, attendu que chaque chose ne peut être révélée que par elle-même, comme on a pu le voir dans l'esprit des choses.

Non-seulement il marche sans cesse dans sa fosse, non-seulement il n'apperçoit jamais qu'il marche dans cette fosse, puisqu'il lui faudroit pour cela le secours d'un rayon de lumière ; mais en nous approchant de cette fosse, nous sentons qu'il y est dans une dissolution et une corruption continuelles, c'est-à-dire qu'il y est perpétuellement dans la preuve et le sentiment effectif de sa *mort*; que jamais il ne conçoit la moindre espérance d'en être délivré, et qu'ainsi son plus grand tourment est le sentiment de son immortalité.

Au reste, mes écrits antérieurs ont assez établi la dignité de notre être, malgré notre avilissement dans cette région de ténèbres.

Ils ont assez appris à distinguer l'homme, cet illustre malheureux, d'avec la nature entière, qui est sa prison, en même temps qu'elle est son préservatif.

Ils ont assez indiqué la différence des pouvoirs mutuels que le physique et le moral ont l'un sur l'autre, en observant que le physique n'a sur le moral qu'un pouvoir passif qui ne consiste qu'à l'obstruer, ou à le laisser simplement dans sa mesure naturelle, tandis que le moral a sur le physique un pouvoir actif, ou celui de créer, pour ainsi dire, dans ce physique, malgré notre dégradation, mille dons, mille talens qu'il n'auroit point eus par sa nature.

Quoique je ne me flatte pas du bonheur d'avoir persuadé beaucoup de mes semblables, de notre lamentable dégradation, depuis que je m'occupe de défendre la nature de l'homme, cependant j'ai souvent tenté cette entreprise dans mes écrits, et même je me plais à croire qu'à cet égard la tâche est remplie de ma part, quoiqu'elle ne le soit pas de la part de tous ceux qui m'ont lu.

Ces écrits ont assez montré combien la suprême sagesse dont l'homme descend, a multiplié pour lui les voies qui pourroient le faire remonter vers sa région primitive; et après avoir fondé ces bases sur l'être intégral et radical de l'homme, de manière à ce qu'il ne puisse pas les suspecter, et qu'au contraire il puisse à tout moment les vérifier lui-même par ses propres observations, ils lui ont peint l'univers entier céleste et terrestre, les sciences de tout genre, les langues, les mythologies et les traditions universelles des peuples, comme étant autant de dépositions qu'il peut consulter à sa volonté, et qui lui rendront un témoignage authentique de toutes ces vérités fondamentales.

Ils ont sur-tout appuyé sur une précaution indispensable, quoiqu'universellement négligée, celle de ne regarder tous les livres traditionels quelconques que comme des accessoires postérieurs à ces vérités importantes qui reposent sur la nature des choses, et sur l'essence constitutive de l'homme.

Ils ont essentiellement recommandé de commencer par s'assurer soi-même, et en soi-même, de ces vérités premières et inexpugnables, sauf ensuite à recueillir dans les livres et dans les traditions, tout ce qui pourra venir à l'appui de ces vérités, sans jamais se laisser aveugler, jusqu'à confondre les témoignages avec le fait, qui doit d'abord être constaté dans sa propre existence, avant d'admettre les dépositions testimoniales, puisque là où il n'y auroit point de faits avérés, les témoins ne peuvent prétendre ni à aucune confiance, ni à aucun emploi.

Je n'ai plus à démontrer à l'homme son effroyable transmigration; je l'ai dit: un seul soupir de l'ame humaine est sur ce point un témoignage plus positif et plus péremptoire que toutes les doctrines de l'ordre externe, et que tous les balbutiemens, et toutes les bruyantes clameurs de la philosophie de l'apparence.

Prêtres de l'Inde, vous avez beau étouffer par vos chants fanatiques, et par le son tumultueux de vos instrumens, les cris de la veuve que vous brûlez sur vos bûchers, en est-elle moins en proie aux plus horribles supplices ? et est-ce à elle que vos impostures et vos atroces acclamations feront oublier ses douleurs ?

Non, il n'y a que ceux qui se font matière, qui se croient dans leur mesure naturelle. Après ce premier écart de leur esprit, le second en devient comme une suite nécessaire : car la matière, en effet, ne connoît point de dégradation ; dans quelque état qu'elle se trouve, elle n'a que le caractère de l'inertie. Elle est ce qu'elle doit être. Elle ne fait point de comparaisons. Elle ne s'apperçoit ni de son ordre, ni de son désordre.

Les hommes qui se font matière, ne discernent pas plus qu'elle ces contrastes si marqués et si repoussans attachés à leur existence. Mais la nature est autre chose que la matière, elle est la vie de la matière ; aussi a-t-elle un autre instinct et une autre sensibilité que la matière ; elle s'apperçoit de sa propre altération, et elle gémit de son esclavage.

C'est pour cela que si les hommes égarés se contentoient de se faire nature, ils ne douteroient pas de leur dégradation ; mais ils se font matière. Aussi ils n'ont plus pour guide et pour flambeau que l'aveugle insensibilité de la matière, et sa ténébreuse ignorance.

D'ailleurs ce qui fait demeurer au rang des fables cet âge d'or dont la poësie et la mythologie nous offrent de si belles descriptions, c'est que ces descriptions sembleroient nous retracer des jouissances auxquelles nous aurions participé jadis, ce qui n'est point ; au lieu qu'elles nous retracent seulement les droits que nous pourrions même recouvrer aujourd'hui à ces jouissances, si nous faisions valoir les ressources qui sont toujours inhérentes à notre essence. Et moi même, lorsque je parle si souvent du crime de l'homme, je n'entends parler que de l'homme général d'où toute la famille est descendue.

Aussi, comme je l'ai exposé dans le tableau naturel, nous avons des regrets au sujet de notre triste situation ici-bas; mais nous n'avons point de remords sur la faute primitive, parce que nous n'en sommes point coupables; nous sommes privés, mais nous ne sommes pas punis comme le coupable même. C'est ainsi que les enfans d'un grand de la terre et d'un illustre criminel, qui lui seront nés après son crime, pourront être privés de ses richesses et de ses avantages temporels, mais ne seront pas, comme lui, sous la loi de la condamnation corporelle, et même peuvent toujours espérer par leur bonne conduite d'obtenir grace, et de rentrer un jour dans les dignités de leur père.

J'ai suffisamment montré aussi dans mes écrits, que l'ame humaine étoit encore plus sensible que la nature qui, dans le fait, n'est que sensitive. C'est pourquoi j'ai dit que cette ame humaine, ramenée à sa sublime dignité, étoit le véritable témoin de l'agent suprême, et que ceux qui ne savoient prouver Dieu que par le spectacle de l'univers, n'employoient là qu'une démonstration précaire et fragile, puisque l'univers est dans la servitude, et que l'esclave n'est point admis en témoignage.

J'ai assez fait connoître que la pensée de l'homme ne pouvoit vivre que d'admiration, comme son cœur ne pouvoit vivre que d'adoration et d'amour. Et j'ajoute ici que ces droits sacrés se partageant dans l'espèce humaine entre l'homme qui est plus enclin à admirer, et la femme qui l'est plus à adorer, perfectionnent ces deux individus l'un par l'autre dans leur sainte société, en rendant à l'intelligence de l'homme la portion d'amour dont il manque, et en couronnant l'amour de la femme par les superbes rayons de l'intelligence dont elle a besoin; que par là l'homme et la femme se trouvent ralliés visiblement sous la loi ineffable de l'indivisible unité.

(Ceci, pour le dire en passant, expliqueroit pourquoi le lien conjugal emporte par-tout avec lui-même un caractère respectable, excepté aux yeux de ceux qui sont dépravés, et pourquoi ce même lien, malgré notre dégradation, est la base de l'association politique, celle de toutes les loix morales, l'objet de tant de grands et de petits événemens sur la terre, en même temps que le sujet de presque tous les ouvrages de littérature, soit de l'Épopée, soit des pièces de théâtre, soit des romans; enfin, pourquoi le respect porté à ce lien, ainsi que les atteintes qui lui sont faites, deviennent, sous tous les rapports civils et religieux, une source d'harmonie ou de désordres, de bénédictions ou d'anathêmes, et semblent lier au mariage de l'homme le ciel, la terre et les enfers; car il seroit étonnant qu'il résultât delà de si grands effets, si cette unité conjugale n'avoit pas eu primitivement, par son importance, le pouvoir de décider du bonheur ou du malheur du cercle des choses et de tout ce qui peut avoir des rapports avec l'homme. Aussi ce mariage, le péché l'a rendu sujet à des conséquences bien fâcheuses pour l'homme et la femme. Ces conséquences consistent à ce que tout étant déroyé pour l'être spirituel de l'un et de l'autre, cela oblige leur esprit à sortir de lui-même, s'ils veulent parvenir mutuellement à cette unité sainte qui leur est destinée par leur alliance. Aussi il n'y a pas jusqu'aux entretiens, encouragemens et exemples qu'ils ne se doivent respectivement pour se soutenir, et pour que par ce moyen-là la femme rentre dans l'homme dont elle est sortie, que l'homme étaye la femme de la force dont elle a été séparée, et pour que lui-même puisse retrouver cette portion d'amour qu'il a laissée sortir de lui. Oh ! si le genre humain savoit ce que c'est que le mariage, il en auroit à-la-fois un desir extrême et une frayeur épouvantable ; car il est possible aux hommes de se rediviniser par-là, ou de finir par se perdre tout-à-fait. En effet, si les époux prioient, ils se rétabliroient dans le jardin d'Eden ; et s'ils ne prient pas, je ne sais comment ils pourroient se supporter, tant est grande l'infection et la corruptibilité qui nous constituent tous aujourd'hui, soit au moral, soit au physique ; sur-tout si à leurs propres imperfections et fragilités morales et physiques, ils joignent les néants corrosifs et destructeurs de l'atmosphère du monde frivole qui attire continuellement tout en dehors, puisqu'il ne sait pas vivre en lui-même et de lui-même.)

J'ai assez fait remarquer que nous étions les seuls sur la terre qui jouissions de ce privilége d'admirer et d'adorer, sur lequel doit reposer le mariage de l'homme ; que cette seule idée démontroit à-la-fois notre supériorité sur tous les êtres de la nature, la nécessité d'une source permanente d'admiration et d'adoration, pour que notre besoin d'admirer et d'adorer pût se satisfaire ; et enfin nos rapports et notre analogie radicale avec cette source, pour que nous pussions discerner et sentir ce qui dans elle est capable d'attirer notre admiration et nos hommages.

Je me suis assez expliqué sur les livres, en disant que l'homme étoit le seul livre écrit de la main de Dieu ; que tous les autres livres qui nous sont parvenus, Dieu les avoit commandés, ou bien les avoit laissé faire ; que tous les autres livres quelconques ne pouvoient être que des développemens et des commentaires de ce texte primitif, et de ce livre originel ; qu'ainsi notre tâche fondamentale et de première nécessité étoit de lire dans l'homme, ou dans ce livre écrit de la propre main de Dieu.

Je me suis également expliqué sur les traditions, en disant que chaque chose devoit faire sa propre revélation ; qu'ainsi, au lieu de ne prouver la chose religieuse que par des traditions écrites ou non écrites, ce qui est la seule ressource des instituteurs ordinaires, nous aurions droit d'aller puiser directement dans les profondeurs que nous portons avec nous-mêmes, puisque les faits les plus merveilleux ne sont que postérieurs à la pensée ; qu'ainsi il auroit fallu s'occuper de l'Homme-Esprit et de la pensée, avant de s'occuper des faits, et sur-tout des faits simplement traditionels ; que par-là nous aurions pu faire germer ou sortir de sa propre révélation, et le baume restaurateur dont nous avons tous un besoin indispensable, et la chose religieuse elle-même qui ne doit être que le mode et la préparation de ce baume souverain ; mais qui ne doit jamais se mettre à sa place, comme elle l'a fait si souvent en passant par la main des hommes.

J'ai assez fait sentir que c'étoit-là l'unique voie sûre d'atteindre aux témoignages naturels, positifs et efficaces, auxquels seuls notre intelligence puisse donner véritablement sa confiance.

Ainsi, je puis me dispenser de revenir sur ces premiers élémens, d'autant que si l'on observe avec attention les dispositions diverses où se trouve la pensée des hommes, on reconnoîtra qu'il faut bien moins songer à ramener les êtres endurcis, qu'à leur arracher quelques-unes de leurs proies; sur-tout quand on réfléchira combien le nombre de ces êtres endurcis est réduit, en comparaison de ceux qui sont encore susceptibles de recouvrer la vue; car c'est une chose frappante que les détracteurs de la vérité soient comme un infiniment petit à l'égard de ceux qui la défendent, ne fût-ce que mal-adroitement; ils sont dans un rapport bien moindre encore à l'égard de ceux qui la croient, fût-ce même sans la connoître, comme c'est le cas le plus général.

D'ailleurs, un auteur Allemand, dont j'ai traduit et publié les deux premiers ouvrages, savoir, l'*Aurore naissante* et *les trois principes*, peut suppléer amplement à ce qui manque dans les miens. Cet auteur Allemand, mort depuis près de deux cents ans, nommé Jacob Böhme, et regardé dans son temps comme le prince des philosophes divins, a laissé dans ses nombreux écrits, qui contiennent près de trente traités différens, des développemens extraordinaires et étonnans sur notre nature primitive; sur la source du mal; sur l'essence et les loix de l'univers; sur l'origine de la pesanteur; sur ce qu'il appelle les sept roues ou les sept puissances de la nature; sur l'origne de l'eau; (origine confirmée par la chimie, qui enseigne que l'eau est un corps brûlé); sur le genre de la prévarication des anges de ténèbres ; sur le genre de celle de l'homme ; sur le mode de réhabilitation que l'éternel amour a employé pour réintégrer l'espèce humaine dans ses droits, etc.

Je croirai rendre un service au lecteur en l'engageant à faire connoissance avec cet Auteur ; mais en l'invitant sur-tout à s'armer de patience et de courage pour n'être pas rebuté par la forme peu régulière de ses ouvrages, par l'extrême abstraction des matières qu'il traite, et par la difficulté qu'il avoue lui-même avoir eue à rendre ses idées, puisque la plupart des matières en question n'ont point de noms analogues dans nos langues connues.

Le lecteur y trouvera que la nature physique et élémentaire actuelle n'est qu'un résidu et une altération d'une nature antérieure, que l'auteur appelle l'éternelle nature ; que cette nature actuelle formoit autrefois dans toute sa circonscription, l'empire et le trône d'un des princes angéliques, nommé *Lucifer* ; que ce prince ne voulant régner que par le pouvoir du feu et de la colère, et mettre de côté le règne de l'amour et de la lumière divine, qui auroit dû être son seul flambeau, enflamma toute la circonscription de son empire ; que la sagesse divine opposa à cet incendie une puissance tempérante et réfrigérante qui contient cet incendie sans l'éteindre, ce qui fait le mélange du bien et du mal que l'on remarque aujourd'hui dans la nature ; que l'homme formé à-la-fois du principe de feu, du principe de la lumière, et du principe quintessentiel de la nature physique ou élémentaire, fut placé dans ce monde pour contenir le roi coupable et détrôné ; que cet homme, quoiqu'il eût en soi le principe quintes-

sentiel de la nature élémentaire, devoit le tenir comme
absorbé dans l'élément pur qui composoit alors sa
forme corporelle; mais que se laissant plus attirer par
le principe temporel de la nature que par les deux
autres principes, il en a été dominé, au point de
tomber dans le sommeil, comme le dit Moyse; que se
trouvant bientôt surmonté par la région matérielle de
ce monde, il a laissé, au contraire, son élément pur
s'engloutir et s'absorber dans la forme grossière qui
nous enveloppe aujourd'hui; que par-là il est devenu
le sujet et la victime de son ennemi; que l'amour divin
qui se contemple éternellement dans le miroir de sa
sagesse, appelée par l'auteur, la Vierge Sophie, a aperçu
dans ce miroir, dans qui toutes les formes sont renfermées, le modèle et la forme spirituelle de l'homme;
qu'il s'est revêtu de cette forme spirituelle, et ensuite
de la forme élémentaire elle-même, afin de présenter
à l'homme, l'image de ce qu'il étoit devenu et le modèle
de ce qu'il auroit dû être; que l'objet actuel de l'homme
sur la terre est de recouvrer au physique et au moral
sa ressemblance avec son modèle primitif; que le plus
grand obstacle qu'il y rencontre est la puissance astrale
et élémentaire qui engendre et constitue le monde, et
pour laquelle l'homme n'étoit point fait; que l'engendrement actuel de l'homme est un signe parlant de
cette vérité, par les douleurs que dans leur grossesse
les femmes éprouvent dans tous leurs membres, à
mesure que le fruit se forme en elles, et y attire toutes
ces substances astrales et grossières; que les deux teintures, l'une ignée et l'autre aquatique, qui devoient
être réunies dans l'homme et s'identifier avec la sagesse
ou la Sophie, (mais qui maintenant sont divisées,)

se recherchent mutuellement avec ardeur, espérant trouver l'une dans l'autre cette Sophie qui leur manque, mais ne rencontrent que l'astral qui les oppresse et les contrarie; que nous sommes libres de rendre par nos efforts à notre être spirituel, notre première image divine, comme de lui laisser prendre des images inférieures désordonnées et irrégulières, et que ce sont ces diverses images qui seront notre manière d'être, c'est-à-dire, notre gloire ou notre honte dans l'état avenir, etc.

Lecteur, si tu te détermines à puiser courageusement dans les ouvrages de cet auteur, qui n'est jugé par les savans dans l'ordre humain, que comme un épileptique, tu n'auras sûrement pas besoin des miens.

Mais si, sans avoir percé dans toutes les profondeurs qu'il peut offrir à ton intelligence, tu n'es pas au moins affermi sur les principaux points que j'ai fait passer en revue devant tes yeux; si tu doutes encore de la sublime nature de ton être, quoiqu'au simple examen que tu en voudras faire, tu puisses en appercevoir en toi des signes si tranchans; si tu n'es pas également convaincu de ta dégradation écrite en lettres de feu dans les inquiétudes de ton cœur, aussi bien que dans les ténébreux délires de ta pensée; si tu ne sens pas que ton œuvre absolue et exclusive, est de consacrer tous tes momens à la réhabilitation de ton être dans la jouissance active de tous ces antiques domaines de la vérité qui devroient t'appartenir par droit d'héritage, ne vas pas plus loin, mon écrit n'a point pour objet d'établir de nouveau toutes ces bases; elles l'ont été précédemment avec solidité.

J'ai droit de supposer ici toutes ces données admises, et il ne s'agit plus maintenant de les prouver, mais d'apprendre à nous en servir : en un mot, cet ouvrage-ci n'est point un livre élémentaire : j'ai payé ma dette en ce genre. Celui-ci exige toutes les notions que je viens de t'exposer ; et il ne pourra convenir qu'à ceux qui les ont, ou à ceux qui au moins n'en sont pas venus au point de s'en déclarer absolument les adversaires.

Je m'y occuperai principalement à contempler les sublimes droits originels qui nous furent accordés par la main suprême ; et en même temps à déplorer avec mes semblables la condition lamentable où il languit, comparée à sa destination naturelle.

Toutefois je lui peindrai aussi les consolations qui lui restent, et sur-tout l'espoir qu'il peut concevoir encore de redevenir ouvrier du seigneur, conformément au plan primitif ; et cette partie de mon œuvre ne sera pas la moins attachante pour moi, tant je souhaiterois qu'au milieu des maux qui le rongent, loin de se décourager et de se livrer au désespoir, il cherchât d'abord à faire naître en lui la force de les supporter, même de les vaincre, et de s'approcher assez de la vie, pour que la mort rougît de honte d'avoir cru pouvoir le subjuguer, et faire de lui sa proie et sa victime ; tant je souhaiterois en outre qu'il remplît en esprit et en vérité, l'objet pour lequel il a reçu l'existence !

Vous tous qui lirez cet ouvrage, vous tous même qui vous laisserez entraîner au goût d'écrire, apprenez cependant à réduire à leur juste valeur, et vos propres livres, et les livres de vos semblables ; apprenez que toutes ces productions ne doivent se regarder que comme des peintures, et que les peintures, pour avoir quelque prix, supposent, avant elles, et des modèles réels dont elles nous transmettent les véritables traits, et des faits substanciels et positifs dont elles nous transmettent le récit.

Oui, les annales de la vérité ne doivent être que les recueils de ses éblouissantes clartés et de ses prodiges, et l'homme qui auroit le bonheur d'être appelé à être véritablement son ministre, ne devroit jamais écrire qu'après avoir agi virtuellement sous ses ordres, et que pour nous retracer les merveilles qu'il auroit opérées en son nom.

Telle a été dans tous les temps la marche des ministres de la chose divine, en esprit et en vérité. Ils n'ont jamais écrit que d'après des œuvres. Ainsi telle devroit être la marche de l'homme, puisqu'il est spécialement destiné à l'administration de la chose divine.

Aussi, que sont ces énormes amas de livres produits par la fantaisie et l'imagination humaine, et qui non-seulement n'attendent point pour se montrer, qu'ils aient des œuvres à peindre, mais se présentent à nous avec la puérile et coupable prétention de tenir lieu de toutes les œuvres, et de tous les prodiges !

Que sont tous ces écrivains qui ne cherchent qu'à nous rendre les contribuables de leur bruyante et vaine renommée, au lieu de se sacrifier eux-mêmes à notre véritable utilité? Que sont tous ces faux amis de l'homme, qui consentent bien à lui parler de la vertu et de la vérité, mais qui ont grand soin de le laisser en paix dans l'inaction et le mensonge, tant ils craindroient que s'ils cherchoient à l'en arracher par leurs austères paroles, il ne se retirât de leur école, qu'il ne mît par là un obstacle à leur gloire, et qu'il ne les condamnât à l'oubli, en les réduisant au silence ?

Homme ! homme ! laisse-là ces livres si infructueux pour toi, et jette-toi dans la voie des œuvres, si tu es assez heureux pour comprendre le vrai sens de ce mot. Jettes-y toi au prix de tes sueurs et de ton sang, et ne prends point la plume que tu n'aies à nous retracer quelque découverte dans l'ordre de la véritable science ; quelqu'expérience instructive dans les œuvres de l'esprit, ou quelque glorieuse *conquête* opérée sur le royaume du mensonge et des ténèbres.

C'est-là ce qui fait que les livres des véritables administrateurs de la chose divine, offrent dans tous les temps à l'homme de desir, un esprit de vie toujours prêt à étancher la soif qu'il a de la vérité ; ils sont comme ces belles routes qui servent de communication entre de grandes villes, et qui offrent à la fois d'intéressans aspects, de bienfaisans asiles, et même de vigilans défenseurs contre les dangers et les gens mal-intentionnés. Ils sont comme ces côteaux rians et féconds, posés par la main de la nature au long des fleuves qui les fertilisent, et auxquels ils procurent, à leur tour, d'utiles limites pour que le navigateur puisse faire sur leurs ondes un voyage aussi paisible qu'enchanteur.

Aussi tous les hommes de Dieu sont comptables au monde de toutes leurs pensées. Car s'ils sont véritablement hommes de Dieu, il ne leur en vient aucune qui n'ait pour but le perfectionnement des choses, et l'extension du règne du Maître.

Autant donc celui qui n'est pas administrateur des choses divines, doit se défier de ses pensées, et en épargner la connoissance aux autres hommes ; autant celui qui est au nombre de ces administrateurs, doit-il avec soin recueillir les siennes, et les répandre dans le commerce de l'esprit des hommes, ne fussent-elles que comme des germes que le Maître lui envoie pour ensemencer le jardin d'Éden.

Il rendra un compte sévère de tous ceux de ces germes qu'il aura reçus, et qui, par sa négligence et sa tiédeur, ne seront pas parvenus à leur floraison, et n'auront point orné la demeure de l'homme.

Mais si les livres des administrateurs de la chose divine peuvent rendre tant de services à la famille humaine, que ne devroit-elle donc pas attendre de l'homme lui-même, s'il s'étoit réhabilité dans la jouissance de ses droits naturels? Les livres des administrateurs de la chose divine ne sont que comme les belles routes qui servent de communication entre de grandes villes. L'homme est lui-même une de ces grandes villes; l'homme est le livre primitif, il est le livre divin; les autres livres ne sont que les livres de l'Esprit. Ces autres livres ne font que contenir les eaux du fleuve; l'homme tient en quelque sorte à la nature de ces eaux elles-mêmes.

Hommes, mes frères, lisez donc sans relâche dans cet homme, dans ce livre par excellence; ne rejetez pas pour cela la lecture de ces autres livres écrits par les administrateurs de la chose divine, et qui peuvent vous rendre journellement de si grands services! Avec tous ces puissans moyens qui vous sont offerts, ouvrez les régions de la nature, ouvrez les régions de l'esprit, ouvrez les régions mêmes de la divinité, que nous pouvons appeler d'avance les régions de la parole; et venez ensuite nous raconter toutes les merveilles vivifiantes

C..

et salutaires que vous aurez rencontrées dans ces régions où tout est merveille.

Mais n'oubliez pas que, dans l'état d'aberration où l'homme se trouve, vous avez une tâche plus pressante encore à remplir auprès de vos semblables, que de leur composer des livres : ce seroit de faire en sorte, par vos efforts et vos desirs, qu'ils acquissent des oreilles pour les entendre. C'est là ce qu'il y a de plus urgent pour l'espèce humaine. Si son intelligence ne marche pas en proportion avec vos écrits, vous ne lui rendrez aucun service, vous n'aurez fait qu'une œuvre morte ; et votre propre contemplation, ou votre propre admiration, sera malheureusement pour vous tout le fruit que vous retirerez de votre entreprise.

Que dis-je, l'intelligence de l'homme ? Seroit-ce même avec les plus parfaits des livres qu'elle pourroit s'ouvrir ? Elle s'est ravalée, elle s'est obscurcie, elle s'est assimilée à celle de l'enfance. L'enfant, comme le sauvage, ne peut rien comprendre que par des signes substantiels ou même grossiers, et que par la vue de l'objet même qu'on veut lui faire connoître. Sa pensée n'est encore que dans ses yeux. Ne cherchez pas à traiter l'intelligence de l'homme autrement que celle de l'enfant et du sauvage. Développez en lui et devant lui les puissances actives de la nature, les puissances actives de l'ame humaine, les puissances actives de la Divinité, si vous voulez qu'il connoisse Dieu, l'homme et la nature. Sa raison est morte sur tous ces objets ; vous perdrez tous vos soins, si vous vous bornez à lui en parler.

En effet, il est comme passé le temps des livres. L'homme est blasé par leur abondance, comme ces hommes intempérans à qui les mets les plus succulens ne font plus aucune impression.

Il est comme passé, non-seulement le temps des livres produits par la fantaisie et l'imagination humaine; mais même on pourroit dire qu'il est comme passé aussi le temps des livres des hommes de Dieu; car les livres produits par la fantaisie humaine leur ont ôté leur prix, et ont presqu'annullé totalement leur pouvoir; et il n'y a plus que des œuvres imposantes qui puissent réveiller la terre de son assoupissement.

On sait que les extrêmes se touchent : aussi l'homme et le sauvage, en retombant, par leur état d'enfance et d'ignorance, dans l'impossibilité d'être réveillés autrement que par des œuvres imposantes, nous retracent, en sens inverse, la véritable et primitive nature de l'homme, qui auroit été continuellement alimentée par d'imposantes merveilles, et qui n'a été réduite à faire des livres et à en lire, que quand elle a eu perdu de vue les vivans modèles qui n'auroient pas dû cesser d'agir devant ses yeux.

Enfin, le temps marche vers sa vieillesse : l'âge de l'esprit doit s'avancer, puisque des prodiges opérés par la puissance suprême, sont les seuls moyens qu'elle ait aujourd'hui à employer pour se faire reconnoître et respecter des mortels.

Voilà pourquoi je vous ai tant engagés à vous jeter dans la voie des œuvres, si toutefois vous vous y sentez appelés; sinon priez au moins pour que le Maître envoie des ouvriers.

Mais si vous êtes du nombre de ces ouvriers, n'oubliez pas, quand vous aurez ouvert les régions de la nature, les régions de l'esprit, les régions même de la Divinité : quand vous viendrez nous en raconter les merveilles, quand vous prendrez la plume pour nous les décrire ; n'oubliez pas, dis-je, à quel prix vous en aurez obtenu la connoissance ; n'oubliez pas que vous n'avez acquis le droit d'en parler, qu'après avoir versé dans ces laborieuses et utiles recherches vos sueurs et votre sang; n'oubliez pas même que vous ne devez pas cesser, en les décrivant, de verser ces sueurs et ce sang pour recueillir de nouvelles perles dans cette mine inépuisable à laquelle vous êtes condamnés de travailler tous les jours de votre vie.

Votre tâche est double aujourd'hui ; vos consolations ont la douleur pour mère et pour compagne. Les sons de l'allégresse ne se séparent plus pour vous d'avec les sons des gémissemens. Nous avons beau les distinguer ; ils sont liés puissamment les uns aux autres, et toutes les jouissances même de votre esprit ne permettent pas à vos sanglots de s'interrompre.

De tous les titres qui peuvent servir à caractériser l'homme ramené à ses élémens primitifs, nous n'en trouvons point qui remplisse mieux toute l'étendue de la pensée, et qui satisfasse autant les vastes et louables desirs de l'ame humaine, que celui d'améliorateur universel. Car elle éprouve, cette ame humaine, un besoin pressant jusqu'à l'importunité de voir régner l'ordre dans toutes les classes et dans toutes les régions, pour que tous les points de l'existence des choses concourent et participent à cette souveraine harmonie qui peut seule faire éclater la gloire majestueuse de l'éternelle unité.

C'est même le pressentiment secret de cette universelle et éternelle harmonie qui a entraîné, dans tous les temps, des hommes célèbres à regarder l'état actuel de la nature comme étant éternel, malgré les maux et les désordres dans lesquels elle est plongée.

Oui, tout est éternel dans les bases fondamentales des choses, mais non pas dans la douleur et dans cette horrible confusion qui se montrent dans toutes les parties de la nature : oui, il y a sans doute une nature éternelle, où tout est plus régulier, plus actif et plus vivant que dans celle où nous sommes emprisonnés ; et la plus forte preuve que la nature actuelle où nous sommes emprisonnés n'est pas éternelle, c'est qu'elle souffre et qu'elle est la demeure de la mort dans tous les genres, tandis qu'il n'y a d'éternel que la vie.

Aussi, je veux bien en convenir, vous m'enseignez de grandes et d'utiles doctrines, vous, estimables écrivains, qui, par vos préceptes, ramenez l'homme à la charité fraternelle, au zèle de la maison de Dieu, et au soin de sortir de cette fange terrestre, sans s'être souillé de son infection.

Mais avez-vous porté jusqu'à sa mesure complète le sens de ces louables et salutaires documens ? Pour moi, je sens qu'il leur manque encore quelque chose pour remplir l'immensité des desirs qui me dévorent. Les prières et les vérités qui nous sont données et enseignées ici-bas sont trop petites pour nous ; ce ne sont que les prières et les vérités du temps : nous sentons que nous sommes faits pour autre chose.

Je conçois que la charité fraternelle semble n'avoir rien de plus sublime à exercer que de pardonner à nos ennemis, et de faire du bien à ceux qui nous haïssent.

Mais les hommes qui ne nous haïssent pas, ceux même qui nous sont inconnus et qui le seront toujours pour nous, notre charité seroit-elle condamnée, à leur égard, à l'inaction ? ou bien se borneroit-elle à ces prières vagues dont on parle quand on se dit qu'il faut prier pour tous les hommes ? En un mot, l'espèce humaine toute entière, soit passée, soit présente, soit future, ne peut-elle pas être l'objet de notre véritable bienfaisance ?

J'avoue que le zèle de la maison de Dieu semble n'avoir rien de plus saint que de publier les loix divines, et de les faire honorer encore plus par notre exemple que par nos prédications. Mais ce Dieu si éminemment cher à toutes les facultés de notre être, ce Dieu qui pourroit porter, à tant de titres, le nom de notre ami par excellence, n'a-t-il pas un cœur qui est peut-être dans l'angoisse et la souffrance de ce que toutes les merveilles qu'il a semées dans l'homme et dans l'univers nous sont cachées par des nuages ténébreux ? Et devrions-nous nous donner un moment de relâche, que nous ne lui eussions procuré le repos ?

Enfin le devoir de nous garantir de cette fange terrestre semble n'avoir rien de plus important pour nous que de rentrer dans notre mère-patrie, sans avoir rien pris des mœurs et des coutumes de cette terre d'iniquité. Mais après avoir échappé à ses souillures, ne seroit-il pas plus beau encore de neutraliser son venin corrosif, ou même de le transmuer en un baume vivificateur ? Ne nous est-il pas recommandé de *faire du bien à nos ennemis* ? Et pouvons-nous nier que, sous plusieurs faces, la nature ne soit de ce nombre ?

Quant à ceux que l'on nomme les ennemis de Dieu,

c'est à Dieu, et non à nous, à leur faire la justice qu'ils méritent; et même ne nous arrêtons pas à ce que Dieu nous paroît déclarer une guerre ouverte et implacable à ceux que l'on nous désigne sous le nom de ses ennemis. Dieu n'a point d'ennemis : il est trop doux et trop aimable pour pouvoir jamais en avoir. Ceux qui se disent les ennemis de Dieu, ne sont que les ennemis d'eux-mêmes, et ils sont sous leur propre justice.

Homme de desir, je viens m'entretenir avec toi sur ces différens privilèges qui constituent l'éminente dignité de l'homme, quand il est régénéré. Que ton intelligence seconde les efforts de la mienne. Les droits que je défends peuvent être réclamés par tous mes semblables. Nous aurions dû avoir tous primitivement la même tâche, celle de développer le grand caractère d'améliorateurs, comme étant émanés de l'auteur de toute bienfaisance et de tout ce qui est bon. Homme de desir, je ne sais que trop que ton intelligence peut être obscurcie; mais je ne te ferai jamais l'injure de dire qu'avec une volonté bien prononcée, avec une marche régulière et conforme à cette volonté, tu ne puisses obtenir de ton souverain principe les clartés qui te manquent, et qui reposent sur tes titres originels.

L'on voit clairement ici qu'il y a plusieurs tâches à remplir dans la carrière spirituelle. La plupart des hommes qui se présentent pour la parcourir, n'y cherchent, soit des vertus, soit des connoissances, que pour leur propre amélioration et leur propre perfectionnement. Heureux encore ceux qui, en y venant, sont pénétrés de ces bons sentimens ! Et combien ne seroit-il pas à souhaiter que ce bonheur fût commun à tous les individus de la famille humaine !

Mais ces hommes de bien, ces hommes pieux, même ces hommes éclairés, s'ils réjouissent le Père de famille en cherchant à être admis parmi ses enfans, ils le réjouiroient encore davantage en cherchant à être admis parmi ses ouvriers ou ses serviteurs : car ceux-ci lui peuvent rendre de véritables services ; les autres se bornent à en rendre à eux-mêmes.

Quoique je sois bien loin de pouvoir me compter au nombre de ces sublimes ouvriers ou de ces puissans serviteurs, cependant ce sera d'eux dont je m'occuperai principalement dans cet écrit, m'étant déja occupé amplement, selon mes foibles moyens, de ce qui pouvoit concerner les simples enfans du Père de famille.

J'engage donc de nouveau l'homme de desir à considérer le champ du Seigneur, et à chercher à y travailler selon ses forces, et selon l'espèce d'ouvrage auquel il sera propre, soit aux œuvres vives, s'il lui est donné d'en opérer ; soit au développement de la nature de l'homme, s'il lui est donné d'en appercevoir les profondeurs ; soit même à arracher les ronces et les épines que les ennemis de la vérité et les faux docteurs ont semées et sèment tous les jours sur l'image humaine de l'éternelle sagesse.

Car c'est être aussi en quelque sorte ouvrier du Seigneur, que d'instruire ses semblables de leurs véritables devoirs et de leurs véritables droits : c'est être utile à l'agriculture, que de préparer et mettre en état les instrumens du labourage ; seulement il faut avoir grand soin d'examiner scrupuleusement ce que l'on est en état de faire dans tous ces genres. Celui qui prépare ou distribue des instrumens aratoires, répond de ce qu'il fournit, comme le semeur répond de ce qu'il sème.

Mais, comme il est impossible d'être véritablement ouvrier dans le champ du Seigneur, sans être renouvelé soi-même et réintégré dans ses droits, je retracerai souvent aussi les voies de restauration par lesquelles nous devons nécessairement passer pour pouvoir être admis au rang des ouvriers.

Je dois également un avis à tous mes frères, en les invitant à se mettre en état d'être employés parmi les ouvriers du Seigneur.

Le commun des hommes, quand ils entendent parler des œuvres vives et spirituelles, ne conçoivent autre chose par là que l'idée de voir des esprits ; ce que le monde ténébreux appelle voir des revenans.

Dans ceux qui croient à la possibilité de voir des esprits, cette idée n'enfante souvent que la terreur ; dans ceux qui ne sont pas sûrs de l'impossibilité d'en voir, cette idée n'enfante que la curiosité ; dans ceux qui sur cela récusent tout, cette idée n'enfante que le mépris et les dédains, tant de ces opinions en elles-mêmes, que de ceux par qui elles sont mises au jour.

Je me crois donc obligé de dire à ceux qui me liront, que l'homme peut avancer infiniment dans la carrière des œuvres vives spirituelles, et même atteindre à un rang élevé parmi les ouvriers du Seigneur, sans voir des esprits.

Je dois dire en outre à celui qui, dans la carrière spirituelle, chercheroit principalement à voir des esprits, que non-seulement en y parvenant, il ne rempliroit pas le principal objet de l'œuvre, mais qu'il pourroit encore être très-loin de mériter d'être au rang des ouvriers du Seigneur.

Car s'il faisoit tant que de croire à la possibilité de voir des esprits, il devroit croire à la possibilité d'en voir de mauvais comme de bons.

Ainsi pour être en mesure, il ne lui suffiroit pas de voir des esprits ; mais il lui faudroit en outre pouvoir discerner d'où ils viennent, pour quel objet ils viennent, si leur mission est louable ou illégitime, utile ou funeste, et il lui faudroit examiner d'ailleurs et avant tout, si, lui-même, dans le cas où ils seroient de la classe la plus parfaite et la plus pure, il se trouveroit en état d'accomplir les œuvres dont ils pourroient le charger pour le vrai service de leur Maître.

Le privilège et la satisfaction de voir des esprits ne seront jamais que très-accessoires relativement au véritable objet que l'homme peut avoir dans la carrière des œuvres vives, spirituelles, divines, et en étant admis parmi les ouvriers du Seigneur ; et celui qui aspire à ce sublime ministère, n'en seroit pas digne s'il ne s'y portoit que par le foible attrait, ou la puérile curiosité de voir des esprits ; sur-tout si pour obtenir ces témoignages secondaires, il se reposoit sur les mains incertaines de ses semblables, et particulièrement de ceux qui n'auroient que des puissances particielles, que des puissances usurpées, ou même que des puissances de corruption.

Quel est parmi les différens privilèges de l'ame humaine, celui que nous devons chercher d'abord à mettre en valeur comme étant le plus éminent de tous, et celui sans lequel nos autres droits seroient comme nuls ? C'est celui de pouvoir retirer Dieu, pour ainsi dire, de la magique contemplation où il est, de ses intarissables merveilles, qui ont été éternellement devant lui, qui naissent éternellement de lui, qui sont lui, et desquelles il ne peut pas plus se séparer, qu'il ne peut se séparer de lui-même.

C'est de l'arracher en quelque sorte à l'impérieux et attachant attrait qui l'entraîne éternellement vers lui-même, et qui fait que ce qui est, se détourne continuellement de ce qui n'est pas, et se porte continuellement vers ce qui est, comme par un effet nécessaire d'une naturelle analogie.

C'est de le réveiller et de le faire sortir, s'il est permis de s'exprimer ainsi, de cet énivrement que, lui fait sentir perpétuellement la vive et mutuelle impression de la douceur de ses propres essences, et le délicieux sentiment que lui fait éprouver l'active source génératrice de sa propre existence. C'est enfin d'attirer ses regards divins sur cette nature extralignée et ténébreuse, afin que par leur pouvoir vivifiant, ils lui rendent son ancien éclat.

Mais quelle est la pensée qui pourroit pénétrer jusqu'à lui, si elle n'étoit redevenue analogue avec lui ? Quelle est la pensée qui pourroit opérer sur lui cette espèce de réveil, si elle n'étoit redevenue vive comme lui ? Quelle est la pensée qui pourroit faire jaillir de lui des fleuves doux et restaurateurs, si elle n'étoit redevenue douce et pure comme lui ? Quelle est la pensée qui pourroit se réunir à ce qui est, si elle n'étoit redevenue semblable à celui qui est, en se séparant de tout ce qui n'est pas ? Quel est celui qui pourroit être admis dans la maison du père et à l'intimité du père, s'il ne s'étoit pas montré comme étant le véritable enfant de ce père ?

Homme, si tu trouves ici le plus sublime de tes droits qui est de faire sortir Dieu de sa propre contemplation, tu trouves aussi à quelle condition tu peux parvenir à exercer un pareil droit. Si tu parvenois jamais à réveiller ce Dieu suprême et à l'arracher à sa propre contemplation, crois-tu que ce fût pour toi une chose indifférente que l'état où il te trouveroit ?

Que ton être redevienne donc un nouvel être ! Que chacune des facultés qui te constituent soit revivifiée jusques dans ses racines les plus profondes ! que l'huile vive et simple se subdivise en une immensité infinie d'élémens purificateurs, et qu'il n'y ait rien en toi qui ne se sente stimulé et réchauffé par un de ces élémens régénérateurs et toujours vivans par eux-mêmes !

S'il n'y avoit pas un agent puissant et consolateur, qui pût t'aider à devenir comme lui le fidèle enfant de ton Père céleste, comment pourrois-tu atteindre au moindre degré de ta régénération ? Aussi tu n'ignores pas que cet agent existe, puisqu'il n'est autre chose que ce foyer vivant sur lequel reposoit ton être lors de ton origine, et qui ne t'a pas plus abandonné qu'une mère n'abandonne son fils dans quelqu'affliction qu'il se trouve. Unis-toi à lui sans réserve et sans délai, et aussitôt tes souillures vont disparoître, et ta disette va cesser.

Mais cependant le poids de l'œuvre ne cessera pas pour cela de se faire sentir, et même il pourra devenir encore plus pesant pour toi; car lorsque le poids de la main de Dieu est sur l'homme, et que ce n'est pas pour sa punition, il faut que ce soit pour l'avancement de l'œuvre.

En effet, Dieu ayant destiné l'homme à être l'améliorateur de la nature, ne lui avoit pas donné cette destination sans lui donner l'ordre de l'accomplir; il ne lui avoit pas donné l'ordre de l'accomplir sans lui en donner les moyens; il ne lui en avoit pas donné les moyens sans lui donner une ordination; il ne lui avoit pas donné une ordination sans lui donner une consécration; il ne lui avoit pas donné une consécration sans lui promettre une glorification; et il ne lui avoit promis une glorification, que parce qu'il devoit servir d'organe et de propagateur à l'admiration divine, en prenant la place de l'ennemi dont le trône étoit renversé, et en développant les mystères de l'éternelle sagesse.

Mais il y a deux espèces de mystères. L'une renferme les mystères naturels de la formation des choses physiques, de leurs loix et de leur mode d'existence, aussi bien que de l'objet de cette existence. L'autre renferme les mystères de notre être fondamental et de ses rapports avec son principe.

Le but final d'un mystère en général ne peut pas être de rester entièrement inaccessible, soit à l'intelligence, soit à ce doux sentiment d'admiration pour lequel notre ame est faite, et que nous avons déja reconnu comme étant pour notre être immatériel un aliment de première nécessité.

Le but du mystère de la nature est de nous élever par la découverte des loix des choses physiques, à la connoissance des loix et des puissances supérieures par lesquelles elles sont gouvernées. La connoissance de ce mystère de la nature et de tout ce qui la constitue, ne doit donc pas nous être interdit même aujourd'hui, et malgré notre chûte ; sans quoi le but final de ce mystère seroit manqué.

Le but final du mystère des choses divines et spirituelles, qui est lié avec le mystère de notre être, est de nous émouvoir et d'exciter en nous le sentiment de l'admiration, de la tendresse, de l'amour et de la reconnoissance. Le mystère de ces choses divines et spirituelles doit donc pouvoir percer jusque dans notre être fondamental lui-même, sans quoi ce double mystère qui nous lie aux choses divines, et qui lie les choses divines avec nous, manqueroit absolument tout son effet.

Mais il y a une grande différence entre ces deux sortes de mystères. Le mystère de la nature peut entrer dans nos connoissances, mais la nature par elle-même touche foiblement, ou même point du tout, notre être essentiel et fondamental ; et si nous éprouvons tous du plaisir en la contemplant et en pénétrant dans ses mystères, c'est qu'alors nous montons plus haut qu'elle, et que nous nous élevons, par son moyen, jusqu'à des régions vraiment analogues avec nous, tandis qu'elle paroît n'être là que comme un fanal qui nous indique bien le chemin de ces hautes régions, mais ne peut par lui-même nous en communiquer les douceurs.

Au contraire, ces choses divines et spirituelles touchent infiniment plus nos facultés aimantes et admirantes, qu'elles ne se prêtent à toutes les avidités de notre intelligence ; il semble même que ce soit pour nous ménager une plus vaste mesure de cette admiration, qu'elles ne se livrent pas, selon notre gré, à nos perceptions ; car si nous les soumettions ainsi à notre connoissance, nous ne les admirerions plus autant, et par conséquent nous aurions moins de plaisir, puisque s'il est vrai que notre bonheur soit d'admirer, il est vrai aussi qu'admirer c'est moins connoître que sentir, ce qui fait que Dieu et l'esprit sont si doux et en même temps si peu connus.

On peut dire par la raison opposée, que la nature est plus froide pour nous, parce qu'elle est plus propre à être connue qu'à être sentie ; ainsi les plans de la sagesse sont disposés de manière que les choses sur lesquelles repose notre véritable plaisir, ne se livrent point assez à notre intelligence pour faire tarir notre admiration, et que les choses qui ne sont point principalement destinées à nourrir notre admiration, c'est-à-dire, à nos véritables plaisirs, comme ayant moins d'analogie avec nous, nous permettent en quelque sorte une espèce de dédommagement dans les plaisirs de l'intelligence.

Par la manière dont les hommes ont administré ces deux différens domaines, ils ont laissé dessécher ces deux sources qui nous auroient produit des fruits délectables chacune selon son genre, c'est-à-dire, que la philosophie humaine qui a traité des sciences de la nature, à force de ne marcher qu'à leur surface, nous a empêché de les connoître, et ne nous a pas mis dans le cas de goûter même les plaisirs de l'intelligence qu'elles eussent été toujours prêtes à nous procurer ; et que les instituteurs des choses divines, à force de les rendre ténébreuses et inabordables, nous ont empêché de les sentir, et par conséquent nous ont privé de l'admiration qu'elles nous auroient infailliblement apportée, si on les eût laissé approcher de nous.

Le complément de la perfection du mystère est de réunir dans une juste et harmonieuse combinaison, ce qui peut à la fois satisfaire notre intelligence et nourrir notre admiration ; c'est celui dont nous aurions joui perpétuellement si nous avions conservé notre poste primitif. Car la porte par où Dieu sort de lui-même, est la porte par où il entre dans l'ame humaine.

La porte par où l'ame humaine sort d'elle-même, est la porte par où elle entre dans l'intelligence.

La porte par où l'intelligence sort d'elle-même, est la porte par où elle entre dans l'esprit de l'univers.

La porte par où l'esprit de l'univers sort de lui-même, est celle par où il entre dans les élémens et dans la matière. C'est pourquoi les savans qui ne marchent point par toutes ces voies, n'entrent jamais dans la nature.

La matière n'avoit point de porte pour sortir d'elle-même, ni pour entrer dans aucune autre région plus inférieure qu'elle ; voilà pourquoi l'ennemi ne pouvoit avoir d'accès dans aucune région régulière, soit matérielle, soit spirituelle.

Au lieu de veiller soigneusement à son poste, l'homme ne s'est pas contenté d'ouvrir toutes ces portes à ses ennemis ; mais ensuite il les a fermées sur lui, de façon qu'il se trouve dehors, et que les voleurs sont dedans. Est-il de situation plus lamentable ?

On voit pourquoi les superbes titres qui firent de l'homme primitif un être si privilégié, auroient rendu son ministère si important dans l'univers, puisqu'il auroit pu y faire connoître cette divine unité triple ; avec laquelle nombre d'observateurs ont fait remarquer notre similitude, nous enseignant par là que nous ne serions pas ainsi son image, si nous n'avions pas le droit de la représenter. Aussi il n'est pas jusqu'aux anges qui n'eussent été grandement intéressés à ce que l'homme remplît le poste qui lui avoit été confié.

En effet, de même que les êtres animés répandus dans la nature, ne connoissent en lui-même, ni l'esprit de cet univers, ni les germes des végétaux qui ne sont que le résultat et l'expression sensibilisée des propriétés de cet esprit de l'univers, et qu'ils ne connoissent toutes ces choses que dans les saveurs des fruits dont ils se nourrissent ; de même les anges ne connoissent le père que dans le fils. Ils ne le connoissent ni dans lui-même, ni dans la nature, qui, sur-tout depuis la première altération, est bien plus rapprochée du père que du fils, par la concentration qu'elle a éprouvée ; et ils ne peuvent le comprendre que dans la divine splendeur du fils, lequel à son tour n'a son image que dans le cœur de l'homme, et ne l'a point dans la nature.

Voilà pourquoi l'homme qui, lors de son origine dans l'univers, étoit lié principalement au fils, ou à la source du développement universel, connoissoit le père à la fois et dans le fils et dans la nature. Et voilà pourquoi les anges recherchent tant la compagnie de l'homme, puisque c'est lui qu'ils croient encore en état de leur faire connoître le père dans la nature. Ils sont fondés à le croire, puisque c'est à nous que le père s'est rendu visible, et que ses éternelles merveilles se sont montrées sous ce phénomène temporel qui constitue la nature périssable.

Notre tâche seroit donc, depuis l'époque où Adam a été retiré du précipice où il étoit tombé, de découvrir par tous nos moyens possibles, les merveilles éternelles

D.

du père, manifestées dans la nature visible ; et cela nous est d'autant plus possible, que le fils qui les contient toutes, et qui les ouvre toutes, nous les a rendues en incorporant nos premiers parens dans la forme naturelle que nous portons aujourd'hui, et qu'il en a apporté la clef avec lui quand il s'est fait semblable à nous.

Oh ! combien de choses profondes nous pourrions enseigner, même aux anges, si nous rentrions dans nos droits ! et il ne faudroit pas s'étonner de cette idée, puisque selon S. Paul (1.ère cor. ch. 6 : 3.), *nous devons juger les anges*. Or, le pouvoir de les juger suppose le pouvoir de les instruire. Oui, les anges peuvent être administrateurs, médecins, redresseurs des torts, guerriers, juges, gouvernans, protecteurs, etc. ; mais sans nous, ils ne peuvent être profonds dans la connoissance des merveilles divines de la nature.

Ce qui s'y oppose, c'est non-seulement parcequ'ils ne connoissent le père que dans la splendeur du fils, et qu'ils ne renferment pas dans leur enveloppe, comme le premier homme, des essences qui soient prises dans la racine de cette nature ; mais aussi parce que nous leur fermons en nous l'œil central, ou l'organe divin par lequel ils auroient le moyen de considérer les trésors du père dans les profondeurs de la nature ; et c'est là la raison pour laquelle les hommes de Dieu pourroient et devroient en instruire ces anges, et développer devant leurs yeux les profondeurs qui sont cachées dans la corporisation de la nature, et dans toutes les merveilles qu'elle renferme.

C'est aussi pour cela que dans la carrière des sciences et des lettres, les hommes mettent au premier rang ceux qui découvrent les grandes loix de la nature ; et dans la carrière religieuse, ceux qui ont été revêtus des grandes puissances de l'esprit.

Depuis la dégradation, ces précieux privilèges de pénétrer dans les profondeurs de la nature, et d'en devenir pour ainsi dire les possesseurs, nous ont été rendus en partie; ils devoient même former comme un héritage inhérent à la nature de l'homme, en ce qu'ils constituoient sa vraie richesse et ses propriétés originelles; et les testamens des patriarches nous en ont fourni de nombreux exemples.

Mais les hommes de la pure matière ont transposé le sens de ces droits sublimes, aux simples testamens des biens de la terre. Toutefois on auroit pu leur objecter avec beaucoup de raison, qu'un homme ne pouvoit disposer d'un bien qu'il ne posséderoit plus au moment de sa mort, et avant même que le testateur pût exécuter ses dispositions.

C'étoit donc sur de vraies possessions que la loi des testamens devoit tomber, parce que là, le testateur investit ses successeurs d'un droit vivant qu'il ne perd point pour cela, et qu'il emporte avec lui dans une région ou ce droit doit s'accroître encore au lieu de diminuer; et c'est là ou la pensée peut s'étendre et s'enrichir en considérant les testamens des patriarches.

L'homme est l'arbre, Dieu en est la sève. Il n'est pas étonnant que quand la sève vive coule en lui, elle transforme chacune de ses branches en de nouveaux arbres; il n'est pas étonnant non plus que si des branches sauvages sont entées sur ces rameaux, elles participent bientôt à ses excellentes propriétés.

Oui, l'homme, depuis la chûte, a été posé de nouveau sur la racine vive qui doit opérer en lui toutes les végétations spirituelles de son principe. C'est pour cela que s'il s'élevoit jusqu'à la source vive de l'admiration, il pourroit en communiquer, par sa seule existence, les vifs témoignages.

C'est aussi le seul moyen par lequel les plans divins peuvent se remplir, puisque l'homme est né pour être le principal ministre de la Divinité ; car aujourd'hui même le corps matériel que nous portons est bien supérieur à la terre. Notre esprit animal est bien supérieur à l'esprit de l'univers par sa jonction avec notre esprit *animique*, qui est notre vraie ame ; et notre esprit *animique* est bien supérieur aux anges.

Mais l'homme s'abuseroit s'il prétendoit avancer dans l'œuvre de l'Homme-Esprit, sans avoir *réavivé* en lui cette sève sainte qui s'est comme épaissie et congelée par l'universelle altération des choses.

Ainsi, homme de desir, il faut que tout ce que tu as laissé se coaguler et s'obscurcir en toi, se dissolve et se révèle aux yeux de ton esprit. Tant que tu y appercevras la moindre tache, et que la moindre substance y opposera une barrière à tes regards, n'aies point de relâche que tu n'aies dissipé cet obstacle : plus tu perceras dans les profondeurs de ton être, plus tu reconnoîtras sur quelle base l'œuvre repose.

Il n'y a que cette base, retaillée de nouveau, qui puisse servir de fondement à ton édifice. Si elle n'est pas unie et d'à-plomb, jamais cet édifice ne pourra s'élever. Non, ce n'est que dans la lumière interne de ton être, que la Divinité et les puissances merveilleuses qui la suivent par-tout, puissent se faire sentir de toi dans leur vive efficacité.

Si tu n'oses pas habiter toi-même dans cet asile,

si tu ne peux y faire pénétrer tes regards, ou si tu crains même de les y porter, tant ils auroient de peine à y rencontrer un libre accès, comment voudrois-tu que la Divinité y fût plus à son aise que toi, et qu'elle s'accommodât mieux que toi à tes propres ténèbres et aux obstacles qui te repoussent, elle qui est si entièrement et si radicalement pure et lumineuse ; elle qui ne peut développer les merveilles de son existence que dans des atmosphères qui soient affranchies de toute entrave, et qui soient libres comme elle-même ?

La science de la vérité ne ressemble point aux autres sciences : elle devoit n'être que jouissance autrefois pour l'homme, aujourd'hui elle n'est plus pour lui qu'une bataille ; et c'est ce qui fait que les doctes et les savans du monde n'en ont pas même la moindre idée, parce qu'ils la confondent avec leurs notions ténébreuses, et qui s'acquièrent par un inactif enseignement.

L'univers est sur son lit de douleurs, et c'est à nous, hommes, à le consoler. L'univers est sur son lit de douleurs, parce que, depuis la chûte, une substance étrangère est entrée dans ses veines, et ne cesse de gêner et de tourmenter le principe de sa vie ; c'est à nous à lui porter des paroles de consolation qui puissent l'engager à supporter ses maux ; c'est à nous, dis-je, à lui annoncer la promesse de sa délivrance et de l'alliance que l'éternelle sagesse vient faire avec lui.

C'est un devoir et une justice de notre part, puisque c'est le chef de notre famille qui est la première cause de la tristesse de l'univers ; nous pouvons dire à l'univers que c'est nous qui l'avons rendu veuf :

n'attend-il pas à chaque instant de la durée des choses, que son épouse lui soit rendue ?

Oui, soleil sacré, c'est nous qui sommes la première cause de ton inquiétude et de ton agitation. Ton œil impatient ne cesse de parcourir successivement toutes les régions de la nature; tu te lèves chaque jour pour chaque homme; tu te lèves joyeux, dans l'espérance qu'ils vont te rendre cette épouse chérie, ou l'éternelle Sophie, dont tu es privé; tu remplis ton cours journalier en la demandant à toute la terre avec des paroles ardentes où se peignent tes desirs dévorans. Mais le soir tu te couches dans l'affliction et dans les larmes, parce que tu as en vain cherché ton épouse; tu l'as en vain demandée à l'homme; il ne te l'a point rendue, et il te laisse séjourner encore dans les lieux stériles, et dans les demeures de la prostitution.

Homme, le mal est encore plus grand. Ne dis plus que l'univers est sur son lit de douleurs; dis : *l'univers est sur son lit de mort;* et c'est à toi de lui rendre les derniers devoirs; c'est à toi à le réconcilier avec cette source pure dont il descend, cette source qui n'est pas Dieu, mais qui est un des éternels organes de sa puissance, et dont l'univers n'eût jamais dû être séparé; c'est à toi, dis-je, de le réconcilier avec elle, en le purgeant de toutes les substances de mensonge dont il ne cesse de s'imprégner depuis la chûte, et à le laver d'avoir passé tous les jours de sa vie dans la vanité.

Il ne les eût pas vus s'écouler ainsi dans la vanité, si tu fusses resté toi-même dans le siège de la splendeur où tu avais été placé par ton origine, et chaque jour tu aurais oint l'univers d'une huile de joie qui l'eût préservé de l'infirmité et de la douleur ; tu aurois fait pour lui ce qu'il fait aujourd'hui pour toi en te procurant journellement la lumière et les fruits des élémens auxquels tu t'es assujetti, et qui sont nécessaires à ton existence. Approche-toi donc de lui, demande-lui de te pardonner sa mort ; car c'est toi qui la lui as donnée.

Homme, le mal est encore plus grand. Ne dis plus que l'univers est sur son lit de mort; dis que l'univers est dans le sépulcre, que la putréfaction s'est emparée de lui, et qu'il répand l'infection par tous ses membres, et c'est à toi de te le reprocher. Sans toi, il ne seroit pas ainsi descendu dans la tombe ; sans toi, il ne répandroit pas ainsi l'infection par tous ses membres.

Sais-tu pourquoi ? c'est que tu t'es rendu toi-même son sépulcre; c'est qu'au lieu d'être pour lui le berceau perpétuel de sa jeunesse et de sa beauté, tu l'as enseveli dans toi comme dans un tombeau, et tu l'as revêtu de ta propre putréfaction. Injecte promptement dans tous ses canaux l'élixir incorruptible, car c'est à toi de le ressusciter ; et malgré l'odeur cadavéreuse qu'il exhale de toutes parts, tu es chargé de le faire renaître.

La lumière naturelle même, ce superbe type qui nous reste de l'ancien monde, n'a-t-elle pas en elle une force dévorante qui consume tout ? Aussi nos lumières artificielles que nous employons pour la remplacer, ne peuvent subsister qu'aux dépens des substances qui les alimentent. Aussi nous n'aurions point dû avoir de ces lumières-là, et elles sont une monstruosité pour la nature. Aussi n'y auroit-il point d'insectes qui se brûlassent à la lumière naturelle, comme ils se brûlent à nos lumières artificielles qu'ils prennent pour elle, parce que les êtres naturels ne connoissent pas ce qui est désordonné.

Oui, nos industries elles-mêmes sont une preuve des maux que nous avons faits au monde, puisque ces maux et nos industries se trouvent sortir de la même source, et voilà comment la nature est universellement notre victime. Oh! comme elle se plaindroit cette nature, si elle pouvoit s'exprimer, du peu de bien que lui procurent les vaines sciences des hommes, et tout l'échaffaudage des pénibles travaux qu'ils font pour la mesurer, la décrire et l'analyser pendant qu'ils auroient en eux les moyens de la guérir et de la consoler !

Mais l'homme n'est-il pas lui-même sur son lit de douleur ? N'est-il pas sur son lit de mort ? N'est-il pas dans le sépulcre et en proie à la putréfaction ? Qui le consolera ? qui lui rendra les derniers devoirs ? qui le ressuscitera ?

L'ennemi fut ambitieux dès le commencement, parce qu'il lisoit dans les merveilles de la gloire, et qu'il voulut en détourner la source vers lui et la dominer. L'homme ne commença point ses écarts par ce crime, car il ne devoit parvenir aux merveilles de la gloire, qu'à mesure qu'il auroit rempli sa mission, et il ne connoissoit point encore ces merveilles au moment où il reçut l'existence. Mais il commença ses écarts par la foiblesse, comme font encore aujourd'hui tous ses enfans dans leur bas âge, où les objets d'ambition ne les touchent point ; et cette foiblesse fut de s'être laissé frapper, attirer et pénétrer par l'esprit de l'univers, tandis que le malheureux homme étoit d'un ordre et d'une région au-dessus de la région de ce monde.

Quand il fut descendu à ce degré inférieur, l'ennemi eut beau jeu pour lui faire naître les idées de l'ambition qu'il n'auroit pas eues sans cela, et sans qu'on lui parlât de ces objets d'ambition qui lui étoient inconnus. Ainsi par son premier écart, il fut victime de sa foiblesse ; par le second, il fut à-la-fois victime et dupe de celui qui avoit intérêt de l'égarer, et il devint entièrement assujetti à ce monde physique, dont il auroit dû être le dominateur.

C'est alors que ses crimes se sont accrus dans une mesure à laquelle il ne peut plus penser sans frayeur. Oui, homme, tu es devenu mille fois plus coupable depuis ta chûte : dans ta chûte, tu devins dupe et victime ; mais depuis ta chûte, tu es devenu instrument universel du mal, tu es devenu l'esclave absolu de ton ennemi, et combien de fois même ne finis-tu pas par être son complice ?

Et c'est dans cet état que tu aurois cependant à aller visiter l'univers sur son lit de mort, et à lui rendre la vie qui lui manque, sans oublier que le plan primitif de ta destination originelle resteroit encore à remplir !

O homme ! arrête-toi au milieu des abymes où tu t'es plongé, si tu ne veux pas t'y plonger encore davantage. Songe que ton œuvre étoit simple en sortant des mains de ton principe ; songe qu'elle est devenue triple par tes imprudences et tes abominations ; car tu as désormais, premièrement, à te régénérer toi-même ; secondement, à régénérer l'univers ; troisièmement, à monter ensuite au rang d'administrateur des trésors éternels, et à admirer les vivantes merveilles de la Divinité.

Dans l'ordre physique, nous voyons que les remèdes ne viennent qu'après les maladies, et les maladies qu'après la santé. Or si dans cet ordre là, les maladies font naître ou découvrir les remèdes, il faut qu'il en soit de même dans l'ordre spirituel et moral de l'homme ; et si dans ce genre sa santé a aussi précédé son état d'infirmité, il faut également que ses infirmités lui fassent chercher des remèdes analogues, comme les médecins en cherchent pour nos maladies physiques.

Le premier degré de la cure que l'homme a à opérer sur lui-même, est donc de séparer de lui toutes ces humeurs viciées et secondaires qui se sont accumulées sur lui depuis la chûte ; et ces humeurs sont celles qui se sont fixées sur l'espèce humaine par les divers égaremens de la postérité du premier homme ; celles que nous tenons de nos parens par les fausses influences des générations dépravées ; enfin, celles que nous laissons nous-mêmes accumuler sur nous par nos négligences et nos prévarications journalières.

Tant que nous n'avons pas chassé de nous toutes ces diverses humeurs, nous ne pouvons pas seulement commencer à marcher dans la ligne de notre restauration, qui consiste particulièrement à traverser l'épaisse région de ténèbres où la chûte nous a précipités, et à faire renaître en nous l'élixir naturel avec lequel nous pourrions ranimer les sens de l'univers qui est évanoui.

Ainsi, homme, une nouvelle condition se présente ici, si tu veux poursuivre. Il ne s'agit plus de savoir si tu es convaincu de la nature spirituelle de ton être ; de tes rapports essentiels avec ton principe ; de ta dégradation par un écart primitif volontaire ; de cet ardent amour de ta source génératrice qui l'a engagée, lors de ta chûte, et qui l'engage encore tous les jours à venir te trier au milieu des immondices les plus dégoûtantes ; (merveille que l'homme du torrent, et qui ne se retourne point, ne sauroit comprendre, quoiqu'il la sente, comme l'enfant qui fait une chûte sent bien la main qui le relève, mais ne la peut voir sans se retourner ;) enfin, de l'immensité des témoignages de toute espèce qui déposent en faveur de ces vérités fondamentales, et prouvées par elles-mêmes ; il ne s'agit plus, dis-je, de s'arrêter à tous ces points, sans lesquels je t'avois prévenu de ne pas aller plus loin, et sans lesquels, par conséquent, tu ne serois pas probablement venu jusqu'ici.

Mais il s'agit de voir si tu as purgé ton être de toutes les immondices secondaires que nous amassons tous journellement depuis la chûte, ou au moins si tu te sens l'ardeur de t'en délivrer à quelque prix que ce soit, et de ranimer en toi cette vie éteinte par le crime primitif, sans laquelle tu ne peux être ni le serviteur de Dieu, ni le consolateur de l'univers.

Tâche même de sentir que peut-être la seule science qu'il y auroit à étudier, seroit de devenir sans péché ; car si l'homme en étoit là, il se pourroit qu'il manifestât naturellement toutes les sciences et toutes les lumières.

Sonde-toi donc profondément sur ces nouvelles conditions, et si non-seulement tu n'as pas chassé de chez toi tous les fruits de tes écarts secondaires, mais même si tu n'as pas déraciné en toi jusqu'au moindre penchant étranger à l'œuvre, je te le répète formellement, ne vas pas plus loin : l'œuvre de l'homme demande des hommes nouveaux. Ceux qui n'en sont pas là essaieroient en vain d'entrer dans la construction de l'edifice ; en présentant ces pierres à leur place, on verroit qu'elles n'ont ni le poli, ni les dimensions requises, et on les renverroit à l'atelier jusqu'à ce qu'elles fussent en état d'être employées.

Il y a un signe pour savoir si l'on a réellement fait ce dépouillement dont je viens de parler.

C'est d'observer si l'on se sent au-dessus de toute autre crainte et de toute autre inquiétude quelconque que celle de n'être pas universellement anastomosé avec l'impulsion et l'action divine.

C'est quand, bien loin de regarder nos maux particuliers dans ce monde comme des malheurs, nous avouons que nous n'en pouvons pas éprouver qui ne nous soient dûs, et que tous ceux que nous n'éprouvons pas sont autant de graces que l'on nous fait, et autant de ménagemens que l'on a pour notre foiblesse; de façon qu'avant de nous plaindre de ce qu'on nous enlève nos joies et nos consolations dans ce monde, nous devrions commencer par remercier de ce qu'on ne nous les a pas enlevées plutôt, et de ce qu'il en est encore qu'on veut bien nous laisser.

Supposant donc remplies ces deux classes de conditions que nous venons d'exposer, voici quelle est l'initiative à la régénération de l'homme dans ses droits, *vertus* et titres primitifs.

Nous voyons que dans nos corps matériels, nous éprouvons souvent des douleurs dans des membres que nous n'avons plus : or, comme dans ce qui constitue notre véritable corps, nous n'avons plus un seul de nos membres, le premier témoignage que nous puissions avoir de notre existence d'êtres spirituels, c'est de sentir, soit successivement, soit tout à-la-fois des douleurs vives dans tous ces membres que nous n'avons plus.

Il faut que la vie régénère tous les organes que nous avons laissé dépérir, et elle ne le peut qu'en les substituant par sa puissance génératrice à tous les organes étrangers et débiles qui nous constituent aujourd'hui.

Il faut que nous sentions l'esprit nous sillonner de la tête aux pieds, comme avec de robustes socs de charrue qui arrachent en nous les vieux troncs d'arbres, les racines entrelacées dans notre terre, et tous les corps étrangers et nombreux qui s'opposent à notre végétation et à notre fertilisation.

Il faut que tout ce qui est entré en nous par la voie du charme et de la séduction, en sorte par la voie de la douleur et du déchirement : or, ce qui est entré en nous n'est rien moins que l'esprit de cet univers même avec toutes ses essences et toutes ses propriétés; elles y ont fructifié avec abondance; elles s'y sont transformées en sels corrosifs, en humeurs infectes, et tellement coagulées, qu'elles ne peuvent se séparer de nous que par des curatifs violens et des transpirations excessives.

Homme, ces essences et ces propriétés de l'univers se sont emparées de tout ton être; voilà pourquoi les douleurs vives de la régénération doivent se faire sentir dans tout ton être, jusqu'à ce que ces bases fausses et sources de tes écarts, de tes ténèbres et de tes angoisses, étant disparues, elles puissent être remplacées par l'esprit et les essences d'un autre univers, dont tu aies à attendre des fruits plus doux et plus salutaires, c'est-à-dire, par les fruits du premier et véritable univers, ce que Jacob Bêhme désigne sous le nom de l'élément pur.

Car en observant simplement ta situation physique dans ce monde, tu ne peux douter que toutes ces bases douloureuses ne soient en toi, et ne te constituent par les besoins journaliers qu'elles te font sentir, et les soins continuels qu'elles te donnent.

On voit en effet que tes jours sont employés à te mettre au-dessus du froid, au-dessus du chaud, au-dessus des ténèbres, même au-dessus de ces astres élevés que tu sembles soumettre à ton empire par tes sciences hardies, et par les ressources de tes instrumens d'optique et d'astronomie.

Cela prouve assez que ta place n'étoit pas d'être au-dessous de toutes ces intempéries, de toutes ces influences qui te tourmentent, ni au-dessous non plus de tous ces superbes ouvrages de la nature, qui, malgré leur magnificence, sont obligés de ne prendre rang qu'après toi parmi les êtres.

Comme c'est dans ton être même le plus intérieur que toutes ces bases étrangères se sont implantées; c'est aussi dans ton être le plus intérieur que les véritables douleurs doivent se faire sentir; c'est là où se développe douloureusement le sens réel de l'humilité et de la contrition qui nous fait gémir de nous trouver liés à des essences aussi peu relatives à nous.

C'est là où tu apprends à te promener dans l'univers comme dans un chemin bordé de sépulcres, où tu ne peux faire un pas sans entendre des morts qui te demandent la vie.

C'est là où, par tes gémissemens et tes souffrances, tu attires sur toi la substance du sacrifice, sur laquelle le feu du Seigneur ne peut manquer de descendre, et doit à la fois consumer la victime et vivifier le sacrificateur en le remplissant de puissans appuis, ou de continuelles virtualités pour poursuivre l'universalité de son œuvre.

Car c'est par l'union de cette vive et douce substance du sacrifice avec nous, que notre régénération commence ; les douleurs purifiantes dont nous venons de parler n'en pouvant être que l'initiative, puisqu'elles ont pour objet de retrancher de nous ce qui nous nuit, mais non pas de nous donner ce qui nous manque.

Lors donc que nous nous sentons tout déchirés par ces cuisantes amputations, et que le sang coule par toutes nos plaies, c'est le moment où le baume salutaire vient l'étancher, qu'il se porte à toutes nos blessures et s'injecte dans tous nos canaux.

Or, comme c'est la vie même que ce baume nous apporte, nous ne tardons pas à nous sentir renaître dans toutes nos facultés, dans toutes nos *vertus*, et dans tous les principes actifs de notre être.

Car tous ces principes actifs de notre être sont tellement oppressés par le poids de l'univers, et tellement desséchés par le feu qui les brûle intérieurement, qu'ils attendent, dans l'ardeur de leur impatience, le seul rafraîchissement qui puisse leur rendre le mouvement et l'activité.

Ce rafraîchissement se fait petit avec les petits. Aussi commence-t-il très-foiblement pour l'homme qui est si foible et si petit ; il porte le soin et l'amour jusqu'à se faire enfant avec nous, puisque nous sommes moins que des enfans, et qu'il faut généralement qu'à chaque acte de notre croissance, il prenne un degré voisin du nôtre.

Il fait avec nous comme une mère avec son enfant qui se seroit blessé, ou qui souffriroit dans quelque membre ; elle occupe toutes ses pensées à chercher les moyens de le guérir ; elle se porte pour ainsi dire toute entière dans ses blessures et dans ses membres souffrans.

Mais elle s'y porte en en prenant comme la forme, et en se substituant elle-même à ce qui est altéré et brisé dans son fils ; enfin, elle s'y porte en quelque façon avec l'industrie de son amour créateur ; et pour cette industrieuse tendresse, il n'y a rien de trop pénible, rien de trop petit ; tout ce qui peut être bon lui paroît nécessaire.

Ces moyens de tout genre, et gradués selon toutes les mesures, agissent dans les langues restauratrices, et dirigées par la vraie parole. Les diverses merveilles qu'on y rencontre renferment plus ou moins de cette activité appropriée aux besoins des époques où elles ont paru.

Car ce rafraîchissement après lequel nous languissons tous, quoiqu'il puisse entrer directement en nous, ne dédaigne cependant pas d'y entrer aussi par toutes sortes de voies ; et les langues restauratrices avec toutes les *dénominations* et expressions qu'elles renferment, sont un des moyens qu'il chérit le plus, et qu'il emploie de préférence.

On ne s'étonnera point de la nécessité que cette force vivante et active entre en nous, pour nous disposer à son œuvre. Quiconque connoît l'état des choses, sent qu'il faut que nous devenions vifs et puissans pour que cette œuvre s'accomplisse, puisque le mal est une puissance, et non pas une simple histoire.

Ce n'est point par des discours qu'on détruit son règne, soit dans la nature, soit dans l'esprit des hommes. Aussi les hommes et les docteurs ont beau discourir, le mal ne fuit pas pour cela ; au contraire, il ne fait que plus de progrès à l'ombre de cet apparent palliatif.

Dans cet état de mort où languit l'univers, et toutes les régions déchues, s'il n'y avoit pas une substance de vie répandue par tout, est-ce que les choses pourroient subsister, dans quelque genre et de quelqu'ordre qu'elles fussent ? C'est sûrement cette substance de vie qui empêche leur destruction, et qui les soutient au milieu de toutes les secousses et des ébranlemens qu'elles éprouvent continuellement.

C'est elle qui soutient la nature contre les forces ennemies qui la harcèlent ; c'est elle qui soutient le monde universel, malgré les ténèbres qui l'environnent, comme c'est le soleil qui soutient la terre, malgré les nuages qui nous le dérobent si souvent.

C'est elle qui soutient les nations politiques, malgré les désordres et les ravages qu'elles ne cessent d'exciter entr'elles et contre elles-mêmes.

C'est elle qui soutient l'homme au milieu des ignorances, des extravagances, et des abominations qu'il ne cesse de verser autour de lui.

Cette substance de vie ne peut être que l'éternelle parole qui ne cessant de se créer elle-même, comme les écrits de Bëhme l'ont amplement enseigné, ne cesse aussi de soutenir, par ses puissances, toutes les régions qu'elle a créées.

B..

Cette substance est ensevelie par-tout dans des abymes profonds, et soupire à chaque instant après sa délivrance, et cela sans que la nature le sache; et c'est parce que cette substance de vie ne cesse de gémir, que les choses subsistent malgré l'étendue et la continuité des abominations qui les souillent, les environnent et les arrêtent; et ces maux sont tels, que si nous les racontions aux esprits, nous les ferions pleurer et ils s'en iroient de douleur.

Mais comme l'ame ou le foyer radical de l'homme est le premier et le principal siége de cette substance, c'est en lui qu'elle cherche spécialement à se développer et à se montrer. Et si l'homme concouroit avec elle par son action persévérante; s'il sentoit qu'il n'est, par sa nature première, rien moins qu'un oratoire divin où la vérité voudroit pouvoir à toute heure venir offrir l'encens pur à l'éternelle source de toutes choses, il n'est pas douteux qu'il verroit bientôt cette substance de vie étendre en lui de nombreuses racines, et répandre sur lui et tout autour de lui de nombreux rameaux chargés de fleurs et de fruits.

Bientôt les esprits enivrés de ces douceurs que nous leur procurerions, porteroient la charité jusqu'à oublier les maux que nous leur aurions faits auparavant par nos écarts; car chacun des actes de cette substance est une floraison qui doit commencer par la racine de notre être, ou par ce qu'on peut appeler notre germe *animique*; delà elle passe à la vie de notre esprit ou de notre intelligence, et ensuite à la vie de notre corps, et chacune de ces choses étant liée à sa région correspondante, chaque floraison qui se fait en nous se doit communiquer à son atmosphère particulière.

Mais comme cette substance ne peut opérer dans ces trois actes que pour nous donner par-tout une vie nouvelle, elle ne peut faire ce grand œuvre que par une triple transmutation, et en nous donnant une nouvelle ame, un nouvel esprit et un nouveau corps.

Cette transmutation ne se peut faire que par de douloureuses opérations, parce qu'elle ne peut procéder que par un combat de ce qui est sain contre ce qui est malade, et par l'acte physique de la volonté vraie, contre notre volonté qui est fausse.

Aussi nos volontés n'opèrent rien si elles ne sont pas comme injectées de la volonté divine elle-même, qui est la seule qui veuille le bien, et qui puisse le produire; remarque simple en apparence, mais qui n'en est pas moins féconde et spirituelle.

C'est par ces différens actes que la vie parvient à substituer à l'essence corrompue de notre ame, de notre esprit et de notre corps, une essence pure.

Par là, notre desir ne fait qu'un avec le desir divin, ou avec ce que je pourrois appeler la faim divine pour la manifestation et le règne de la vérité dans l'univers;

Par là notre intelligence ne fait qu'un avec l'œil divin qui voit en arrière de soi comme en avant;

Par là enfin, notre corps laissant s'anéantir en lui toutes les substances de mensonge, de corruption et de souillure qui le constituent, les sent remplacer par des substances diaphanes, qui font que, dans tous ses points, il est comme le transparent d'autant de clartés et de merveilles divines, de même que les corps matériels sont les transparens des merveilles naturelles; et voilà ce que doivent espérer ceux qui croient que cette substance de vie n'est point une substance stérile.

En outre, s'ils croient qu'elle n'est pas une substance stérile, voilà la tâche qui leur est imposée à tous, s'ils veulent recouvrer leur première existence et en accomplir la destination.

Comment cette substance de vie seroit-elle une substance stérile ? Elle provient, et participe du mouvement générateur, de ce mouvement sans temps, dans lequel par conséquent les mobiles ne peuvent pas être séparés, sans quoi il y auroit un intervalle ; mais dans lequel cependant les mobiles ne peuvent pas n'être point distincts, sans quoi il n'y auroit point de vie ni de diversité de merveilles.

Homme, homme qui es capable de concevoir de semblables sublimités, animes-toi ; car il t'est donné aussi de les atteindre, et de tellement les identifier avec tout ton être, que leur région et la sienne ne soient qu'une même région, et n'aient qu'une même langue.

C'est alors que la faim divine s'empare de l'homme ; et cette faim divine, en nous faisant clairement sentir la distinction de nos deux substances, ranime toute notre ardeur, et coordonne tous nos mouvemens.

Nous ne respirons plus que pour un seul objet, celui de ne pas laisser faner et s'éteindre la substance de vie que cette faim divine nous fournit de jour en jour avec plus d'abondance ; celui enfin d'empêcher que cette substance divine ne tombe dans les fers et sous le joug des tyrans qui habitent en nous.

Tel devroit être même l'esprit de notre régime alimentaire ; et si l'homme étoit prudent, il ne se permettroit jamais de prendre ses repas matériels, qu'il n'eût commencé à ressusciter en lui la faim divine, et qu'il ne l'eût sentie.

Par là il éviteroit cet inconvénient si funeste et si fréquent dans nos ténèbres, par lequel nous étouffons de plus en plus cette faim divine en nous, par nos alimens, tandis que nos alimens ne seroient censés devoir nous servir qu'à renouveller nos forces corporelles, pour chercher ensuite plus ardemment cette faim divine, et pour en supporter le feu lorsqu'elle viendroit à s'allumer en nous dans toute sa vigueur, et à tellement nous substanter, que notre faim corporelle en devînt moins pressante à son tour.

Aussi y a-t-il deux degrés dans ce régime alimentaire. L'un remis à l'industrie de nos intentions spiritualisées, et qui devroit être celui de tous les jours, sans que cependant il y ait des temps, des heures, des alimens à lui interdire, ou à lui marquer, puisque c'est cette industrie qui doit tout régler.

L'autre, celui de l'œuvre active lorsqu'elle nous emploie, et qu'elle juge à propos de nous prendre à son service, parce qu'alors elle nous sert à la fois de guide et de soutien.

Ce que je viens de dire là au sujet du premier degré de notre régime alimentaire, se peut dire de tous les autres actes de notre vie temporelle, auxquels nous ne devrions jamais nous livrer, que nous n'eussions auparavant réveillé en nous la faim divine, puisque cette faim divine devant nous procurer la vraie substance de vie, nous ne devons pas avoir d'autre but, d'autre attrait, d'autre pensée que de ne jamais laisser passer cette faim divine, par laquelle seule se peuvent manifester en nous les merveilles de Dieu, mais au contraire, de nous occuper sans cesse de la ranimer, afin qu'elle ait la délicieuse joie de se rassasier de la substance de vie.

Je ne te surprendrai point, homme, en te disant ici, que cette substance de vie ne se trouve que dans les douleurs d'une angoisseuse amertume, ou dans une profonde et complète désolation sur nos écarts, sur nos privations, sur les écarts et les réelles privations de nos semblables, sur les malheurs de ceux qui souffrent, et plus encore, sur les malheurs de ceux qui ne souffrent point ; sur l'état sépulcral de la nature, et sur les lamentables et continuelles douleurs aiguës de l'universelle parole qui cherche par nous à rétablir par-tout l'équilibre et la plénitude, tandis qu'à la manière d'être que nous nous sommes créée par le crime, nous tenons le cœur de Dieu lui-même en nous, comme sur son lit de mort, et comme dans le tombeau le plus infect. Or, pourquoi la désolation est-elle ainsi la source génératrice de la substance de vie ? C'est qu'il n'y a que cette désolation qui soit aujourd'hui pour nous la source génératrice de la parole, comme nous voyons que dans nos maladies, ce sont nos souffrances qui nous arrachent des cris, et que ce n'est que de ces cris que naissent les soulagemens et les secours qu'on nous apporte.

C'est pour cela que l'homme qui est appelé à l'œuvre, n'a plus besoin de se transplanter ni de changer de lieu, parce que le mal et le remède se trouvent par-tout, et l'homme n'a autre chose à faire que de crier. Car ce n'est point le changement de lieu terrestre qui nous est utile, c'est le changement de lieu spirituel.

Aussi sans bouger de notre place matérielle, devrions-nous sans cesse considérer douloureusement le lieu spirituel, froid et ténébreux, que nous habitons, pour aller établir notre demeure dans un lieu spirituel plus chaud, plus lumineux, et plus salutaire.

C'est depuis que nous nous sommes assujettis aux climats de l'esprit, que nous sommes exposés à ces différentes températures. Nous étions faits primitivement pour le climat pur et uniforme, où la température est douce et le printemps perpétuel.

Dès que nous remarquons que l'univers n'a point de parole, il n'est pas difficile d'observer que c'est là une des principales causes du tourment qu'il éprouve.

Car ces langueurs qui le fatiguent, ce poison pestilentiel qui le ronge et que nous avons reconnu comme n'étant entré dans ces substances, que par la faute et la négligence de l'homme, tous ces obstacles, dis-je, ne lui seroient pas sensibles, s'il n'étoit dans la privation de la parole, parce qu'elle auroit par elle-même tout le pouvoir nécessaire pour empêcher qu'ils n'approchassent, où pour les dissiper s'ils étoient une fois approchés.

C'est donc cette privation qui fait réellement que la nature est dans une tourmente perpétuelle, ou dans ce que les hommes de l'esprit ont appelé la vanité.

Ils savoient, ces hommes là, que la parole devoit tout remplir, et ils gémissoient de ce qu'il y avoit quelque chose où cette parole ne se montroit point.

Ils savoient que l'univers étant vide et sans parole, ne pouvoit rien signifier pour eux, puisque Dieu seul étoit plein et signifioit tout ; qu'ainsi ce qui ne participe pas à la plénitude de son être divin, ne peut montrer que l'opposé de ses universelles propriétés.

Ils savoient que l'homme ne pouvoit prier sans préparation, c'est-à-dire, sans que son atmosphère ne fût remplie de *la parole*, ou bien, dans le sens vaste et complet, sans que la parole ne fût rendue à l'univers.

Aussi ils se lamentoient dans leur tristesse, et ils disoient au nom de l'homme : l'univers, ce superbe tableau que nous admirerions avec transport, si nous ne sentions pas ce qui lui manque, l'univers n'a point la parole, il ne peut prendre part à la prière; il est même un obstacle à la prière, puisque nous ne pouvons prier qu'au milieu de nos *frères*. Hélas! nous ne pourrons donc prier à loisir que quand l'univers sera passé! et il nous faudra attendre la fin des choses, pour pouvoir donner un libre cours à cette ardeur qui nous oppresse! Qui pourroit tenir à cette douleur! et ils passoient leurs jours dans cette angoisse.

Homme, puisque tu es dans l'univers, il n'est pas une seule des tourmentes qu'il éprouve que tu ne puisses sentir et partager à ton tour, puisque ton corps même participe aux influences et aux diverses températures dont les élémens sont à la fois les sources et les instrumens.

Oui, tu es susceptible d'éprouver les douleurs de l'univers, puisque c'est toi qui as été capable de les occasionner ; et ce n'est qu'autant que tu seras admis à participer à ses douleurs, que tu pourras concourir au développement de ses facultés comprimées: ce ne peut être que par des mouvemens coordonnés avec ses souffrances, que tu parviendras à le ramener à la joie, et que ta prière pourra espérer de recouvrer un libre cours.

Il faudra bien même un jour que tu entres aussi

dans les tourmentes de l'esprit et dans les tourmentes de Dieu et de la parole, tant dans l'ordre particulier que dans l'ordre universel ; car les droits de ton être t'appellent à agir également par des mouvemens coordonnés dans ces deux régions ; et c'est alors que tu avanceras dans ta renaissance, et que l'œuvre s'agrandira pour toi.

L'homme trouve communément quelque chose de solemnel et de majestueux dans des lieux solitaires, couverts de forêts ou arrosés de quelque vaste fleuve ; ces tableaux sérieux et imposans semblent accroître leur empire sur lui quand il les contemple dans l'ombre et le silence de la nuit.

Mais il peut aussi en recevoir d'autres impressions, et y faire des observations d'une autre espèce ; c'est que le silence de tous ces objets porte sur l'ame une empreinte lamentable, et qui nous montre clairement la véritable cause de ce que nous avons désigné ci-dessus par le nom de la vanité.

En effet, toute la nature ressemble à un être muet, qui peint de son mieux, par ses mouvemens, les principaux besoins dont il est dévoré, mais qui manquant de parole, laisse toujours son expression bien au-dessous de ses desirs, et laisse toujours percer au travers de sa joie même, quelques traits sérieux et tristes qui nous empêchent de jouir de la nôtre complètement.

Aussi sent-on réellement au milieu de ces grands objets, que la nature s'ennuie de ne pouvoir parler, et une langueur qui l'emporte sur la mélancolie, vient succéder en nous à l'admiration, quand nous ouvrons notre ame à cette pénible pensée.

C'est assez nous faire comprendre que tout devroit parler, comme aussi la persuasion que tout devroit parler, nous donne celle que tout devroit être fluide et diaphane, et que l'opacité et la stagnation sont les causes radicales du silence et de l'ennui de la nature.

Qu'est-ce que c'est donc que ton séjour, homme, au milieu de tous ces objets qui ne manifestent ni joie ni parole ? Et ce besoin si impérieux que tu sens de la parole et de la joie, ne te montre-t-il pas quel est son terme, quel est le but qui t'attend quand tu seras délivré de la prison de cette nature, comme aussi quelle est l'espèce d'emploi que tu as à exercer dans l'univers, si tu conserves toujours l'intention et l'espoir d'en être le consolateur ?

Etudie la transsudation universelle de la nature; cette huile d'amertume t'apprendra assez puissamment que toute cette nature n'est qu'une douleur concentrée.

Mais quoique la nature soit condamnée à l'ennui et au silence, observe cependant qu'elle parle plus haut le jour que la nuit; vérité que la moindre expérience te confirmera, et ton intelligence t'en apprendra aisément la raison; elle t'apprendra que le soleil est le verbe de la nature, que quand il la prive de sa présence, elle ne jouit plus de l'usage de ses facultés; mais que quand il vient lui rapporter la vie par sa parole de feu, elle redouble ses efforts pour manifester tout ce qui est en elle.

Tous les êtres qui la composent se disputent alors à qui prouvera le mieux le zèle et l'activité qui le pressent, pour concourir par son action, à la louange et à la gloire de cette ineffable source de la lumière. Ils nous indiquent assez par-là le travail que nous devons faire dans cet univers, et ce qui nous attend lorsque nous serons sortis de cette maison de change, qui n'est rien moins que le sépulcre de l'éternité, et où nous avons pour tâche de changer nos monnoies étrangères contre la monnoie du pays, c'est-à-dire la mort contre la vie.

Consolez-vous, hommes de desir, si le silence de la nature est la cause de l'ennui qu'elle manifeste, rien ne peut devenir pour vous plus éloquent que ce silence; car c'est le silence de la douleur, et non celui de l'insensibilité. Plus vous observerez attentivement cette nature, plus vous reconnoîtrez que si elle a ses momens de tristesse, elle a aussi ses momens de joie, et il n'est donné qu'à vous de les découvrir et de les apprécier. Elle sent la vie circuler secrètement dans ses veines; et même elle est prête à entendre par votre organe les sons de la parole qui la soutient et l'oppose à l'ennemi comme une barrière insurmontable.

Elle cherche dans vous le feu vivant qui s'exhale de cette parole, et qui veut apporter par vous un baume salutaire dans toutes ses plaies.

Oui, quoique l'homme terrestre n'apperçoive que le silence et l'ennui de la nature, vous, hommes de desir, vous êtes sûrs que tout chante en elle, et prophétise par de sublimes cantiques sa délivrance.

Aussi vous avertissez dans votre saint zèle, et par les ordres souverains, qu'il faut auparavant que tout chante dans l'homme pour coopérer à cette délivrance, et pour que tous les hommes de la terre puissent un jour dire comme vous : tout chante dans la nature.

Vous êtes comme les précurseurs de ce règne de vérité après lequel soupire l'ordre des choses. Vous marchez dans cette progression majestueuse et divinement restauratrice, qui rend à chaque époque la progression opposée si criminelle.

C'est par-là que le mal dévorant la substance de vie à chacune de ces grandes périodes qui ont commencé dès l'origine des choses et ne finiront qu'à la dernière heure, ne cesse de s'engraisser de l'iniquité jusqu'à ce que ses mesures étant combles, il soit livré à l'exécution de son jugement.

Car pendant la durée du temps, il n'est qu'en privation; et encore a-t-il su bien étendre les limites de sa prison en corrompant son geolier, qui étoit le seul par lequel il pouvoit parvenir à avoir connoissance de ce qui se passoit au dehors.

Mais au milieu de ces douloureux progrès de l'ennemi, vous triomphez d'avance, parce que vous voyez marcher aussi la progression restauratrice vers son terme de gloire et de victoire.

Vous la voyez d'avance prononcer l'arrêt d'exécution sur le criminel qui l'ignore encore et l'ignorera jusqu'au moment de son supplice définitif.

Enfin vous la voyez d'avance chanter dans toute la nature et dans l'ame des hommes de vérité, les cantiques de jubilation qui couronneront tous ses desirs et tous les travaux de la prière. Car s'il est vrai que tout chante dans la nature, il est encore plus vrai que tout y prie, puisque tout y est dans le travail et dans la tourmente.

Comment pouvoir être employé au soulagement d'un

être, sans connoître auparavant la structure et la composition de cet être ? Et comment en connoître réellement la composition et la structure si l'on ne connoît pas les diverses substances qui le constituent, ainsi que les qualités et les propriétés attachées à ces substances ? Enfin, comment connoître les qualités et les propriétés attachées à ces substances, si l'on ne connoît pas les sources radicales d'où ces substances tirent leur origine ?

Au lieu de scruter profondément ces bases radicales, les hommes ont laissé errer vaguement leur pensée sur des questions oiseuses qui ne pouvoient rien leur apprendre, et les écartoient d'autant des vrais sentiers qu'ils auroient dû suivre. Telle est, par exemple, cette puérile question de la divisibilité de la matière qui retient comme dans l'enfance toutes les écoles.

Ce n'est point la matière qui est divisible à l'infini ; c'est la base de son action, ou, si l'on veut, les puissances *spiritueuses* de ce qu'on peut appeler l'esprit de la matière ou de l'esprit astral. Ces puissances sont innombrables. Dès l'instant qu'elles doivent se transformer en caractères et figures sensibles, elles ne manquent pas de substances pour cela, puisqu'elles en sont imprégnées et qu'elles les produisent de concert avec le pouvoir élémentaire auquel elles s'unissent. C'est par-là qu'ici-bas tout ce qui existe, se crée la substance de son propre corps.

Or, la petitesse infinie des corps, telle que dans certains insectes, ne doit point surprendre, quoiqu'ils soient complètement organisés pour leur espèce. Tous les corps ne sont qu'une réalisation du plan de l'esprit astral et de la puissance *spiritueuse* particulière opérative de chaque corps ; et c'est ici qu'il faut se pénétrer d'une vérité qui est que, dans toutes les régions, l'esprit ne connoissant point d'espace, mais seulement de l'intensité dans ses *vertus* radicales, il n'y a pas une seule puissance *spiritueuse* de l'esprit, qui, quand même elle ne se rendroit pas sensible matériellement, ne le soit selon l'élément caché, ou selon la corporisation supérieure que nous avons présentée précédemment sous le nom de l'éternelle nature.

Le passage de cette région-là à la région matérielle n'a lieu que par la plus extrême concentration et atténuation de cette puissance *spiritueuse* de l'esprit, sur laquelle le pouvoir élémentaire étend ses droits pour lui aider à former son corps ou son enveloppe. Ce pouvoir élémentaire a une puissance complète dans sa région ; il l'exerce avec un empire universel sur toutes les bases *spiritueuses* qui se présentent à lui : elles et lui ne se joignent que par leur minimum, qui ici se trouve en sens inverse, puisque l'un est le minimum de l'atténuation, et l'autre, le minimum de la croissance ou du développement. La base spiritueuse opère à son tour par son action vive une réaction sur le pouvoir élémentaire ; ce qui fait qu'à mesure que cette base se développe, le pouvoir élémentaire se développe aussi pour la poursuivre, comme on le voit à la croissance des arbres et des animaux.

Quand cette base a acquis par ce moyen un degré de force qui l'affranchisse de l'empire du pouvoir élémentaire, elle s'en sépare ; ce qui se voit à toutes les floraisons, à toutes les manifestations des odeurs, des couleurs, ou enfin à la maturité de toutes les productions. Chacune abandonne son matras lorsqu'il n'a plus le pouvoir de la retenir, et alors ce matras retombe dans son minimum, pour ne pas dire dans son néant, puisqu'il n'a plus de bases *spiritueuses* qui le réactionnent.

Ainsi, premièrement, la matière n'est pas divisible à l'infini, on la considérant sous le rapport de la divisibilité de sa substance, opération que nous avons démontré ailleurs ne pouvoir pas même commencer, comme on le voit aux corps organiques qui ne peuvent se diviser sans périr ; secondement, elle n'est pas même divisible à l'infini dans chacune de ses actions particulières, puisque chacune de ces actions particulières cesse dès que la base *spiritueuse* qui lui sert de sujet est retirée ; aussi la limite de cette action est la retraite et la disparition de cette même base.

Quant à cette divisibilité, considérée abstractivement et dans notre pensée, elle a encore moins de possibilité, puisque ce n'est que notre propre conception qui sert de base à cette prétendue matière que nous nous forgeons continuellement ; et en effet, tant que notre esprit présente à la matière un pareil *substratum* ou un pareil germe, cette matière s'en empare dans notre pensée, et lui sert de forme et d'enveloppe.

Ainsi, tant que nous nous arrêtons à cette divisibilité, ou que nous en concevons les résultats sensibles, nous trouvons cette divisibilité possible et réelle, puisque la forme sensible suit toujours la base que nous lui offrons ; mais dès que nous détournons les yeux de notre esprit de ce foyer d'action dont nous ne nous rapprochons qu'intellectuellement, cette forme disparoît, et il n'y a plus pour lui ni pour nous de divisibilité de la matière.

Si les doctes anciens et modernes depuis les Platon, les Aristote, jusqu'au Newton et aux Spinosa, avoient su faire attention que la matière n'est qu'une représentation et une image de ce qui n'est pas elle, ils ne se seroient pas tant tourmentés, ni tant égarés pour vouloir nous dire ce qu'elle étoit.

Elle est comme le portrait d'une personne absente ; il faut absolument connoître le modèle pour pouvoir s'assurer de la ressemblance. Sans quoi ce portrait ne sera plus pour nous qu'un ouvrage de fantaisie, sur lequel chacun fera toutes les conjectures qu'il lui plaira, sans que l'on soit sûr qu'il y en ait une de vraie.

Néanmoins dans cette série de la formation des êtres qui vient de nous occuper, il y a un point important qui se refuse à notre connoissance ; c'est le magisme de la génération des choses, et encore ne s'y refuse-t-il que parce que nous cherchons à atteindre, par l'analyse, ce qui en soi n'est appréhensible que par une impression cachée ; et même on peut dire que sur ce point Jacob Bëhme a levé presque tous les voiles en développant à notre esprit les sept formes de la nature, jusque dans la racine éternelle des êtres.

Le vrai caractère du magisme est d'être le médium et le moyen de passage de l'état de dispersion absolue ou d'indifférence, que Bëhme appelle *abyssale*, à l'état de sensibilisation quelconque caractérisée, soit spirituelle, soit naturelle, tant simple qu'élémentaire.

La génération ou ce passage de l'état insensible à l'état sensible est perpétuelle. Elle tient le milieu entre l'état dispersé et insensible des choses, et leur état de sensibilisation caractérisée, et cependant elle n'est ni l'un ni l'autre, puisqu'elle n'est, ni la dispersion comme l'état abyssal, ni la manifestation développée comme la chose que cette génération veut nous transmettre et nous communiquer.

Dans ce sens, la nature actuelle a son magisme ; car elle renferme tout ce qui est au-dessus d'elle en dispersion, ou toutes les essences astrales et élémentaires qui doivent contribuer à la production des êtres ; et en outre, elle renferme toutes les propriétés cachées du monde supérieur à elle, et vers lequel elle tend à rallier toutes nos pensées.

Dans ce sens, chaque production particulière de la nature a aussi son magisme ; car chacune d'elles en particulier, telle qu'une fleur, un sel, un animal, une substance métallique, est un médium entre les propriétés invisibles et insensibles qui sont dans sa racine, dans son principe de vie, ou dans ses essences fondamentales, et entre les qualités sensibles qui émanent de cette production, et qui nous sont manifestées par son moyen.

C'est dans ce médium que s'élabore et se prépare tout ce qui doit sortir de chaque production ; or, c'est ce lieu de préparation, c'est ce laboratoire enfin dans lequel nous ne pouvons pénétrer sans le détruire, et qui par cette raison est un véritable magisme pour nous, quoique nous puissions connaître le nombre des ressorts qui concourent à le produire, et même la loi qui en dirige l'effet.

Le principe de cette marche cachée est fondé sur la génération divine elle-même, où le médium éternel sert à jamais de passage à l'infinie immensité des essences universelles. C'est dans ce passage que ces essences universelles s'imprègnent respectivement, afin qu'après cette imprégnation, elles se manifestent, dans

F..

leur vive ardeur, avec toutes leurs qualités individuelles, et avec celles qu'elles se sont communiquées les unes et les autres par leur séjour dans ce médium, ou dans ce lieu de passage.

Or, sans ce médium, sans ce lieu de passage, il n'y auroit rien de manifesté, rien qui pût nous être appréhensible ; ainsi tous les médium de la nature actuelle, tous ceux de la nature spirituelle ne sont que des images de ce médium éternel et primitif ; ils ne font que nous en répéter la loi, et voilà comment tout ce qui est dans le temps, est le démonstrateur, le commentateur et le continuateur de l'éternité.

Car l'éternité, ou ce qui est, doit se regarder comme étant le fond de toutes choses. Les êtres ne sont que comme les cadres, les vases, ou les enveloppes actives où cette essence vive et vraie vient se renfermer pour se manifester par leur moyen.

Les uns, tels que tout ce qui compose l'univers, manifestent les puissances *spiritueuses* de cette suprême essence. Les autres, tels que l'homme, en manifestent les puissances spirituelles, c'est-à-dire, ce qu'il y a de plus intime dans cette essence une, ou dans cet être de tous les êtres.

Ainsi, quoique nous ignorions la génération des choses, cependant toutes les connoissances auxquelles nous tendons, et dont nous nous prévalons quand nous les avons obtenues, n'ont que l'essence vraie pour base et pour objet : ainsi les beautés de la nature, et les propriétés utiles et suaves, qui depuis que Dieu l'a retenue dans sa chûte, se trouvent encore dans cette nature, malgré sa dégradation, tiennent aussi à cette essence vraie, et peuvent encore lui servir d'organe, de cadre et de conducteur.

Lors donc que nous prenons le change sur l'existence de ces objets, comme le font sans cesse les fausses sciences, c'est que nous ne nous donnons pas la peine et le temps de chercher en eux cette essence vraie qui y doit être, et qui ne tend qu'à se faire connoître ; encore moins pourrions-nous alors la ranimer dans ceux de ces objets où elle se trouveroit assoupie ; et c'est par-là que nous prolongeons les maux que nous avons faits à la nature, tandis que nous devrions nous occuper de les soulager.

Répétons-le donc, s'il étoit vrai que l'univers fût sur son lit de mort, comment pourrions-nous apporter du soulagement à l'univers, si nous ignorons non-seulement ce qui constitue l'univers, mais même les rapports que doivent avoir entr'elles toutes les différentes parties qui le composent, et les différens rouages qui forment l'ensemble de cette grande machine et en facilitent les mouvemens ?

Mais quoique l'homme s'occupe journellement à rétablir dans son petit cercle, l'harmonie et le tempérament parmi les élémens et les puissances de l'univers qui sont en combat ; quoiqu'il cherche à faire disparoître autour de lui cette pénible discordance qui travaille la nature, cependant l'idée de concourir au soulagement de l'univers, est sans doute une conception qui surprendra, et qui au premier abord paroît être exagérée et surpasser de beaucoup nos pouvoirs, tant l'instruction commune, et sur-tout le poids de l'univers lui-même, qui nous oppresse et nous accable, répand un voile épais sur nos véritables droits.

Toutefois la simple idée de connoître la structure et la composition de l'univers, quel a été le mode de sa formation, et ce que peuvent être ces différens corps qui circulent dans l'espace avec une marche si imposante, cette idée, dis-je, ne doit pas être en bute aux mêmes reproches.

Car on peut dire que dans tous les siècles, l'étude de ces questions a été l'objet de la curiosité et des recherches des hommes avides de connoissances, quoique dans tous les siècles il semble n'être résulté que de médiocres lumières de ces importantes recherches, si l'on juge simplement par les doctrines diverses que la renommée nous a transmises sur ces matières.

En effet, les philosophes de l'antiquité qui en ont parlé, ne paroissent pas avancer beaucoup sur cet objet nos connoissances, et c'est nous apprendre peu de chose que de venir nous dire, les uns, comme Thalès, que l'univers devoit son origine à l'eau; les autres comme Anaximène, qu'il la devoit à l'air; d'autres, comme Empédocle, qu'il étoit composé de quatre élémens qui se faisoient entr'eux une guerre continuelle, mais sans pouvoir jamais se détruire, en supposant toutefois, je le répète, que nous puissions juger de pareilles doctrines, dénuées pour nous de tous les développemens, qui jadis pouvoient justifier leurs partisans et leurs auteurs.

Il n'est pas jusqu'aux qualités d'Anaximandre, et même jusqu'aux formes plastiques des Stoïciens, sur lesquelles je ne crusse devoir suspendre mon jugement. J'accorderai volontiers qu'elles peuvent paroître très-obscures, mais je craindrois de m'avancer trop en les taxant hautement de folies et de rêveries philosophiques. Ce n'est pas dans de pareilles contestations qu'il est permis de porter des sentences par défaut, et si ces folies apparentes ont été combattues par les incrédules, comme on le croit, ce n'a été peut-être qu'en substituant à de simples obscurités des absurdités démontrées.

Aussi les opinions des modernes ont peu étendu nos connoissances sur ces grandes questions : car que nous apprennent et le système de Telliamed qui fait tout provenir de la mer, et les monades de Leibnitz, et les molécules intégrantes et les agrégats de la physique de notre siècle, qui sous de nouveaux noms, ne sont que les atômes d'Épicure, de Leucipe et de Démocrite?

L'esprit de l'homme, ou ne pouvant percer dans ces profondeurs avec autant de succès qu'il le desireroit, ou ne pouvant faire concevoir aux autres hommes le vrai sens des progrès qu'il y faisoit, et des découvertes qu'elles lui offroient, s'est rejeté dans tous les temps vers l'étude des loix qui dirigent la marche extérieure, soit du globe que nous habitons, soit celle de tous les autres globes accessibles à notre vue : c'est ce qui nous a valu, dans les siècles anciens et modernes, toutes les connoissances astronomiques dont nous jouissons.

Quoique ces superbes connoissances, qui se sont si étonnamment étendues de nos jours, tant par le secours des instrumens perfectionnés, que par celui des merveilles modernes de l'analyse algébrique, nous aient procuré une jouissance d'autant plus douce, qu'elle a pour base la rigueur de la démonstration ; cependant, comme elles ne nous apprennent que les loix externes de l'univers, elles ne semblent ne nous remplir complètement, qu'autant que nous étouffons et paralysons le desir secret que nous nourrissons tous d'un aliment plus substantiel.

Aussi, malgré les brillantes découvertes de Képler sur les loix des corps célestes, Descartes, qui lui-même s'est rendu si célèbre par l'application qu'il a faite de l'algèbre à la géométrie, cherchoit encore la cause et le mode des mouvemens célestes et de la marche des astres.

Tandis que Képler démontroit, Descartes cherchoit à expliquer : tant l'esprit de l'homme a d'attrait pour connoitre non-seulement le cours de ces grands corps de la nature, et la durée et les loix de leurs mouvemens périodiques, mais encore la cause mécanique de ces mouvemens ; et c'est ce qui néanmoins a mené ce beau génie à ces infortunés tourbillons qu'on a rejetés, sans avoir encore rien mis en leur place. Car la connoissance des loix astronomiques, et l'attraction elle-même embrasse les règles du mouvement des astres, et n'en explique pas le mécanisme.

Des hommes célèbres, postérieurs à Descartes, ont cherché à pénétrer encore plus avant que lui dans les profondeurs de l'existence des corps célestes : en effet, il n'a essayé que d'en expliquer le mécanisme ; mais pour eux, ils ont cherché à en expliquer l'origine et la formation primitive.

Je n'entends point parler ici de Newton ; car, malgré la beauté de sa découverte sur la pesanteur et l'attraction qui s'appliquent si heureusement à toutes les parties du système théorique de l'univers, il ne nous a offert cependant là qu'une loi secondaire qui suppose auparavant dans les plus petites parties des corps de la nature, une loi primaire dont cette pesanteur est dérivée, et qui ne peut en être que l'organe, comme elle n'en est que le résultat.

Mais je veux parler de Buffon qui, aux yeux des savans du premier rang (Exposition du système du monde par Laplace, tome 2, page 298), a essayé le premier, depuis la découverte du vrai système des mouvemens célestes, de remonter à l'origine des planètes et des satellites. Il suppose qu'une comète, en tombant sur le soleil, en a chassé un torrent de matière qui s'est réunie au loin en divers globes plus ou moins grands et plus ou moins éloignés de cet astre. Ces globes sont, selon Buffon, les planètes et les satellites qui, par leur refroidissement, sont devenus opaques et solides.

Le savant Laplace n'admet point cette hypothèse, parce qu'il trouve qu'elle ne satisfait qu'au premier des cinq phénomènes dont il fait l'énumération, même page 298. Mais il essaie à son tour, page 301, de s'élever à leur véritable cause, en ayant la modestie toutefois de ne présenter qu'avec une sage défiance ce qui n'est point un résultat de l'observation et du calcul.

Il se réduit, au sujet de cette véritable cause, à penser que, pour avoir donné aux planètes, dans le même sens, un mouvement presque circulaire autour du soleil, il faut qu'un fluide immense ait environné cet astre comme une atmosphère ; il prétend que l'atmosphère du soleil s'est primitivement étendue au-delà des orbes de toutes les planètes, et qu'elle s'est resserrée successivement jusqu'à ses limites actuelles.

Il prétend que la grande excentricité des orbes des comètes conduit au même résultat, et qu'elle indique évidemment la disparition d'un grand nombre d'orbes moins excentriques ; ce qui suppose autour du soleil une atmosphère qui s'est étendue au-delà du périhélie des comètes observables, et qui, en détruisant les mouvemens de celles qui l'ont traversée pendant la durée de sa grande étendue, les a réunies au soleil.

Alors, dit-il, on voit qu'il ne doit exister présentement que les comètes qui étoient au-delà dans cet intervalle ; que, comme nous ne pouvons observer que celles qui approchent assez près du soleil dans leur périhélie, leurs orbes doivent être fort excentriques ; mais qu'en même temps on voit que leurs inclinaisons doivent offrir les mêmes inégalités que si ces corps ont été lancés au hasard, puisque l'atmosphère solaire n'a point influé sur leurs mouvemens ; qu'ainsi la longue durée des révolutions des comètes, la grande excentricité de leur orbe et la variété de leurs inclinaisons s'expliquent très-naturellement au moyen de cette atmosphère.

Mais, se demande-t-il, comment a-t-elle déterminé les mouvemens de révolution et de rotation des planètes ? Il se répond : que si ces corps avoient pénétré dans ce fluide, sa résistance les auroit fait tomber sur le soleil ; qu'on peut donc conjecturer qu'ils ont été formés aux limites successives de cette atmosphère, par la condensation des zones qu'elle a dû abandonner dans le plan de son équateur, en se refroidissant et se condensant à la surface de cet astre... qu'on peut conjecturer encore que les satellites ont été formés d'une manière semblable, par les atmosphères des planètes ; enfin, que les cinq phénomènes qu'il a exposés précédemment, découlent naturellement de ces hypothèses auxquelles les anneaux de Saturne ajoutent un nouveau degré de vraisemblance.

Observons ces deux hypothèses. Celle de Buffon, indépendamment des défectuosités qui ont été remarquées par le savant Laplace, offre une difficulté majeure, qui seroit de savoir d'où proviendroit cette comète qui auroit frappé le soleil pour en faire sortir la matière des planètes, d'autant que les planètes et les comètes sembleroient avoir eu une grande affinité dans l'origine de leurs mouvemens.

En effet, si ces deux ordres de corps célestes diffèrent par leur excentricité, par la direction de leurs cours et par leurs inclinaisons, ils se ressemblent par leur assujettissement aux mêmes loix de la pesanteur, aux mêmes loix de l'attraction, et aux mêmes loix de proportionnalité dans les vitesses et les distances, et dans l'égalité des aires parcourues en temps égaux; ce qui donne le moyen de calculer, par la même méthode, le cours des comètes et celui des planètes, et de leur appliquer également les magnifiques découvertes de Képler et de Newton.

Quant à l'hypothèse du savant Laplace, s'il reconnoît que les cinq phénomènes dont il a fait mention, en découlent naturellement, il doit avouer aussi que, malgré ces avantages que je ne conteste pas, elle laisse cependant beaucoup de choses à desirer.

Dans le vrai, on ne concevra pas sans peine, comment l'atmosphère solaire, qui n'a laissé se former les planètes qu'en se resserrant jusqu'à ses limites actuelles, et qui n'a laissé, sans doute, nos comètes se former également qu'en se retirant, puisqu'elle s'étoit étendue primitivement au-delà du périhélie des comètes observables, et que la grande excentricité de leurs orbes conduit, selon lui, aux mêmes résultats ; on ne concevra pas, dis-je, comment l'atmosphère solaire qui, d'après son hypothèse, s'est étendue au-delà du périhélie des comètes observables, a cependant été traversée pendant la durée de sa grande étendue, par un grand nombre d'orbes moins excentriques dont elle a détruit les mouvemens, et qu'elle a réunis au soleil, puisque l'existence et la formation de ces orbes ou de ces comètes, moins excentriques au sein de cette même atmosphère, contrarieroit son propre système.

On ne concevra pas pourquoi, si des comètes ont pu pénétrer dans cette atmosphère solaire, les planètes, vu leur peu d'excentricité, n'auroient pas pu y pénétrer et y trouver également leur destruction, et même y circuler exclusivement jusqu'à ce qu'elles fussent à leur tour précipitées sur la masse solaire, puisque les unes et les autres, selon son hypothèse, doivent leur origine à la même cause; ce qui feroit que depuis long-temps nous ne devrions plus avoir de planètes, d'autant qu'il est dit, page 301, qu'il faut que ce fluide d'une immense étendue, ait embrassé tous les corps, c'est-à-dire, les planètes et les satellites.

Enfin, on ne concevra pas comment les planètes ne devant leur formation qu'à la retraite ou au resserrement de l'atmosphère solaire, après qu'elles en auront été embrassées à leur tour, les satellites devroient la leur à la retraite, ou au resserrement de l'atmosphère de leur planète principale, puisque ces satellites paroissant être absolument de la même nature que leur planète principale, sembleroient avoir dû leur origine à une cause simultanée, et que l'atmosphère solaire en se retirant et se resserrant, n'est pas censée laisser d'autre atmosphère après soi.

Sans porter plus loin l'examen de ces hypothèses défectueuses, je dirai qu'en général, ce qui nuit à la justesse et à la vérité des hypothèses enfantées par l'esprit humain, c'est le penchant secret qui l'entraîne à chercher aux phénomènes de la nature un mécanisme uniforme et un élément unique, comme lui paroissant ce qu'il y a de plus régulier et de plus parfait.

En fait d'explications, celle qui est la plus parfaite, c'est celle qui est la plus vraie, quelque multipliées et quelque compliquées que puissent être les causes dont cette explication essaie de rendre compte. L'oubli de cette vérité, on peut le dire, est ce qui a retardé en tout genre le développement de nos connoissances, et il n'y a pas une science qui n'en ait éprouvé et n'en éprouve peut-être tous les jours un préjudice sensible.

De même que les progrès de l'astronomie ont souffert de l'opinion où les savans ont été jusqu'à Képler, que les astres ne décrivoient que des orbes circulaires, parce que cette courbe étoit regardée comme la plus parfaite et la plus simple; de même la persuasion de l'unité des causes radicales et des données qui servent de base à la formation des astres et à leur mouvement, pourroit retarder la connoissance des véritables sources dont ils dérivent.

Une autre observation qui vient à l'appui de celle-ci, et qui n'est pas moins certaine, c'est que la loi des résultats extérieurs est plus facile à saisir que celle des organes qui les transmettent, et celle des organes qui les transmettent, plus faciles à saisir que celle des causes qui dirigent et constituent ces organes eux-mêmes ; parce qu'à mesure qu'on pénètre au-delà de la surface des êtres, leurs facultés sont plus prononcées et offrent par conséquent plus de diversité et d'opposition.

C'est ainsi que pour déterminer la marche et les périodes que les aiguilles d'une montre tracent sur son cadran, il suffit de les considérer des yeux et d'en suivre les mouvemens monotones, parce que, comme il n'y a là qu'un seul fait, on n'a besoin aussi que d'une seule formule pour le décrire et l'expliquer.

Si l'on veut pénétrer dans l'intérieur de la montre, on va y trouver plusieurs agens divers, dont les loix seront nécessairement plus nombreuses et l'explication moins simple que celle de la marche des aiguilles, puisqu'il y a entr'eux une sorte de combat et d'opposition.

Si l'on veut aller encore plus loin et scruter ce qui met en jeu tous les rouages de cette montre, calculer la somme de mouvement, et celle de la force et de la résistance qui gouvernent tous ces agens, et décomposer les diverses substances qui sont employées à ce mécanisme pour juger celles qui peuvent le mieux en remplir l'objet ; on verra combien les branches de la science vont se multiplier, et combien on seroit éloigné de la vérité, si l'on vouloit embrasser ces différentes branches dans une seule loi, et les soumettre à une seule explication.

C'est pour cela que quand le génie de l'homme a observé avec une profonde attention les mouvemens extérieurs des astres, il est parvenu à ces découvertes admirables de nos siècles modernes, et à ces magnifiques axiômes, par le moyen desquels, avec les loix les plus simples, il a décrit la véritable marche des corps célestes.

Mais il ne s'est occupé là que du cadran de la montre; et au lieu de nous avoir donné ce que les savans appellent le vrai système du monde, il ne nous en a réellement donné que l'itinéraire ; et encore dans cet itinéraire a-t-il oublié ce qu'il y auroit de bien essentiel en fait de voyages, qui seroit de nous dire d'où le voyageur est parti et où il va.

Aussi, lorsqu'après avoir décrit les mouvemens des corps célestes, l'homme a voulu essayer de décrire leur mobilité organique et primitive, c'est-à-dire pénétrer dans l'intérieur de la montre, on voit par les deux hypothèses ci-dessus, combien il a trouvé de difficultés et combien il est resté en arrière.

Ces difficultés se sont multipliées bien davantage encore pour lui, lorsque ne se contentant pas de scruter la mobilité organique et primitive des corps célestes, il a voulu se rendre compte de la formation originelle de ces corps célestes eux-mêmes ; et les deux hypothèses en question peuvent nous servir de témoignage.

Je ne crains point d'en répéter la raison ; c'est qu'à mesure que nous pénétrons au-delà de la surface des opérations de la nature, des mobiles divers se caractérisent, se prononcent, et se refusant à l'unité de loi comme à l'unité d'action, ils se refusent par conséquent à l'explication générale, applicable à la monotonie et à l'uniformité des phénomènes extérieurs qui ne sont que de serviles résultats.

Si les auteurs des deux hypothèses ci-dessus n'ont pas laissé de les publier, quoiqu'elles fussent loin de nous expliquer le système de l'origine des astres, j'oserai demander qu'il me soit permis à mon tour d'en proposer une troisième, quand même elle ne devroit pas avoir plus de succès. Je me déterminerai d'autant plus volontiers à exposer cette hypothèse, qu'elle ne vient pas de moi, et que par cette entreprise, je ne m'établis point le rival des deux auteurs en question.

Toutefois cette hypothèse ne pourra pas mériter les reproches des analystes, puisqu'à l'imitation des deux précédentes, qui n'ont point prétendu être appuyées sur une démonstration rigoureuse, elle ne se montrera point comme étant le fruit de l'observation et du calcul.

D'ailleurs elle n'aura point pour objet de décrire le cours et les mouvemens des astres, ce qui seroit aujourd'hui superflu, puisque dans ce genre nous devons avouer que les sciences exactes ont porté les connoissances à un point de perfection qu'il faut se contenter d'admirer, si l'on n'est pas en état d'en étendre encore les limites, mais qu'il n'est plus permis de combattre et de contester.

Elle ne se montrera point non plus comme voulant expliquer l'espèce d'ébranlement ou d'impulsion qui a pu mettre en mouvement les corps célestes, et cela dans le sens où nous les voyons circuler. Pour faire cette tentative, il me faudroit être d'accord avec les doctes du monde, sur l'objet de savoir d'où ce monde vient et où il va, et c'est ce dont ils ne s'occupent point, ne croyant pas possible d'en avoir connoissance. L'hypothèse en question suivra donc simplement le principe exposé ci-dessus, relativement à l'accroissement de l'énergie des propriétés des êtres et du nombre de leurs loix, à mesure que nous pénétrons dans leurs profondeurs.

Mais elle aura principalement pour but de présenter un apperçu sur l'origine des corps célestes et la formation de ces masses que nous appelons planètes ; et c'est alors qu'elle aura tous les droits d'user du principe en question.

Avant d'exposer cette hypothèse, je dois rappeler que son auteur qui est Jacob Bême, étoit attaché à toutes les opinions que nous avons énoncées précédemment sur l'existence d'un principe universel, à la fois dominateur suprême et source de tout ce qui est au nombre des êtres ; sur la nature de l'homme pensant et distinct de la classe animale ; sur la dégradation de l'espèce humaine, dégradation qui s'est étendue jusqu'à l'univers lui-même, et a fait que cet univers n'est plus que comme notre prison et notre tombeau, au lieu d'être pour nous une demeure de gloire, etc.

Il étoit persuadé, comme le savant Laplace, page 261, que tout se tient dans la chaîne immense des vérités : voilà pourquoi il emploie dans les développemens de son système toutes les bases et toutes les données qui embrassent l'universalité des choses ; parce que nous aurions beau, par notre pensée, retrancher une partie du système universel, et en faire un système à part, nous ne pourrions jamais retrancher avec succès, de ce système partiel, les ressorts qui le lient avec le système général.

Il croyoit que la nature primitive, qu'il appelle l'éternelle nature, et dont la nature actuelle, désordonnée et passagère, est descendue violemment, reposoit sur sept fondemens principaux, ou sur sept bases qu'il appelle tantôt puissances, tantôt formes, et même tantôt roues, sources et fontaines spirituelles, parce qu'il écrivoit dans un temps où toutes ces dénominations n'étoient pas proscrites, comme le sont de nos jours les formes plastiques, et les qualités des anciens philosophes ; expressions toutefois qui n'ont peut-être pas été plus entendues que ne le seront celles de notre auteur.

Il croyoit que ces sept bases, ou ces sept formes, existoient aussi dans la nature actuelle et désordonnée que nous habitons, mais qu'elles n'y existoient que comme à la gêne, et contrariées par de puissantes entraves, d'où elles tendoient avec effort à se dégager pour vivifier les substances mortes des élémens, et produire tout ce que nous voyons de sensible dans l'univers.

Ces sept qualités fondamentales, ou ces sept formes, il essaie de leur donner des noms pour faire comprendre ce qu'il avoue n'en avoir point de suffisans dans nos langues qui, selon lui, sont dégradées comme l'homme et l'univers.

Je voudrois m'abstenir de présenter cette nomenclature, par la difficulté qu'elle aura à trouver accès auprès du lecteur ; mais comme sans elle on pourroit encore moins comprendre la formation originelle des planètes, selon le système de l'auteur, je vais me déterminer à parler son langage.

Il appelle donc *astringence*, ou puissance coercitive, la première de ces formes, comme resserrant et comprimant toutes les autres. C'est ainsi que tout ce qui, dans la nature, est d'une qualité dure, les os, les noyaux des fruits, les pierres, lui paroissent appartenir principalement à cette première forme ou à l'astringence. Il étend aussi cette dénomination jusqu'au desir qui, dans tous les êtres, est la base et la source de tout ce qu'ils opèrent, et qui, par sa nature, attire et embrasse tout ce qui doit tenir à leur œuvre, chacun dans sa classe.

La seconde forme, il l'appelle le *fiel* ou l'*amertume*, et il prétend que c'est elle qui, cherchant par son activité pénétrante à diviser l'astringence, ouvre la voie de la vie, sans quoi tout resteroit mort dans la nature.

La troisième forme, il l'appelle l'*angoisse*, parce que la vie est comprimée par la violence des deux puissances antérieures ; mais, dans leur lutte, l'astringence s'atténue, s'adoucit, et se tourne en eau, pour livrer le passage au feu qui étoit renfermé dans l'astringence.

La quatrième forme, il l'appelle le *feu*, parce que du choc et de la fermentation des trois premières formes, il s'élève au travers de l'eau comme un éclair qu'il nomme éclair igné, chaleur, etc. : ce qui s'accorde avec ce qui se passe sous nos yeux, lorsque le feu s'élance en éclairs au travers de l'eau de nos nuées orageuses.

La cinquième forme, il l'appelle la *lumière*, parce que la lumière ne vient qu'après le feu, comme nous l'observons dans nos foyers, dans la pyrotechnie, et dans d'autres faits physiques.

La sixième forme, il l'appelle le *son*, parce qu'en effet le son vient après la lumière, comme nous le voyons lorsqu'on tire une arme à feu, ou, si l'on

G.

vent, comme nous sommes censés ne parler qu'après avoir pensé.

Enfin la septième forme, il lui donne le nom de *l'être*, de la *substance*, ou de la *chose* elle-même ; parce qu'il prétend que ce n'est qu'alors qu'elle nous découvre le complément de son existence ; et, en effet, les œuvres que nous faisons naître par notre parole, sont censées être le complément de toutes les puissances qui les ont précédées.

Ces sept formes que, dans le cours de ses ouvrages, l'auteur applique à la puissance suprême elle-même, à la nature pensante de l'homme, à ce qu'il appelle la nature éternelle et primitive, à la nature actuelle où nous vivons, aux élémens, aux animaux, aux plantes, enfin à tous les êtres, chacun dans les mesures et les combinaisons qui conviennent à leur existence et à leur emploi dans l'ordre des choses ; ces formes, dis-je, il ne faut pas être étonné qu'il les applique également aux planètes et aux autres corps célestes quelconques qui tous renferment individuellement en eux ces sept bases fondamentales, comme le fait la moindre production de l'univers.

En les appliquant à la nature des planètes, il les a appliquées aussi à leur nombre ; et en cela il a partagé une opinion qui a régné universellement sur la terre, et qui n'a disparu que depuis les nouvelles découvertes, c'est-à-dire, près de deux siècles après la mort de l'auteur.

Mais l'application qu'il a essayé de faire de sa doctrine au nombre prétendu de sept planètes, n'étoit que secondaire à son système ; et si l'existence des sept formes ou des sept puissances étoit réelle, son systême demeureroit toujours dans son entier, quoique le nombre des planètes à nous connues se soit augmenté depuis qu'il a écrit, et puisse s'accroître encore à l'avenir.

En effet, lorsque l'on croyoit aux sept planètes, rien n'étoit plus naturel à cet auteur que de penser que chacune d'elles, quoique renfermant en soi les sept formes en question, exprimoit cependant plus particulièrement une de ces sept formes, et tiroit delà les caractères divers que ces planètes elles-mêmes sembleroient annoncer par leurs apparences extérieures, ne fût-ce que par la diversité de leur couleur.

Quand même actuellement le catalogue des planètes dépasseroit le nombre de sept, la prédominance de l'une ou de l'autre des sept formes de la nature, ne cesseroit pas pour cela d'avoir lieu dans chacun de ces corps célestes ; seulement plusieurs de ces planètes pourroient être constituées de manière à offrir à nos yeux l'empreinte et la prédominance de la même forme ou propriété.

Le nombre des fonctions ne varieroit point, il n'y auroit que le nombre des fonctionnaires qui s'étendroit, et cela sans doute avec des proportions qui pourroient toujours aider à distinguer les grades des différens fonctionnaires employés à la même fonction ; car ils ne seroient probablement pas tous dans des degrés d'une égalité absolue, puisque la nature ne nous présente rien de semblable. A présent nous allons exposer l'hypothèse en question.

Selon l'auteur, la génération ou la formation originelle des planètes et de tous les astres, n'a pas eu d'autre mode que celui selon lequel la *vie*, et les merveilleuses proportions harmoniques de la suprême sagesse, se sont engendrées de toute éternité.

Car, lorsque l'altération s'introduisit dans une des régions de la nature primitive, la lumière s'éteignit dans cette région partielle qui embrassoit alors tout l'espace de la nature actuelle; et cette région qui est la nature actuelle, devint comme un corps mort, et n'eut plus aucune mobilité.

Alors l'éternelle sagesse, que l'auteur appelle quelquefois amour, Sophie, lumière, douceur, joie et délices, fit renaître dans le lieu central, ou dans le cœur de ce monde, un nouveau régime pour en prévenir et en arrêter l'entière destruction.

Cette place, ce lieu central, est, selon l'auteur, le lieu enflammé de notre soleil. De ce centre, ou de ce lieu, se sont engendrées et produites toutes les espèces de qualités, formes ou puissances qui remplissent et constituent cet univers, le tout selon les loix de l'éternelle génération divine; car il admet dans tous les êtres, et éternellement dans la suprême sagesse, un centre où se fait une production, ou subdivision septénaire. Il appelle ce centre le séparateur.

En outre, il regarde le soleil comme étant le foyer et l'organe vivificateur de toutes les puissances de la nature, de même que le cœur est le foyer et l'organe vivificateur de toutes les puissances des animaux.

Il le regarde comme étant la seule lumière naturelle de ce monde, et prétend que, hors ce soleil, il n'y a plus aucune véritable lumière dans la maison de la mort; et que, quoique les étoiles soient encore les secrets dépositaires d'une partie des propriétés de la nature primitive et supérieure, et quoiqu'elles luisent à nos yeux, cependant elles sont fortement enchaînées dans le bouillonnement âpre du feu, qui est la quatrième forme de la nature ; aussi elles portent tout leur désir vers le soleil, et prennent de lui tout leur éclat.

(Il ne connoissoit point alors l'opinion reçue, qui fait de toutes les étoiles autant de soleils ; opinion toutefois qui n'étant point susceptible d'être soumise à un calcul rigoureux, laisse la carrière libre à d'autres opinions).

Pour expliquer cette restauration de l'univers qui n'est que temporaire et incomplète, il prétend que lors de l'altération, il se forma par la puissance supérieure une barrière entre la lumière de l'éternelle nature, et l'embrasement de notre monde ; que par là ce monde ne fut alors qu'une vallée ténébreuse ; qu'il n'y avoit plus aucune lumière qui eût pu briller dans tout ce qui étoit renfermé dans cette enceinte ; que toutes les puissances ou toutes les formes furent comme emprisonnées là dans la mort ; que par la forte angoisse qu'elles éprouvèrent, elles s'échauffèrent sur-tout dans le milieu de cette grande circonscription, lequel milieu est le lieu du soleil.

Il prétend que quand leur fermentation angoisseuse parvint dans ce lieu au plus haut degré par la force de la chaleur, alors cette lumière de l'éternelle sagesse, qu'il appelle amour, ou SOPHIE, perça au travers de l'enceinte de séparation, et vint balancer la chaleur ; parce qu'à l'instant la lumière brillante s'éleva dans ce qu'il appelle la puissance de l'eau, ou l'onctuosité de l'eau, et alluma le cœur de l'eau, ce qui la rendit tempérante et restauratrice.

Il prétend que par ce moyen la chaleur fut captivée, et que son foyer, qui est le lieu du soleil, fut changé en une convenable douceur, et ne se trouva plus dans l'horrible angoisse; qu'en effet, la chaleur étant embrassée par la lumière, déposa sa terrible source de feu, et n'eut plus le pouvoir de s'enflammer davantage; que l'éruption de la lumière, au travers de la barrière de séparation, ne s'étendit pas plus loin dans ce lieu, et que c'est pour cela que le soleil n'est pas devenu plus grand, quoiqu'après cette première opération, la lumière ait eu d'autres fonctions à remplir, comme on le verra ci-dessous.

LA TERRE. Lorsqu'au temps de l'altération, la lumière s'éteignit dans l'espace de ce monde, alors la qualité astringente fut, dans son action la plus âpre et la plus austère, et elle resserra fortement l'opération des autres puissances ou formes. C'est delà que proviennent la terre et les pierres.

Mais elles ne furent pas encore rassemblées en masse, seulement elles erroient dans cette immense profondeur; et par la puissante et secrète présence de la lumière, cette masse fut promptement conglomérée et rassemblée de l'universalité de l'espace.

Aussi la Terre est-elle la condensation des sept puissances, ou des sept formes; mais elle n'est regardée par l'auteur, que comme l'excrément de tout ce qui s'est substantialisé dans l'espace, lors de l'universelle condensation : ce qui ne s'oppose point à ce qu'il se soit fait des condensations d'un autre genre dans les autres lieux de l'espace.

Le point central, ou le cœur de cette masse terrestre

conglomérée, appartenoit primitivement au centre solaire. Mais maintenant cela n'est plus. La Terre est devenue un centre particulier. Elle tourne en vingt-quatre heures sur elle-même, et en un an autour du soleil dont elle reçoit la vivification, et dont elle recherche la virtualité. C'est le feu du soleil qui la fait tourner. Lorsqu'à la fin de son cours elle aura recouvré sa plénitude, elle réappartiendra de nouveau au centre solaire.

MARS. Mais si la lumière contint le feu dans le lieu du soleil, cependant le choc et l'opposition de cette lumière occasionna aussi dans ce même lieu une terrible éruption ignée, par laquelle il s'élança du soleil comme un éclair orageux et effrayant, et ayant avec soi la fureur du feu. Lorsque la puissance de la lumière passa de l'éternelle source de l'eau supérieure au travers de l'enceinte de séparation dans le lieu du soleil, et enflamma l'eau inférieure, alors l'éclair s'élança hors de l'eau avec une violence effrayante : c'est delà que l'eau inférieure est devenue corrosive.

Mais cet éclair de feu n'a pu s'élancer que jusqu'à la distance où la lumière qui se portoit aussi après lui et le poursuivoit, a eu le pouvoir de l'atteindre. C'est à cette distance-là qu'il a été emprisonné par la lumière. C'est-là qu'il s'est arrêté, et il a pris possession de ce lieu ; et c'est cet éclair de feu qui forme ce que nous appelons la planète de Mars. Sa qualité particulière n'est autre chose que l'explosion d'un feu vénéneux et amer qui s'est élancé du soleil.

Ce qui a empêché que la lumière ne l'ait saisi plutôt, c'est l'intensité de la fureur de l'éclair, et sa rapidité ;

car il n'a pas été captivé par la lumière avant que la lumière l'eût tout-à-fait imprégné et subjugué.

Il est là maintenant comme un tyran ; il s'agite et est furieux de ne pouvoir pas pénétrer plus avant dans l'espace ; il est un aiguillon provocateur dans toute la circonscription de ce monde : car il a en effet pour emploi d'agiter tout par sa révolution dans la roue de la nature, ce dont toute vie reçoit sa réaction.

Il est le fiel de toute la nature, il est un stimulant qui concourt à allumer le soleil, comme le fiel stimule et allume le cœur dans le corps humain. Delà résulte la chaleur à la fois dans le soleil et dans le cœur ; delà aussi la vie dans toutes choses prend son origine.

JUPITER. Lorsque l'âpre éclair de feu fut emprisonné par la lumière, cette lumière, par son propre pouvoir, pénétra encore plus avant dans l'espace, et elle atteignit jusqu'au siége rigide et froid de la nature. Alors la virtualité de cette lumière ne put pas s'étendre plus loin, et elle prit ce même lieu pour sa demeure.

Or, la puissance qui procédoit de la lumière, étoit bien plus grande que celle de l'éclair de feu ; c'est pour cela aussi qu'elle s'éleva bien plus haut que l'éclair de feu, et qu'elle pénétra jusqu'au fond dans la rigidité de la nature. Alors elle devint impuissante, son cœur étant comme congelé par la rigidité âpre, dure et froide de la nature.

Elle s'arrêta là, et devint corporelle. C'est jusques-là que la puissance de la vivante lumière s'étend maintenant hors du soleil, et non pas plus loin ; mais l'éclat ou la splendeur qui a aussi à soi sa virtualité, s'étend jusqu'aux étoiles, et pénètre le corps universel de ce monde.

La planète de Jupiter est provenue de cette puissance de la lumière congelée ou corporisée, et de la substance de ce même lieu où cette planète existe ; mais elle enflamme continuellement ce même lieu par son pouvoir.

Toutefois Jupiter est dans ce lieu-là, comme un domestique qui doit sans cesse valeter (pour son office) dans la maison qui ne lui appartient pas, tandis que le Soleil a sa maison à soi. Hors lui, aucune planète n'a sa maison à soi.

Jupiter est comme l'instinct et la sensibilité de la nature. Il est une essence aimable et gracieuse ; il est la source de la douceur dans tout ce qui a vie ; il est le modérateur de Mars, qui est un furieux et un destructeur.

SATURNE. Quoique Saturne ait été créé en même temps que la roue universelle de la nature actuelle, cependant il ne tient point son origine ni son extraction du Soleil ; mais sa source est l'angoisse sévère, astringente et âpre du corps entier de ce monde.

Car comme la puissance lumineuse du Soleil ne pouvoit pas détendre ni tempérer la qualité âpre et rigide de l'espace, principalement dans la hauteur au-dessus de Jupiter, dès-lors, cette même circonférence entière demeura dans une terrible angoisse, et la chaleur ne pouvoit pas s'éveiller en elle à cause du froid et de l'astringence qui y dominoient.

Néanmoins, comme la mobilité avoit gagné jusqu'à la racine de toutes les formes de la nature, par l'éruption et l'introduction intérieure de la puissance de la lumière, cela fit que la nature ne pouvoit pas demeurer en repos; aussi elle eut les angoisses de l'enfantement, et la région rigide et âpre, au-dessus de la hauteur de Jupiter, engendra de l'esprit de l'âpreté le fils astringent froid et austère, ou la planète *Saturne*.

Car il ne pouvoit pas s'enflammer là cet esprit de chaleur d'où résultent la lumière, l'amour et la douceur, et il n'y eut qu'un engendrement de la rigidité, de l'âpreté et de la fureur. Aussi Saturne est l'opposé de la douceur.

(J'observerai, en passant, que les anneaux de Saturne, détachés du corps de la planète, et offrant, dans leur épaisseur, comme des lézardes et des brisures, sembleroient seconder cette explication de son origine dans l'âpreté et la rigidité. Le froid isole les puissances génératrices, au lieu de les harmoniser; il n'opère que par contrainte, comme par intervalles et par saccades; et même sur les corps qu'il peut produire, il engendre des morcellemens et comme des gerçures, par une suite de la division et de la violence où sont ses puissances productrices.)

Saturne n'est point lié à son lieu comme le Soleil; ce n'est point une circonscription étrangère, corporifiée dans l'immensité de l'espace; c'est un fils engendré de la chambre de la mort, de l'angoisse rigide, âpre et froide.

Il est néanmoins un membre de la famille dans cet espace dans lequel il fait sa révolution; mais il n'a à soi que sa propriété corporelle, comme un enfant quand sa mère lui a donné la naissance. C'est lui qui dessèche et resserre toutes les puissances de la nature, et qui amène par ce moyen chaque chose à la corporéité ; c'est son pouvoir astringent, qui sur-tout engendre les os dans la créature.

De même que le Soleil est le cœur de la vie, et une origine de ce qu'on appelle les esprits dans le corps de ce monde ; de même aussi Saturne est celui qui commence toute corporéité. C'est dans ces deux astres que réside la puissance du corps entier de ce monde. Hors de leur puissance, il ne sauroit y avoir dans le corps naturel de ce monde aucune créature ni aucune configuration.

(Uranus ou Herschell, qui n'étoit pas connu du temps de l'auteur, et qui est encore plus enfoncé dans l'espace de la rigidité et du froid que Saturne, aura pu avoir, suivant la doctrine qu'on vient de voir, la même origine que cette planète. Quant aux deux nouvelles planètes, Cérès et Pallas qui sont entre Mars et Jupiter, elles peuvent tenir plus ou moins de la cause originelle de leurs deux voisins, c'est-à-dire, de la lumière et du feu.)

VÉNUS. Vénus la gracieuse planète, ou le mobile de l'amour dans la nature, tient son origine de l'effluve du Soleil.

Lorsque les deux sources de la mobilité et de la vie se furent élevées du lieu du Soleil par l'enflâmement de l'onctuosité de l'eau, alors la douceur, par la puissance de la lumière, pénétra dans la chambre de la mort par une imprégnation suave et amicale, en descendant au-dessous de soi comme une source d'eau, et dans un sens opposé à la fureur de l'éclair.

Delà sont provenus la douceur et l'amour dans les sources de la vie. Car lorsque la lumière du Soleil eut imprégné le corps entier du Soleil, la puissance de la vie qui s'éleva de la première imprégnation, monta au-dessus de soi comme quand on allume du bois, ou bien lorsqu'on fait jaillir du feu d'une pierre.

On voit d'abord de la lueur, et de la lueur sort l'explosion du feu ; après l'explosion du feu vient la puissance du corps enflammé ; la lumière, avec cette puissance du corps enflammé s'élève à l'instant au-dessus de l'explosion, et règne beaucoup plus hautement et plus puissamment que l'explosion du feu ; et c'est ainsi qu'il faut concevoir l'existence du Soleil et des deux planètes Mars et Jupiter.

Mais comme le lieu du Soleil, c'est-à-dire, le Soleil, ainsi que tous les autres lieux, avoient en eux toutes les qualités à l'imitation de ce qui existe dans l'éternelle harmonie, c'est pourquoi aussitôt que ce lieu du soleil fut enflammé, toutes les qualités commencèrent à agir et à s'étendre dans toutes les directions : elles se développèrent selon la loi éternelle qui est sans commencement.

Alors la puissance de la lumière, qui dans le lieu du Soleil avoit rendu souples et expansives comme de l'eau, les qualités ou formes astringentes et amères, descendit au-dessous de soi comme ayant un caractère opposé à ce qui s'élève dans la fureur du feu. C'est delà qu'est provenue la planète Vénus, car c'est elle qui dans la maison de la mort introduit la douceur, allume l'onctuosité de l'eau, pénètre suavement dans la dureté, et enflamme l'amour.

Dans Vénus, le régime radical ou la chaleur amère qui est fondamentale en elle comme dans toutes choses, est desireuse de Mars, et la sensibilité est desireuse de Jupiter ; la puissance de Vénus rend traitable le furieux Mars ; elle l'adoucit, et elle rend Jupiter modéré et retenu ; autrement la puissance de Jupiter perceroit au travers de l'âpre chambre de Saturne, comme au travers de la boîte osseuse des hommes et des animaux, et la sensibilité se changeroit en audace contre la loi de l'éternelle génération.

Vénus est une fille du Soleil ; elle a une grande ardeur pour la lumière ; elle en est enceinte : c'est pourquoi elle a un éclat si brillant en comparaison des autres planètes.

MERCURE. Dans l'ordre supérieur des loix harmoniques des sept formes éternelles, Mercure est ce que l'auteur appelle le *son*. Ce son ou ce mercure est aussi, selon lui, dans toutes les créatures de la terre, sans quoi rien ne seroit sonore, et même ne rendroit aucun bruit. Il est le séparateur ; il éveille les germes dans chaque chose ; il est le principal ouvrier dans la roue planétaire.

Quant à l'origine de Mercure dans l'ordre des planètes, l'auteur l'attribue au triomphe remporté sur l'astringence par le pouvoir de la lumière, parce que cette astringence, qui resserroit le son ou le mercure dans toutes les formes et les puissances de la nature, l'a rendu libre en s'atténuant.

Ce Mercure, qui est le séparateur dans tout ce qui a vie ; qui est le principal ouvrier dans la roue planétaire ; qui enfin est comme la parole de la nature, ne pouvoit dans l'enflâmement prendre un siége éloigné du Soleil qui est le foyer, le centre et comme le cœur de cette nature, parce qu'étant né dans le feu, ses propriétés fondamentales s'y opposoient et le retenoient auprès de ce Soleil, d'où il exerce ses pouvoirs sur tout ce qui existe dans ce monde.

Il envoie ses puissances dans Saturne, et Saturne commence leur corporisation.

L'auteur prétend que Mercure s'imprègne et s'alimente continuellement de la substance solaire ; que dans lui se trouve renfermée la connoissance de ce qui étoit dans l'ordre supérieur, avant que la puissance de la lumière eût pénétré au travers de l'enceinte dans le centre solaire et dans l'espace de cet univers, (ce qui pourroit être la cause secrète des recherches de tant de curieux sur le mercure minéral.)

Il prétend en outre que mercure ou le son stimule et ouvre, sur-tout dans les femmes, ce que dans tous les êtres il appelle la teinture, et que c'est là la raison pour laquelle elles parlent si volontiers.

LA LUNE. L'auteur ne parle que de ce seul satellite. Il dit que lorsque la lumière eut rendu matérielle la puissance dans le lieu du Soleil, la Lune parut, comme cela s'étoit opéré pour la terre; que la Lune est un extrait de toutes les planètes ; que la terre lui cause de l'épouvante, vu son effroyable état d'excrément depuis l'altération ; que la Lune, dans sa révolution, prend ou reçoit ce qu'elle peut de la puissance de toutes les planètes et des étoiles ; qu'elle est comme l'épouse du Soleil ; que ce qui est subtil et spiritueux dans le Soleil, devient corporel dans la Lune, parce que la Lune concourt à la corporisation, etc.

L'auteur ne parle point des comètes. Je les ai comparées, dans l'esprit des choses, à des espèces d'aides-de-camp qui communiquent dans l'exercice de leurs fonctions à tous les points d'une armée et d'un champ de bataille. Cela pourroit diminuer notre surprise de voir se tracer dans tous les sens les directions de ces comètes, ce qui n'est point propre aux planètes.

D'ailleurs le système exposé ci-dessus, s'il étoit réel, pourroit nous aider à concevoir l'origine de ces comètes et leur destination. Car l'auteur nous fait assez entendre que la puissance de la lumière a joué un grand rôle dans la formation de notre système planétaire, comme la puissance du feu en a joué un principal dans la formation des étoiles que l'auteur regarde comme étant dans le bouillonnement âpre du feu.

Or, l'harmonie ne pouvant exister que dans l'union de la puissance du feu et de celle de la lumière, les comètes auroient pu être originairement composées de l'une et de l'autre, mais en degré divers, comme on pourroit le présumer à la grande variété de leurs apparences et de leurs couleurs.

Delà on pourroit imaginer que la fonction de ces comètes seroit de servir d'organes de correspondance entre la région solaire et la région des étoiles; et on pourroit s'affermir dans cette conjecture, en voyant que dans leur périhélie elles s'approchent plus ou moins du soleil, et que par l'immense excentricité de leurs éclipses, elles peuvent porter vers la région des étoiles la réaction solaire, et rapporter au Soleil la réaction des étoiles.

Il ne seroit pas même nécessaire que ces comètes approchassent de près la région des étoiles quand elles monteroient vers cette région; comme nous voyons que lorsqu'elles viennent dans notre région solaire, elles se

H

tiennent même dans leur périhélie à une assez grande distance du Soleil.

Telle est l'hypothèse que j'ai cru pouvoir exposer à côté de celles des deux auteurs célèbres dont nous avons parlé ci-dessus. Je ne l'ai présentée toutefois que très en abrégé. Pour en donner une idée complète, il faudroit analyser tous les ouvrages de l'écrivain qui l'a mise au jour ; et encore ne me flatterois-je pas de la mettre par là à l'abri de toutes les objections.

Mais je pourrois dire aux savans en question, que si elle avoit des défectuosités, les leurs en ont peut-être encore davantage, en ne nous offrant aucune des bases vives qui semblent servir à la fois de principe et de pivot à la nature ; qu'ils ont d'ailleurs assez de gloire dans celles de leurs sciences qui ne sont point conjecturales, pour n'être point humiliés si un autre avoit frappé plus près du but dans celles qui ne sont point l'objet de l'analyse.

Il y a plusieurs branches dans l'arbre de l'intelligence humaine ; toutes ces branches, quoique distinctes, ne servent, au lieu de se nuire, qu'à étendre nos connoissances.

Prenons une lyre pour exemple, et plaçons-la sous les yeux de plusieurs hommes. L'un d'eux pourra m'en représenter exactement les dimensions extérieures.

Si un autre va plus avant, et en démontant toutes les pièces de cette lyre, me donne une idée juste de toutes les matières dont elles sont composées, et de toutes les préparations et manipulations qu'on leur a fait subir pour les rendre propres à remplir l'emploi qui leur est destiné, cela n'empêchera point que la description qu'aura faite le premier démonstrateur, ne soit très-juste et très-estimable.

Enfin, si un troisième est en état de me faire entendre les sons de la lyre et de charmer mon oreille par une harmonieuse mélodie, son talent ne nuira pas davantage au mérite des deux démonstrateurs précédens.

C'est pour cela que je présente avec confiance aux savans hommes dans les sciences exactes, l'hypothèse dont il s'agit, parce que, malgré le champ immense qu'elle embrasse, elle n'empêchera jamais que leurs découvertes dans les faits astronomiques extérieurs ne soient de la plus grande importance, et que les merveilleuses puissances de l'analyse ne les conduisent journellement, et d'un pas assuré, dans la connoissance des loix fixes qui dirigent non-seulement les corps célestes, mais même tous les phénomènes physiques de l'univers.

Et même plus ils feront de progrès dans ce genre, plus j'éprouverai de satisfaction, persuadé, comme je le suis, que par là ils avanceront d'autant vers la frontière des autres sciences, et qu'ils n'hésiteront plus à former entr'elles une alliance indissoluble, quand ils auront reconnu qu'elles offrent tous les titres de la fraternité.

Je leur ferai remarquer en outre, que si malgré ses couleurs neuves et inattendues, l'hypothèse en question laissoit cependant encore des lacunes, il ne faudroit pas en être étonné ; celui qui ouvre une carrière extraordinaire, peut bien être pardonnable de ne pas la parcourir toute entière.

L'histoire des sciences nous apprend que quoique la théorie du mouvement de la terre eût fait disparoître la plupart des cercles dont Ptolémée avoit embarrassé l'astronomie, cependant Copernic en avoit laissé subsister plusieurs pour expliquer les inégalités des corps célestes.

Elle nous apprend que Képler, égaré par une imagination ardente, négligea d'appliquer aux comètes les superbes loix qu'il avoit trouvées sur le rapport du carré des temps des révolutions des planètes et des satellites, et les cubes des grands axes de leurs orbes, parce qu'il croyoit, avec le vulgaire, que les comètes n'étoient que des météores engendrés dans l'éther, et qu'il négligea dès-lors d'en étudier les mouvemens.

Elle nous apprend enfin que Newton lui-même, malgré les trésors qu'il a recueillis sur les phénomènes du système du monde, sur les mouvemens des comètes, sur les inégalités des mouvemens de la lune qui sont dues aux actions combinées du soleil et de la terre sur ce satellite, n'a fait presque qu'ébaucher ces découvertes ; et que parmi les perturbations qu'il a observées dans les mouvemens de la lune, l'évection de cet astre a échappé à ses recherches.

D'ailleurs, je leur dirai que si cette hypothèse étoit vraie, quelques lacunes ou même quelques erreurs ne s'opposeroient point à ce que l'on pût retirer quelques fruits de sa justesse, puisque même dans la science des mouvemens célestes, qui est une science exacte, on a pu aller très-loin et calculer juste, quoiqu'on ne connût point tous les astres qui composent notre système planétaire.

C'est ainsi qu'avant la découverte des trois nouvelles planètes, l'ignorance où l'on étoit de leur existence, n'empêchoit point que les astronomes ne sussent nous annoncer d'une manière assez exacte le retour des comètes, parce que ces planètes inconnues étant ou trop éloignées, ou trop petites, leur attraction ne pouvoit produire une perturbation sensible dans les comètes qui auroient passé auprès d'elles.

Je ne laisserai point là l'article de l'astronomie, sans examiner la conjecture généralement reçue que les autres planètes ayant nombre de rapports de similitude avec la terre, sont très-probablement habitées comme elle.

J'ai dit dans l'esprit des choses, que la Terre n'en existeroit pas moins, quand même elle ne seroit pas habitée, puisque cette propriété qu'elle a d'être habitée, n'est que comme secondaire et étrangère à son existence. Ainsi, quoique nous la voyions habitée, ce n'est pas une raison décisive pour conclure que les autres planètes le soient, malgré l'analogie qui autorise à en former la conjecture.

On peut aussi observer que la végétation n'est point pour la terre une propriété constitutive et nécessaire, puisqu'on la voit stérile dans plusieurs de ses climats, et puisque les sables et les rochers, qui sont tous des substances terreuses, sont néanmoins le symbole de la stérilité.

On voit en même temps que le Soleil est le moyen direct qui développe en elle cette végétation, puisqu'elle végète en raison de sa proximité de cet astre, et qu'elle est stérile lorsqu'elle s'éloigne de lui ; mais on voit aussi que quand elle s'en approche trop, et qu'il prend la prépondérance, elle se calcine, se convertit en sable et en poussière, c'est-à-dire qu'elle devient stérile.

D'après cela on peut présumer qu'étant susceptible de végétation, elle a été placée dans la série des planètes au rang qu'il lui falloit, et à la juste proximité nécessaire du Soleil, pour qu'elle pût remplir le plan secondaire de végétation ; et delà on pourroit induire que les autres planètes sont trop près ou trop loin de lui pour végéter.

En outre, il y auroit sans doute relativement à la végétation quelque grande lumière à recueillir de la différence de densité des planètes ; et peut-être cette lumière pourroit nous éclairer sur la nature même de ces corps célestes, auxquels d'ailleurs nous ne pouvons guères refuser une identité de substance fondamentale, puisque nous trouvons entre la Terre et les autres planètes une analogie parfaite dans les loix de leurs mouvemens, dans les loix de leur pesanteur et dans les loix de leur attraction ; ce qui sert de guide dans les superbes observations que l'astronomie et les mathématiques font tous les jours sur la marche de ces grands corps, et sur toutes leurs propriétés extérieures.

Mais en attendant la découverte de cette lumière, il nous faudroit au moins supposer en général aux autres planètes une destination individuelle et diverse, soit qu'elles fussent habitées ou non, si nous voulions arriver à quelque chose de satisfaisant sur leur existence ; car la stérilité probable des autres planètes, pour être trop près ou trop loin du Soleil, sembleroit une raison de plus pour présumer qu'elles ne sont point habitées.

Or, aucun système sur ce point ne sauroit être présenté, qu'au préalable on ne supposât aussi une destination à l'univers, et qu'on ne la connût ; et les sciences humaines la prétendent impossible à connoître.

Par la même raison, on ne pourroit reconnoitre une destination à l'univers, que l'on ne fût bien d'accord sur la nature de l'homme, afin de savoir si cette destination et l'homme n'auroient pas quelques rapports.

Or, les sciences humaines prétendent également que la nature de l'homme est impossible à connoître, ou, pour mieux dire, elles la confondent avec celle des bêtes ; ce qui replonge l'homme dans la mesure ténébreuse et incertaine où ces mêmes sciences placent la nature entière, c'est-à-dire, sous l'arrêt qui déclare impossible la connoissance de la destination de cette nature.

Enfin, pour connoître la destination de l'homme, il faudroit aussi savoir à quoi s'en tenir sur le principe général des choses, ou sur cette suprême puissance à laquelle on a donné la dénomination de Dieu, et les sciences humaines ont rayé cette puissance supérieure de l'ordre des êtres. Peu encouragées par les écoles religieuses, où on affirme plus qu'on n'explique, elles ont confondu le principe avec l'abus que les hommes en faisoient, et les ont proscrits l'un et l'autre.

D'ailleurs les maîtres dans ces sciences humaines, appliquant avec tant de succès leurs connoissances physiques, mathématiques et analytiques aux propriétés extérieures de l'univers, n'employant que ces moyens externes, étant enthousiasmés, avec raison, des résultats que ces moyens leur procurent, non-seulement ne connoissant pas d'autres moyens que ceux-là, non-seulement n'ayant pas besoin d'en connoître d'autres pour l'objet externe qu'ils se proposent, mais, refusant dédaigneusement toute espèce d'observation qui sortiroit de ce cercle où ils se renferment ; comment parvenir, je ne dis pas à les naturaliser avec des questions et des vérités d'un autre ordre que celles qui les occupent, mais même à obtenir d'eux, à cet égard, un moment d'audience et un instant d'attention ?

Je m'en tiendrai donc, au sujet des autres planètes, aux simples observations que je viens de faire.

Néanmoins, condamné pour ainsi dire depuis que je pense, à marcher dans des sentiers peu battus et remplis de ronces, je crois devoir me soumettre encore à mon sort, en traitant selon mes forces l'important sujet de la destination de notre globe. J'offrirai aux doctes de la terre quelques voies de conciliation, qui, sans rien ôter de la gloire qu'ils méritent, et sans rien rejeter des connoissances dont ils jouissent, pourront les engager à convenir de la possibilité que le cercle où ils se renferment fût moins exclusif, et moins resserré que leurs sciences ne l'annoncent.

Je tâcherai de leur faire observer que les régions où l'homme a le droit et le besoin d'atteindre, ne doivent point être aussi inaccessibles qu'ils le prétendent, et que même pour remplir la mesure de notre intelligence, il nous faut un complément qu'ils ne nous donnent point, malgré les merveilleuses découvertes dont ils nous enrichissent journellement.

L'homme se fait souvent une objection remarquable sur la modique place que notre Terre occupe parmi les corps célestes, et sur la supériorité que dans l'ordre de sa destination nous sommes accoutumés à lui donner, habitude dont l'immense spectacle de l'univers ne permettroit à notre raison que l'orgueil pour explication, si nous ne prenions l'avis que de nos yeux.

Les raisons qui engagent les observateurs à refuser à notre terre une destination distinguée parmi les autres corps célestes, se réduisent toutes à dire que nous nous trouvons sur une petite planète presqu'imperceptible dans la vaste étendue du système solaire, qui lui-même, d'après la découverte des nébuleuses, et d'après l'opinion régnante, que les étoiles sont autant de soleils, n'est qu'un point insensible dans l'immensité de l'espace.

Si la grandeur visible des êtres étoit le seul signe et la seule règle pour juger de leur valeur réelle, cette objection seroit invincible. Mais nous avons bien des exemples qui prouvent que cette loi est bien loin d'être universelle et sans exception.

L'œil n'est pas l'organe qui occupe le plus de place dans le corps humain, et cependant il ne tient pas le moindre rang parmi les autres organes, puisqu'il est comme le gardien, la sauve-garde et l'éducateur de tout le corps. Le diamant est comme d'une petitesse infinie par rapport à la masse terrestre, et cependant il est pour nous de la plus grande valeur auprès de toutes les autres matières terrestres beaucoup plus volumineuses que lui.

Ces simples réflexions ne font autre chose, je l'avoue, que d'arrêter la difficulté et ne la résolvent pas. Passons donc à des réflexions qui pour certains esprits pourront avoir un plus grand poids. Mais comme selon les savans célèbres que j'ai cités ci-dessus, toutes les vérités se touchent, je serai obligé d'employer ici toutes les données que j'ai déja présentées et que j'ai supposées admises par le lecteur, comme elles sont admises pour moi.

Je m'appuierai donc sur cet homme dégradé, dont je n'ai cessé de rappeler l'altération et la situation humiliante.

Je m'appuierai à la fois sur l'amour et sur la justice suprême, gravant tour-à-tour leurs décrets sur la triste demeure que nous habitons.

Je m'appuierai enfin sur les privilèges religieux dont l'Homme-Esprit peut développer en lui les puissans témoignages, sans emprunter le secours d'aucune espèce de tradition, et qui étant inconnus de l'Homme-Matière, prouvent au moins par-là que la cause que défend le matérialiste, n'est pas assez instruite pour prétendre, de sa part, à un jugement décisif en sa faveur.

En partant du principe que l'homme est un être dégradé et revêtu des habits de l'ignominie, nous pouvons sans inconséquence regarder notre Terre comme étant pour nous une prison ou un cachot; et ici, indépendamment du torrent de misères humaines qui se répand sans cesse sur tous les mortels, quel est l'homme qui en descendant dans son être intime et secret, ne témoigneroit pas en faveur de cette douloureuse opinion?

Or, si la Terre est une prison pour l'homme, il n'est pas étonnant qu'elle soit peu remarquable parmi les autres astres; car même selon les usages de notre justice humaine, nous ne donnons pour prison aux détenus que des lieux abjects et de médiocre étendue.

La Terre, qui n'est présentée par notre auteur Allemand que comme l'excrément de la nature, et qui d'après le principe de la dégradation de l'homme, n'est qu'une prison, n'a pas besoin non plus d'être le centre des mouvemens des astres, comme l'ont cru les anciens et Ticho-Brahé ; car un fumier et une prison ne sont pas ordinairement le centre ou le chef lieu d'un pays.

Nous voyons en outre qu'à la vérité les gouvernemens nourrissent leurs prisonniers, mais qu'ils ne les nourrissent pas d'un pain recherché et délicat ; aussi nous voyons que notre terre végète, et est féconde et productrice, puisque, malgré notre qualité de prisonniers, la justice suprême veut bien nous donner notre nourriture.

Mais en même temps nous voyons qu'en qualité de prisonniers, cette justice suprême ne laisse produire naturellement à notre terre que des fruits imparfaits, et qu'elle ne nous nourrit que d'un pain d'angoisse, ou d'un pain sauvage, et que ce n'est qu'au prix de nos sueurs que nous améliorons un peu notre genre de vie, comme dans nos justices humaines le prisonnier est réduit aux alimens les plus grossiers, et n'a rien au-dessus de sa ration qu'il ne le paye.

Si dans nos justices humaines les prisonniers sont réduits à une si misérable existence, on voit de temps en temps aussi pénétrer dans leur prison les secours de la bienfaisance et de la charité ; on voit que journellement les consolations saintes et religieuses arrivent jusqu'à eux, quelque infect que soit leur cachot. En un mot, il n'est pas jusqu'à l'autorité la plus éminente, dont l'œil et la compassion ne visitent quelquefois ces demeures du crime, quelque vile que soit la condition des coupables. Que doit-ce donc être lorsqu'il arrive que le prisonnier a de proches rapports de parenté avec le souverain ?

Tout cela est un indice pour nous, que si, d'un côté, nous sommes soumis à la sévérité d'un joug rigoureux, il est tempéré de l'autre par le règne de l'amour et de la douceur, comme en effet cela nous est figuré physiquement par le lieu qu'occupe la Terre, étant placée, ainsi que chacun le sait, entre Mars et Vénus.

Si l'Homme-Esprit vouloit donc ouvrir les yeux, il reconnoîtroit bientôt en lui-même les secours innombrables que la bienfaisance de la suprême autorité divine fait arriver jusqu'à lui dans le lieu de sa détention. Il verroit que si d'après la petitesse de la Terre, il avoit eu tort de la prendre pour le centre des mouvemens célestes, cette méprise étoit pardonnable, en ce qu'il devoit être lui-même le centre des mouvemens divins dans la nature, et que tous ces torts prennent leur source dans ce sentiment secret de sa propre grandeur, qui lui a fait mal-à-propos appliquer à sa prison les priviléges qu'il ne devoit appliquer qu'à sa personne, et qui même ne laissoient plus que de tristes souvenirs dans sa mémoire, au lieu des traces glorieuses qu'elles auroient dû lui offrir.

Je crois donc que si l'Homme-Esprit suivoit attentivement et avec constance le fil secourable qui lui est tendu dans son labyrinthe, il parviendroit à résoudre d'une manière positive tous les problèmes qui existent encore sur la prison où il est renfermé.

Car les développemens qu'il acquerroit par-là lui feroient sentir que s'il n'est plus aujourd'hui au premier rang des êtres de l'univers, sous les rapports de la gloire, il est placé de nouveau à ce premier rang en se considérant sous les rapports de l'amour, et que sa prison ayant dû se ressentir de cet allégement, elle doit porter encore en elle-même quelques traces attachantes de la destination à laquelle elle est appelée.

Or cette destination n'est rien moins que d'être le temple purificateur où l'homme non-seulement peut se réhabiliter par les secours qui lui sont prodigués, mais peut encore recevoir et manifester tous les trésors de la suprême sagesse qui l'a formé, et qui ne dédaigne pas de verser sur lui son propre amour et sa propre lumière, tant elle desire de ne pas laisser effacer en lui son image.

Mais pour parvenir à connoître vraiment ce qu'est la Terre sous tous les rapports où nous l'avons présentée, il faudroit bien plus essentiellement encore étudier l'homme sous les rapports qui le concernent, et s'il ne cultive pas avec un zèle opiniâtre les germes sacrés qui se sèment en lui journellement à ce dessein, il retombera, soit à son égard, soit à l'égard de la Terre, dans les ignorances vulgaires et dans les aveugles décisions qui en sont la suite.

L'univers et l'homme forment deux progressions qui sont liées l'une à l'autre, et qui marchent de front, et le dernier terme de la connoissance de l'homme le conduiroit au dernier terme de la connoissance de la nature. Or, comme les sciences humaines éloignent entièrement cette connoissance active et positive de l'homme, qui seule peut et doit tout nous apprendre, il n'est pas étonnant qu'elles restent si loin en deçà des vrais connoissances de la nature.

En effet, quoique les merveilles des sciences naturelles, et sur-tout les merveilles de l'astronomie nous procurent des plaisirs qui nous élèvent pour ainsi dire au-dessus de ce monde étroit et ténébreux, et qui nous font goûter la supériorité de notre pensée sur notre être purement sensible ; cependant ces merveilles elles-mêmes, il faut en convenir, ne satisfont pas à tous les besoins de l'Homme-Esprit ; et il semble que si nous avons le pouvoir de connaître sensiblement la nature par tous nos sens, si nous avons le pouvoir de la mesurer par nos sciences, il nous faudroit un troisième pouvoir qui seroit celui de la mettre en jeu.

Car si nous avons des desirs, de l'intelligence et un grand fonds d'activité intérieure, comme cela est évident par tous nos actes, il faudroit qu'il n'y eût rien en nous qui ne fût employé, d'autant que cette nature étant au rang de nos apanages, nous ne devrions pas, comme suzerains, nous borner à lever la carte de nos domaines, et que nous devrions avoir le droit de les disposer selon notre gré.

Ainsi nos plus fameux savans dans la nature, nos plus fameux astronomes devroient par cette seule observation être persuadés qu'ils ne jouissent pas du complément des droits de l'Homme-Esprit.

Que sera-ce donc si nous jetons les yeux sur ce qu'on appelle les causes finales ?

Chaque chose a 1.º un principe d'action que nous pouvons appeler la base de son existence, et qui répond, dans le social, à la qualité de membre de la famille politique.

2.º Un mode d'action selon lequel elle doit opérer ce qui lui est confié par sa base ; et ce mode d'action répond, dans le social, au pouvoir administratif.

3.º L'instrument ou l'agent qui opère cette action,

et qui répond, dans le social, au pouvoir exécutif, et dans le physique, à tous les pouvoirs aveugles de la nature.

4.º Un but, un plan, un objet où tend cette action, et pour lequel cette action est préposée ; ce qui peut aisément se comprendre dans quelque classe que l'on veuille en chercher des exemples.

De ces quatre parties il n'y en a aucune dont nous ne dussions avoir connoissance, sur-tout en ce qui regarde l'existence de l'homme, puisqu'il est naturel que comme puissance active et pensante, nous sachions d'où nous recevons cette puissance ; comment nous la devons opérer ; avec quel agent nous la devons opérer ; pour quel but et à quelle fin nous la devons opérer. Mais nous avons aussi le droit de contempler, d'analyser et de connoître ces quatre parties dans tous les ordres d'existence quelconque.

C'est là ce qu'en général on peut appeler les causes finales ; et l'on voit qu'elles ne se bornent pas, ainsi qu'on le croit communément, à connoître la raison de l'existence d'une chose, soit générale, soit particulière, puisqu'on peut aller jusqu'à en connoître le principe, ainsi que le mode de son action.

Les sciences humaines circulent autour de ces foyers de connoissance, mais elles n'y entrent jamais, et prétendent ensuite qu'on n'y sauroit jamais entrer. Elles cherchent bien en quelque sorte le mode d'action, et c'est là l'objet de toutes les recherches mathématiques et physiques, soit pures, soit d'application. Et même par une suite de ce droit naturel que nous avons, elles voudroient monter jusqu'au principe de cette action, mais ne le cherchant que dans les résultats et non dans sa source; en un mot, que dans la forme et non dans la base cachée de cette forme, elles perdent de vue et la base de l'existence des choses, et le mode d'action, et l'agent qui opère cette action, et enfin le but de cette même existence.

Alors, au lieu de scruter d'où viennent les êtres, où ils tendent, et comment ils tendent à leur terme, elles se concentrent uniquement dans la recherche de savoir comment les êtres sont construits. Elles ne connoissent dès-lors ni la source de ces êtres, ni leur vrai mode d'action, ni le *pourquoi* de leur action, ni leur vrai *comment* qui est interne et caché, et elles s'épuisent à nous peindre leur faux *comment*.

Plus elles trouvent de difficultés à marcher dans ces sentiers, plus elles s'y obstinent. Et c'est-là ce qui les fait demeurer à poste fixe dans ces voies d'erreur, et les rend si ennemies et si dédaigneuses du *pourquoi* des êtres; lequel *pourquoi* est cependant la première des connoissances que nous devrions rechercher avant même de nous occuper de leur vrai *comment*.

Que devons nous donc attendre des recherches exclusives que l'on nous fait faire journellement de leur *comment* faux?

Toutes les productions de nos arts ont un *pourquoi*, et nous avons grand soin de le faire connoître, afin de donner cours à nos œuvres. Celui à qui nous les présentons ne s'informe de leur *comment*, qu'après s'être informé de leur *pourquoi*.

L'artiste lui-même qui les produit se propose toujours en première ligne leur *pourquoi*, et ce n'est que d'après ce *pourquoi* qu'il s'occupe du *comment* de leur exécution; et sûrement en y travaillant il ne s'arrête pas au *comment* faux et purement de forme, mais il cherche le *comment* vrai et actif qui puisse le mieux seconder et réaliser le but ou le *pourquoi* qu'il se propose.

Ceux qui croient à une source suprême de l'existence des choses, devront supposer qu'elle a bien au moins autant d'esprit et d'intelligence que nous, et qu'ainsi elle doit avoir dans la production de ses œuvres la même marche, la même sagesse, la même méthode, et la même conduite que nous avons dans la production des nôtres.

Or, si dans nos œuvres, non-seulement nous annonçons toujours un *pourquoi*, mais encore un *comment* intérieur qui est le pivot de l'œuvre, et un mode d'action qui lie ces deux *comment*; si, dis-je, nous laissons connoître tous ces secrets aux personnes à qui nous montrons nos œuvres, la Providence ne peut pas avoir eu l'intention de nous cacher ces mêmes secrets dans les œuvres qu'elle offre à nos yeux, et notre ignorance sur cela ne peut être attribuée qu'à notre mal-adresse.

Vous qui aimeriez à connoître la raison des choses, souvenez-vous qu'elle ne se trouve point dans leurs surfaces; elle ne se trouve pas même dans leur centre extérieur qui est le seul que sache ouvrir les sciences humaines. Elle ne doit se trouver que dans leur centre intérieur, parce que c'est là où leur vie demeure; mais comme leur vie est le fruit de la parole, ce n'est aussi que par la parole que leur centre intérieur peut s'ouvrir, et sans ce moyen là je ne crains point de dire que l'on pourra bien obtenir les prix proposés au sujet d'un fluide très-fameux de nos jours, mais qu'on ne pourra pas les gagner, parce que ce fluide-là, quoiqu'on dit raison d'en faire une étude sérieuse, et quoiqu'il puisse en effet conduire aux plus grandes découvertes, est encore, pour parler le langage de Bèhme, renfermé dans les quatre premières formes de la nature, et qu'il n'y a que la parole qui puisse ouvrir la porte de sa prison.

Je terminerai là ce que j'avois à dire sur ce qui concerne les corps astronomiques, et je passerai au but principal de cet ouvrage, qui est de traiter du repos de la nature, du repos de l'ame humaine et du repos de la parole ; repos auquel doit concourir le ministère de l'Homme-Esprit.

L'homme prend un caractère différent à chacun des degrés de cette sublime entreprise : au premier degré, il peut se regarder comme maître de la nature, et il le doit être en effet pour qu'elle puisse recevoir de lui du soulagement.

Au second degré, il n'est plus que le frère de ses semblables, et c'est moins comme maître que comme ami qu'il se livre à leur soulagement.

Enfin, au troisième degré, il n'est plus que comme serviteur et comme mercenaire de cette parole à laquelle il doit essayer de porter du soulagement ; et ce n'est que quand il rentre ainsi au rang le plus subordonné, qu'il devient spécialement ouvrier du Seigneur.

Mais le premier devoir que l'homme auroit à remplir pour concourir au soulagement de la nature, ce seroit de commencer par ne pas la tourmenter et ne pas lui nuire. Avant que son haleine eût recouvré le pouvoir de la purifier et de la vivifier, il faudroit qu'il se rendît lui-même assez sain pour ne pas infecter l'univers comme il le fait tous les jours.

Qu'opère-t-il en effet habituellement sur la terre ? Si l'air pur nous vient chercher et s'insinue dans nos demeures, seroit-ce seulement pour apporter un nouveau véhicule à notre vie ? Ne seroit-ce pas peut-être aussi pour recevoir lui-même de nous l'affranchissement et la délivrance de l'action corrosive qui le travaille depuis le crime ? Et nous, non-seulement par nos exhalaisons putrides et nos miasmes vénéneux, mais plus encore par l'infection de nos pensées, nous ne faisons que le rendre plus corrompu et plus destructeur.

La terre où nous marchons nous offre dans tous ses pores comme autant de bouches qui nous demandent un baume consolateur pour guérir les plaies qui la rongent : et nous, au lieu de lui rendre le repos et la vie, nous ne savons appaiser sa soif qu'avec le sang des hommes que nous versons dans nos fureurs guerrières et fanatiques, et qui ne peut qu'irriter les douleurs qu'elle éprouve, en ne parvenant dans son sein que tout fumant de la rage et des féroces passions de l'homme.

Semblables à cette Déesse qui sur le mont Ida faisoit fleurir la terre sous ses pas, nous accumulons dans nos superbes jardins de nombreux végétaux et des arbres magnifiques; mais, au lieu de leur rendre la vie des productions du jardin d'Eden, nous venons en foule promener autour d'eux notre nonchalance et notre oisiveté.

Nous remplissons de nos paroles mortes ou mortifères l'atmosphère qui les environne; nous interceptons les fortes influences que la nature s'empresse de leur apporter ; et de peur même que dans ces superbes jardins publics qui nous représentent presque en nature l'Elysée des poètes, les beaux arbres qui font la principale partie de leurs merveilleux ornemens ne conservent trop long-temps leur vigueur, nous les brûlons jusques dans leur racine avec ce qu'il y a de plus corrosif, sans songer même s'il n'y auroit pas autour de nous des yeux chastes et pudiques que nous fissions rougir par notre immorale et révoltante indécence.

Oh! non, homme dépravé, parmi cette cohue qui, dans ces jardins publics, erre vaguement, comme toi, sous l'ombre hospitalière, à peine reste-t-il de ces yeux chastes et pudiques que tu fasses rougir par ton immorale et révoltante indécence. La mort qui est dans tes mœurs, est aussi dans celles de la plupart de ces êtres désœuvrés dont tu viens augmenter le nombre.

Mais enfin il peut s'en trouver qui soient conservés ; alors si tu ne sais plus même respecter ou leur délicatesse, ou leur innocence, je ne murmurerai plus de te voir infecter des arbres, si ce n'est pour te reprocher ton inconséquence, puisque ces arbres sont destinés à réjouir ta vue, et à te garantir des ardeurs d'un soleil brûlant.

Avec nos instrumens d'astronomie, nous pénétrons dans les vastes profondeurs des cieux ; nous y découvrons chaque jour des merveilles qui attirent notre admiration ; et lorsque les sources puissantes qui animent tous ces corps célestes, ainsi que l'espace où ils nagent, ne semblent s'ouvrir à nos yeux qu'afin que nous rapprochions d'elles, autant qu'il est en nous, ces sources plus puissantes encore dont elles sont séparées, que faisons-nous ?

Au lieu d'employer notre zèle à rétablir leur antique alliance, nous mettons le comble à leur tristesse, en leur disant qu'elles auroient tort de soupirer après un autre état, qu'elles ont tout le repos auquel elles peuvent prétendre, et que c'est en vain qu'elles invoquent une autre puissance que la leur; en un mot, lorsqu'elles viennent nous demander de les rapprocher de cet Être qui est si élevé au-dessus de leur demeure, de cet Être sans lequel nulle créature ne jouit de la paix, notre profond savoir nous conduit à faire retentir de nos blasphèmes leurs majestueuses enceintes, et à proclamer hautement, sous leurs célestes portiques, qu'il n'y a point de Dieu.

Est-ce à des hommes, dans une aussi grande aberration morale et intellectuelle, qu'il faut parler du véritable ministère de l'homme dans la nature ? Seroient-ils propres à le remplir ? Ils ne seroient pas même capables de comprendre un seul mot de ce qui auroit rapport à cet important ministère, et toute instruction en ce genre ne seroit que les irriter et réveiller leurs dédaigneux mépris.

Mais pour ceux qui auront résisté au torrent, je les entretiendrai de ce grand objet avec confiance, et je me servirai avec eux de toutes les notions et de toutes les croyances qui nous sont communes.

Le grand crime des Juifs fut, selon Moïse, de n'avoir point procuré le repos ou le sabbat à la terre. En effet, j'ouvre le Lévitique, (26, 24.) et je vois qu'après la dispersion entière et toutes les calamités dont Moïse vient de les menacer, il ajoute : *Alors la terre se complaira dans ses sabbats pendant tous les jours qu'elle passera dans sa solitude; lorsque vous serez transférés dans le pays de vos ennemis, elle sabbatisera, et se reposera dans les sabbats de sa solitude, parce qu'elle n'a point trouvé le repos dans vos sabbats pendant que vous l'habitiez.*

Rapprochons de ce passage l'idée que nous devons prendre du peuple d'Israël qui est l'héritage du Seigneur (Isaïe, 19 : 25.) Rapprochons de l'idée de ce peuple, et du beau titre qu'il porte, l'idée que nous devons prendre de l'homme qui doit être par excellence l'héritage du Seigneur, lorsque cet univers qui nous possède encore aura atteint le terme de son existence.

Enfin rapprochons du superbe ministère que nous cherchons à retracer aux yeux de l'homme, la tâche que le peuple d'Israël avoit à remplir dans la Judée, et qui consistoit à faire sabbatiser la terre, ou à lui procurer le repos, et nous verrons dans le peuple Juif et dans l'homme la même destination et le même emploi, comme nous voyons dans l'un et dans l'autre, le même titre et la même qualification.

S'il s'y trouve quelque différence, elle est toute à l'avantage de l'homme. Israël n'est que l'esquisse et l'abrégé de l'homme. L'homme est l'Israël en grand. Israël n'étoit chargé que de faire sabbatiser la terre promise; l'homme est chargé de faire sabbatiser la terre entière, pour ne pas dire tout l'univers.

Mais c'est le mot sabbatiser dont il seroit essentiel de nous rendre compte, afin de mieux sentir ce que nous devons comprendre par le ministère de l'Homme-Esprit.

Nous ne pouvons guères nous dispenser de croire, qu'indépendamment des fruits terrestres que la terre nous prodigue tous les jours, elle a encore d'autres fruits à produire. Le premier des indices que nous en ayons, est de voir la différence qui se trouve entre les fruits sauvages que la terre porte naturellement, et ceux que nous lui faisons produire par notre culture, ce qui pourroit annoncer à des yeux pénétrans, que la terre n'attend que le secours de l'homme pour faire sortir de son sein des merveilles encore plus intéressantes.

Un second indice est, qu'il y a eu peu de nations payennes qui n'aient rendu un culte religieux à la terre.

Enfin, la mythologie vient appuyer notre conjecture, en nous offrant les pommiers d'or placés dans le jardin des Hespérides, en faisant enseigner aux hommes, par une Déesse, l'art de l'agriculture, et en nous apprenant, selon Hésiode, que la terre naquit immédiatement après le chaos, qu'elle épousa le Ciel, et qu'elle fut mère des Dieux et des Géants, des Biens et des Maux, des Vertus et des Vices.

Si de ces observations naturelles et mythologiques, nous passons à des traditions d'un autre ordre, nous verrons dans la Genèse (4: 11 et 12.) qu'après le meurtre d'Abel, il fut dit à Caïn : *Désormais tu seras maudit sur la terre qui a ouvert son sein, et qui a reçu de ta main le sang de ton frère. Lorsque tu la cultiveras, elle ne te rendra point ses fruits.*

Or, nous ne remarquons pas que la terre ne puisse être labourée que par la main d'un juste, sous peine de demeurer stérile. Nous ne remarquons pas non plus que ce soit le sang des hommes qui s'oppose à sa fécondité. Les champs de la Palestine étoient tout imbibés du sang de ses habitans que le peuple d'Israël avoit ordre d'exterminer ; et la fertilité de ces champs étoit au nombre des promesses et des récompenses auxquelles les Juifs avoient droit de prétendre, s'ils se conformoient aux loix qui leur étoient prescrites.

Nous ne voyons pas non plus que dans nos guerres, les terrains où nous enfouissons des monceaux de cadavres, soient frappés de stérilité. Au contraire, ils se font remarquer par leur étonnante abondance. Ainsi, tandis que le sang humain, versé injustement, crie vengeance jusqu'au ciel, nous ne nous appercevons pas que les loix terrestres de la végétation du globe soient interverties ni suspendues par les suites des homicides, soit généraux, soit particuliers.

Lors donc qu'il fut dit à Caïn, après son crime, que quand il travailleroit la terre, elle ne lui rendroit point ses fruits, tout nous engage à penser qu'il étoit question, dans ce travail, d'une autre culture que de la culture commune et ordinaire ; or, cette autre culture, quelle idée pourrions-nous nous en former qui ne rentrât pas dans le véritable ministère de l'Homme-Esprit, ou dans cet éminent privilège qui lui est donné de pouvoir faire sabbatiser la terre ? privilège toutefois qui est incompatible avec le crime, et qui doit cesser et être suspendu dans ceux qui ne marchent pas selon la justice.

Mais nous ne pouvons guères pénétrer dans le sens du mot sabbatiser, sans recourir aux notions antérieures dont nous avons déjà présenté le tableau, et sans regarder, sinon comme vraies, au moins comme admises, les sept formes ou les sept puissances que notre auteur Allemand établit pour base de la nature.

Il nous faut en outre reconnoître avec lui que par une suite de la grande altération, ces sept formes ou ces sept puissances sont ensevelies dans la terre comme dans les autres astres, qu'elles y sont comme concentrées et en suspension ; et que c'est cette suspension qui tient la terre en privation et en souffrance, puisque ce n'est que par le développement de ces puissances ou de ces formes qu'elle pourroit produire elle même toutes les propriétés dont elle est dépositaire, et qu'elle desire de manifester ; observation que l'on peut appliquer à toute la nature.

Enfin, il nous faudroit retracer le tableau de l'homme qui annonce universellement une tendance à tout améliorer sur la terre, et qui fut chargé par la sagesse suprême, selon Moïse (Genèse 2 : 15.) de cultiver le paradis de délices, et de veiller à sa conservation.

Or, quelle pouvoit être cette culture de la part de l'homme, sinon de maintenir en activité, selon les mesures et proportions convenables, le jeu de ces sept puissances ou de ces sept formes, dont le jardin de délices avoit besoin comme tous les autres lieux de la création ?

Il falloit donc par conséquent que l'homme fût dépositaire du mobile de ces sept puissances, pour pouvoir les faire agir selon les plans qui lui étoient tracés, et pour maintenir ce lieu choisi dans son repos, ou dans son sabbat, puisqu'il n'y a de repos ou de sabbat pour un être, qu'autant qu'il peut librement développer toutes ses facultés.

Aujourd'hui, quoique le mode de l'existence de l'homme ait prodigieusement changé par l'effet de la grande altération, l'objet de la création n'a pas changé pour cela, et l'Homme-Esprit est encore appelé à la même œuvre, qui est de faire sabbatiser la terre.

Toute la différence, c'est qu'il ne peut plus opérer cette œuvre que d'une manière pénible et douloureuse; et sur-tout il ne le peut que par le seul et même moyen actif qui jadis devoit donner le mouvement aux sept puissances fondamentales de la nature.

Tant qu'il ne remplit pas ce sublime emploi, la terre souffre, parce qu'elle ne jouit pas de son sabbat.

Elle souffre bien plus si l'homme la réactionne dans un sens criminel, en cherchant à développer en elle des puissances coupables et corrompues, entièrement opposées au plan qu'il a reçu. Dans la première supposition, elle supporte l'homme malgré toutes ses négligences; dans la seconde, elle le rejette de son sein, et tel a été le cas du peuple d'Israël.

Quant à ces sept puissances renfermées aujourd'hui dans la terre comme dans toute la nature, nous en voyons une image sensible dans le phénomène physique que notre atmosphère offre à nos yeux, quand par la présence du soleil, les nuages se fondent en eau.

Cette substance aqueuse, (qui, selon de profondes et justes observations, est, dans toutes les classes, le vrai conducteur ou le propagateur de la lumière,) présente, en remplissant l'espace, un miroir naturel aux rayons solaires.

Ceux-ci, en pénétrant dans le sein de cet élément, marient leurs propres puissances avec celles dont il est lui-même dépositaire; et par cette féconde union, le soleil et l'eau, c'est-à-dire, la région supérieure et la région inférieure manifestent aussitôt à notre vue le signe septénaire de leur alliance, qui est en même temps le signe septénaire de leurs propriétés, puisque les résultats sont analogues à la source qui les engendre.

Ce fait sensible et physique nous offre en nature l'enseignement le plus instructif sur l'état de concentration et d'invisibilité où sont ces sept puissances dans la nature; sur la nécessité que leurs entraves se rompent pour qu'elles puissent rentrer dans leur liberté; sur l'action constante du soleil, qui ne travaille qu'à faciliter leur délivrance, et à montrer ainsi à tout l'univers qu'il est ami de la paix, et qu'il n'existe que pour le bonheur des êtres.

Lorsque cette pluie, ainsi fécondée par le soleil, descend sur la terre, elle vient y opérer, en se mariant avec elle à son tour, les salutaires résultats de la végétation que nous secondons par notre travail, et dont nous recueillons les heureux fruits; et c'est ainsi que la vie ou le sabbat matériel de la nature se propage par des progressions douces depuis le chef solaire jusqu'à nous.

Mais ce phénomène physique et figuratif, et tout ce qui en est le résultat, s'opère sans le ministère spirituel de l'homme, et cependant c'est à l'homme à faire sabbatiser la terre; aussi avons-nous reconnu ci-dessus qu'elle attendoit de lui une autre culture, et que ce n'étoit plus que par de pénibles travaux qu'il pouvoit aujourd'hui la lui procurer.

Je ne craindrai point de dire que ce glorieux sabbat que l'Homme-Esprit est chargé de rendre à la terre, est de lui aider à célébrer les louanges de l'éternel principe, et cela d'une manière plus expressive qu'elle ne le peut faire par toutes les productions qu'elle laisse sortir de son sein.

Car c'est là le terme réel auquel tendent tous les êtres de la nature. Leurs noms, leurs propriétés, leurs sept puissances, leur langue enfin, tout est enseveli sous les décombres de l'univers primitif ; c'est à nous à les seconder dans leurs efforts, pour qu'ils puissent redevenir des voix harmonieuses et capables de chanter chacun dans leur classe les cantiques de la souveraine sagesse.

Mais comment chanteroient-ils ces cantiques, si cette souveraine sagesse n'employoit un intermède pour pénétrer jusqu'à eux, puisqu'elle leur est si supérieure, et si par son représentant, et une image d'elle-même, elle ne leur faisoit pas ainsi parvenir ses douceurs ?

Nous ne cherchons plus à établir ici que l'homme est cet intermède ; tout ce qui a précédé n'a eu pour objet que de nous amener à cette persuasion ; et malgré les nuages ténébreux qui environnent la famille humaine, malgré le poids énorme du fardeau qui l'accable depuis qu'elle a été plongée dans la région de la mort, je me plais à croire que parmi mes semblables, il s'en trouvera encore qui, dans cette sublime destination, n'appercevront rien que leur véritable nature désavoue ; et peut-être même, ne fût-ce qu'en perspective, ils n'en envisageront pas le charme sans tressaillir. Ne nous occupons donc ici que de chercher à quel prix l'homme peut parvenir à s'acquitter de cet important ministère.

Ce ne peut être qu'en employant ces mêmes puissances qui sont cachées dans son être corporel, comme dans tous les autres êtres de la nature ; car l'homme étant l'extrait de la région divine, de la région spirituelle et de la région naturelle, les sept puissances ou les sept formes, qui servent de base à toutes choses, doivent agir en lui, mais d'une manière diverse et graduée, selon son être naturel, selon son être spirituel, et selon son être divin ou divinisé.

Mais pour qu'elles puissent agir en lui dans quelques-unes de ces classes qui le constituent, il faut que ces puissances elles-mêmes soient ramenées en lui à leur état de liberté originelle.

Or, quand l'homme se contemple sous ce rapport, quand il considère à quel état de désordre, de désharmonie, de débilité et d'esclavage, ces puissances sont réduites dans tout son être, la douleur, la honte et la tristesse s'emparent de lui, au point que tout pleure en lui, et que toutes ses essences se transforment en autant de torrens de larmes.

C'est sur ces torrens de larmes, représentées matériellement par les pluies terrestres, que le soleil de vie dirige ses rayons vivificateurs, et que, par l'union de ses propres puissances avec le germe des nôtres, il manifeste à notre être intime le signe de l'alliance qu'il vient contracter avec nous.

C'est alors, homme, que tu deviens susceptible de sentir les douleurs de la terre, ainsi que celles de tout ce qui constitue l'univers ; c'est alors qu'en vertu de l'énorme différence qui se trouve entre l'état infirme des sept puissances cachées dans la terre, et entre tes propres puissances revivifiées, tu peux apporter du soulagement à ses souffrances, parce que tu peux répéter à son égard ce qui vient de s'opérer sur toi.

Enfin ce n'est qu'en jouissant toi-même de ton propre sabbat ou de ton propre repos, que tu peux parvenir à la faire sabbatiser à son tour.

Ce n'est que par-là que tu deviens réellement le maître de la nature, et que tu peux l'aider à manifester tous les trésors qu'elle gémit de voir concentrés dans son sein, ainsi que tous ces prodiges et tous ces faits merveilleux dont les mythologies de tous les peuples et toutes les traditions, soit profanes, soit sacrées, sont remplies, et qu'elles attribuent les unes à des Dieux imaginaires, les autres aux droits réels qui appartiennent à l'homme revivifié, dans ses facultés, par le principe même qui lui a donné l'être.

C'est par là que tu peux en quelque sorte soumettre les élémens à ton empire, disposer à ton gré des propriétés de la nature, et contenir dans leurs bornes toutes les puissances qui la composent, afin qu'elles n'agissent que dans leur union et leur harmonie.

Car ce n'est qu'en agissant dans leur désordre et dans leur désharmonie, qu'elles produisent ces formes monstrueuses que l'on remarque dans les différens règnes de la nature; de même que ces formes de bêtes, et ces voix animales qui se manifestent quelquefois dans les orages et les tempêtes, et qu'il n'est point nécessaire d'attribuer à l'intervention des esprits, ni à des apparitions, comme la crédulité vulgaire est toujours prête à le supposer.

Mais si, d'un côté, la superstition exagère sur cet article; de l'autre, l'ignorance ou la précipitation philosophique condamne trop dédaigneusement ces sortes de faits. Les puissances de la nature sont contenues les unes par les autres, quand elles jouissent de leur harmonie. Leur frein se brise dans les temps d'orage ; et comme elles portent en elles-mêmes les germes et les principes de toutes les formes, et sur-tout le *son* ou le mercure, il n'est pas étonnant que quelques-unes d'entr'elles se trouvant alors plus réactionnées que les autres, elles produisent à notre vue des formes caractérisées, et à nos oreilles des voix d'animaux à nous connus.

Il ne faut pas être surpris non plus de ce que ces voix et ces formes, n'ont qu'une courte durée, et qu'une existence éphémère ; elles ne peuvent avoir ni la vie, ni les qualités substantielles dont elles jouissent, quand elles sont le résultat de l'union harmonique de toutes les puissances génératrices.

Toutefois je n'exclus point ici généralement le concours de la main supérieure qui, selon les plans qu'elle se propose dans sa sagesse, peut joindre et a joint souvent en effet son action à celles des puissances de la nature. Néanmoins si la main supérieure peut intervenir elle-même dans les grandes scènes, dont l'espace est le théâtre, et dont nous sommes les témoins, il n'en est pas moins vrai que les puissances élémentaires sont habituellement sous leur propre loi dans ce monde, et qu'étant toujours prêtes à se mettre en jeu selon l'espèce de réaction qui les stimule, elles sont toujours susceptibles de produire telle ou telle forme, tel ou tel son, enfin tel ou tel autre signe analogue à cette réaction.

Il est également vrai que quand la main suprême se joint ainsi aux puissances élémentaires, elle a alors plus particulièrement l'homme pour objet dans ces importantes conjonctures, soit pour l'instruire et le réveiller s'il est coupable, soit pour l'employer comme médiateur s'il est ouvrier du Seigneur; car le ministère de l'Homme-Esprit revivifié s'étend sur tous les phénomènes qui peuvent se manifester dans la nature.

Comment le Ministère de l'Homme-Esprit revivifié, ne s'étendroit-il pas sur toutes les espèces de phénomènes qui peuvent se manifester dans la nature, puisque notre véritable régénération consiste à être réintégrés dans nos droits primitifs, et que les droits primitifs de l'homme l'appeloient à être l'intermède et le représentant de la Divinité dans l'univers ?

LE MINISTÈRE DE L'HOMME-ESPRIT.

SECONDE PARTIE.

De l'Homme.

Pour comprendre la sublimité de nos droits, il faut remonter jusqu'à notre origine. Mais avant de considérer la nature de l'Homme-Esprit, nous observerons ce qu'en général on peut appeler l'Esprit, dans quelque genre que ce soit; nous exposerons les sources radicales d'où dérive cette expression, et nous prendrons d'abord ce mot esprit dans les différens sens sous lesquels il peut être envisagé dans nos langues.

On peut regarder l'esprit d'une chose comme étant l'engendrement actuel, soit partiel, soit complet des puissances de son ordre.

C'est ainsi que la musique ne nous fait connoître ce qu'elle est, que par l'émission actuelle des sons par lesquels elle se transmet à nos oreilles, et qui ne sont que l'expression effective ou l'esprit actif des plans ou des tableaux qu'elle veut nous peindre.

C'est ainsi que le vent est l'émission actuelle de l'air comprimé par les nuages ou les puissances de l'atmosphère. Aussi quant à l'ordre élémentaire, dès qu'il n'y a plus de compression, il n'y a plus de vent: or, l'on sait que les langues anciennes employoient le même mot pour exprimer le vent, le souffle et l'esprit.

C'est ainsi que l'haleine de l'Homme et des autres animaux, est l'émission actuelle de ce qui résulte en eux de l'union de l'air avec leurs forces vitales; aussi quand leurs forces vitales cessent, l'haleine ou l'esprit et l'expression de la vie cessent aussitôt.

C'est ainsi que le jaillissement de nos pensées, et de ce que le monde appelle de l'esprit dans l'Homme, est l'émission actuelle de ce qu'une fermentation secrète a développé dans les puissances de notre entendement, et ce jaillissement est par conséquent le fruit de leur actuel engendrement : aussi quand cette fermentation secrète se suspend en nous, nous sommes comme n'ayant plus de pensée, comme n'ayant plus de ce que nous appelons de l'esprit, quoique nous ayons toujours en nous les germes qui peuvent en produire.

D'après cet exposé nous ne devons pas craindre de regarder comme esprit le fruit provenant perpétuellement des éternelles puissances suprêmes, ou de leur unité universelle, puisque par l'engendrement actuel dont ce fruit provient sans interruption, il doit porter par-dessus toutes les autres émissions, le nom d'esprit que nous donnons à tout ce qui nous offre le caractère d'une émission ou d'une expression actuelle.

Et ici nous sommes obligés de rappeler que les éternelles puissances génératrices de cet Être universel reposent, comme tout ce qui existe, sur deux bases fondamentales que dans l'esprit des choses, nous avons indiquées sous les noms de la force et de la résistance ; et que Jacob Bèhme, en les appliquant à la Divinité, représente sous les noms du double desir qu'elle a de rester dans son propre centre, et d'y développer cependant ses universelles splendeurs ; sous les noms d'âpreté et de douceur ; de ténèbres et de lumière ; et même sous les noms d'angoisses et de délices, de colère et d'amour, quoiqu'il dise sans cesse que dans Dieu, il n'y a ni âpreté, ni ténèbres, ni angoisses, ni colère, et qu'il ne se serve de ces expressions que pour désigner des puissances qui sont diverses, mais qui, agissant simultanément, offrent, et offriront éternellement, la plus parfaite unité, non-seulement avec elles-mêmes, mais encore avec cet universel et éternel esprit, qu'elles n'ont jamais cessé et qu'elles ne cesseront jamais d'engendrer.

Il me semble aussi que ce n'est point une notion infructueuse et indifférente que celle que nous acquérons ici du caractère de ce fruit perpétuel de l'actuel engendrement de l'universelle unité dont les puissances sont continuellement dans la nécessaire et exclusive dépendance d'elles-mêmes; et si les observateurs avoient ainsi considéré cette unité productrice dans son caractère d'émission actuelle et nécessaire, ils auroient retiré de plus grands avantages de leurs recherches sur l'Être divin et universel qui en résulte, qu'en voulant scruter de prime abord la nature de cet Être, comme ils le font, et cela en détournant avec soin leurs regards de son action, pendant que son action est peut-être toute sa nature : aussi c'est par une suite de leur fausse tactique que non-seulement ils n'ont point trouvé cet Être

K..

universel qu'ils cherchoient mal, mais que même ils en sont venus à se persuader que ce qu'ils n'avoient point trouvé n'existoit pas.

Voici un des principaux avantages que nous aurions retirés, si nous avions considéré sous son vrai caractère l'Être universel, ou le fruit spirituel, divin et actuel des puissances de l'éternelle unité.

De même que le fruit de toutes les générations qui sont soumises à notre vue, répète et représente tout ce qui constitue ses puissances génératrices; de même ce que nous appelons esprit dans l'acte générateur de l'éternelle unité, ne peut être autre chose que l'expression actuelle et manifeste de tout ce qui appartient, sans exception, à cette éternelle unité : ainsi c'est à cet esprit universel à nous la faire connoître, à nous la retracer dans son entier, comme l'Homme nous retrace temporellement toutes les propriétés de ses père et mère dont il est l'entière et vivante image.

Oui, en fixant la vue de notre entendement sur ce fruit actuel et perpétuel de l'éternelle unité, nous sentons que puisque les puissances de cette éternelle unité sont perpétuellement dans la nécessaire et exclusive dépendance d'elles-mêmes, et que le fruit de leur union est un engendrement actuel et sans terme comme sans limite, il faut que ce fruit soit réellement l'expression actuelle et complète de leur mutuelle union; il faut qu'il ait en lui, et qu'il peigne actuellement et universellement, tout ce qui peut servir de base au mutuel attrait de ces puissances les unes pour les autres.

Il faut ainsi, que le fruit de cet engendrement, ou que cet Être universel nous dévoile et nous offre sans cesse et dans tous les points une telle abondance et une telle continuité d'amour, de vie, de force, de puissance, de beauté, de justesse, d'harmonie, de mesure, d'ordre, et de toute autre sorte de qualités quelconques, que par-tout notre pensée rencontre le vivant effet de leur plénitude, et ne puisse jamais manquer des moyens de reconnoître la suprématie de leur universelle unité ; il faut sur-tout que ce fruit qu'elle engendre ne puisse sans doute également faire qu'un avec elle, puisqu'il doit avoir, et être tout ce que cette unité renferme, et puisque ne pouvant admettre d'intervalle entre l'amour de ces puissances, et l'acte de leur engendrement, ni de diversité dans les degrés de cet amour et de cet engendrement, il n'est pas possible non plus d'appercevoir de différence dans leur être essentiel, et dans leur nature constitutive.

Mais aussi ce n'est qu'à cet Être universel, ou a cette émission actuelle et perpétuelle de l'éternelle unité à nous offrir cette connoissance, comme ce n'est qu'au fruit de toutes nos générations visibles à nous offrir celle de leurs puissances génératrices.

Voilà pourquoi ceux qui ont méconnu cet Être nécessaire, ou ce fruit actuel et perpétuel de l'engendrement de l'éternelle unité, ont dû finir naturellement par ne plus reconnoître l'éternelle unité elle-même, puisqu'il n'y avoit absolument que ce fruit actuel qui pût la leur représenter avec toutes les qualités et propriétés qui la constituent ; c'est ainsi qu'en détournant nos yeux des fruits de la terre, nous perdrions bientôt la connoissance des qualités virtuelles et génératrices de la nature. C'est ainsi qu'en ne considérant l'Homme que dans l'immobilité et dans le mutisme, nous perdrions bientôt l'idée de l'étonnante agilité de son corps, et de la vaste étendue de son intelligence et de sa pensée.

Si les puissances de l'éternelle unité sont nécessairement unes dans leur engendrement, si l'Être universel ou le fruit qui provient de leur engendrement fait aussi nécessairement un avec elles, c'est sans doute une raison fondamentale pour que sa génération nous soit cachée, puisque nous ne pouvons le considérer séparé de ses sources génératrices.

Mais si d'un autre côté il est nécessaire qu'il y ait une union progressive et graduelle de l'universelle unité toute entière, avec toutes les productions possibles que nous voyons paroître sous nos yeux, nous ne devons plus être étonnés de ce que nous n'avons jamais pu percer dans la génération des êtres, puisque non-seulement dans ces générations partielles, les puissances génératrices suivent aussi la loi d'une unité selon leur classe, mais même que leur fruit ne fait également qu'un avec elles à l'instar de l'universelle unité, et cela au moins en racine, et dans l'acte générateur, quoiqu'ensuite ce fruit se détache de ses sources génératrices, comme appartenant à la région de ce qui est successif.

Qui craindroit de s'arrêter ici pour contempler combien c'est une chose admirable, et qui imprime une sorte de respect religieux, que cette loi profonde par laquelle l'origine de tout ce qui se produit est cachée et inconnue à ceux même qui reçoivent cette origine!

C'est sous ce voile impénétrable que les racines de tous les engendremens s'anastomosent avec la source universelle. Ce n'est que quand cette secrète anastomose s'est faite, et quand la racine des êtres a reçu dans le mystère sa vivifiante préparation, que la substantialition commence, et que les choses prennent ostensiblement des formes, des couleurs et des propriétés. Cette anastomose est insensible même dans le temps, et elle va se perdre dans l'immensité, dans l'éternel et le permanent, comme pour nous apprendre que le temps n'est que la région de l'action visible des êtres, mais que la région de leur action invisible est l'infini.

Oui, l'éternelle sagesse et l'éternel amour soignent à-la-fois leur gloire et notre intelligence; ils semblent craindre de nous laisser croire que rien ait commencé, et qu'il y ait autre chose que l'Eternel, puisque véritablement nul être, et particulièrement nul homme, n'a pour son propre compte l'idée d'un commencement, si ce n'est pour son corps; et encore est-ce autant d'après l'ennui que ce corps occasionne à son esprit, que d'après les exemples journaliers de sa reproduction, que lui vient cette connoissance; car en effet il n'y a que le mal et le désordre qui puissent avoir un commencement. Aussi, comme l'homme tient à l'unité ou au centre qui est le milieu de toutes choses, il a beau vieillir corporellement, il ne s'en croit pas moins au milieu de ses jours.

Ainsi l'origine cachée des choses est un témoignage parlant de leur éternelle et invisible source, et nous sentons qu'il n'y a que la mort et le mal qui commencent, mais que la vie, la perfection, le bonheur, ne pourroient être, s'ils n'avoient pas toujours été.

Et c'est là ce qui nous confirme dans les principes ci-dessus ; si dans tous les exemples particuliers que nous avons présentés, il n'y a rien qui puisse porter le nom d'esprit, qu'en nous offrant le phénomène d'une émission actuelle et toujours possible, il est bien sûr que l'Être universel ne peut avoir que ce même caractère, et que dès-lors il développe à notre entendement l'actuelle et nécessaire plénitude d'une existence sans interruption comme sans principe.

Heureux celui qui élevera sa pensée jusqu'à ce haut terme, et qui pourra s'y maintenir ? Il parviendra par ce moyen à tellement clarifier son intelligence, que la base de ce qui existe dans l'ordre des choses invisibles, ainsi que dans l'ordre des choses visibles, lui paroîtra simple, active, permanente, et pour ainsi dire diaphane, attendu que l'Être universel, par son *actualité* vivante et continuelle, doit porter par-tout la lumière et la limpidité dont il est le foyer perpétuel.

Mais si nous pouvons considérer ainsi l'*actualité* vivante et continuelle de ce suprême et universel foyer dans tous les êtres visibles ou invisibles, que sera-ce donc lorsque nous la considérerons dans nous-mêmes, et que nous appercevrons ce qu'elle opère dans notre être ? Car nous découvrirons à notre égard une différence saillante ; c'est que nous pouvons bien observer par la réflexion cette *actualité* dans tous les êtres particuliers, mais que nous pourrons réellement, et en nature la sentir en nous.

Oui, pour peu que nous plongions nos regards dans les profondeurs de notre existence intime, nous ne tarderons pas à sentir que toutes les sources divines avec leur esprit universel abondent et coulent à-la-fois dans la racine de notre être, que nous sommes un résultat constant et perpétuel de l'engendrement de notre principe générateur, qu'il est continuellement dans son *actualité* en nous, et qu'ainsi d'après la définition de l'esprit que nous avons donnée ci-dessus, nous pouvons aisément reconnoître comment un être qui est susceptible de sentir bouillonner sans cesse en lui la source divine, a le droit de porter le nom de l'Homme-Esprit.

Nous pouvons donc maintenant avoir une idée fixe sur l'origine de l'homme. L'homme est né, et naît toujours dans la source éternelle, qui est sans cesse dans l'enivrement de ses propres merveilles et de ses propres délices. Voilà pourquoi nous avons dit si souvent que l'ame de l'homme ne pouvoit vivre que d'admiration, puisque selon l'auteur Allemand que nous avons cité, nul être ne peut se nourrir que de la substance ou des fruits de sa mère.

Mais l'homme est né aussi dans la source du désir ; car Dieu est un éternel desir et une éternelle volonté d'être manifesté, pour que son magisme ou la douce impression de son existence se propage et s'étende à tout ce qui est susceptible de la recevoir et de la sentir. L'homme doit donc vivre aussi de ce desir et de cette volonté, et il est chargé d'entretenir en lui ces affections sublimes ; car dans Dieu le desir est toujours volonté, au lieu que dans l'homme le desir vient rarement jusqu'à ce terme complet, sans lequel rien ne s'opère. Et c'est par ce pouvoir donné à l'homme d'amener son desir jusqu'au caractère de volonté, qu'il devoit être réellement une image de Dieu.

En effet, il peut obtenir que la volonté divine elle-même vienne se joindre en lui à son desir, et qu'alors il travaille et agisse de concert avec la divinité, qui daigne ainsi en quelque sorte partager avec lui son œuvre, ses propriétés et ses puissances ; et si en lui donnant le desir qui est comme la racine de la plante, elle s'est cependant réservé la volonté qui est comme le bourgeon ou la fleur, ce n'est pas dans la vue qu'il demeure privé de cette volonté divine, et qu'il ne la connoisse pas. Mais au contraire son vœu seroit qu'il la demandât, qu'il la connût et qu'il l'opérât lui-même ; car si l'homme est la plante, Dieu est la sève ou la vie. Or, que peut devenir l'arbre tant que la sève ne coule pas dans ses canaux ?

C'est dans ces bases profondes, mais justes et naturelles de l'émanation de l'homme, que se trouve le contrat divin qui lie la source suprême avec lui ; contrat par lequel cette source suprême, en transmettant dans l'homme tous les germes sacrés qui sont en elle, n'a pu les semer en lui qu'avec toutes les loix fondamentales et irréfragables qui constituent sa propre essence éternelle et créatrice, et dont elle ne pourroit pas s'écarter elle-même sans cesser d'être. Aussi ce contrat ne se change point, comme les nôtres, selon la volonté des deux parties.

En formant l'homme, la source suprême est censée lui avoir dit : C'est avec les bases éternelles de mon être, et avec les loix qui leur sont éternellement inhérentes, que je te constitue homme. Je n'ai point à te prescrire d'autres règles que celles d'où résulte naturellement mon éternelle harmonie ; je n'ai pas besoin même de t'imposer des peines, si tu les enfreins : toutes les clauses de notre contrat sont dans les bases qui te caractérisent ; si tu ne remplis pas ces clauses, tu opéreras toi-même ton jugement et ta punition ; car dès l'instant tu ne seras plus homme.

Et ce principe, on peut l'étendre à toute la chaîne des êtres, où l'on verra que toutes les productions quelconques sont liées, chacune selon leur classe, par un pacte tacite avec leur source génératrice, que c'est delà qu'elles tiennent toutes leurs loix, et que, par le seul fait, elles tombent dans la désharmonie, dès que sont enfreintes ces loix qu'elles portent dans leurs essences, et qu'elles reçoivent de leur source génératrice, à l'instant où elle leur transmet la vie.

En faisant attention aux loix régulières et fixes par lesquelles la nature produit et gouverne tous ses ouvrages, et en suivant pas à pas et soigneusement les traces qu'elle laisse par-tout après elle, nous reconnoissons par-tout un poids, un nombre et une mesure qui sont ses ministres inséparables, et qui annoncent que ce poids, ce nombre et cette mesure existent primitivement dans la source supérieure, et constituent cet éternel trinaire dont nous retrouvons l'image en nous-mêmes, et sur lequel repose le contrat divin.

L'on voit, en outre, que ces trois bases intérieures suffisent à la puissance suprême pour fonder tous les ouvrages de la nature, et pour caractériser extérieurement toutes les diversités de ses productions dans cette même nature, ou ces développemens extérieurs de la forme, des couleurs, de la durée, des odeurs, des propriétés essentielles, des qualités, etc., toutes choses qui ne sont pas des nombres, quoiqu'elles aient aussi des nombres pour signe et pour indice.

C'est avec ces moyens que le trinaire universel se

varie à l'infini, et qu'il multiplie tellement ses opérations, qu'il les tient toujours comme agissant dans l'infini dont elles dépendent, et que par conséquent l'homme ne pourra jamais ni les nombrer, ni s'en emparer : et, en effet, il lui suffit d'en avoir l'usage ; il lui est défendu d'en posséder la propriété, puisque, par cette multiplicité de moyens qu'a la sagesse suprême de varier les manifestations de son trinaire universel, elle s'assure à elle seule la propriété de cet acte générateur, tout en ne cessant de manifester hors d'elle cet infini pour qu'on l'admire.

Sans la puissance contraire qui a apporté le désordre dans l'univers, la nature ne connoîtroit jamais la désharmonie, et elle ne s'écarteroit point de ces loix qui lui sont prescrites par les plans éternels ; mais, malgré son désordre, dès que nous regarderons la nature comme étant composée d'autant d'instrumens divers, et d'autant d'organes qui servent de canaux à la vie universellement répandue, nous appercevrons dans ses œuvres une gradation qui nous remplira d'admiration, en voyant la bienfaisante sagesse qui dirige le cours harmonique des choses.

Nous remarquerons, en effet, que dans la série des œuvres de la nature, chaque être sert d'échelon, non pas seulement pour arriver au degré suivant, mais pour arriver à son degré supérieur.

Le jeu et l'harmonie des phénomènes de la nature conduit à la connoissance de ses bases et de ses élémens constitutifs.

La connoissance de ses élémens constitutifs conduit à la connoissance des puissances temporelles immatérielles qui les opèrent.

La connoissance de ces puissances temporelles immatérielles conduit à l'Esprit, puisque par elles-mêmes elles n'ont point la clef du plan général.

La connoissance de l'Esprit conduit à la connoissance de la communication de notre pensée avec lui, puisque nous nous trouvons dès-lors en commerce avec lui, et que tout commerce ne peut avoir lieu entre un être seul, mais seulement entre plusieurs êtres analogues.

La connoissance de la communication de notre pensée avec l'Esprit nous conduit à la connoissance de la lumière de Dieu, puisque cette lumière peut seule être le point central et générateur de tout ce qui est lumière et action.

La connoissance de la lumière de Dieu nous conduit à la connoissance de notre propre misère, par l'énorme privation où nous nous trouvons de cette lumière qui seule peut être notre vie.

La connoissance de notre misère nous conduit à la connoissance de la nécessité d'une puissance restauratrice, puisque l'amour qui est l'ordre éternel et l'éternel desir de l'ordre, ne peut cesser de nous présenter cet ordre et cet amour pour nous en faire jouir.

La connoissance d'une puissance restauratrice nous conduit au recouvrement de la sainteté de notre essence et de notre origine, puisqu'il nous ramène dans le sein de notre primitive source génératrice, ou dans notre éternel trinaire. C'est ainsi que tout dans la nature physique, comme dans la nature spirituelle, a un objet d'accroissement et d'amélioration qui pourroit nous servir de fil dans notre labyrinthe, et nous aider à faire valoir les droits de notre contrat divin; car, indépendamment de ce que nous trouverions dans ce contrat divin un nouvel aliment à cet insatiable besoin que nous avons de l'admiration, nous y trouverions, en outre, à remplir une des plus nobles fonctions du ministère de l'Homme-Esprit, celle de pouvoir partager ce suprême bonheur avec nos semblables.

D'après cela, lorsque, depuis la chûte, nous demandons l'accomplissement de la volonté divine, cette demande a un sens très-profond et en même temps très-naturel, puisque c'est demander que le contrat divin reprenne toute sa valeur, que tout ce qui est desir et volonté provenant de Dieu vienne à son terme; et, par cette raison, c'est demander que l'ame de l'homme refleurisse de nouveau dans son desir vrai, et dans sa volonté originelle qui la feroit participer au développement du desir et de la volonté de Dieu, de façon que nous ne pouvons demander à l'Agent suprême que sa volonté arrive, sans demander, par cette prière, que toutes les ames des hommes soient remises dans la jouissance de leur primitif élément, et en état d'être réintégrées dans le ministère de l'Homme-Esprit.

Remarquons ici que dans les prières que Dieu a conseillées aux hommes, il ne leur dit point de lui demander des choses qui ne puissent être accordées à tous; il a soin, au contraire, de ne leur promettre que ce qui est compatible avec son universelle munificence, laquelle à son tour se rapporte toujours à leurs universels besoins, et à son universelle gloire. Lorsque nous demandons à Dieu des choses particulières, et qui ne peuvent pas être données également à tous nos semblables, comme les biens, les emplois, les dignités, nous manquons essentiellement à la loi.

Cela prouve que nous ne devons jamais rien lui demander des choses de ce monde, parce que tout y est borné et compté, de manière qu'il est impossible que nous y ayons tous une part avantageuse ; et que si quelqu'un se trouve pourvu d'une de ces parts avantageuses, il faudra nécessairement qu'un autre en soit privé ; ce qui nous feroit voir combien les propriétés sont étrangères au code primitif, et que le précepte de l'évangile sur le dénument des biens est intimement lié aux bases exactes et fondamentales de la véritable justice.

Au contraire, cela prouve que nous devons sans cesse lui demander les choses du monde réel et infini où nous sommes nés, parce qu'il ne peut rien venir de ce monde-là sur un seul homme, que la voie ne s'ouvre par-là pour en faire venir autant sur tous les autres.

Dans ces mêmes prières que Dieu a recommandées aux hommes, la première chose qu'on y demande ne regarde que Dieu et son règne ; ce n'est qu'après avoir sollicité la venue de ce règne que l'on songe à l'homme.

Ce qu'on demande pour cet homme ne tient en rien aux choses terrestres; car ce pain quotidien, dont on y parle, n'est pas notre pain élémentaire, puisque chaque homme a ses bras et la terre pour la labourer, et puisqu'il nous est défendu de nous inquiéter des besoins de notre corps comme font les payens ; ce pain quotidien, et qu'on doit gagner à la sueur de son front, est le pain de *vie* que Dieu distribue chaque jour à tous ses enfans, et qui seul peut servir à avancer l'œuvre.

Enfin, on y demande le pardon de nos fautes, et la préservation de la tentation.

Tout est esprit, tout est charité divine dans cette prière, parce qu'elle a généralement pour objet ce contrat divin, au maintien duquel nous devrions contribuer tous.

Aussi quand on nous dit dans l'évangile : *cherchez d'abord le royaume de Dieu et la justice, le reste vous sera donné par-dessus*, on peut bien croire qu'en effet les secours temporels dont nous avons besoin ne nous manqueront pas, si nous savons établir notre demeure dans les trésors spirituels ; mais cela va encore plus loin, car cela signifie aussi que nous devons chercher d'abord le royaume divin, et que le royaume spirituel nous sera donné par-dessus, c'est-à-dire, que si nous savons établir notre demeure dans Dieu, il n'y aura rien dans les lumières et les puissans dons de l'esprit qui nous soit refusé.

Voilà pourquoi ceux qui ne cherchent que dans les sciences de l'esprit, et ne vont pas directement à Dieu, prennent le chemin le plus long, et s'égarent souvent. Voilà pourquoi enfin il est dit qu'il n'y a qu'une chose de nécessaire, parce qu'elle embrasse toutes les autres. C'est en effet une loi indispensable qu'une région embrasse, domine, possède et dispose de ce qui est après elle et dans un rang inférieur à elle. Ainsi la région divine étant au-dessus de toutes les régions, il n'est pas étonnant qu'en l'atteignant, on atteigne la suprématie sur toutes choses. Cherchons donc Dieu, et ne cherchons que cela si nous voulons avoir tout ; car c'est pour cela que nous avons pris naissance dans la source de l'éternel desir et de l'universel ESPRIT.

Les animaux et les autres êtres de la nature ont aussi un desir, mais la volonté qui couronne ce desir leur est totalement étrangère et séparée d'eux ; voilà pourquoi ils n'ont point à prier, comme l'homme, et pourquoi ils n'ont qu'à agir.

Mais ce n'est pas seulement dans la source de l'admiration, et dans la source du desir et de la volonté que l'homme a puisé son origine, c'est aussi dans la source de la lumière, et par conséquent cette lumière formoit aussi pour lui une des bases du contrat divin.

C'est pour cela que l'homme est le premier terme des rapports qui se trouvent entre lui et tous les objets naturels et spirituels qui l'environnent. C'est pour cela que s'il ne sait pas se rendre compte de sa propre existence, il ne se rendra jamais compte de l'existence d'aucun autre être produit et émané.

En effet, s'il a puisé son origine dans la source réelle de l'admiration, du desir, de la volonté et de la lumière, en un mot, dans la source de la réalité, il devient en qualité d'être réel, l'échelle de tous les objets et de tous les êtres qui l'approchent, et ce n'est que sur leurs différences d'avec lui qu'il peut mesurer leur existence, leurs loix et leur action : vérité profonde et importante, dont beaucoup de gens paroissent se défier, mais qu'ils ne rejettent que par paresse, lorsqu'ils croient ne la rejeter que par modestie.

D'ailleurs, cette vérité se prouve par l'expérience journalière de ce qui se passe parmi les hommes. Car comment les hommes deviennent-ils juges et arbitres dans les sciences, dans les loix, dans l'art militaire, dans toutes leurs institutions, dans tous les arts, enfin dans tout ce qui remplit leur vie passagère ? N'est-ce pas en commençant par se former, autant qu'il leur est possible, à la connoissance des principes relatifs à ces divers objets de leur jugement ou de leur intelligence ? Et quand ils se sont pénétrés de ces principes, et qu'ils se les sont rendus propres et personnels, c'est alors qu'ils les prennent pour base de confrontation avec tout ce qui se présente à leur examen ; plus ils se sont remplis de la connoissance de ces divers principes fondamentaux, plus ils sont censés pouvoir juger avec justesse, et déterminer avec précision la valeur et la nature des objets qui sont soumis à leur tribunal.

La race sainte de l'homme qui avoit été engendrée dans la source de l'admiration et dans la source du desir et de l'intelligence, avoit donc été établie dans la région de l'immensité temporelle comme un astre brillant, afin qu'elle y répandît une céleste lumière ; enfin, l'homme étoit cet être qui avoit été placé entre la Divinité et l'ancien prévaricateur, et qui à son gré pouvoit produire dans la région de l'esprit, les traits imposans de la foudre et des éclairs, et la sérénité des plus douces températures, couvrir de chaînes les coupables et les plonger dans les ténèbres, ou graver sur les régions paisibles les signes de l'amour et des consolations.

Car l'homme et Dieu, voilà les deux extrêmes de la chaîne des êtres. Aussi l'homme devroit-il avoir encore même ici-bas la parole exécutive ; mais Dieu seul, au haut de son trône, a la parole créatrice. Tout ce qui est entre ces deux êtres leur est soumis ; à Dieu comme produit ; à l'homme comme sujet. Aussi tout plieroit et trembleroit devant nous, si nous laissions un libre accès dans notre être à la substance divine : premièrement, la nature, parce qu'elle n'a jamais connu cette substance divine, et qu'elle ne la connoîtra jamais ; secondement, notre implacable ennemi, parce qu'il ne la connoît plus que par la terreur de ses invincibles puissances.

C'étoit bien pour pénétrer dans les merveilles et les ouvrages de Dieu, et pour contenir la désharmonie, que l'homme avoit reçu la naissance ; mais c'étoit aussi pour demeurer toujours près de lui, et porter de là sans cesse un coup-d'œil d'inspection et d'autorité sur tout le cercle des choses et y verser les richesses divines sous l'œil de la sagesse elle-même ; et nous le sentons, en ce que nous ne nous trouvons réellement en repos et en mesure, que lorsque nous parvenons à ce poste sublime, quoique ce ne soit ici bas que par intervalle.

Homme, pense donc à la sainteté de ta destination ; tu as la gloire d'avoir été choisi pour être en quelque sorte le siège, le sanctuaire et le ministre des bénédictions de notre Dieu, et ton cœur peut se remplir encore de ces délicieux trésors, en même temps qu'il peut les répandre dans l'ame de ses semblables ; mais plus ton ministère est important, plus c'est une chose juste que tu répondes de ton administration.

Lorsque les cieux visibles envoient à la terre leurs substances d'opérations journalières pour qu'elle les amène à leur terme de production, ils sont censés lui dire : tels sont nos plans, tels sont nos desirs pour l'entretien des êtres, aussi bien que pour l'expansion des merveilles de la nature ; tu nous dois un compte exact de tout ce que nous confions à ton œuvre. Qu'il n'y

L..

ait pas une seule de tes essences qui ne se mette en activité, et qui ne concoure avec nous pour faire disparoître la mort universelle dont l'existence des choses est dévorée.

La terre alors pour se délivrer de sa propre mort, fomente et couve les *vertus* que les cieux viennent de semer en elle; elle développe ses forces resserrées et comme coagulées, elle les accroît par celles qu'elle aspire dans ses élans; puis elle apporte à sa surface ce compte fidèle de tout ce qui lui a été remis, avec les incommensurables accroissemens qu'elle y a joints, par les pouvoirs et le concours de ses propres facultés.

Homme-Esprit, la même loi t'est tracée pour l'administration de ton emploi dans les domaines de la vérité. Tu es la terre de Dieu, tu es un fonctionnaire divin dans l'univers. Dieu t'envoie chaque jour, peut-être chaque moment, ou au moins chaque saison spirituelle, la tâche qu'il te destine, selon les conseils de sa sagesse, et selon ton âge et tes forces. Il t'envoie cette tâche, en desirant que tu ne t'épargnes point dans les soins que tu te donneras pour la remplir, et en te prévenant qu'il exigera rigoureusement sa rétribution, qui n'est rien moins que le rétablissement de l'ordre, de la paix et de la vie dans la portion de son domaine qu'il abandonne à ton travail.

Ce desir qu'il te montre et cet avertissement qu'il te donne, ne doivent point te paroître étrangers; tu n'y dois voir autre chose que la soif que Dieu même a pour la justice et pour l'annihilation du désordre; et lorsqu'il envoie ainsi son desir ou sa soif en toi, il fait plus que de t'admettre à son conseil, puisqu'il sait au contraire entrer son conseil en toi ; qu'il t'insinue les vues suprêmes et douces de sa sagesse ; qu'il te pénètre et t'imprègne des mêmes rapports où il se trouve avec ce qui est défectueux, et qu'il te fournit lui-même de quoi travailler à en opérer la rectification ; c'est-à-dire qu'il te fournit les fonds de sa propre gloire et cherche à exciter ton zèle par l'espoir qu'il te laisse d'en partager avec lui tous les fruits.

Cette œuvre est le complément de l'œuvre de la prière, puisque c'est l'action même, pour ne pas dire la génération vive de l'ordre divin qui veut bien passer en toi. Cette œuvre est bien au-delà des opérations théurgiques, par lesquelles il arrive que l'Esprit s'attache à nous, veille sur nous, prie même pour nous, et exerce la sagesse et les vertus pour nous, sans que nous soyons ni sages ni vertueux, puisque cet esprit alors ne nous est uni qu'extérieurement, et opère souvent même ces choses à notre insçu, ce qui nous entretient dans l'orgueil et dans une fausse sécurité, plus dangereuse, peut-être, que nos foiblesses et nos écarts qui nous ramènent à l'humilité.

Ici, au contraire, tout doit commencer par le centre, et nous sommes vivifiés avant que nos œuvres ne sortent de nous, de façon que nous sommes trop occupés à jouir pour que la grandeur de ces œuvres nous entraîne hors de nous-mêmes et laisse des places en nous au néant et à la vanité ; et quand un homme est fait pour être vraiment serviteur de Dieu, il faut que cette manière d'être, ou ce sublime état lui paroisse si simple et si naturel, que sa pensée ne puisse pas même en concevoir un autre.

Car quel peut être le but de l'action, si ce n'est

de faire que ceux qui s'y livrent, puissent se lier à l'action universelle ? Aussi c'est en agissant que nous nous unissons enfin à l'action, et que nous finissons par n'être plus que les organes de l'action constante et continue ; et alors tout ce qui n'est pas cette action est comme nul pour nous, et il n'y a plus que cette action qui nous paroisse naturelle.

L'homme est un être chargé de continuer Dieu là où Dieu ne se fait plus connoître par lui-même. Il ne continue point Dieu dans son ordre radical et divin, ou dans son imperméable origine, parce que là Dieu ne cesse jamais de se faire connoître par lui-même, puisque c'est là où il opère sa secrète et éternelle génération. Mais il le continue dans l'ordre des manifestations et émanations, parce que là Dieu ne se fait connoître que par ses images et ses représentans.

Il le continue, ou si l'on veut il le recommence comme un bourgeon ou un germe recommence un arbre, en naissant immédiatement de cet arbre et sans intermède.

Il le recommence comme un héritier recommence son devancier, ou comme un fils recommence son père, c'est-à-dire, en possédant tout ce qui appartient à ce devancier ou à ce père, sans quoi il ne pourroit pas les représenter ; avec cette différence que dans l'ordre de l'esprit, la vie reste à la source qui la transmet, parce que cette source est simple ; au lieu que dans l'ordre de la matière, la vie ne reste pas dans la source qui engendre, attendu que cette source est mixte, et ne peut engendrer qu'en se divisant. Aussi dans l'ordre de la matière et particulièrement dans les végétations, le fruit qui est la vie ou le germe, et la graine qui est la mort, se trouvent-ils liés l'un avec l'autre. Dans la graine, la vie est cachée dans la mort ; dans le fruit, la mort est cachée dans la vie.

Je n'ai peint l'homme ici que relativement à son état originel. Si je le veux peindre relativement à l'usage faux et coupable qu'il a fait de ses droits, ce beau privilège qu'il avoit de recommencer Dieu, va s'évanouir ; et au contraire il nous faudra dire que depuis cette funeste époque, Dieu a été obligé de recommencer l'homme, et qu'il le recommence tous les jours.

Car ce n'est pas seulement à l'instant de sa chûte que Dieu a été obligé de recommencer l'homme, ou de renouveler son contrat divin avec lui, c'est encore à toutes les époques des loix de restauration qu'il nous a envoyées, et qui chacune devenant comme inutile par le peu de respect que nous portions à ses présens et par le peu de fruits que nous en tirions, avoit besoin d'être remplacée par une autre époque plus importante encore que la précédente ; mais qui ne voyoit naître de notre part que de nouvelles profanations, et qui par là nous retardoit d'autant, au lieu de nous avancer, et sollicitoit de nouveau l'amour divin de nous recommencer.

Sans cela cet univers visible dans lequel nous sommes emprisonnés, seroit depuis long-temps enseveli de nouveau dans l'abyme d'où l'amour suprême l'avoit tiré.

Du crime, l'Homme avoit passé dans les ténèbres. Des ténèbres, la bonté suprême le fit passer dans la nature. De la nature, elle l'a fait passer sous le ministère de la loi. Du ministère de la loi, elle l'a fait passer sous le ministère de la prière, ou de la loi de grace qui auroit pu tout rétablir pour lui.

Mais comme le sacerdoce humain a souillé cette voie, ou l'a rendue nulle, il faut qu'elle soit suspendue à son tour et que l'action vive et violente la remplace, comme la prière ou la loi de grace a remplacé la loi dont les Juifs avoient abusé; et c'est dans cet esprit de sagesse et toujours bienfaisant, que l'amour suprême dirige ou laisse arriver tous ces événemens lamentables dont l'homme terrestre murmure en oubliant que ce sont ses propres crimes qui les occasionnent, et qui bouleversent la terre, tandis qu'il étoit né pour tout pacifier et tout améliorer.

La révolution Françoise a eu probablement pour objet de la part de la Providence, d'émonder, sinon de suspendre ce ministère de la prière, comme le ministère de la prière, lors de son origine, avoit eu pour objet de suspendre le ministère de la loi Juive.

Sous ce rapport, les Français pourroient être regardés comme le peuple de la nouvelle loi, ainsi que les Hébreux étoient le peuple de la loi ancienne. Il ne faudroit pas s'étonner de cette élection, malgré nos crimes et nos brigandages. Les Juifs qui ont été choisis dans leur temps ne valoient pas mieux que les Français.

Il y a en outre un rapport de fait qui peut se remarquer; c'est que le temple de Jérusalem a été détruit et brûlé deux fois, l'une par Nabuchodonosor, l'autre par Titus; et que les jours où ces deux événemens arrivèrent étoient les mêmes que celui où le sceptre temporel de la France a été brisé; c'est-à-dire, le 10 août. (Voyez Flavius Joseph, guerre des Romains. Liv. 6.

ch. 26. Traduction d'Arnaud d'Andilly) : *Lorsque Tite se fut retiré dans l'Antonia, il résolut d'attaquer le lendemain matin, dixième d'août, le temple, avec toute son armée, et ainsi on étoit à la veille de ce jour fatal, auquel Dieu avoit depuis si long-temps condamné ce lieu saint à être brûlé après une longue révolution d'années, comme il l'avoit été autrefois en même jour par Nabuchodonosor, roi de Babylone.*

Cette action vive, qui, selon toute apparence, doit remplacer le ministère de la prière, n'aura encore que des triomphes partiels en comparaison du grand nombre qui ne la mettra pas à profit, vu cette propension à abuser que l'homme a manifestée depuis l'origine des choses.

Voilà pourquoi Dieu sera encore obligé de recommencer l'homme par le jugement dernier, ou la fin des temps ; mais comme alors le cercle entier sera parcouru, l'œuvre sera accomplie sans retour, c'est-à-dire, sans crainte qu'il y ait alors de nouveaux écarts de la part de l'homme, et par conséquent sans que Dieu soit obligé alors de recommencer l'homme une autre fois.

Au contraire, ce sera l'homme qui alors aura recouvré le droit sublime de recommencer Dieu, comme il l'eût dû dès son origine.

Voici cependant une légère différence. Dans l'origine, l'homme n'étoit que sous les yeux de l'alliance, aussi pouvoit-il se conduire à son gré : lors du complément il sera dans l'alliance ; ainsi il ne pourra plus choisir, parce qu'il sera emporté par le souverain et éternel courant divin.

Dans le passage terrestre auquel nous sommes tous

condamnés, et dans les divers sentiers spirituels que l'homme peut parcourir pendant ce passage, nous avons tous une porte particulière par laquelle la vérité cherche à entrer en nous, et par laquelle seule elle y peut entrer. Cette porte est indépendante et distincte de la porte générale de notre origine par laquelle la vie radicale descend en nous, et nous constitue esprit ; puisque cette porte générale est commune à nous et à l'être pervers également.

Mais la porte qui nous est particulière a pour objet de nous faire revivifier par la fontaine de la vie, et par l'éternelle lumière de l'amour, et c'est cette porte-là qui n'est point donnée à l'être pervers.

Elle est tellement désignée pour nous faire recouvrer les sources de l'amour et de la lumière, que sans elle, en vain nous passons nos jours à de vaines sciences, et peut-être même à des sciences vraies et à des combats ; tant que la fontaine de la vie ne rencontre point en nous cette porte ouverte, elle attend dehors que nous l'ouvrions.

Cette porte est la seule par laquelle nous puissions obtenir notre subsistance ; si nous manquons de l'ouvrir, nous restons entièrement au dépourvu ; si nous l'ouvrons, elle nous procure de la nourriture en abondance ; et si nous étions sages, nous ne nous livrerions à aucune œuvre que nous n'eussions acquitté notre dette journalière, c'est-à-dire, sans que nous eussions ouvert cette porte et rempli l'espèce de tâche où elle nous conduit.

Mais aussi comme cette porte est ordonnée par Dieu pour nous faire entrer dans notre ministère, quand nous sommes au nombre de ceux qui sont appelés à l'œuvre, il arrive que les tempêtes et les orages ont beau nous tourmenter pour retarder cette œuvre, la fontaine de la vie finit par rencontrer cette porte dans ceux qui sont propres à être employés, et la gloire de Dieu triomphe en eux à leur grande satisfaction.

Quoique Dieu ouvre cette porte dans ceux qui sont employés, il ne faut pas que ceux qui n'auroient pas d'emploi, s'appuient sur une prétendue impossibilité, s'il ne s'ouvroit point de porte en eux, parce qu'il y a dans tous les hommes une porte pour le desir et pour la justice; et cette porte, nous sommes tous obligés de l'ouvrir nous-mêmes, et nous le pouvons si nous sommes persévérans.

Quant à l'autre porte qui n'a rapport qu'à l'œuvre, il est juste que Dieu seul la puisse ouvrir; mais aussi cette porte ne prouve rien pour notre avancement, si l'autre reste fermée par notre indolence et notre paresse. L'on peut chasser les démons en son nom, et cependant n'être pas connu de lui.

Quant à la raison pour laquelle les choses acquises par des voies externes ont tant de peine à nous être vraiment utiles, c'est qu'elles se combattent avec celles qui devroient entrer et sortir par notre véritable porte. C'est comme une plante greffée dont les sucs combattent la sève de l'arbre sur lequel est posée la greffe; et ce combat dure jusqu'à ce que la sève de l'arbre sur lequel est posée la greffe, ait pris sa direction naturelle, et entraîne les nouveaux sucs dans son cours. Mais aussi quelquefois c'est la sève du sauvageon qui l'emporte.

Quelle est la véritable sève qui doit tout entraîner dans son cours? Tu ne l'ignores pas, ô toi qui aspires à être admis au rang des ouvriers du Seigneur !

Tu sais qu'elle doit animer ta propre essence, et qu'elle découle de l'éternelle génération divine.

Tu sais qu'elle ne peut circuler en toi, sans y retracer cette même éternelle génération divine.

Tu sais que les moindres rameaux de ton être peuvent être vivifiés par cette sève.

Tu sais qu'elle vivifie et régit par sa puissance toutes les régions spirituelles, ainsi que les astres, les animaux, les plantes, tous les élémens visibles et invisibles.

Tu sais que tout ce qu'elle opère sur tous ces êtres, elle a le droit de l'opérer sur toi si tu ne t'y opposois pas.

Présente-toi donc au principe éternel de cette sève fécondante, et dis-lui : « Suprême auteur des choses, ne laisse pas plus long-temps ton image dans l'abjection et le néant. Toute la nature éprouve constamment et directement les effets de ta puissante sève, et elle n'est pas un seul instant privée de ta vivifiante action. Ne permets pas que l'homme, ton image, soit traité moins favorablement que la nature et que tous les êtres qui sont sortis de tes mains. Fais-le participer aux faveurs que tu leur distribues. Permets qu'il soit réconcilié avec ton universelle unité, et dès-lors il ne pourra comme toi se mouvoir, qu'en même temps tout l'univers visible et invisible ne se meuve avec lui ; il ne marchera jamais qu'environné de nombreux agens qui le rendront participant de ta gloire et de ta puissance. »

Homme de désir, voilà le but auquel doivent tendre tous tes efforts. Tu as en toi la porte par où cette sève doit entrer. Si tu apperçois que, soit de la part des secours spirituels humains, soit de la part des circonstances et de la destinée; toutes les portes te soient fermées, réjouis-toi, car ce sera une preuve que le Père souverain veut par là forcer tes regards à se tourner vers cette porte sacrée où il t'attend, et par laquelle il veut te donner accès aux merveilles qu'il te destine.

Or, ces merveilles n'embrassent rien moins que le cercle universel des choses qui servit de siège autrefois à ton empire; et une preuve que toutes les puissances visibles et invisibles ont été présentes à notre primitive naissance, c'est qu'elles sont sensiblement présentes à notre régénération, et qu'elles en opèrent chacune une partie. Ainsi donc, si Dieu veut que tout ce qui est secret pénètre dans l'homme, quels secrets pourrons-nous ignorer? Dès que nous voudrons regarder le Dieu qui est en nous, nous verrons en lui toutes les régions.

Dieu sait sans doute notre manière d'être intérieure, et il connoît toutes les substances corrosives et infectes que nous portons et accumulons journellement en nous-mêmes; cependant il nous laisse aller, ou même il nous conduit dans des circonstances qui réalisent sensiblement cette manière d'être, et qui nous font manifester de dedans en dehors toutes ces substances nuisibles.

En laissant ainsi ces influences fausses accomplir en nous leur cercle en entier, sans doute sa gloire divine n'en paroît que plus grande, parce que ce cercle d'influences fausses à beau s'accomplir, il finit cependant par être rien, et l'élu qui a subi cette épreuve dans toute son étendue, n'en est que plus ferme et plus en garde contre l'ennemi.

C'est encore plus pour notre purification que pour

sa gloire, qu'il nous laisse arriver à ces degrés douloureux et humilians ; c'est pour que l'hypocrisie cesse un
jour d'avoir lieu, car elle a ici bas un règne universel.

Si l'homme étoit attentif à ses voies, il pourroit parvenir à produire le même effet, ou à sortir de lui d'une
autre manière ; ce seroit lorsqu'il se sentiroit poussé au
faux, de tâcher de ne pas oublier que le vrai ne cesse
pas pour cela d'exister ; ce seroit de dire à Dieu dans
le fond de son être, qu'il y a encore quelque chose à
faire pour l'amélioration de la nature et de l'ame
humaine, et pour l'avancement de l'œuvre divine, de
la souveraine sagesse. Ce seroit de lui représenter combien cette œuvre est urgente, de lui demander de l'y
employer, et de ne pas le laisser oisif ni abandonné
à aucune autre œuvre, que la tâche en question ne fût
remplie.

Il est sûr que l'homme se préserveroit grandement
par là. Mais cette salutaire précaution ne peut être
pour lui que le fruit d'un long travail et d'une grande
habitude ; ce ne peut être pour ainsi dire que la récompense de sa sagesse. Il faudroit auparavant qu'il eût
chassé de lui tout le mal et toute la difformité ; car
tant qu'il en reste le moindre vestige, l'hypocrisie est
à côté et toujours prête à couvrir cette difformité :
voilà pourquoi, pour se préserver de toute hypocrisie,
il n'a qu'un seul moyen, c'est de se préserver de toute
iniquité.

Au contraire, en se préservant de toute iniquité,
l'homme met son huile sainte à même de se développer.
Or, quand l'huile sainte qui est en nous se développe,
elle s'approche du feu, et en s'approchant du feu, elle
ne peut manquer de s'enflammer. Dès-lors toutes nos

voies sont éclairées, et l'hypocrisie n'a plus de place.

Malheureusement il n'est que trop vrai que l'homme peut, par des actes mal dirigés, et en s'ouvrant à de fausses contemplations, allumer en lui un feu qui soit à la fois préjudiciable et à lui-même et à toutes les régions où il doit exercer son ministère : car tout est puissance, et c'est la force respective de ces diverses puissances qui fait le danger, la souffrance, et l'épouvantable résistance de tous les êtres qui se combattent ici-bas.

D'abord, dès que nous cessons de vivre de notre véritable vie, c'est-à-dire, dès que nous négligeons de nous reposer sur la base fondamentale de notre contrat primitif, nous éprouvons aussitôt l'existence d'une espèce d'enfer passif, que nous pourrions appeler cependant un enfer divin, puisqu'il est pour nous comme l'opposition de la vie réelle, contre l'inertie ou la nullité dans laquelle nous descendons par notre indolence.

Mais si nous allons plus loin, et qu'au lieu de nous reposer sur la base fondamentale de notre contrat primitif, nous nous unissions à des bases désordonnées et vicieuses, nous atteignons bientôt un enfer plus actif, et qui a deux degrés. L'un dans lequel il faut ranger toutes les passions qui nous lient plus ou moins au service de notre ennemi ; l'autre qui est la mesure et la situation du démon lui-même, ainsi que de ceux qui s'identifient avec lui.

Le premier degré de cet enfer actif embrasse, pour ainsi dire, toute la famille humaine, et sous ce rapport, il n'est peut-être pas un seul homme qui ne fasse journellement le service d'un démon, et peut-être de plusieurs démons à-la-fois, quoique dans ce degré-là les hommes fassent ce service sans s'en douter, et à leur insçu. Car ce n'est pas une médiocre adresse de la part de ce démon, que de tenir ainsi tous les hommes à son service, de les faire jouer à sa volonté tous les rôles qui lui conviennent, et cependant de savoir tellement feindre, que tout en les faisant agir à son gré, il ait l'art, en se tenant derrière la toile, de leur persuader lui-même qu'il n'existe pas.

Cet ennemi qui est esprit, ôte même à l'homme l'idée d'une fin, en le promenant dans ses illusions, parce qu'il travaille l'homme dans l'esprit, tout en n'ayant l'air que de le travailler dans l'ordre des choses passagères, et parce que l'homme qui est esprit porte naturellement la couleur de son existence illimitée sur tout ce qu'il éprouve, et sur tout ce qu'il approche.

Voilà pourquoi cet ennemi, dont il fait aveuglément le service, le conduit jusqu'au tombeau avec des projets et des passions qui lui semblent ne devoir jamais trouver de terme ; voilà pourquoi il le trompe ainsi dans son être réel et dans son être passager ; voilà pourquoi enfin l'éternelle sagesse avec laquelle nous aurions dû toujours habiter, est obligée de se retirer si loin du séjour infect de l'homme.

Comment, en effet, cette sagesse pourroit-elle habiter parmi eux ? Elle voit comment ils se conduisent en faisant aveuglément le service d'un maître qu'ils ne connoissent pas, et auquel ils ne croient pas. Elle voit que dans cet aveuglement où ils sont, ils se jugent, ils se corrompent, ils se volent, ils se battent, ils se tuent. Tous ces mouvemens turbulens la remplissent d'épouvante, elle qui n'est préposée que pour veiller et habiter avec l'harmonie, l'ordre et la paix.

Dans le second degré de l'enfer actif, les hommes font aussi le service du démon, mais ils ne le font pas à leur insçu comme dans le degré précédent; aussi ne sont-ils pas dans le doute et l'ignorance de son existence, et ils participent sciemment et activement à ses iniquités. Heureusement que cette classe de prévaricateurs est la moins nombreuse, sans quoi l'univers auroit succombé depuis long-temps sous le poids des abominations de son ennemi.

L'enfer divin ou l'enfer passif est composé de toutes les régions douloureuses, excepté de celle de l'iniquité. Voilà pourquoi toutes les angoisses s'y succèdent comme les vagues de l'eau. Mais là, en même temps, une vague assoupit l'autre, pour qu'aucune n'ait l'universelle domination. C'est ce qui fait que l'espérance même paroît encore de temps en temps dans cet enfer.

Dans le premier degré de l'enfer actif, il n'y a d'abord spirituellement ni angoisse, ni espérance; il n'y a qu'illusion, mais l'abyme est sous cette illusion, et bientôt il la trouble en lui faisant sentir les pointes aiguës de ses traits amers.

Dans le second degré de cet enfer actif, il n'y a ni espérance, ni illusion; il n'y a qu'iniquité, et l'unité du mal s'y trouve sans interruption.

Quoique le séjour dans les voies pénibles de l'enfer divin soit si douloureux, c'est néanmoins une attention de la sagesse divine d'y laisser un peu séjourner ceux des hommes qui s'y précipitent. Si elle les y retenoit moins long-temps, ils ignoreroient ou ils oublieroient bientôt que ce sont aussi là des puissances divines. Oui, cet enfer-là devient une des sources de notre salut, en nous apprenant à trembler devant la puissance de Dieu, et à nous réjouir d'autant plus quand nous venons à la comparer avec son amour.

La sagesse suprême permet aussi que rien de ce qui concerne cet enfer, et même de ce qui concerne les deux degrés de l'enfer actif, ne soit caché à l'homme de desir, puisqu'il doit s'instruire dans toutes les branches qui appartiennent à son ministère. C'est à lui ensuite à venir au secours des autres hommes, et même de ceux, qui, quoique vivans encore, se seroient plongés et comme naturalisés d'avance avec cet abyme ou cet enfer actif.

Car l'existence de ces associés ambulans du démon est aussi au nombre de ces épouvantables horreurs que l'ouvrier du Seigneur doit connoître, puisqu'il doit les combattre ; et c'est-là la plus douloureuse partie de son ministère. Mais pour que le prophète soit installé, ne faut-il pas qu'il avale, comme Ezéchiel, le livre écrit en-dedans et jusques sur la couverture, c'est-à-dire, tout rempli, et débordant même de lamentations ? Oui, Dieu laisse même éprouver les prophètes par le pervers, afin qu'ils s'attendrissent sur le sort de leurs frères en captivité, et qu'ils redoublent d'ardeur pour la promulgation de la loi.

Ainsi, pour que l'ouvrier du Seigneur remplisse sa destination qui l'appelle à être utile spirituellement à ses semblables, il faut à plus forte raison qu'il se préserve sans cesse du danger de descendre dans l'enfer actif; mais il faut, en outre, qu'il travaille à sortir de l'enfer passif ou de l'enfer divin, s'il avoit eu la négligence d'en approcher, parce que tant qu'il y séjourneroit, il ne pourroit être employé en rien à l'avancement de l'œuvre.

Ce n'est qu'à mesure qu'il se délivre de cet enfer passif que les trésors du contrat divin pénètrent en lui, et sortent de lui pour aller vivifier les autres hommes, soit vivans, soit morts. C'est par-là que l'homme devient non-seulement l'organe, mais encore en quelque sorte l'objet de l'admiration en manifestant ces inépuisables merveilles dont son cœur peut se remplir et se gonfler ; qui peuvent en effet sortir de lui, et qui nous sont représentés par ces brillans prodiges que la lumière nous fait découvrir à mesure qu'elle s'élance hors de sa source de feu.

Toutefois, que cet homme ait assez de courage et de persévérance pour ne se pas concentrer dans une simple élection de purification, mais qu'il aspire jusqu'à obtenir une élection de vocation et d'instruction, afin que delà il parvienne à une élection d'intention et de volonté, laquelle élection d'intention ne doit pas encore être le dernier terme de l'homme, puisque l'homme n'est encore rien, s'il n'est entraîné dans une élection d'action et d'opération ; et enfin, puisque cette élection d'action et d'opération elle-même ne doit, pour ainsi dire, se compter que lorsqu'elle est devenue continue comme le TOUJOURS.

Car le TOUJOURS est la dénomination la plus propre à caractériser celui qui est, attendu qu'elle le peint dans l'imperturbable activité de son action ; au lieu que le titre de celui qui est, le peint dans son existence.

Or, son existence est plus loin de nous que son action, et c'est son action qui lui sert d'intermède. Aussi nous ne sommes rien, et nous tombons dans l'anéantissement, si le mouvement divin et l'action

M..

divine ne sont pas constans et universels en nous.

Ne voyons-nous pas que notre sang dissout, purifie, et subtilise continuellement tous les alimens, toutes les matières grossières dont nous l'accablons ? Sans cela, leur poids et leur corruption termineroient bientôt notre vie ? Ne voyons-nous pas que si la nature n'avoit en elle une base vive, et qui remplît à son égard la fonction de notre sang, elle auroit succombé depuis long-temps à la contraction des forces corrosives qui la contrarient et qui l'infectent ?

Ainsi, dans l'ordre de notre région spirituelle, il faut qu'il y ait un foyer actif et vivificateur, qui décompose et rectifie sans cesse toutes les substances fausses et vénéneuses dont nous nous remplissons journellement, soit par nous-mêmes, soit par notre fréquentation avec nos semblables. Sans cela, nous serions tous depuis long-temps dans la mort complète spirituelle.

C'est là ce principe universel de la vie réelle et éternelle de l'homme, qui renouvelle sans cesse en nous le contrat divin ; c'est là celui qui ne nous laisse jamais orphelins, quand nous acceptons ses présens : mais c'est là aussi cette puissance vivifiante que nous méconnoissons à tous les instans, quoiqu'elle fasse sans cesse une société intime avec nous. Et elle pourroit dire d'elle-même à notre égard ce qui est dit dans Saint Jean (13 : 18.) : *Celui qui mange du pain avec moi, lève le pied contre moi.*

Ainsi donc notre jonction avec cette action vivante et vivifiante est un besoin radical de notre être ; mais, en outre, cette même action vivante et vivifiante est encore la seule qui puisse satisfaire ce même besoin dont elle nous presse; elle est aussi celle qui contribue le plus amplement à nos véritables jouissances, en nous mettant dans le cas de faire naître autour de nous comme autant de *sagesses* qui nous réfléchissent les fruits de nos œuvres, et nous donnent, comme le fait l'éternelle sagesse envers Dieu, la joie de voir qu'elles sont bonnes.

Car tous les êtres spirituels et divins même ont besoin de ces *sagesses* qui servent de miroir à leur propre esprit, comme ils en servent à l'esprit de la Divinité ; et il n'y a que la classe animale et matérielle qui n'a pas besoin de ces miroirs, puisqu'elle n'a point d'œuvre de sagesse à produire.

Or, les pouvoirs de l'action divine et vivante en nous ne s'étendent à rien moins qu'à nous faire ouvrir le centre intime de l'ame de tous nos frères passés, présens et à venir, pour signer tous ensemble le contrat divin ; enfin qu'à nous faire ouvrir le centre intérieur de tous les trésors spirituels et naturels répandus dans toutes les régions, et qu'à nous rendre, comme elle, pour ainsi dire, l'action des choses. Voilà pourquoi il y a tant d'hommes sans intelligence dans ce monde ; car il n'y en a point qui travaillent à devenir réellement l'action des choses : *non est usque ad unum qui faciat bonum.*

C'est par l'irruption de l'esprit en nous, et par l'élan de notre propre esprit, que nous pouvons parvenir à devenir l'action des choses, parce que c'est par cet élan que nous dégageons chaque principe de ses enveloppes, et que nous lui faisons manifester ses propriétés : élan qui opère en nous ce que le souffle opère dans les animaux, ou ce que l'air opère dans la nature.

Aussi l'on peut dire, à la rigueur, que tout s'opère

par l'*esprit* et par l'*air* dans tous les détails de l'ordre universel des choses ; aussi n'y a-t-il dans la nature élémentaire que l'air qui soit ouvert, et qui ouvre tout, comme dans la nature spirituelle, il n'y a ici-bas que l'esprit de l'homme qui ait ce double privilége; et c'est parce que l'air est ouvert, que la voix de l'Homme-Esprit a de si grands droits sur toutes les régions.

Car, dans ses concerts où il s'efforce de développer toutes les merveilles de la musique, les accompagnemens représentent le jeu de toutes les correspondances naturelles, spirituelles, célestes, infernales, avec la voix de l'homme qui a droit de mouvoir toutes ces régions à sa volonté, et de leur faire partager ses affections.

Mais aussi, comme l'esprit de l'homme pénètre jusqu'au centre universel, il ne faut pas être surpris de voir les hommes si ravis et si entraînés par les différens dons et les différens talens et occupations auxquelles ils s'attachent. Toutes ces choses conduisent à un terme final qui est le même, savoir, au magisme de la chose divine qui embrasse tout, qui remplit tout, et qui perce par-tout.

Pour peu que les hommes dirigent leur élan, avec quelque constance, vers une des voies quelconques où ce magisme se plaît, et qui sont innombrables, tant les sources divines sont fécondes, soit dans le spirituel, soit dans le naturel, ils ne tardent pas à arriver à l'une de ces sources qui n'ont que le même magisme pour principe, et bientôt ils se sentent enivrer de délices qui les transportent, et qui ont toutes pour base le même Dieu, quoiqu'elles aient toutes des canaux divers.

Voilà pourquoi les hommes seroient tous frères dans l'unité de leurs enthousiasmes, s'ils portoient les yeux sur l'unité de ce fondement, et de ce terme de leurs jouissances, qui n'est autre chose que le mouvement en eux de l'éternelle vie et de l'éternelle lumière, et ils éloigneroient bientôt toutes ces rivalités, toutes ces jalousies, toutes ces préférences qui ne tiennent qu'à la forme et au mode par où ces jouissances leur arrivent.

C'est-là ce même principe auquel, sans le savoir, les littérateurs ont essayé de ramener tous les beaux-arts, et c'est à ce même principe qu'on doit ramener toutes les sciences, toutes les découvertes, toutes les inventions, tous les secrets, toutes les sublimités des génies des hommes, ainsi que tous les charmes et toutes les joies que nous pouvons tous recevoir par ces moyens-là dans ce bas monde ; parce que, si l'esprit du Seigneur remplit toute la terre, nous ne pouvons nous remuer, que nous ne touchions à l'esprit du Seigneur.

Or, pour peu que nous approchions de l'esprit du Seigneur, ne sommes-nous pas imprégnés de félicités ? Et s'il n'y a qu'un seul esprit du Seigneur, toutes nos félicités ne reposent-elles pas sur le même siège et ne sont-elles pas radicalement les mêmes ?

L'ennemi a aussi l'élan de son propre esprit, ou un souffle, par le moyen duquel il cherche à nous soumettre à sa fausse puissance, bien loin de nous faire triompher. Mais ce souffle de l'ennemi, son esprit enfin n'est pas ouvert comme celui de l'homme. Voilà pourquoi, quand nous sommes surveillans, il ne peut rien dans l'ordre de l'esprit, ni même dans l'ordre de la nature, attendu qu'alors il n'a plus d'accès dans l'air qui, quoique ouvert, demeure néanmoins fermé pour lui.

C'est ce qui fait que le faux et le figuratif qu'il emploie peut bien aussi nous peindre les principes ou les plans, et nous les montrer : mais il ne peut nous les donner, parce qu'il ne les a pas ; ni les réaliser, parce qu'il n'a que la puissance de destruction, et n'a pas celle de génération.

Toutefois cet ennemi nous prouve par-là que son crime primitif a été sûrement de vouloir s'emparer de la racine des choses et de la pensée de Dieu, puisqu'il veut sans cesse s'emparer de l'ame de l'homme, qui est la pensée de Dieu.

Monstre altéré de sang, comment as-tu pu devenir l'ennemi de la pensée de Dieu !.... Mais toi-même, homme, n'étois-tu pas une pensée du Seigneur ? et cependant tu as pu pécher. C'est ici que l'homme de desir s'écrie : O douleur ! ô mes larmes ! inondez-moi, couvrez-moi, dérobez-moi à la face du Seigneur, jusqu'à ce que j'aie pu obtenir de voir clarifier l'homme qui est la pensée du Seigneur.

Notre esprit est scellé de sept sceaux, et les hommes, par leur réaction mutuelle, se servent bien réciproquement de clefs, par le moyen desquelles ils s'ouvrent leurs sceaux spirituels les uns aux autres ; mais il faut que ce soit Dieu lui-même qui clarifie notre pensée pour qu'elle soit pure, puisque nous ne pouvons vivre que de notre mère.

Aussi, lorque Dieu admet un homme au premier rang dans le ministère de l'Homme-Esprit, c'est pour le transformer en un agent pénétrant, vif, et dont l'action soit universelle et permanente; car la voix de Dieu ne se manifeste pas ainsi pour des œuvres indifférentes et passagères. Aussi tous les univers rassemblés ne devroient pas balancer à nos yeux le prix d'une semblable élection, si nous avions le bonheur qu'elle nous fût offerte, puisque nous pourrions alors travailler utilement au soulagement de l'ame humaine.

Tout est esprit dans l'œuvre divine. C'est pourquoi les tribulations corporelles de ce bas monde, les guerres, les fléaux de la nature, qui ne sont pas envoyés directement par Dieu, n'occupent pas sa vigilance autant que le soin des ames; et même, tandis que les hommes du torrent se massacrent, et qu'ils sont corporellement les victimes des catastrophes de la nature, il est sensible principalement aux maux de leurs ames, tant son ardeur et son action tombent sur cette *pensée* qui lui est chère.

Ce n'est qu'à l'homme mûr, c'est-à-dire, à l'homme de l'Esprit; enfin, ce n'est qu'à ses ministres et à ses élus qu'il a dit que tous leurs cheveux étoient comptés, et qu'il n'en tomberoit pas un seul de leur tête sans sa permission.

Ceux qui ne sont que dans les régions des puissances spirituelles inférieures, il les laisse régir par ces puissances spirituelles inférieures.

Ceux qui sont encore plus bas, et dans les simples régions de la matière, tombent dans la classe des bœufs; et, selon *Paul*, Dieu ne se mêle pas des bœufs, quoique l'esprit s'en soit mêlé lors du Lévitisme, et par rapport aux Juifs qui alors étoient les apôtres figuratifs. Mais cet esprit ne s'en mêloit point pour les autres peuples qui ne suivoient que des esprits d'abomination dans leurs sacrifices.

Ajoutons que souvent même pour ses élus, Dieu ne change point la marche pénible et désastreuse des choses d'ici-bas; mais que seulement il leur donne la force d'y résister : ce qui n'empêche pas que, dans tous les cas, et dans quelques mesures que les hommes se trouvent, Dieu ne s'occupe de leur ame et de leur esprit avec un soin que notre foible intelligence ne pourroit comprendre, et que nos langues ne pourroient exprimer; tant il cherche à nous préserver des seuls et véritables dangers qui nous environnent, et que nous devions craindre; et tant il voudroit nous voir réaliser le contrat divin qui accompagne notre origine, comme nous l'observerons dans un instant.

Je ne puis me dispenser de m'arrêter un moment ici pour considérer l'homme dans un âge où il ne nous découvre encore aucun de ces tableaux lamentables que nous venons d'appercevoir en lui, ni aucun de ces rayons radieux, dont nous l'avons annoncé comme devant être à-la-fois le réceptacle et l'organe.

Comment, en effet, en voyant les joies douces et simples des enfans, pourroit-on imaginer toute l'étendue des vertus et des vices que l'homme fait est susceptible de manifester, et qui se trouvent encore cachés et reservés sous cette enveloppe enfantine ?

Cet être qu'une poupée transporte de joie, qu'une babiole lancée en l'air fait rire jusqu'aux éclats, et que cette même babiole, quand on l'en prive, va jeter dans la douleur et dans les larmes ; cet être, dis-je, peut un jour se développer assez pour élever sa pensée dans les cieux, pour pencher sa tête sur l'abyme, et y lire par l'intelligence le juste accomplissement des décrets suprêmes sur la famille des prévaricateurs ; pour donner au monde le témoignage vivant de l'existence du modèle divin ; pour offrir aux yeux des hommes la plus grande pénétration dans les sciences, et le plus grand héroïsme dans les vertus ; enfin, pour montrer à l'univers un modèle accompli dans tous les genres.

Mais malheureusement ce même être peut offrir le modèle inverse, s'enfoncer dans l'ignorance et dans les crimes, être l'ennemi du principe même qui l'a formé, et devenir le foyer actif de toutes les dépravations et de toutes les abominations réunies.

Ce contraste est si déchirant, qu'on ne peut, sans s'affliger, en contempler la perspective dans ces tendres et innocentes créatures, qui sous un dehors si intéressant, recèlent peut-être pour l'avenir toutes les altérations et toutes les honteuses dégradations de l'ame, du cœur et de l'esprit ; qui dans leur foibles rameaux nourrissent peut-être une sève pestilentielle, dont l'explosion n'en sera que plus meurtrière pour être plus tardive, et différée à un autre temps ; enfin, qui portent peut-être dans leurs essences un suc actuellement doux et bienfaisant, mais qui peut devenir un jour le poison le plus amer et le plus corrosif.

Comment soutenir cette idée, que l'ingénuité de cet être pour qui la moindre chose est une jouissance innocente, arrive un jour à la férocité des tigres, qu'il devienne le persécuteur de ses semblables, et soit, en un mot, la victime et le jouet de cet ennemi, dont j'ai cru pouvoir dire précédemment que nous étions tous ici-bas les serviteurs?

Mais ce qui peut tempérer, sinon guérir les douleurs que l'homme de desir éprouve sur cette lamentable perspective, et ce qui peut en même temps lui donner de consolantes espérances pour l'avenir, c'est que le contrat divin est aussi écrit de nouveau dans les essences de cette faible plante, et que ce contrat divin porte avec soi un spécifique, qui non-seulement pourra contenir en elle les germes desharmonisés dont elle est peut-être déjà infectée, mais faire fleurir en elle les germes féconds et divins, dont, à plus forte raison, elle est également dépositaire par les droits de son origine.

Oui, on ne sauroit trop admirer la sagesse suprême en voyant avec quelle progression douce elle s'efforce continuellement de conduire l'homme au terme supérieur pour lequel il a reçu l'être et la vie ; et si des yeux intelligens et amis du bien veilloient avec soin sur l'enfance de l'homme, et concouroient, avec le pouvoir supérieur, à faire fructifier dans cette jeune plante les trésors dont le contrat divin l'a enrichie, il n'y a pas de délices et de ravissemens auxquels elle ne pût prétendre, à toutes les époques de son existence.

Tous les pas de cet homme seroient paisibles, tous ses mouvemens seroient liés, tous ses progrès seroient unis insensiblement les uns aux autres, et la joie divine les accompagneroit tous, parce qu'elle en doit être le terme comme elle en a été le principe ; enfin, il arriveroit presque sans peine et sans trouble, comme sans efforts, à cette hauteur de perspicacité, d'intelligence, de sagesse, de vertus et de puissances dont il paroît tellement éloigné dans son bas-âge, qu'on a besoin de se recueillir pour croire qu'un jour il puisse en être susceptible.

Néanmoins il seroit bon d'apprendre à cette jeune plante une vérité bien instructive, quoiqu'elle soit d'une couleur plus sombre. C'est qu'il faut malheureusement que la sagesse, qui par elle-même devoit autrefois nous procurer tant de joie, se couvre pour nous ici-bas des vêtemens du deuil et de la tristesse ; il faut que nous mettions aujourd'hui notre sagesse à souffrir au lieu de nous réjouir, parce que le crime a tout partagé, et a fait qu'il y a deux sagesses. La seconde ou la dernière de ces sagesses n'est pas la vie, mais elle rassemble la vie en nous, et nous met par-là en état de recevoir la vie ou la sagesse primitive, et source de toute joie ; aussi c'est cette sublime sagesse primitive qui entretient tout et qui crée tout. Voilà pourquoi elle est toujours jeune.

Il faudroit aussi lui apprendre à cette jeune plante, à mesure qu'elle avance dans sa croissance, que si la sagesse suprême ne peut pas se permettre de nous montrer ici-bas la Jérusalem céleste elle-même, telle qu'elle exista autrefois dans l'ame de l'homme, au moins elle veut bien quelquefois nous en laisser parcourir les plans, et que cela est suffisant pour nous remplir des plus douces consolations.

Il seroit bon de lui apprendre et de l'engager à se convaincre, par sa propre expérience, que la prière doit être une alliance spirituelle continuelle, car nous ne devons prier qu'avec Dieu, et notre prière ne mérite ce nom qu'autant que Dieu prie en nous, puisque ce n'est qu'ainsi qu'on prie dans le royaume de Dieu.

Il seroit bon de lui apprendre que les médecins sont censés connoître toutes les propriétés et la nature des substances médicinales dont ils se servent pour la guérison des maladies ; qu'ils sont censés avoir pénétré toutes les vertus des remèdes, et par conséquent être en état de pouvoir guérir tous les maux ; que cette simple observation peut lui suffire pour lui faire ouvrir les yeux sur la destination originelle de l'homme ; qu'ainsi cette destination devoit s'étendre sans doute jusqu'au pouvoir de réparer tous les désordres ; qu'elle devoit s'étendre sans doute jusqu'au pouvoir de guérir tous les maux ; enfin, qu'elle devoit s'étendre sans doute jusqu'au pouvoir de connoître les propriétés des substances de toute la nature et de toutes les régions, puisque toute la nature et toutes les régions étoient soumises à l'homme.

Il seroit bon de lui montrer, d'après cela, quelle honteuse dégradation cet homme a subie.

Il seroit bon de lui dire que l'homme de vérité ne doit point entrer en rapports avec les hommes du torrent, qu'il perdroit trop à la confrontation, et que d'ailleurs ce qu'il s'expose à perdre n'est pas à lui, mais à son maître.

Il seroit bon de lui dire que l'homme qui n'est pas sur ses gardes, est plus en danger parmi les hommes égarés, qu'il ne le seroit parmi les démons, parce que les hommes réunissent aujourd'hui deux puissances dont ils abusent à leur gré, en les travestissant l'une dans l'autre, au lieu que le démon n'en a plus qu'une ; d'ailleurs le démon n'a point de forme à lui, il est obligé de s'en créer à tout moment pour servir de réceptacles à sa puissance ; mais l'homme porte par-tout avec lui une forme qui est à la fois le réceptacle et l'instrument de ses deux puissances.

Il seroit bon de lui dire à ce sujet qu'il y a nombre d'esprits errans qui cherchent à se vêtir de nous, tandis que nous-mêmes, nous sommes presque nus, malgré notre corps, et que nous n'avons autre chose à faire ici bas que de chercher à nous vêtir de notre premier corps, qui est celui dans lequel la divinité peut habiter.

Il seroit bon de lui dire que la chasteté comprend à la fois la pureté du corps, la justesse de l'esprit, la chaleur du cœur, l'activité de l'ame et de l'amour; car elle s'étend généralement sur tout ce qui est vertu, et elle est l'absence de tout vice.

Il seroit bon de lui dire que les vertus que nous cultivons, que les intelligences que nous acquérons, sont autant de lampes que nous allumons autour de nous, et qui brûlent près de nous pendant notre sommeil.

Il seroit bon de lui dire que tous les types se répètent et se tiennent les uns aux autres, parce que n'y ayant qu'une action, elle doit se renouveler sans cesse et montrer par-tout son unité; mais que comme ces types s'opèrent dans le temps, ils doivent suivre la loi du temps et de toutes les choses successives, qui est que plus elles descendent et se multiplient, plus elles deviennent sensibles et substantielles; que c'est pour cela que ces types devenant plus semblables et plus analogues, ils deviennent aussi plus confus et plus difficiles à discerner; que c'est pour cette raison que les meilleures choses finissent par s'obscurcir et s'anéantir entre les mains des hommes, parce qu'ils n'en distinguent pas les nuances; enfin, que c'est pour cela que la matière ignore ce que c'est que le péché;

car par elle-même étant toujours dans les analogues ténébreux, elle ne peut point reconnoître de différence.

Il seroit bon de lui dire qu'il n'y a presque que des types d'humiliation pour l'homme dans tous les êtres de la nature, qu'ils sont tous actifs, vigilans, réguliers, et que lui seul est passif, indifférent, lâche, et en quelque sorte une espèce d'être monstrueux.

Il seroit bon de lui dire que Dieu est tellement distinct des choses sensibles, quoiqu'il les gouverne, que notre nature terrestre, ni les hommes matérialisés, ne peuvent rien connoître à la manière dont nous devons le faire remarquer des nations, puisque même notre parole spirituelle est inintelligible à nos sens. Aussi devons-nous être entièrement renouvelés des sens et des choses figuratives, si nous voulons devenir les témoins spirituels de la parole, et entrer dans le ministère de l'Homme-Esprit.

Il seroit bon de lui dire que depuis le commencement des choses, les fleuves vont de leur source à leur terme, sans savoir s'ils traversent des villes opulentes ou des hameaux, des lieux arides ou des contrées fertiles et embellies par la nature et la main des hommes; et que c'est ainsi que l'homme de desir doit tendre au but qui l'attend, sans s'informer de ce qui borde sa route terrestre, tant doit être vive l'ardeur qui le presse.

Il seroit bon de lui dire que quand l'homme de desir travaille sur soi, il travaille réellement pour les autres hommes, puisqu'il s'efforce et concourt par-là à leur montrer dans sa pureté l'image et la ressemblance de Dieu, et que c'est la connoissance de cette image et de cette ressemblance dont ils ont exclusivement besoin.

Il seroit bon de lui dire que quand les déistes reconnoissent l'existence d'un Être suprême, et que cependant ils ne veulent pas qu'il s'occupe du gouvernement de ce monde, ni des hommes qui l'habitent, leur erreur ne vient que de ce qu'ils se sont fait matière et brutes ; qu'en effet Dieu ne se mêle pas de la matière ni des brutes, mais qu'il les fait diriger par ses puissances ; que d'un autre côté les déistes assoupissent leur ame de manière que Dieu ne l'approche plus et ne la mène plus, puisqu'il ne peut se plaire que dans son image et ne se mêler que de son image, et que c'est pour cela qu'ils disent que Dieu ne se mêle pas du gouvernement de l'espèce humaine, parce que véritablement dans l'état de dégradation et de ténèbres où les déistes se laissent descendre, il ne se mêle pas d'eux.

Il seroit bon de lui dire que c'est en vain que les hommes du torrent essaient de suppléer à leur éloignement de l'intellectuel, en se rejetant sur le sensible ; que ce sont leurs faux systèmes qui les ont conduits à cette conséquence et à cette hypocrite doctrine ; qu'ils ne célèbrent si hautement ce qu'ils appellent l'humanité, que parce qu'ils prennent le bien-être du corps, pour le bien-être du véritable homme, qui n'est autre chose que l'Homme-Esprit régénéré ; qu'ils font usage de cette prétendue vertu, même envers les bêtes, et qu'ils croient satisfaire par-là à tout ce qui leur est imposé ; qu'enfin ils ne feroient pas un cas si exclusif de tout ce qui concerne l'ordre animal et matériel, s'ils ne se croyoient pas de la même nature.

Il seroit bon de lui dire que la preuve que la pensée vraie ne vient pas de nous, c'est que si nous en étions créateurs, nous ne serions plus dans la dépendance de

N

Dieu ; que la pensée fausse ne vient pas de nous non plus ; que nous sommes simplement placés entre l'une et l'autre, pour faire le discernement de la source divine avec la source infernale ; qu'il faut remarquer que les hommes ne peuvent rien se communiquer entr'eux, qu'en rendant sensibles leurs pensées par la parole ou par des signes équivalens ; qu'il en résulte que toute pensée nous venant du dehors, est sensible dès qu'elle se communique à nous, et ainsi est nécessairement prononcée, quoique nous ne l'entendions pas toujours sensiblement ou matériellement ; qu'ici les enfans nous servent d'exemple ; que nous ne pouvons nier qu'ils n'aient des sens, mais qu'en vain voudrions-nous leur communiquer nos pensées par la parole, parce que nous sommes sûrs qu'ils n'en entendroient pas même les sons ; que dans un âge plus avancé, ils en entendent les sons et n'en comprennent pas le sens ; enfin que dans un état plus parfait, ils en entendent les sons, et le sens, et que par conséquent ils reçoivent la communication intime de nos pensées ; que dans le vrai, on parle moins que l'on n'agit autour des enfans en bas âge ; mais que certainement ils ne voient ni n'entendent ; que nos mouvemens et le bruit sont perdus pour eux ; qu'ils ne sont affectés d'abord que par les sens les plus grossiers ; savoir, le tact passif, l'odorat et le goût ; qu'à cet état borné succède l'usage de la vue et de l'ouïe, puis enfin la parole, laquelle parole est encore assujettie à une progression très-lente, attendu qu'elle ne commence que par des cris, et que c'est là où l'homme peut s'humilier et apprendre sa leçon.

Il seroit bon de lui dire que les grandes et magnifiques idées que Dieu nous envoie si souvent dans le cours de notre pénible expiation, sont autant de témoignages dont on peut se servir avec lui quand on l'implore ; et que si nous voulons le remplir de joie, nous n'avons qu'à les employer, et lui rappeler par là ses promesses et ses consolantes faveurs.

Il seroit bon de lui dire que Dieu ayant été seul quand il a formé l'homme, ce Dieu veut aussi être seul à l'instruire et à le faire pénétrer dans ses profondeurs divines.

Il seroit bon de lui dire combien il doit se conduire avec prudence dans l'administration des trésors divins qui peuvent lui être confiés par la suprême munificence, puisqu'il ne lui faudra pas marcher long-temps dans la carrière de la vérité, pour sentir qu'il y a des choses qu'on ne peut pas dire, même à l'esprit, puisqu'elles sont au-dessus de lui.

Il seroit bon de lui dire qu'il y a une ligne et un ordre d'instruction dont il ne doit jamais s'écarter, quand il essaie de diriger l'intelligence de ses semblables, et cet ordre d'instruction, le voici : distinction de deux substances dans l'homme ; notre pensée, miroir divin ; existence de l'être supérieur, prouvée par ce miroir quand il est net et pur ; notre privation prouvant une justice ; cette justice prouvant une altération libre et volontaire ; l'amour suprême se réveillant ; loix de régénération données dans les diverses alliances ; terme de retour ; vie spirituelle ; lumière ; parole ; union ; entrée dans le lieu de repos : telle doit être la marche de l'enseignement, si le maître ne veut pas tromper les disciples, les égarer ou les retarder.

Il seroit bon de lui dire qu'il ne doit pas se flatter de posséder jamais la sagesse par mémoire, et par la

N..

simple culture de l'entendement ; que cette sagesse est comme l'amour maternel qui ne peut se faire réellement sentir qu'après les fatigues de la gestation et les douleurs de l'enfantement.

Enfin, il seroit bon de lui dire qu'il ne suffit pas à l'homme d'acquérir le flambeau de cette sagesse ; mais qu'il faut encore le conserver, ce qui est incomparablement plus difficile.

Lorsque nous tombons de quelque endroit élevé, notre tête tourne si fort pendant la chûte, que nous ne nous appercevons de rien : ce n'est qu'au moment du choc que le sentiment vif de la douleur vient nous pénétrer; encore souvent demeurons-nous sans mouvement et sans connoissance. Telle a été l'histoire de l'ame humaine lors de la prévarication. Elle perdit de vue la région glorieuse d'où elle se précipitoit par sa chûte, et l'homme tout entier se trouva comme mort et privé de l'usage de toutes les facultés de son être.

Mais la marche de notre traitement curatif fut aussi la même que dans notre science médicinale humaine. De même que quand un homme fait une chûte ou éprouve quelqu'autre accident qui le blesse grièvement, le médecin prudent le fait saigner avec abondance, pour prévenir l'inflammation ; de même, après la terrible chûte de la famille humaine, la sagesse divine retira à l'homme presque tout son *sang*, c'est-à-dire, toutes ses forces et toutes ses puissances; sans quoi, *ce sang*, ne trouvant plus les organes en état de concourir à son action, auroit achevé de les briser. Il est vrai que cette précaution indispensable de la part du médecin peut bien diminuer, par la suite, la longueur de la vie du malade, qui, sans cela, eût peut-être été plus grande. C'est par cette même raison que Dieu a abrégé nos jours, comme il abrége la durée du monde en faveur de ce que l'on appelle les élus ; sans quoi nul homme n'auroit été sauvé.

Conformément aussi à ce régime médicinal humain, on a commencé par nous donner des eaux *spiritueuses* pour nous faire revenir ; puis on nous a appliqué des baumes restaurateurs, et enfin on nous a accordé des alimens substantiels et vivifians pour nous rendre entièrement nos forces.

Lorsque par la tendre effusion de l'amour suprême, les premiers traitemens furent employés envers l'ame humaine, le mouvement lui fut rendu, et ce mouvement la mit à même de profiter, pour son instruction, du mouvement qui régissoit l'univers ; car ces deux mouvemens devoient être coordonnés. En effet, nous cherchons journellement à coordonner notre pensée avec tout ce qui agit dans cet univers ; et c'étoit véritablement une faveur particulière accordée à l'ame humaine, que celle qui lui fournissoit les moyens de contempler encore la vérité dans les images de ce monde, après qu'elle s'étoit bannie du séjour de la réalité.

Elle avoit su pendant sa gloire, cette ame humaine, qu'elle ne devoit avoir d'autre Dieu que le Dieu suprême ; et quoiqu'elle ne dût, en effet, connoître le complément de cette gloire qu'après qu'elle auroit atteint le complément de son œuvre, cependant, pour peu que dans son état primitif elle eût goûté le charme des merveilles et des douceurs divines, elle ne devoit pas ignorer que rien ne pouvoit être comparé à leur principe.

Néanmoins elle se laissa altérer par le pouvoir d'un principe inférieur qui est ce monde physique universel, où les étoiles et les astres exercent un emploi si imposant, que l'âme humaine devint corporellement soumise à leur régime. Mais quoiqu'elle fût tombée dans ce régime inférieur et qui tenoit à sa dégradation, la source qui avoit produit cette âme humaine, ne voulut point la perdre de vue, et lui transmit, dans ce nouvel ordre de choses, le précepte fondamental de sa loi primitive.

Ainsi, dans le monde physique, le soleil est un organe matériel de cette sublime révélation qui est bien antérieure aux livres ; c'est lui qui la prophétisa dès le commencement de ce monde, comme il ne cessera de la prophétiser à tous les peuples jusqu'à la consommation des choses.

C'est pendant la nuit, c'est pendant l'absence du soleil que les étoiles nous transmettent leurs clartés ; c'est alors que le règne de ces Dieux des nations se manifeste ; c'est alors que malgré la lumière que les astres répandent, la terre est néanmoins dans l'obscurité, que les odeurs des fleurs se suspendent, que la végétation se ralentit, que les cris lugubres des animaux de ténèbres se font entendre, que les crimes et les vices des malfaiteurs se déploient, et que les plans injustes et les œuvres d'iniquité s'accomplissent ; c'est alors, en un mot, que dominent et triomphent ces hauts lieux sur lesquels tous les peuples de la terre ont offert des sacrifices, d'abord illusoires, et bientôt devenus iniques et abominables, par les influences infectes du prince de la perversité, comme nous le verrons tout-à-l'heure.

Mais dès que le jour s'annonce, la lumière de ces astres s'affoiblit pour nous; elle s'évanouit tout-à-fait quand le jour a acquis son degré et sa force, et le soleil, en faisant disparoître, par sa seule présence, la vaine multiplicité de ces faux Dieux, semble dire à tout l'univers ce qui fut dit à l'ame humaine, lorsqu'elle sortit de sa glorieuse source : *Vous n'aurez point d'autre Dieu devant moi.*

Ame humaine, tu avois oublié cette loi supérieure, lorsque, dans ton état de splendeur, tu te laissas égarer par un faux attrait; mais cette loi inextinguible t'a poursuivie jusque dans ton abyme terrestre, parce que le principe des choses ne peut rien produire sans imprimer par-tout les éloquens caractères de sa langue divine.

Cependant, malgré la puissance de ce signe si instructif, les peuples n'ont pris que la lettre de ce phénomène, au lieu d'en prendre l'esprit; et c'est une des causes qui ont engendré le culte et l'idolâtrie du soleil.

Car l'idolâtrie du feu vient de plus loin; elle n'a pu s'engendrer qu'autant que, par une suite des droits primitifs de l'homme, quelques mortels auront connu sensiblement l'origine du feu (· ce qui n'est pas seulement voir briller des éclairs, et tomber la foudre), parce que c'est une vérité fondamentale, que chaque chose doit faire sa propre révélation, comme il n'y a rien de ce qui s'opère dans l'universalité des êtres qui n'en soit la preuve.

Lors donc que l'amour suprême te vit t'égarer encore par le moyen même qu'il t'avoit offert pour t'aider à rectifier tes voies ; lorsqu'il te vit te blesser de nouveau par ces objets sensibles qu'il avoit exposés devant toi pour te distraire de tes douleurs, il ne put s'empêcher de faire retentir à tes oreilles, par des moyens plus actifs, cette importante ordonnance : *Vous n'aurez pas d'autres Dieux devant moi.*

Comme le spectacle de la nature en harmonie ne produisoit auprès de toi qu'un effet contraire à celui qu'il s'étoit proposé, il laissa agir sur toi les pouvoirs de cette même nature en désharmonie, pour tâcher de te ramener, par des tribulations et des souffrances, à une mesure à laquelle tu n'avois pas su te tenir par ton intelligence ; et c'est là la clef de tous ces fléaux dont l'histoire des peuples fait mention dans toutes les régions de la terre.

C'est ainsi qu'une mère naturelle se conduit avec son enfant, un instituteur avec son élève, en les laissant supporter pendant un temps les suites des abus auxquels ils se sont livrés par foiblesse et par légèreté, et cela afin que l'expérience les rende plus réservés à l'avenir.

Mais quand ces épreuves ne réussissent pas, quand le danger devient trop pressant, et que le jeune imprudent, au lieu de se retirer du péril, ne sait que s'y enfoncer, jusqu'à courir le risque de la vie ; alors la mère, ou l'instituteur, s'approchent eux-mêmes de lui, et lui retracent d'une manière plus imposante les préceptes importans qu'ils lui avoient enseignés auparavant, afin d'opérer en lui, par la crainte, ce qu'ils n'avoient pas pu y produire par leur douceur ; et c'est là une raison positive et naturelle de toutes ces manifestations divines et spirituelles, dont l'histoire religieuse de l'homme, soit écrite, soit non écrite, ne peut manquer de se trouver remplie.

Oui, ame humaine, c'est sûrement ainsi que l'amour suprême s'est conduit avec toi, lorsqu'il a vu que les grands fléaux de la nature que tu avois provoqués par tes inadvertances, ne t'avoient pas rendu plus sage. Il s'est approché de toi avec tous les traits d'un zèle inquiet, et en prenant un ton menaçant, il t'a rappelé ces anciennes ordonnances sur lesquelles ton origine et le contrat divin étoient fondés; qu'il avoit prononcées devant toi après t'avoir donné l'existence ; qu'il avoit fait prononcer de nouveau à la nature, après que tu t'étois assujettie à son régime figuratif, et qui pourroient à tout moment retentir dans ton être le plus intime, puisque tu es toujours originairement l'organe de l'éternelle source divine, et puisque ce qu'elle a prononcé une fois ne peut plus cesser de se prononcer sans interruption et dans la durée de toutes les éternités.

Aussi ne doutons plus que toutes les traditions des peuples ne nous offrissent des traces de cette marche attentive de l'amour suprême envers toi. Ne doutons plus que depuis l'origine des choses, il ne se soit conduit envers les nations, comme il le fait encore tous les jours envers les individus, en s'efforçant par de violens mouvemens secrets, de les réveiller au milieu de leurs assoupissemens, et de les arracher aux dangers où ils se sont exposés par leurs imprudences ; ne doutons pas enfin que ce ne soit dans cet esprit, et par cet esprit, que Moyse nous ait peint dans l'Exode la voix suprême proférant au milieu des éclairs et des tonnerres, devant le peuple Hébreu, cette impérieuse et exclusive ordonnance divine que les nations avoient si fort oubliée : *Vous n'aurez point d'autre Dieu devant moi.*

Indépendamment de mille autres leçons instructives que la nature est chargée par l'amour suprême de transmettre tous les jours et physiquement à l'ame humaine, nous sommes intimement convaincus que chaque chose, pour avoir seulement un nom parmi les hommes, doit avoir fait sa propre révélation. Ainsi les pratiques religieuses que l'on voit universellement en usage parmi les hommes, ne permettent pas de douter que cet amour suprême n'ait ouvert aussi en ce genre quelque espèce de voie de réhabilitation pour l'ame humaine, quoique d'énormes amas de décombres se soient tellement accumulés sur ces sources restauratrices, qu'à peine peuvent-elles être reconnoissables.

Et même quand on sentira ce rigoureux principe, qu'il est nécessaire qu'une chose fasse sa propre révélation, sans quoi nous n'aurions jamais pu ni la connoître, ni la répéter, ni nous la transmettre; nous verrons qu'il n'est pas jusqu'à la politique et à tous les établissemens civils des hommes dont nous ne trouvassions le modèle hors de nous et au-dessus de nous. Oui, s'il n'y avoit pas en haut des légions, des différens degrés de supériorité, des chefs, des gouvernemens, nous n'aurions aucune de ces institutions-là parmi nous. Et même l'homme ici-bas marche sous l'œil et l'égide de puissances invisibles dont il tient tout, mais qu'il ne cherche guères à connoître, et auxquelles il n'est pas plus disposé à croire, à force de s'enivrer de sa propre puissance; mais s'il s'enivre ainsi de sa propre puissance, c'est qu'en effet il devoit en avoir une plus réelle; c'est qu'il devoit avoir un empire et des sujets fidèles et soumis.

Quand, par exemple, un souverain, un général se trouve environné de ses armées, quand des chefs militaires font de brillantes revues de leur troupe, quand ils sentent dans ces occasions une joie secrète et glorieuse d'avoir sous les yeux tant de soldats dévoués à leurs ordres et en si magnifique tenue ; quand, enfin, ils semblent dire à tous les spectateurs : *non-seulement c'est de moi que dépendent toutes ces forces dont je puis disposer, mais c'est par moi qu'elles sont créées, et c'est de moi qu'elles tiennent tout ce qu'elles sont;* ces chefs ne font que répéter dans un ordre conventionnel et apparent, ce qui auroit dû avoir lieu pour l'homme primitif dans un ordre positif et fixe.

Car cet homme primitif auroit eu aussi des légions sur lesquelles il auroit eu une autorité absolue, en leur communiquant son esprit, comme nous voyons qu'un général fait passer, pour ainsi dire, sa volonté dans les cent mille hommes qu'il commande, que par là il les rend *uns* avec lui, et leur ôte en quelque sorte leur volonté propre, pour ne leur donner que la sienne, sans quoi son empire sur eux seroit une chose inexplicable et impossible.

Cet homme primitif auroit donc pu aussi se contempler dans ses cohortes, et recueillir par là une véritable gloire, parce qu'il auroit été pour quelque chose dans les avantages qu'elles auroient eus, dans la beauté de leur armure, et dans leur invincible courage à défendre la cause de la justice, toutes merveilles qu'en effet il auroit pu faire sortir de lui, et faire naître à son gré dans ses subordonnés. Au lieu de cela, ici bas on lui amène sous les yeux ses légions toutes préparées, toutes vêtues, toutes armées, toutes dressées ; et là, il n'a pas toujours semé lui-même tout ce qu'il recueille, puisque la plupart de ceux qu'il inspecte, il ne les a peut-être jamais vus, et ne sait pas même quels noms ils portent, espèce de connoissance qui eût fait la vraie force de l'homme primitif en présence de ses redoutables cohortes.

Or, ce que nous disons là dans l'ordre militaire, nous pouvons le dire de toutes nos autres institutions politiques et sociales, puisque nous pourrions le dire même dans l'ordre de la nature, attendu que dans toutes ces classes l'homme auroit pu concourir avec toutes les régions, et avec toutes les puissances de toutes les régions, pour leur faire produire ces merveilleux tableaux, et ces ravissans spectacles, qui, dans tous les genres, auroient enchanté ses yeux, et rempli son cœur d'une gloire justement acquise et méritée, tandis que dans cette mesure bornée où il se trouve, il n'est souvent que pour bien peu de chose dans tout ce dont il s'entoure, et dans tout ce dont il se glorifie.

Mais si c'est d'en haut que l'homme a reçu et tient tout ce qu'il trouve de meilleur pour l'administration de ses semblables, il devroit donc penser que plus il liroit en haut, plus il y découvriroit d'excellentes choses pour son bien-être, et celui de toute la nature humaine; comme c'est d'en haut qu'ont dû lui venir toutes les voies restauratrices que l'amour suprême a dû lui offrir pour sa réhabilitation depuis sa chûte.

(Sur l'objet de ces voies religieuses ouvertes à l'homme par l'amour suprême, j'engagerai le lecteur à puiser, s'il le peut, dans un des ouvrages de Jacob Bêhme, intitulé *Mysterium magnum*, le grand Mystère. Il y verra de nombreuses ramifications de l'arbre de l'alliance, que cet amour suprême a renouvelée avec l'homme depuis sa dégradation. Il y verra la sève de cet arbre se montrer d'abord dans les racines, puis se développer successivement dans les différens bourgeons à mesure qu'ils s'étendent, et enfin, déployer dans les fleurs et les fruits de cet arbre toutes les propriétés contenues dans son germe, et élaborées dans ses canaux; il y verra continuellement la ligne réelle enveloppée sous la ligne figurative, et cependant une seule et unique sève parcourant simultanément ces deux différentes lignes, s'y faisant reconnoître même dans la diversité des caractères qu'elle prend, et harmonisant ainsi toutes les époques qu'elle embrasse dans son cours. Mais il y verra aussi une sève opposée circuler également sur la terre, depuis que nous y sommes emprisonnés, et offrir depuis cette première époque jusqu'à nos jours un *sanctuaire* d'abomination, à côté du sanctuaire de la sainteté. Les tableaux qu'il rencontrera dans cet auteur l'instruiront considérablement sur le cours de ces différentes voies religieuses qui se sont étendues sur la terre, et je me contente de lui indiquer ce dépôt, que sans cela il me faudroit traduire et transcrire presque en entier.)

Parmi ces institutions religieuses établies généralement sur la terre, et dont nous avons comme absolument perdu les traces, les sacrifices des animaux et des autres productions de la nature paroissent tenir une place très-importante, et mériter que nous les considérions avec quelque détail, d'autant que ni les traditions, ni les observateurs ne nous ont rien transmis de satisfaisant sur cet objet, et Jacob Bëhme lui-même ne nous a rien donné de complet sur cet article, quoiqu'il nous ait présenté à cet égard de magnifiques apperçus.

Non, on ne peut le nier, ces sacrifices généralement en usage sur le globe, nous attestent, malgré leurs abus, et peut-être par ces abus mêmes, que depuis la grande altération et depuis que l'homme coupable fut replacé dans la voie de son retour, ils doivent être au nombre de nos privilèges, et être compris parmi les secours qui nous ont été accordés par la sagesse, pour faire revivre autant que possible notre contrat divin, et comme tels, ils doivent entrer dans les connoissances relatives au ministère de l'Homme-Esprit.

Malgré les efforts réitérés de la philosophie mensongère, pour anéantir la sublime nature de l'homme, il n'est plus temps de douter qu'il ne soit né pour une destination considérable; et l'immensité des dons qu'il peut encore découvrir en lui au milieu de sa misère, est un indice de ceux qu'il a pu posséder autrefois avec plus d'abondance.

Ne craignons donc point de nous égarer, en voyant l'homme au sein de l'univers, comme un roi coupable, livré au pouvoir de tous ses sujets, qu'il a entraînés lui-même aux désordres et à l'anarchie par l'injustice de son gouvernement; mais voyons-y en même temps l'éternelle raison des choses, planant au-dessus de cette mer agitée, et tendant par le poids immuable de sa sagesse à faire reprendre à toutes nos facultés desharmonisées, le calme et l'équilibre qui sont le propre de leur nature.

Peut-être même cela nous conduira-t-il à reconnoître que dans l'état primitif et avant la chûte, l'homme auroit eu aussi à remplir le ministère des sacrifices, non pas, il est vrai, des sacrifices d'expiation, puisqu'il étoit pur, mais des sacrifices de gloire pour son principe ; non pas non plus des sacrifices sanglans, mais des sacrifices des merveilles divines renfermées dans tous les êtres, et qu'il auroit eu le pouvoir de développer devant le Dieu qui lui auroit confié ce ministère, parce que l'homme étoit comme établi dans le centre de la création universelle.

Mais en ne nous occupant ici que des sacrifices en usage sur la terre, et de leur sens particulier, soit spirituel, soit physique, nous verrons l'homme lié au sang qui paroît être l'organe et le repaire de tous ses ennemis ici-bas, qui paroît en un mot être le sépulcre de servitude où ce roi idolâtre est englouti tout vivant pour avoir voulu s'opposer aux décrets de la Providence, et pour avoir adoré des dieux étrangers.

La loi qui condamne l'homme à cette servitude, a pour but de le tenir dans la privation, afin que cette privation le conduise au repentir ; le repentir à l'aveu de ses fautes, et l'aveu de ses fautes à la voie qui peut lui en faire obtenir le pardon ; et comme la sagesse suprême est inépuisable dans le zèle qui l'anime pour ce malheureux exilé, elle a dû lui procurer les moyens de se guérir des maux qu'il peut recevoir chaque jour de la main de ses ennemis ; elle a dû lui en procurer pour se préserver des attaques de ces mêmes ennemis ; elle a dû enfin lui en procurer, pour obtenir même des consolations dans sa misère ; et nous ferons en sorte de montrer que tel a été l'esprit de l'institution des sacrifices, quelqu'absurdes et quelqu'impies que ces cérémonies aient pu devenir sur la terre, en passant par la main des hommes, et en se dépravant par l'empire de ces mêmes ennemis qu'elles avoient pour objet d'éloigner.

Une loi positive et connue que je retrace ici aux amis de la sagesse, comme un des plus utiles flambeaux qui brillent dans leur carrière, c'est que malgré la diversité innombrable de tant d'êtres et de tant de classes qui composent l'univers, il y a des unités d'action particulières, qui embrassent des classes entières, et opèrent sur les individus de ces classes, en raison de leur analogie naturelle.

C'est là ce qui fait que dans toutes les productions de la nature, il y a des genres, des espèces, des familles où tout porte l'empreinte de cette unité d'action, selon sa classe.

Les puissances et les facultés de notre esprit offriroient sans doute la même loi, en montrant une sorte d'uniformité dans les mouvemens des pensées de l'homme, qui ramène tous ses systêmes à un nombre limité de théorêmes et d'axiômes, et toutes ses institutions à des formules fondamentales qui ne varient presque pas. L'art médicinal, le moral, le politique, les assemblées délibérantes et scientifiques, enfin ce qui tient à l'ordre religieux, et si j'ose le dire, l'ordre infernal lui-même, tout viendroit en foule ici déposer en faveur de ce principe.

Par cette loi, la même action physique qui gouverne le sang de l'homme, gouverne aussi le sang des animaux, parce que le corps de l'homme est de leur classe. Mais si la même action physique gouverne le sang de l'homme et le sang des animaux, elle est exposée, sans doute, aux contractions et aux désordres qu'ils peuvent éprouver l'un et l'autre, et cette loi physique, quoique n'étant pas fondée sur la liberté, comme les loix morales, peut néanmoins subir des dérangemens, en raison des obstacles et des oppositions qui environnent et menacent tout ce qui existe dans la nature.

Si ces divers individus sont sujets aux mêmes loix, quant aux désordres auxquels ils sont exposés, ils jouissent aussi des perfections attachées à l'unité de l'action régulière qui les gouverne ; et si les dérangemens leur sont communs, le rétablissement doit l'être également, d'où l'on peut présumer d'avance l'esprit et les divers emplois des sacrifices ; mais ce coup-d'œil ne seroit pas suffisant, si nous ne découvrions pas comment ces sacrifices peuvent opérer, et comment les fruits qui en résultent, peuvent parvenir jusqu'à l'homme.

La loi des Hébreux nous annonce qu'il y a des animaux purs et des animaux impurs. Jacob Bêhme en donne une raison positive dans la diversité des deux teintures en harmonie avant le crime, et subdivisées depuis la grande altération. La nature permet que cette distinction ne nous paroisse pas très-étrangère, puisque parmi les animaux nous en reconnoissons de salutaires et de malfaisans. Ainsi, quand l'écriture n'auroit eu là qu'un sens physique, elle ne se seroit pas éloignée de la probabilité.

Que seroit-ce donc si elle avoit eu là aussi un sens spirituel ? Et dans le vrai, la matière n'ayant qu'une vie de dépendance, et n'ayant d'existence, de *vertus* et de propriétés, que par les diverses actions *spiri-*

tueuses qui l'engendrent, la combinent, la constituent et la caractérisent ; étant, en outre, le continuel réceptacle de puissances étrangères à l'ordre, et qui ne tendent qu'à poser par-tout leur sceau d'irrégularité et de confusion, il n'est pas étonnant que cette matière nous offre les types et le jeu de toutes ces actions diverses et opposées, dont notre propre esprit nous fait lire en nous-mêmes les tristes témoignages.

Ainsi, lorsque l'homme a laissé attacher sur lui quelque action désordonnée, l'animal pur pourroit donc être un moyen pour soustraire cet homme à cette action désordonnée, laquelle action désordonnée seroit attirée par cette base qu'on lui présente, et sur qui cette action a des droits et des pouvoirs.

Mais pour que cette attraction opère de manière à ne pas prolonger les suites et les effets de cette action désordonnée, il faut, premièrement, que le sang de l'animal soit versé ; secondement, que cet animal, quoique pur par sa nature, reçoive de plus quelque action préservatrice, parce qu'il est composé des élémens mixtes, et qu'il est exposé à l'influence désorganisatrice de l'ennemi, comme tout ce qui est matière ; or, l'action préservatrice en question étoit représentée chez les Hébreux par l'imposition des mains du prêtre sur la tête de la victime, lequel prêtre lui-même doit nous représenter l'homme rétabli dans ses droits primitifs, et voici l'esprit de ces deux loix.

Par l'effusion du sang de l'animal, l'action désordonnée, attachée à la matière de l'homme, est plus fortement attirée au-dehors que par le corps et la seule présence de l'animal, parce que plus on approche du principe dans chaque classe, plus les rapports quelconque sont énergiques et efficaces.

Mais par la préparation sacerdotale, ou celle de l'homme rétabli dans la virtualité de ses droits, ce même sang et cette même victime se trouvent hors de prise à cette action désordonnée ; de façon qu'elle abandonne la matière de l'homme, étant entraînée par l'attraction du sang de l'animal, mais de façon aussi qu'étant repoussée par la forte *vertu* que le prêtre attache sur le sang, elle est obligée de se précipiter et de s'engloutir dans les régions du désordre dont elle est sortie.

Voilà, ce me semble, où l'on peut puiser, en général, un aperçu touchant l'esprit de l'institution des sacrifices.

Ce même coup-d'œil peut nous guider pour découvrir l'esprit particulier, qui étoit censé diriger en détail toutes les espèces de sacrifices des Hébreux, tels que les sacrifices pour le péché et l'expiation, les sacrifices qui s'appeloient pacifiques, et même ceux qui avoient pour but une sainte réconciliation avec Dieu, et l'union de l'homme avec lui confirmée par les signes sensibles de leur alliance.

La simple loi de transposition dont nous venons de parler, suffit pour nous faire concevoir quel étoit l'esprit du sacrifice pour le péché, en précipitant les souillures dans la région du désordre, et sur l'ennemi qui les avoit occasionnées.

Le sacrifice pacifique paroîtroit avoir pour but de donner des forces à l'homme pour résister à cet ennemi, et même pour en prévenir les attaques. La

O..

même loi de la préparation de la victime par l'imposition des mains du prêtre, suffit pour rendre cet effet compréhensible, puisqu'elle place un sang pur et en jonction avec des actions régulières, auprès d'un sang environné d'actions destructives et malfaisantes, et que par-là elle peut lui rendre le calme et le repos.

Mille détails pris dans les cérémonies des sacrifices nous autoriseroient à ne pas nous défier de ces conjectures. Le sang versé autour de l'autel, et appliqué aux quatre coins, les aspersions de ce même sang, la manducation de la victime, etc. tout cela présente des rapports assez frappans, avec une œuvre de paix et de préservation.

Quant au sacrifice perpétuel, et quant à ces sacrifices qui avoient lieu pour la consécration du prêtre, et dont le but spirituel étoit d'unir le pontife à Dieu, ce sera toujours la même loi qui pourra nous en faire appercevoir l'intelligence ; mais ces sortes de sacrifices ne devoient pas avoir lieu pour tous les hommes, et ils ne regardoient que ceux que Dieu appeloit à lui et à son service par une élection particulière.

De pareils hommes, préparés par leur élection même, se trouvoient en rapport avec les *vertus* supérieures ; ces mêmes *vertus* supérieures embrassant tout, sont toujours unies aux actions régulières qui veillent et sont voisines de tout ce qui est sang pour en éloigner le désordre. La victime immolée après toutes ces préparations, offroit un sang sur qui ces actions régulières développoient leur force et mettoient à même les *vertus* supérieures de développer la leur à leur tour, parce que tout ce qui est harmonique, même parmi les animaux, participe plus ou moins aux anciennes propriétés du contrat divin.

Il n'étoit pas étonnant alors que ces mêmes *vertus* supérieures agissent sur l'homme choisi, et lui manifestassent tous les effets sensibles, dont sa privation lui fait sentir le besoin pour se diriger dans ses ténèbres, car tant qu'il n'a pas encore subi le sacrifice de son propre sang, il ne peut recevoir les témoignages de la vérité que par intermèdes.

Ce qui arriva à Abraham lors du sacrifice des animaux divisés en deux ; ce qui arriva à Aaron au bout des huit jours de sa consécration ; ce qui arriva à David dans l'aire d'Ornan, ce qui arrivoit dans le temple après les sacrifices des grands-prêtres, nous indique assez quel objet et quel pouvoir avoient les sacrifices vraiment sacrés et opérés par les élus du Seigneur, qui exerçoient alors, selon les mesures convenables à ces époques, le ministère de l'Homme-Esprit.

De ce peu d'observations qui viennent d'être présentées sur les sacrifices sanglans en général, il résulte qu'ils ont pour objet de développer différentes actions pures et régulières, qui s'unissant à l'homme, peuvent l'aider à sortir de son abyme, et le faire monter vers la région de l'ordre et de la régularité.

C'est dans un sens opposé, mais tendant toujours au même objet, qu'opéroit l'interdiction ou l'anathême dont il est parlé dans le dernier chapitre du Lévitique ; tout ce qui, par cette sorte de consécration, étoit remis à la justice du Seigneur, sembloit être le siège des actions irrégulières les plus condamnables, et qui, comme telles, pouvoient être les plus funestes au peuple choisi. Ainsi tous ces objets d'anathême devoient être exterminés, afin que les actions irrégulières qui reposoient dessus, ne trouvant plus de siéges, fussent forcées de s'éloigner, et ne fussent plus dans le cas de nuire au peuple.

C'est-là où l'on peut apprendre à ne plus tant condamner le supplice d'Achan, la mort d'Agag par Samuel, la rejection de Saül, qui avoit voulu conserver ce roi impie et dévoué, et même tous ces massacres de commande, rapportés dans l'écriture, qui embrassoient des villes entières avec tous leurs habitans, sans distinction, et qui par-là paroissent si révoltans aux yeux peu préparés et peu familiarisés avec les profondes vérités, mais sur-tout aux yeux pour qui le corps matériel est tout, tandis que Dieu ne compte que les ames.

Car ces sortes de personnes sont loin de soupçonner ce grand secret divin, dont il est parlé dans l'esprit des choses, et par lequel la Divinité permet souvent que des êtres innocens deviennent victimes de ces terribles fléaux, ainsi que des grandes catastrophes de la nature, afin qu'en étant précipités avec les coupables, ils les préservent par leur pureté d'une plus grande corruption, comme nous avons soin de couvrir de sels purificateurs les substances alimentaires que nous voulons conserver, et qui sans cela se détruiroient par la putréfaction.

En un mot, c'est dans cet esprit d'éloigner les bases envenimées que l'on verroit pourquoi dans la conquête de la terre promise, il fut si souvent recommandé au peuple Juif d'exterminer jusqu'aux animaux, parce que dans ce cas-là la mort des animaux infectés des actions impures de ces nations en préservoit le peuple choisi ; tandis que dans la pratique des sacrifices, la mort des animaux purs et purifiés attiroit sur ce même peuple des actions préservatrices et salutaires.

Au contraire, la destruction trop prompte de ces mêmes nations auroit exposé le peuple d'Israël à l'action impure de toutes ces bêtes de la terre, parce que ces nations leur servoient de réceptacle et de base d'opération ; voilà pourquoi Moïse dit au peuple, (Deuteronôme 7 : 22.) *Ce sera Dieu lui-même qui perdra devant vous ces nations peu-à-peu, et par parties. Vous ne pourrez les exterminer toutes ensemble, de peur que les bêtes de la terre ne se multiplient et ne s'élèvent contre vous.*

Ce n'est point dire pour cela que les *vertus* pures et régulières soient renfermées et ensevelies dans le sang des animaux, comme plusieurs l'ont pensé et le pensent encore, puisqu'il en est même, tels que les Indiens, qui croient que des esprits de tout genre y sont placés pour les habiter ; mais c'est faire présumer seulement que toutes ces actions pures et régulières sont attachées aux classes et aux individus de ces animaux, et qu'en rompant la base qui les fixe, elles peuvent devenir utiles à l'homme ; c'est dans ce sens qu'il faut entendre le passage de nombres (ch. 17 : 11.) *que le sang a été donné pour l'expiation de l'ame;* car il ne faut pas confondre l'ame de la chair, et par conséquent l'ame des animaux avec les actions régulières et extérieures qui les gouvernent.

Mais de cette espèce de servitude et de contrainte où se trouvent ces sortes d'actions, il résulte une autre conséquence justifiée d'avance par l'état pénible de l'homme, et par cette sorte de réprobation attachée sur lui, et qui l'annonce visiblement comme un criminel. Cette conséquence est que si l'homme a besoin que toutes ces actions soient remises en liberté, pour que lui-même commence à recouvrer la sienne, si en un mot, il est l'objet pour lequel la loi les met en œuvre, il faut qu'il ait été pour quelque chose dans la révolution qui les a assujetties.

Les connoissances que maintenant le lecteur peut avoir acquises sur l'homme, rendent cette conséquence fort naturelle. Si nous avons pu ci-dessus le regarder comme roi, s'il a puisé son origine dans la source de la lumière, si nous le reconnoissons comme étant créé à l'image et à la ressemblance de la divinité, et comme devant être son représentant dans l'univers, il a dû être supérieur à toutes ces diverses actions, occupées aujourd'hui à l'entretien des choses.

Or, si c'est de lui que ces diverses actions attendoient que son administration sage les maintînt dans leur ordre et dans leur emploi primitif, c'est-à-dire, qu'il développât et manifestât en elles les merveilles divines dont elles étoient dépositaires, et qui devoient servir aux sacrifices de gloire; il faut qu'en s'étant égaré lui-même, sa chûte ait pu entraîner toutes ces diverses actions ou puissances dans un état d'assujettissement et de violence pour lequel elles n'étoient pas faites, et qui est pour elles comme une espèce de mort.

C'est ainsi que nous voyons dans les traditions des Hébreux, qui étoient comme le premier né des peuples, que les prévarications et l'endurcissement de Pharaon ont forcé la justice, non-seulement à le frapper lui-même, mais encore à frapper tous les premiers nés de son empire, depuis les hommes jusqu'aux bêtes, et depuis le fils de celui qui étoit sur le trône, jusqu'au fils de la servante et de l'esclave.

A la suite de ce terrible exemple de vengeance exercé sur l'Egypte, nous voyons les Hébreux recevoir l'ordre de consacrer à Dieu tous leurs premiers nés, depuis l'homme jusqu'aux bêtes. Ce rapprochement est un indice de plus en faveur de l'opinion que nous avons avancée sur le but et l'esprit des sacrifices ; car la consécration du prêtre qui semble montrer en elle-même le sens de toutes les autres consécrations, ne se faisoit point sans l'immolation d'un bélier.

Si l'on vouloit donc poursuivre ce rapprochement, on verroit que par le crime de l'homme, tous les premiers nés, tous les principes produits dans tous les genres ont été ensevelis avec lui dans son abyme ; mais que par l'inextinguible amour de la suprême sagesse, il a reçu le pouvoir de rétablir successivement tous ces principes dans leur rang, et ensuite d'y rétablir son semblable à son tour, et de faire sabbatiser les ames, comme il avoit reçu le pouvoir de faire sabbatiser la nature.

On verroit, en un mot, que les sacrifices sanglans tendoient à ce double objet, soit en rendant à leur liberté originelle toutes ces actions pures et régulières que la prévarication a fait descendre et s'attacher aux diverses classes d'animaux et d'autres êtres qui composent la nature, soit en les mettant à même par-là de procurer du soulagement à l'homme, et de le délivrer des entraves où nous le voyons languir tous les jours.

Car dans l'exemple que l'on vient de citer, c'est toujours l'homme qu'il faut avoir pour objet ; seulement il faut faire attention que les doubles types qui le concernent sont partagés sur deux nations différentes, les Egyptiens et les Hébreux, dont l'une peint l'homme dans sa chûte et sa réprobation, et l'autre le peint dans sa loi de délivrance et de retour vers ce poste sublime dont il est descendu.

Toutefois, nous n'employons point les loix et les cérémonies des Hébreux, comme servant de base et de fondement à la théorie que nous exposons. Cette théorie repose en premier chef sur la nature de l'homme ancien et actuel, c'est-à-dire sur notre grandeur et sur notre misère ; quand ensuite elle trouve sur la terre des témoignages qui l'appuient et qui la soutiennent, elle s'en sert, non comme preuve, mais comme confirmation.

D'après cela nous n'avons pas besoin de recourir aux écritures saintes, pour découvrir jusqu'à quel temps remonte l'origine des sacrifices. Pour les sacrifices de gloire, elle remonte à l'époque antérieure à la prévarication de l'homme ; pour les sacrifices sanglans et d'expiation, elle remonte jusqu'au moment où l'homme coupable commença à voir s'entr'ouvrir pour lui la voie de sa délivrance, et ce moment est celui même où il lui fut permis de venir habiter la terre, puisqu'auparavant enseveli comme l'enfant dans un abyme, il ne pouvoit avoir à sa disposition les matières des sacrifices, n'ayant pas même l'usage de ses propres facultés.

Sa destinée première étoit d'être lié à toute la nature, pendant toute la durée de l'œuvre qu'il auroit eu à remplir s'il se fût maintenu dans son poste.

Malgré sa chûte, il se trouva toujours lié à cette même nature dont il ne pouvoit pas sortir, et dont le poids douloureux étoit encore augmenté par l'empire que l'homme avoit laissé prendre sur elle et sur lui à son ennemi. Ainsi l'homme n'étoit lié alors à cette nature que par le supplice qu'elle lui causoit, et étant lui-même pour ainsi dire identifié avec la puissance des ténèbres. Enfin, lorsque la voie de retour lui fut ouverte, ces moyens salutaires ne pouvoient agir que par l'organe et le canal de cette nature, dans laquelle il s'étoit enseveli au lieu de la dominer.

Ainsi les rapports qu'il a avec les animaux sont indestructibles, tant que la nature n'aura pas achevé son cours; mais ces rapports changent de caractère, selon les diverses époques où l'homme se trouve. Au temps de sa gloire, il régnoit en souverain sur les animaux; et si dans ce temps même la pensée peut nous faire présumer l'existence des sacrifices, ils ne pouvoient pas avoir la réhabilitation de l'homme pour objet; comme nous l'avons dit, puisqu'il n'étoit pas coupable.

Au temps de sa chûte, il devint la victime de ces mêmes animaux, ainsi que de toute la nature.

Au temps de sa délivrance, il eut la permission et le pouvoir de les employer à son avancement; ce dont nous ne pouvons pas douter, d'après toutes les observations précédentes.

Or, ces bases étant ainsi posées sur un fondement solide, il est doux d'en trouver en grande partie la confirmation dans les écritures saintes.

Le premier homme dans son état de gloire y paroît

revêtu d'une entière autorité sur la nature, et particulièrement sur les animaux ; puisque même il lui fut départi le don de leur appliquer les noms essentiels et constitutifs qui leur appartenoient ; après sa chûte, la terre fut maudite, et l'inimitié fut mise entre la femme et le serpent. Mais à peine est-il envoyé à la culture de la terre, et à peine sa génération commence-t-elle à s'étendre, que nous voyons les sacrifices d'animaux en usage dans sa famille, indice puissant qui nous laisse fortement présumer qu'il les a pratiqués lui-même, et qu'il a transmis cette pratique à ses enfans, d'où ensuite elle s'est répandue sur toute la terre.

Il n'est pas difficile non plus de sentir combien cette institution, si salutaire dans son principe et dans son objet, auroit procuré d'avantages à l'homme s'il l'eût suivie dans son véritable esprit ; il suffiroit pour cela de jeter de nouveau les yeux sur les sacrifices rétablis du temps de Moïse, et de reconnoître qu'en les observant fidèlement, le peuple n'eût jamais été abandonné, et auroit attiré sur lui tous les biens dont il étoit susceptible alors, puisque les puissances et les lumières divines l'auroient toujours environné.

La première chose remarquable qui se présente dans les réglemens relatifs à ces sacrifices, c'est qu'ils étoient beaucoup plus nombreux et plus considérables aux trois grandes fêtes des Hébreux ; savoir : à Pâque, à la fête des semaines ou des prémices, et à la fête des tabernacles. Ces trois époques solemnelles, si instructives par les faits dont elles retraçoient le souvenir, par les temps fixes où elles se célébroient, et par la liaison qu'elles ont avec l'histoire spirituelle et la régénération de l'homme, annoncent assez de quelle importance devoient être les sacrifices qui s'y célébroient, puisqu'ils sembloient devoir concourir naturellement au développement d'aussi grands objets.

Pour mieux sentir le rapport de ces trois fêtes principales avec l'histoire spirituelle de la régénération de l'homme, il faut avoir sans cesse les yeux fixés sur notre propre nature, et reconnoître que comme nous sommes caractérisés spirituellement par trois règnes ou trois facultés éminentes et constitutives, qui demandent autant de développemens dans chacune des trois classes terrestre, spirituelle et divine par où nous passons, il est certain que tous les moyens et toutes les loix qui coopèrent à notre régénération, doivent suivre une marche qui soit conforme à ce même nombre, et analogue à l'espèce de secours qui nous est nécessaire, selon le rapport qui se trouve entre nos divers développemens et l'œuvre de leurs époques correspondantes.

Mais, pour que le mot nombre n'effraie pas le lecteur, je m'arrêterai un instant pour lui faire observer que les nombres, quoiqu'ils soient fixes dans l'ordre naturel, ne sont rien par eux-mêmes, puisqu'ils ne servent qu'à exprimer les propriétés des êtres. C'est ainsi que, dans nos langues, les mots ne servent qu'à exprimer les idées, et n'ont essentiellement en eux aucune valeur.

Néanmoins l'esprit de l'homme inattentif a cru que le nombre exprimant les propriétés de l'être renfermoit réellement en lui ces propriétés ; c'est ce qui a donné si abusivement tant de crédit, et en même temps tant de défaveur, à la science des nombres, dans laquelle, comme dans mille autres exemples, la forme a emporté le sond ; au lieu que le nombre ne peut pas plus avoir d'existence et de valeur sans les propriétés qu'il représente, qu'un mot n'a de prix sans l'idée dont il est le signe.

Mais ici il y a une différence : c'est que nos idées étant variables, les mots que nous employons pour les exprimer peuvent varier aussi ; tandis que les propriétés des êtres étant fixes, les nombres ou les figures qui les indiquent, ne peuvent point être sujets à des changemens.

Toutefois les mathématiques, quoiqu'elles soient loin de connoître et d'employer ces nombres fixes, nous en offrent une idée dans les nombres libres ou arbitraires dont elles font usage ; car elles appliquent sans cesse, il est vrai, ces nombres libres et arbitraires aux valeurs des objets qu'elles soumettent à leurs spéculations ; et quand elles les ont attachés à ces valeurs, ils n'en sont plus que les signes et les représentans, et s'ils s'en détachoient, ils ne seroient plus rien. Mais c'est nous qui avons inventé les mathématiques pures, ou abstraction faite de toute application.

La nature ne connoît pas cette espèce de mathématiques. La nature est l'union continuelle des loix géométriques avec des nombres fixes que nous ne connoissons pas. L'homme, dans sa pensée, peut considérer ces loix indépendamment de leurs nombres fixes ; mais la nature est l'exécution effective de ces loix, et elle est étrangère à toute abstraction.

Or, comme les savans ne s'occupent que des dimensions et du jeu externe des êtres, et qu'ils ne s'occupent pas de leurs propriétés intimes, il est bien sûr qu'ils n'ont pas besoin de s'occuper des nombres fixes qui ne sont que les signes de ces propriétés. Et, en effet, ne s'occupant que des dimensions visibles des êtres, ou même de leur pesanteur, de leur vitesse, de leur attraction approchées, il est clair que, pour atteindre leur but, ils ont assez de leur numération ordinaire.

Ce que je viens de dire sur les nombres étant suffisant pour arrêter les préventions que cet ordre de science entraîne avec elle, je reviens aux sacrifices.

Le premier degré de notre régénération n'est que notre appel hors de la terre d'oubli ou du royaume de la mort et des ténèbres. Cette première œuvre est indispensable pour que nous puissions marcher ensuite dans le sentier de la vie, comme il est indispensable que le grain fermente dans la terre, et lance hors de lui ses racines, pour suivre ensuite le cours de sa végétation et produire ses fruits. Aussi nous voyons que la régénération du peuple Hébreu commence par l'œuvre puissante qui le fait sortir de l'Égypte, et le place dans les sentiers qui doivent le conduire à la terre promise. Mais ce qu'il y a de frappant, c'est que le temps lui-même vient apporter son tribut de correspondance à cette œuvre merveilleuse, en ce qu'elle s'est opérée dans le premier mois de l'année sainte des Hébreux, laquelle, commençant au printemps, exprimoit temporellement le passage que la nature fait alors de la langueur et de la mort de l'hiver à des jours plus actifs et plus fertiles.

Les Hébreux, il est vrai, n'offrirent point alors d'holocaustes, parce qu'à l'image de l'homme dans le premier acte de sa délivrance, ils étoient encore dans l'impuissance et dans l'ignorance de leur loi qui agissoit sur eux à leur insçu, de la même manière qu'elle agit sur l'enfant qui vient au monde.

Néanmoins ils immolèrent un agneau dans chaque maison, et quoique ce ne fût point selon la forme des sacrifices qui furent établis depuis, il y avoit cependant dans cette cérémonie une *vertu* efficace et initiative à tout ce qu'ils devoient opérer dans la suite ; de façon que, dans cette fameuse époque, nous voyons marcher de front quatre choses importantes ; savoir : la vocation de l'homme à la vie terrestre, la délivrance du peuple choisi, la renaissance de la nature, et l'effusion du sang des animaux ; et ces quatre choses ne pourroient concourir ensemble d'une manière aussi marquée, sans avoir une correspondance intime.

Il faut remarquer même que l'immolation de l'agneau fut l'acte préparatoire et antérieur à la délivrance des Hébreux ; et cette circonstance nous laisse présumer combien sont pures et régulières les actions attachées à cette espèce d'animal, et remises en liberté par son immolation, puisqu'elles furent respectées par l'ange exterminateur, et qu'elles devinrent le moyen de protection dont Dieu se servit pour préserver les Hébreux de tous les fléaux de sa justice.

Ceci nous retrace, avec assez d'évidence, ce que nous avons dit ci-dessus, savoir, que le sang est le sépulcre de l'homme, et qu'il lui faut nécessairement en être délivré pour faire le premier pas dans la grande ligne de la *vie*. Cela nous indique aussi que parmi tous les animaux, l'agneau est celui qui a avec la régénération ou la délivrance de l'homme, les rapports les plus vastes et les plus profitables ; et que c'est lui dont l'immolation pouvoit lui procurer le plus d'avantages, en le disposant lui-même, par les *vertus* secrètes du sacrifice, à sortir plus glorieusement et avec plus de sûreté hors de son propre sang.

On peut trouver même quelques témoignages en faveur de cette vérité dans la simple classe matérielle, où nous voyons que l'espèce de bétail à laquelle appartient l'agneau, est celle qui offre à nos corps le plus de biens, et qui suffit seule à nos premiers besoins, en nous procurant la nourriture, le vêtement, et la lumière. Il n'est pas inutile non plus d'ajouter que cette espèce de bétail ne fournit cependant qu'à nos besoins passifs, qu'à ceux de nos besoins qu'on peut comparer aux besoins de l'enfance de l'homme, ou de l'homme dans la privation; mais qu'il ne nous rend aucun des services actifs dont nous avons besoin dans un autre âge, et qui nous sont administrés par le moyen des autres espèces d'animaux.

Aussi voyons-nous là une raison pourquoi l'agneau seul fut immolé lors de la sortie d'Égypte, puisqu'à cette époque le peuple choisi ne faisoit que naître, et retraçoit temporellement l'enfance corporelle et l'enfance spirituelle de l'homme; de même que l'époque du printemps retraçoit la naissance et l'enfance de la nature.

Cette époque primaire présenta à la fois trois caractères; elle fut commémorative de l'appel du premier homme à la vie terrestre; elle fut l'appel actuel du peuple choisi à la loi de l'esprit, et elle fut l'indice prophétique de notre renaissance future dans la loi de Dieu, et ce triple caractère se trouve dans toutes les époques que nous parcourrons, parce qu'elles sont

P.

toutes liées l'une à l'autre dans l'accomplissement du nombre qu'elles représentent, et parce qu'elles deviennent ainsi successivement, 1.° commémoratives; 2.° actuelles ou effectives, et 3.° figuratives ou prophétiques.

Aussi nous voyons que cette époque primaire est suivie d'une époque seconde, dans laquelle le peuple Hébreu reçut la loi sur la montagne de Sinaï. Tous les rapports précédens vont se retrouver dans cette époque.

Après avoir été appelés à la vie terrestre, il y a un âge où l'esprit fait sa première jonction avec nous, et nous communique ses premiers rayons. Après que le premier homme fut arraché aux abymes dans lesquels le crime l'avoit plongé, et qu'il eut obtenu, par la mort d'Abel et par la pénitence, l'entrée dans les voies de la justice, il reçut des consolations qui nous sont indiquées par l'avènement de son fils Seth, lequel attira sur sa famille le premier dépôt des dons que la miséricorde suprême daigne encore accorder au genre humain.

Quand même on ignoreroit à quelle époque le premier homme, qui n'a point été enfant, reçut les premiers secours de la grace, nous savons que pour l'homme particulier, c'est vers sept ans que les premiers germes de l'esprit se montrent, et qu'ainsi les fruits de ces germes pourroient naturellement se développer à des époques qui correspondissent aux multiples de ce nombre.

Aussi nous savons que la loi fut donnée au peuple Hébreu quarante-neuf jours après le passage de la mer Rouge; nous savons que cette époque tombe à celle de la production des premiers fruits, et que la fête qui fut instituée à ce sujet, s'appela la fête des semaines, et des prémices.

Enfin, nous savons que cette loi fut arrosée du sang des holocaustes et des victimes pacifiques, et que les victimes furent prises parmi le gros bétail, ou parmi les veaux. (Exode 24 : 5). Tous les rapprochemens qui résultent de là sont faciles à faire, d'après les principes établis ci-dessus.

En nous rappelant ici la base universelle des sept formes de l'éternelle nature, le nombre de sept contenu dans quarante-neuf, nous retracera le jeu et l'opération des sept puissances spirituelles sur le peuple choisi pour lui ouvrir la carrière des œuvres vives, comme aussi cette opération est marquée à cette même époque par la production des premiers fruits de la terre, ou par les prémices; et il ne doit y avoir aucun doute que cette loi n'ait agi par les pouvoirs de ce nombre sur le premier homme, comme elle fait encore sur les hommes particuliers, et le feroit sûrement d'une manière plus sensible et plus positive, si malgré les secours dont la sagesse nous a comblés depuis l'origine, nous ne nous remplissions pas journellement de fausses substances qui nous tiennent habituellement dans de fausses mesures, et empêchent les véritables d'agir sur nous.

Dans cette époque, ce fut le sang des veaux qui fut versé; et dans la première, ce fut seulement le sang des agneaux.

Dans la première époque, qui n'étoit que celle de la délivrance, le sang de l'agneau servit d'organe à l'œuvre de miséricorde qui s'opéroit alors sur le peuple, et qui étoit indiquée par la douceur dont cet animal est

P..

le symbole; car c'est dans l'étude des caractères apparens des divers animaux que nous pouvons appercevoir quelques clartés par rapport aux actions qui les gouvernent, et aux œuvres auxquelles ils doivent concourir selon le plan de la sagesse.

Dans la seconde époque, le peuple se trouvant au milieu des déserts, et dans la voie de son retour vers sa patrie, avoit besoin d'une force plus considérable pour pouvoir résister à ses ennemis; et tout nous engage à croire que le sang du gros bétail, versé dans cette circonstance, est un indice suffisant que tel étoit l'objet de l'immolation de cette espèce de victimes.

Dans la première époque, le peuple n'eut rien à faire; il n'eut qu'à suivre l'esprit qui faisoit tout pour lui, comme les mères et les nourrices font tout pour les enfans dans leur bas âge. Aussi il n'avoit point encore de loi.

Dans la seconde époque, le peuple est regardé comme pouvant agir par lui-même, et c'est alors que la loi lui est donnée, que tous les préceptes lui sont enseignés, afin qu'il puisse régler sa conduite sur ces préceptes pendant les pénibles voyages qui lui restent à faire.

Il étoit donc naturel que la même sagesse qui lui traçoit des loix, lui communiquât aussi les forces nécessaires pour les observer, et c'est ce que nous indique le sacrifice des veaux, sans faire mention ici des forces spirituelles qu'il reçut par l'effet des prodiges opérés en sa présence sur la montagne, ni de celles qu'il pouvoit attendre de l'ordination de ses prêtres, qui ne se fit qu'après la promulgation de la loi, et pour ainsi dire après l'émancipation du peuple, et seulement pour compléter et consolider cette seconde époque. Car Moyse avoit été ordonné directement et sans l'intervention du ministère de l'homme, puisqu'il devoit être comme le Dieu de Pharaon, et prendre Aaron pour son prophète. (Exode 7.)

Il est certain que cette seconde époque est à la fois commémorative, actuelle, et figurative, comme l'avoit été l'époque primaire ; seulement il faut observer que chacun de ces rapports monte d'un degré, puisque la seconde époque part d'un point plus avancé d'un degré que cette époque primaire ; attention qu'il faudra avoir quand on considérera les époques suivantes, lesquelles, marchant toujours par des nuances contiguës, élèvent sans cesse leurs opérations, mais conservent leur caractère.

La troisième époque, dans le sens réduit où nous nous tenons pour le moment, ne nous est connue par aucun fait historique de l'écriture sainte. Elle ne nous est indiquée que par la solemnité de la fête qui fut ordonnée pour la célébrer, et qui est nommée la fête des tabernacles. Cette fête n'ayant point de faits actuels à consacrer, ne nous est présentée aussi dans l'écriture, (lévitique 23 : 43.) que comme étant commémorative d'un fait antérieur, c'est-à-dire pour faire ressouvenir le peuple que Dieu l'avoit fait habiter sous des tentes, après qu'il l'eut délivré de la servitude des Egyptiens.

Mais ce ne sera point une erreur de dire que le cours de la régénération n'étoit point assez avancé alors, pour que cette époque présentât à l'esprit du peuple tout ce qu'elle renfermoit ; et particulièrement la station que l'homme est obligé de faire pendant un temps, dans les régions médianes, entre sa primitive demeure et sa demeure actuelle, lorsqu'il quitte son enveloppe corporelle qui est pour lui sa terre d'Égypte, et où habite son sang qui est à son égard un véritable Pharaon.

Or, cette fête, la plus considérable de toutes, par la quantité des victimes qu'on y offroit, étoit l'expression prophétique et figurative de tous les biens qui attendoient le peuple dans les divers temps à venir, mais dont il ne pouvoit avoir l'idée, puisqu'aucuns de ces temps n'étoient arrivés pour lui.

Nous pouvons juger de la grandeur de ces biens par le moment de l'année où la fête se célébroit ; c'étoit dans le septième mois, c'étoit après la récolte de toutes les moissons, c'étoit au renouvellement de l'année civile, quoique ce fût à la moitié de l'année sainte.

On peut donc voir là avec confiance la fin du cercle des choses temporelles, l'avénement du règne de l'esprit, et l'immensité des dons et des trésors qui résultent du développement de toutes ses puissances, et cela dans toutes les époques consécutives et intermédiaires entre le moment de l'institution de cette fête, et le complément du grand cercle.

Je n'ai pas besoin même de rappeler pour cela les propriétés caractérisées du septénaire ; il suffit de le nommer pour être certains que la fête en question devoit être beaucoup plus prophétique que commémorative pour les hommes instruits de ce temps-là, quoique pour le peuple elle fût plus commémorative que prophétique. Ajoutons seulement pour l'instruction de ceux qui ont l'intelligence ouverte sur les principes dont les nombres sont les signes, que ce septénaire agit à cette troisième époque plus complètement qu'il n'a fait à la seconde, qui n'étoit qu'une initiation à la loi, au lieu que la troisième étoit l'accomplissement du temps de cette loi.

Aussi à la seconde époque, le septénaire n'agit encore, pour ainsi dire, qu'en lui-même et dans son propre cercle ; tandis qu'à la troisième il a fait pénétrer son opération dans tout le cercle des choses par le moyen des six mois lunaires, sur le cours desquels il a étendu et développé ses puissances ; ce qui retrace les six opérations primitives de la création, terminées par le sabbat, et ce qui indique la grande époque sabbatique par où le grand cercle de la durée de l'univers doit arriver à son terme, et rendre la liberté aux créatures.

Une seconde vérité fondamentale que nous pouvons exposer ici, et qui se lie avec celle que nous avons déjà exposée précédemment, c'est que pendant le règne de la loi des sacrifices, tout s'est opéré par transposition, parce que l'homme étoit trop loin de la vérité pour qu'elle pût s'unir à lui directement.

Le serpent d'airain, les oblations, les immolations, les voyages même du peuple Hébreu qui se transporte d'un pays à l'autre, sont des témoignages suffisans pour faire comprendre que telle étoit la nature de cette loi ; et d'ailleurs cette loi devient sensible lorsqu'on reconnoît que l'homme, étant lié par son crime à des actions divisées quoiqu'analogues, ce n'étoit que par la réunion de ces analogues, que l'homme pouvoit être délivré du joug pénible de leur division.

Mais cette loi, à mesure qu'elle procède, semble de plus en plus devenir salutaire au peuple choisi qui doit être reconnu pour le type de l'homme. Aussi l'on apperçoit une progression de graces, d'activité, et de faveurs, suivre la progression des fêtes et des époques, comme nous l'avons déja remarqué ; aussi le sacrifice perpétuel tout en offrant la commémoraison de la délivrance d'Egypte, montroit cependant en même temps la continuelle surveillance de l'amour suprême sur son peuple qu'il ne veut jamais abandonner.

Aussi les holocaustes extraordinaires qui y étoient joints lors des trois grandes fêtes, avoient pour objet de faire descendre sur le peuple des *vertus* actives qui pussent correspondre au plan de ces diverses époques ; car on y voit des taureaux, des béliers, sept agneaux, indépendamment de toutes les offrandes qui se joignoient universellement aux holocaustes.

C'est par-là que se semoient dans ce peuple les germes qui devoient commencer à donner leurs prémices à l'époque suivante, et qui n'avoient pu être semés en lui pendant son séjour en Egypte, parce qu'il falloit que ce peuple fût purifié auparavant, puisque le séjour de la mort n'est pas susceptible de recevoir la semence de la vie.

Sans doute, si le voile n'étoit pas étendu comme il l'est, sur la nature et les propriétés des animaux, nous verrions à découvert la raison finale et positive pour laquelle les béliers, les taureaux et les agneaux étoient employés de préférence à d'autres animaux dans tous ces sacrifices. Nous justifierions par des détails particuliers ce principe fondamental et général que par leur liaison avec les actions extérieures, ces espèces de victimes devoient, par l'effusion de leur sang, faire parvenir sur le peuple les actions diverses dont elles sont l'emblême et le type, et que par-là il se plaçoit près de lui des puissances représentatives de celles qu'il devoit recevoir un jour de la part de l'esprit même, et dont il étoit encore trop éloigné.

Mais nous n'avons plus les noms primitifs de ces animaux, et il n'y auroit que cette connoissance-là qui pourroit répandre une clarté vive et lumineuse sur les différentes espèces d'animaux admis au rang des victimes, de même que sur les diverses espèces de productions végétales qui servoient d'offrandes dans les sacrifices; car si les nombres vrais expriment les propriétés des êtres, les noms réels les expriment encore plus exactement, puisqu'ils en sont l'organe actif. Voilà ce qui jadis caractérisoit la prééminence du premier homme, et voilà ce qui doit aujourd'hui caractériser, au moins partiellement, la prééminence du véritable sage ou du véritable dispensateur des choses divines, pour qu'il remplisse utilement et efficacement le ministère du Seigneur.

Les mots hébraïques même sont d'un médiocre secours pour communiquer la lumière sur ce grand objet. Ils n'ont procédé d'une manière active que pour des noms d'homme, c'est-à-dire, par rapport aux générations du peuple choisi et de ses ministres, comme on le voit aux noms caractéristiques des patriarches et des prophètes, parce que c'est de l'homme dont il s'agissoit principalement dans cette voie d'élection et de restauration; au lieu que le temps de la grande réhabilitation de la nature n'étant pas encore venu, les noms des plantes et des animaux ne procèdent pas plus dans la langue hébraïque que dans les autres langues, et leurs noms vrais sont encore ensevelis dans la langue que Jacob Bêhme appelle la langue de la nature, et cela jusqu'à ce que les sceaux soient levés.

On pourroit seulement répéter et étendre l'idée générale que nous avons exposée précédemment, et cette idée seroit que dans l'effroyable bouleversement que la nature a éprouvé lors de l'égarement criminel des premiers prévaricateurs, il y a eu des substances et des espèces, soit de minéraux, soit de végétaux, soit d'animaux mieux conservées les unes que les autres, c'est-à-dire, qui sont restées dépositaires d'une plus grande portion des propriétés vives et puissantes de l'état primitif des choses ; et que ce seront, sans doute, ces substances-là qui auront été employées de préférence dans les sacrifices et dans toutes les autres parties cérémonielles du culte religieux, comme pouvant rendre à l'homme de plus grands services, attendu qu'elles tenoient de plus près au premier contrat. Mais cette idée demanderoit d'être préparée par une plus ample connoissance de cet état primitf des choses ; aussi nous ne faisons que l'indiquer.

Passons à une objection qu'on peut faire sur la clef que nous avons présentée comme devant servir à expliquer les sacrifices.

Si les sacrifices opéroient en faveur de l'homme par le moyen de leur correspondance, si l'effusion du sang des victimes étoit le moyen établi pour remplir cet objet, comment se fait-il, pourra-t-on dire, que la circoncision n'ait pas tenu lieu de tous les sacrifices ? Car dans cette circoncision, le sang de l'homme lui-même étant versé, sembleroit devoir opérer pour lui plus efficacement que toutes les autres victimes, en raison de la supériorité de ses correspondances. Voici ce que nous pouvons répondre.

Si les sacrifices sanglans agissoient par leurs correspondances, ils tiroient cependant radicalement leur vertu du desir du ministre et de celui du fidèle qui s'unissoit à lui ; car alors le desir divin même venoit s'allier au leur. Or, comme dans aucune circonstance ce desir, qui est la vraie foi, ne peut se passer d'une base, le sang des animaux lui en tenoit lieu, et l'aidoit à atteindre plus haut, en attendant que ce desir pût se reposer sur la base complète et sur le cœur divin qui dirigeoit en secret tous ces sacrifices, et devoit finir par les couronner.

Car on peut remarquer en passant que la nécessité d'une base pour faire reposer notre vraie foi ou notre desir, est la clef de toutes les diversités des sacrifices, soit sanglans, soit non sanglans, ainsi que des diverses idoles, et des divers cultes qui sont en honneur sur la terre : toutes choses où l'on voit que les nations ont au fond la même foi, et ne se trompent que sur la base ; mais que le choix de cette base étant si important, puisqu'elle doit tenir, par des correspondances fixes à un centre vrai, soit naturel, soit spirituel, soit divin, il n'est pas étonnant que les erreurs des nations étant si grandes en ce genre, leurs ténèbres soient si universelles.

Or, la circoncision ne pouvoit servir de base à ce desir ou à la foi, puisqu'elle s'opéroit dans les premiers jours de la naissance ; et elle ne fut opérée sur Abraham, dans son âge fait, que parce que ce patriar-

n'auroit pas été choisi *enfant* pour être le chef de la race élue, et qu'en outre il devoit entrer librement dans l'alliance. Aussi il ne fit par-là que représenter les premiers degrés de sa réconciliation.

Cependant, quoique l'enfant ne puisse avoir de desir ou de vraie foi, sans doute que le sang de l'homme versé dans la circoncision des enfans avoit un effet ; mais cet effet se bornoit, pour ainsi dire, à opérer sur eux une espèce d'ablution, comme les retranchant en quelque sorte de ce régime de sang, dans lequel le crime de l'homme nous a tous plongés ; et les initiant par-là à l'œuvre active et efficace à laquelle leur desir ou leur foi devoit les employer un jour volontairement. C'étoit aussi plutôt un effet figuratif de la grande circoncision ou de leur délivrance corporelle, qu'un effet vivificateur et régénérateur, comme l'étoit celui des holocaustes où la foi avoit au moins une sorte d'action, où la victime pure étoit immolée, et où l'entier développement de toutes les correspondances d'actions régulières avoit le pouvoir de rétablir l'homme dans une partie de ses droits et de ses jouissances.

D'ailleurs on a déja vu précédemment que la mort de l'homme étoit le seul sacrifice sanglant qui pût le rétablir dans la plénitude de ses rapports, et dans la voie parfaite de son retour vers son principe. Aussi le principe de la vie animale n'étant point retranché par la circoncision, l'observation de cette loi ne pouvoit seule faire descendre sur l'homme des actions puissantes et restauratrices ; et si le sang des animaux n'avoit été substitué au sien, il seroit demeuré, pendant toute sa vie, dans la même privation et la même servitude.

Toutefois, nous l'avons dit, cette circoncision n'étoit point inutile, puisque c'étoit une sorte d'initiation à des degrés dont l'homme ne pouvoit jouir encore. Mais précisément parce que c'étoit une espèce d'initiation, il falloit qu'elle le rendît susceptible d'en recevoir les fruits progressifs, et elle opéroit réellement cet effet en sa faveur, en ce qu'elle ouvroit son sang à toutes les actions régulières que les sacrifices des animaux pouvoient attirer sur lui.

Voilà pourquoi, lorsque le pouvoir divin consacra et fit entrer au nombre des loix saintes du peuple Juif cette pratique qui peut-être étoit déjà en usage chez d'autres peuples, mais qui n'y étoit pas appliquée à son véritable objet, cette cérémonie fut si sévèrement recommandée. Voilà pourquoi tout incirconcis étoit exclus des sacrifices, parce que les actions régulières que ces sacrifices attiroient, ne trouvant point la voie ouverte pour pénétrer dans le principe de la vie, auroient agi avec force et violence contre les infracteurs de la loi, au lieu d'agir pour leur salut, et les eût exterminés du milieu du peuple.

Il sembleroit d'après ce principe que la circoncision paroissant n'avoir eu lieu que depuis le déluge, tous les sacrifices qui se sont opérés auparavant ont été inutiles, et ne pouvoient produire aucun fruit. Premièrement, si nous n'avons point de preuves que cette pratique fût en usage avant le déluge, nous n'en avons point non plus du contraire ; secondement, en admettant qu'en effet elle fût postérieure au déluge, la difficulté disparoît dès qu'on réfléchit à la différence de l'état où s'est trouvée l'espèce humaine dans ces deux époques : ce qu'il faut appliquer également aux animaux.

Avant le déluge, l'homme jouissoit de toutes les forces de sa nature animale et corporelle ; cette enveloppe passagère qui lui est donnée pour servir d'organe aux actions et vertus supérieures dont il a besoin, étoit plus conforme au plan de restauration qui avoit été établi pour lui ; et étant par conséquent plus ouverte aux influences réparatrices, il auroit pu, selon cette probable conjecture, n'avoir pas besoin de la circoncision, pour qu'elles trouvassent accès chez lui.

D'un autre côté, les animaux jouissant d'une somme de vie plus considérable que celle dont ils ont joui depuis le déluge, devoient encore, par l'effusion d'un sang plus virtuel, fortifier l'opération, et rendre d'autant moins nécessaire le secours que cette opération a semblé attendre de la circoncision dans la seconde époque.

A cette seconde époque, tout a changé. La nature entière a été tourmentée et altérée par le fléau du déluge. L'espèce humaine dont les crimes avoient attiré ce fléau, s'est trouvée beaucoup plus resserrée dans les entraves de sa matière ; les animaux eux-mêmes ont perdu de leur virtualité, par le renouvellement qui s'est fait de leur espèce, et qui les a fait descendre au-dessous de ce qu'ils étoient avant que la justice suprême eût fait éclater sa vengeance. Enfin, que ne doit-on pas penser des énormes squelettes des mammouths ?

Si la sagesse n'eût procuré à l'homme un moyen de remédier à ces funestes suites de la justice, il seroit donc resté sans aucune voie de retour vers son principe, et le plan de l'amour divin en faveur de l'espèce humaine ne se seroit pas rempli, puisque la première initiation à cette voie de retour n'auroit pu avoir lieu. Or, la circoncision, d'après tout ce qu'on a vu ci-dessus, nous paroît être ce moyen salutaire qui, depuis le déluge, a suppléé aux avantages dont l'homme et les animaux jouissoient avant cette mémorable catastrophe.

Peut-être même que si les nations eussent observé avec fidélité les loix et les instructions que Noé leur a transmises, comme l'élu et le préposé du Seigneur, elles se fussent maintenues dans des rapports assez puissans pour que ce nouveau moyen leur fût inutile.

Mais par la prévarication de Cham et de Chanaan, et par les abominations commises dans les plaines de Sennaar, elles ont ajouté des chaînes à celles qu'elles avoient reçues à la suite du déluge, et ont aggravé par-là les obstacles qui s'opposoient déjà à leur réunion avec leur source. Il ne seroit donc pas étonnant que l'inextinguible amour qui les a créées, les eût suivies jusques dans les abymes où elles se plongeoient, et leur eût ouvert une route nouvelle, pour se rapprocher de lui.

Rentrons ici dans nos trois époques, et observons comment elles nous sont retracées en petit dans l'historique de la circoncision des Hébreux.

C'est sous Abraham que nous entendons parler pour la première fois de la circoncision dans l'écriture ; et c'est par là que le Seigneur confirme son alliance avec lui et avec sa postérité. Dans quelles circonstances cette circoncision est-elle ordonnée par le Seigneur ? C'est au moment où il donne à Abraham un autre nom, ainsi qu'à sa femme, en ajoutant au leur une seule lettre de ce nom sacré sous lequel il s'est fait connoître la première fois à Moyse. C'est à son âge de quatre-vingt-dix-neuf ans, c'est au moment où il vient de faire alliance avec lui dans le sacrifice, et où il lui promet la possession de la terre de Chanaan; enfin, c'est au moment où il se choisit pour la première fois un peuple, dans lequel doivent être bénies toutes les générations.

Tous ces points rassemblés nous montrent de nouveau que la circoncision avoit une vertu initiatrice à tous les biens que Dieu destinoit à son peuple, et que toutes ces promesses auroient été nulles, s'il ne lui eût ouvert cette voie à leur accomplissement. Abraham reçut cependant des faveurs divines avant cette cérémonie, puisqu'il fut tiré de son pays où l'iniquité s'étoit introduite, puisqu'il dressa des autels au Seigneur à Bethel, et à Mambré, et qu'il invoqua son nom, puisqu'il fut béni par Melchisédec, puisque dans le sacrifice sanglant qu'il offrit par ordre de Dieu, il reçut des témoignages évidens de la présence de l'esprit; mais cela ne contredit en rien tous les principes qui ont été établis.

Abraham étoit l'élu du Seigneur, quoiqu'il eût pris naissance parmi des idolâtres, et quoique quelques-uns l'accusent d'avoir lui-même fait le commerce des idoles. Son cœur avoit pu se conserver pur, quoique son esprit fût livré aux ténèbres qui couvroient celui de ses contemporains. Ainsi les faveurs divines pouvoient trouver accès chez lui, sans le moyen secondaire de la circoncision.

D'ailleurs il faut distinguer essentiellement les voies

employées pour manifester une élection de la part de Dieu, et les voies employées pour conduire cette élection à son terme. Nous les verrons perpétuellement faire deux classes dans toutes les élections et époques subséquentes ; et nous en avons la preuve la plus positive dans l'élection d'Abraham, puisque malgré toutes les faveurs dont nous avons vu qu'il fut l'objet avant sa circoncision, ce n'est cependant que depuis cette loi accomplie sur lui et sur toute sa maison, qu'il reçoit trois anges pour hôtes, que le temps est fixé clairement pour la naissance d'Isaac, et qu'enfin au bout d'un an il reçoit ce fils de la promesse, par lequel l'alliance commencée dans Abraham devoit s'accomplir et se réaliser.

Il n'en faut pas davantage pour nous convaincre que dans cette époque où nous entendons parler de la circoncision pour la première fois, elle eut pour objet d'être une voie initiatrice à tous les biens qui étoient promis par l'élection ; et comme telle, elle trouve ici de sensibles rapports avec ce que nous avons dit de la Pâque, ou de la première époque de la voie de retour du peuple Hébreu vers la terre promise.

La seconde fois où il soit fait mention de la circoncision dans l'écriture, c'est sous Moyse (Exode 4:25.) où il est à présumer que cette cérémonie avoit été négligée, et que ce fut là la cause de la colère de l'ange, d'autant que la circoncision fut recommandée de nouveau avec toutes les autres loix et ordonnances qui furent données sur la montagne, (Lévitique 12:3.) ce qui fait que nous regardons cette loi de la circoncision donnée sur la montagne, et la circoncision opérée sur le fils de Moyse, comme ne faisant qu'une même époque.

Q

Le moment où cette loi réparoît est remarquable par sa conformité avec ce qui s'étoit passé sous Abraham. C'est après que Moyse a vu le buisson ardent, et qu'il a reçu de Dieu la promesse que le peuple seroit délivré; c'est après avoir été choisi lui-même pour être l'instrument de cette délivrance, et après avoir reçu les signes les plus extraordinaires de sa mission, que la vengeance divine est prête à tomber sur son fils, et que cette vengeance n'est arrêtée que par la soumission de Ziphora; enfin, c'est au moment où Moyse retourne en Égypte pour commencer sa mission, que cette cérémonie s'accomplit sur son fils.

Ce rapprochement nous indique assez clairement que cette cérémonie devoit servir d'initiation aux fruits de la promesse de la délivrance, comme elle en avoit servi sous Abraham aux fruits de l'élection, et que les unes et les autres ne pouvoient se cueillir sans l'effusion du sang; il ne faut même pas s'arrêter à cette différence, qu'ici c'est le sang du fils de l'élu qui est versé, et non le sang de l'élu lui-même. Quoique les deux individus soient distincts, on peut regarder leur sang comme ne faisant qu'un; et d'ailleurs sous ce voile apparent, il y a mille rapports avec plusieurs autres vérités que des yeux perçans découvriront sans peine.

Ainsi, sans que j'expose moi-même ces vérités à leurs regards, ils y verront une époque médiane, une double circoncision, une commémoration du sacrifice du fils d'Abraham, et une prophétie d'un autre sacrifice dont il n'est pas encore temps de nous occuper ici. Il faut donc nous en tenir à faire remarquer que cette élection de Moyse et la circoncision qui l'accompagne, ayant pour objet les prémices des fruits vifs de la promesse faite à Abraham lors de son alliance avec Dieu, se lient assez naturellement avec la seconde époque ou la seconde fête des Hébreux, où la terre rendoit ses premiers fruits, et où le peuple reçut les prémices de l'esprit qui sont la loi; parce qu'il ne faut jamais oublier dans ces rapprochemens, que chaque trinaire d'époques fait un cercle, et que le cercle qui précède, est toujours d'un degré moins élevé que le cercle qui le suit.

Enfin, la troisième fois où l'ordonnance de la circoncision reparoît dans l'écriture, c'est sous Josué, lorsque le peuple est près d'entrer dans la terre promise. (Josué, 5 : 2. 3.) L'ordonnance renouvelée sur le Mont-Sinaï, au sujet de la circoncision n'avoit point été suivie pendant les quarante ans que le peuple avoit erré dans les déserts ; et tous ceux qui avoient été circoncis en Égypte, avoient péri pendant le cours de ces longs voyages. Dieu renouvela alors son ordonnance sur tous les incirconcis qui restoient, *afin que l'opprobre de l'Égypte fût ôté de dessus le peuple*; et tout le peuple fut circoncis à Galgala.

On ne peut s'empêcher de remarquer le moment où se présente cette circoncision, et les nombreuses merveilles dont elle fut suivie. Ce moment est celui de l'entrée dans la terre promise, comme le moment de la circoncision d'Abraham fut celui de l'entrée dans l'alliance ou l'élection, et comme le moment de la circoncision du fils de Moyse fut celui de l'entrée dans la voie de la loi et de l'œuvre ; et sous ce rapport, cette époque se lie avec la troisième fête des Hébreux, qui étoit celle de l'abondance, de la jouissance de leurs récoltes, et du terme de tous leurs travaux.

Elle ne s'y lie cependant que dans l'ordre temporel

et terrestre, et d'une manière commémorative, car elle ne peint que prophétiquement le repos futur dont le peuple devoit jouir lorsqu'il auroit soumis et détruit les habitans de Canaan, parce que son entrée dans la terre promise ne faisoit que l'admettre aux combats qu'il devoit livrer ; et les victoires qui devoient les suivre, lui avoient été indiquées par celles remportées sur les nations du désert.

Il n'est pas inutile non plus d'observer que c'est au premier mois qu'arriva cette entrée dans la terre promise, comme c'est au premier mois qu'arriva la sortie d'Egypte ou la délivrance, parce qu'ici les deux cercles se retrouvoient au même point, quoique le second portât alors sur un ordre de choses plus vastes et plus actif que le premier.

Mais ce qui nous indique combien la circoncision faite lors de cet événement fut avantageuse au peuple, c'est de voir qu'après cette cérémonie, la manne cesse de tomber, que le peuple peut manger des fruits de la terre, que Josué entre sous la protection directe du prince visible de l'armée du Seigneur, que les trompettes du jubilé deviennent les armes principales du peuple, et qu'au seul son de ces trompettes, réuni à celui de la parole, les murs de Jéricho sont renversés, et chacun peut entrer librement dans la ville par l'endroit qui se trouve devant lui ; toutes figures significatives et prophétiques de ce qui étoit réservé à l'homme dans les époques ultérieures, et de ce qui nous attend lorsque nous serons hors de notre cercle mixte et terrestre.

C'est ici, sur-tout, que les sacrifices manifestèrent leur puissance et leur efficacité ; car toutes les merveilles que nous venons de retracer avoient été non-seulement précédées de la circoncision, mais encore des holocaustes de la Pâque que le peuple célébra à Galgala, et probablement aussi des sacrifices que Moyse et les anciens, (Deutéronome, 27 : 2-7.) lui avoient recommandé d'immoler à son entrée dans la terre de promission, et dont le livre de Josué ne fait mention qu'après la conquête de Haï. (Josué 8 : 30, 31). Mais que l'on peut présumer avoir été offerts après le passage du Jourdain, selon que Moyse l'avoit ordonné.

Nous ne repasserons point en revue tout ce que nous avons dit sur l'efficacité de ces sacrifices, confirmée par les succès merveilleux qui les suivirent; il suffit d'avoir posé une fois en principe le rapport du sang avec les actions régulières, et celui de ces actions régulières avec les actions supérieures, pour concevoir l'utilité que l'homme, ou que le peuple choisi pouvoit recevoir de ces cérémonies, relativement à sa délivrance et à son avancement progressif vers le terme de sa véritable liberté.

C'est avec ce même esprit qu'il faut envisager tous les sacrifices qui ont été immolés chez les Hébreux depuis leur entrée dans la terre promise jusqu'à la destruction de leur dernier temple par la puissance romaine, et il est inutile à notre plan que nous en suivions la chaîne et les époques, parce qu'elles rentrent toutes dans ce principe établi, et que c'est particulièrement du principe, ou de la clef universelle dont nous nous accupons ici, très-persuadé que si elle est puisée dans la vérité, elle aidera à résoudre toutes les difficultés.

Nous allons donc passer à un autre ordre d'observations relativement aux sacrifices ; savoir, comment ces institutions se sont trouvées établies sur toute la terre, et cela d'une manière si variée, et très-souvent si abusive et si criminelle.

Il est évident que ce n'est point à la religion judaïque, ni à tous les sacrifices sur lesquels elle reposoit, qu'il faut attribuer l'usage de ces cérémonies chez les autres nations, parce que le peuple Juif a été un peuple concentré, et comme isolé au milieu des autres peuples ; qu'il n'a point communiqué avec eux ; qu'il n'a perdu son existence que sous notre ère, et qu'il a dès-lors perdu l'usage de ses cérémonies et de ses sacrifices ; d'ailleurs, les sacrifices étant pratiqués dès l'origine du monde, et lors de on renouvellement à l'issue du déluge, l'établissement des sacrifices parmi toutes les nations, n'est pas plus étonnant que la dispersion de ces nations qui auront emporté avec elles les usages et les cérémonies de leurs pères.

Ce n'est donc plus l'universalité des sacrifices qui doit nous surprendre et nous occuper, puisque leur source nous étant connue, et reposant sur des bases naturelles, tous les ruisseaux et tous les fleuves qui en découlent ne peuvent pas avoir une autre origine ; mais c'est l'altération que ces fleuves et ces ruisseaux ont subi dans leur cours, qui doit être en ce moment l'objet de nos recherches et de nos réflexions.

Cette altération n'auroit jamais pu avoir lieu, si la source pure n'avoit pas commencé par exister, et ceux qui n'ont attribué l'usage des sacrifices qu'à l'ignorance et à la superstition des peuples, ont confondu l'abus et les conséquences avec le principe, et par-là se sont ôté le moyen de connoître et le principe et les conséquences. N'oublions jamais la malheureuse situation de l'homme dans cette terre de douleur et de ténèbres, situation attestée par les tourmens de tous les mortels, et par les larmes de tous les siècles. N'oublions jamais que si nous sommes environnés d'actions régulières dont les animaux purs sont les intermèdes, nous le sommes aussi d'actions irrégulières, qui tendent sans cesse à introduire leurs irrégularités et leurs désordres dans tout ce qui nous approche, afin de les faire parvenir jusque dans nous, et de retarder par-là notre retour vers la lumière.

Cette peinture malheureusement trop vraie pour nous, le devient encore davantage en nous rappelant les préparations sacerdotales que les victimes recevoient selon la loi des Hébreux, et sur-tout en nous rappelant que les *oiseaux* venoient fondre sur les bêtes mortes lors du sacrifice d'Abraham, et que ce patriarche les en chassoit.

Comment donc supposer que dans cette multitude de sacrifices opérés, tant dans la famille de Noé, que sous ses descendans qui ont peuplé la terre, il n'ait jamais rien manqué aux préparations sacerdotales, et que les *oiseaux* aient toujours été chassés de dessus les victimes ; comment le supposer, dis-je, en voyant l'abomination naître dans le sein même de la famille de Noé, et en voyant sa postérité se couvrir de ténèbres, au point de forcer la sagesse suprême à faire une nouvelle élection ? Il ne falloit cependant qu'une seule négligence dans ces importantes cérémonies, pour donner accès à l'action irrégulière, et à tous les désordres auxquels elle est liée et qu'elle engendre sans cesse.

Jugeons donc ce que cela a dû être, si le sacrificateur a joint la souillure à la négligence, l'impiété à la souillure, et des desseins criminels à l'impiété ; enfin, s'il a lui-même préparé les voies à l'action irrégulière, et qu'il s'y soit joint pour agir de concert avec elle au lieu de la combattre ? Il n'en faut assurément pas davantage pour voir naître de là des torrens d'horreurs et d'abominations qui croissant journellement dans une progression incalculable, ont dû inonder la terre de leurs eaux immondes et la couvrir d'iniquités.

L'action irrégulière à laquelle le sacrificateur aura donné accès en lui, aura pu l'égarer de plusieurs manières ; tantôt elle lui aura suggéré l'idée de changer l'espèce des victimes, et sans doute elle n'aura remplacé les victimes pures que par celles qui avoient le plus de rapport avec ses abominables plans ; d'où il n'est plus surprenant de voir sur la terre tant de différentes espèces d'animaux employés dans les sacrifices ;

Tantôt en laissant au sacrificateur les victimes pures, elle l'aura pressé de diriger vers elle l'esprit et l'intention de son culte, lui faisant espérer plus d'avantages auprès d'elle, qu'auprès d'un être jaloux et sévère qui retireroit toutes ses faveurs pour la moindre négligence dans les cérémonies qu'il avoit instituées ; et c'est sur-tout en flattant ses cupidités de tous les genres, que sachant l'attacher à elle, elle aura pu l'entraîner dans les abus les plus funestes, et les abominations les plus monstrueuses ;

Tantôt enfin rassemblant toutes ces iniquités à la fois, elle aura su, pour en assurer le succès, les colorer d'une apparente piété, sous l'ombre de laquelle elle aura conduit l'homme à des pratiques révoltantes et inhumaines, tout en lui persuadant que par le prix et la quantité des victimes, il se rendoit d'autant plus cher à la Divinité ; d'ailleurs, étant liée à toutes les substances et à toutes les matières des sacrifices, comme l'action régulière, elle aura pu appuyer et confirmer toutes ces fausses insinuations par des manifestations visibles et d'autant plus efficaces qu'elles s'accordoient avec les sentimens intérieurs et les mouvemens secrets que le sacrificateur avoit déja reçus.

Considérons donc la race humaine sous le joug d'un ennemi ingénieux et vigilant qui ne respire que pour la promener d'erreurs en erreurs, et qui lui a fait par-tout fléchir le genou devant lui, par le moyen même qu'elle avoit en son pouvoir pour l'éloigner d'elle.

Nous pouvons distinguer ces erreurs en trois classes; savoir : 1.º les abominations du premier genre, et dans lesquelles toutes les facultés de l'homme se sont corrompues. 2.º Les abominations pieuses qui ont sans doute commencé pour lui comme les précédentes, c'est-à-dire par sa propre corruption ; mais qui ensuite ont eu simplement empire sur sa foiblesse. 3.º Enfin, les simples superstitions de l'idolâtrie qui descendent des abus et des erreurs des deux premiers genres, mais qui n'en ont pas les effets et les suites.

Car on pourroit croire même que les superstitions puériles, et les abus secondaires où la foiblesse et la crédulité de l'homme l'ont souvent amené, ont pu aussi le préserver et l'empêcher de commettre des crimes plus essentiels, comme cela lui arriveroit s'il possédoit de plus grandes lumières, et qu'il fût dépositaire de plus grandes puissances.

Et véritablement ce n'est pas tant des idoles qui ont

une bouche et qui ne parlent point, dont il doit se défendre, que de *celles* qui ont une bouche et qui parlent ; qui ont des yeux et qui voient ; qui ont des oreilles et qui entendent, etc.

Les abominations qui tiennent à cette seconde espèce d'idoles, et qu'il faut classer dans le premier genre, sont celles qui blessant la justice au premier chef, ont attiré sur les prévaricateurs des diverses époques, nombre de fléaux connus ou inconnus. Car combien de crimes ont été plongés dans l'abyme avec ceux qui les ont commis? Ce qui nous en est conservé dans l'histoire sainte suffit pour nous faire présumer toutes les autres abominations qu'elle nous a cachées.

Qu'on se rappelle la prévarication du premier homme, dont les suites ont été un changement absolu pour lui, et l'ont fait passer de la région de la lumière, à la demeure ténébreuse que nous habitons ; qu'on se rapelle les abominations de sa postérité jusqu'au déluge, et qu'on juge par l'immensité des coupables que ce déluge a engloutis, combien de crimes énormes ont été dérobés par là à notre connoissance; qu'on se rappelle les abominations des Egyptiens et des peuples de la Palestine, qui ont attiré sur ces régions la colère de Dieu, au point de le forcer d'armer contre elles tous les élémens, toutes les puissances de la nature, et jusqu'au feu du ciel pour les exterminer.

Enfin, qu'on daigne jeter un coup-d'œil sur notre globe, on n'y trouvera peut-être pas un seul point qui n'offre encore des vestiges de la vengeance céleste contre les malheureux qui ont été assez insensés et assez coupables pour s'unir avec l'adversaire de la Divinité ; et ce tableau du globe sera une histoire par-

…tinte, encore plus certaine que celle que les livres nous ont transmise, et nous démontrera cette universalité de crimes dont ces livres ne nous instruisent point, ou qu'ils ne nous peignent qu'en abrégé, et comme par extrait.

Depuis la manifestation de ces fléaux, les abominations du premier genre semblent aussi être devenues moindres ; et si elles n'ont pas cessé tout-à-fait, elles paroissent ne plus appartenir à des peuples en corps, et n'être pratiquées que par de simples individus. Mais les abominations du second genre en ont pris la place, et voici quelle a été leur origine.

Par la pratique pure des sacrifices légitimes, le fidèle opérant, et son peuple recevoient des témoignages visibles de l'approbation de la souveraine puissance ; ils recevoient des instructions pour leur marche dans la carrière sainte, et des réponses à leurs questions dans ce qui regardoit la sagesse et la justice ; mais dès que la négligence ou la souillure se sont introduites dans ces sacrifices, l'action irrégulière s'y est introduite en même temps ; elle s'y est montrée visiblement sous telle forme qu'il lui a plu ; elle y a fait elle-même les réponses, et s'est établie comme l'oracle, et comme la véritable arche d'alliance.

Combien d'opérans n'ont-ils pas été les dupes et les victimes de ces mensongères apparitions, et combien de ces opérans n'ont-ils pas gouverné les peuples, par ces attrayantes séductions, après s'en être laissés gouverner eux-mêmes ? Cette action irrégulière leur communiquoit des vérités, puisqu'il y en a qui lui sont connues par les imprudences de l'homme ; elle leur prédisoit des faits qui arrivoient, elle répondoit souvent juste à leurs questions ; cela suffisoit pour qu'ils se prosternassent devant elle de bonne foi, quelle que fût la forme qu'elle empruntât, et quels que fussent les ordres qu'elle leur prescrivît.

Telle est, n'en doutons point, la source de plusieurs religions et de plusieurs cultes sur la terre, ainsi que des atrocités dont elles ont été pieusement accompagnées ; car il faut soigneusement distinguer ces abominations secondaires d'avec celles du premier rang que nous avons déja observées, et qui attaquoient volontairement la Divinité au premier chef ; au lieu que les secondes semblent n'avoir d'autre effet que d'égarer l'homme et de le priver du fruit des plans de cette Divinité, ce qui n'est l'attaquer qu'au second chef. Mais aussi elles paroissent remplacer par leur nombre et leur immensité, ce qu'elles ont de moins dans leur importance.

Car c'est dans cette classe qu'il faut ranger tous ces professeurs de sciences occultes, auxquels le vulgaire ignorant donne indifféremment le nom d'illuminés ; tous ceux qui ont eu et qui ont des esprits de Python, qui consultent les esprits familiers et qui en reçoivent des réponses.

Il y faut ranger tous ces oracles dont les traditions mythologiques sont remplies, toutes ces réponses ambiguës des sybilles de tous les peuples, et dont les poëtes ont fait la base et le nœud de leurs poëmes, tâchant d'attirer notre intérêt pour leurs héros en nous les montrant comme des victimes de la fatalité, pour ne pas dire comme des dupes d'un mot à double entente, et en les faisant jouer ainsi au propos discordant, au lieu de nous les montrer marchant sous l'égide de la véritable et lumineuse sagesse.

Il y faut ranger la plûpart de ces prodiges qui s'opèrent dans l'assoupissement des sens corporels, et non par la renaissance de nos véritables sens, et qui livrent ainsi l'Homme-Esprit à toutes les régions qui se présentent ; d'autant que nous avons lieu de croire que le crime de l'homme a commencé par le sommeil, et que c'est pour avoir laissé assoupir autrefois ses véritables sens, qu'il a été plongé dans l'illusion et les ténèbres.

Il y faut ranger toutes ces voies bâtardes et fausses qui se sont ouvertes dans tous les siècles, et qui, sous l'apparence de la vérité, éloignent les hommes de la seule et unique vérité qu'ils devroient prendre tous pour guide. Il faut, dis-je, ranger dans cette classe tous ces abus, parce que, malgré la cessation des sacrifices dans une grande partie de la terre, il suffit qu'ils aient pris leur origine dans l'altération ancienne de ces sacrifices, pour se propager de siècle en siècle, et pour produire même journellement de nouvelles erreurs, attendu que cette source criminelle qui les a engendrés est vive, et saisit toutes les occasions que les hommes lui fournissent d'étendre son règne et de réaliser ses desseins.

Il faut penser en outre que si la plûpart des hommes vivent de bonne foi sous le joug de ces illusions et de ces iniquités, par ignorance, et faute d'instruction, il en est au moins un aussi grand nombre qui y portent leurs passions et leurs cupidités, au lieu d'y porter leur vertu, et qui, se rapprochant par là des abominations du premier genre, nous montrent combien dans tous les temps ont été et seront fondées les lamentations des prophètes.

Enfin, la troisième classe de ces abominations, est celle des superstitions et des idolâtries de tous les genres. Les formes de toute espèce que sut emprunter l'action irrégulière pour altérer les sacrifices et égarer l'homme, ont été les principales sources de l'idolâtrie matérielle, parce que les opérans qui recevoient ces manifestations, étoient portés, par un penchant naturel, à honorer ceux des animaux vivans, et toutes les autres substances naturelles qui avoient des rapports avec les formes sous lesquelles l'action irrégulière s'étoit montrée ; et c'est de là que sont venues les adorations de tant de peuples pour différens êtres et pour différens objets de leur culte.

De là à l'idolatrie figurative ou à celle des images il n'y a qu'un pas, puisque mille circonstances ayant souvent forcé de substituer l'image de l'idole à l'idole même, la vénération du peuple a passé bien aisément de l'idole à l'image et à la statue.

L'origine des apothéoses se trouve également dans cette source, parce que l'opérant a souvent été pris pour l'être même qui étoit l'objet du culte. Ainsi l'on reconnoît presque parmi tous les peuples une Divinité visible et une Divinité invisible ; on trouve dans le nord deux Odin ; l'un, Dieu suprême ; l'autre, conquérant ; on trouve de même deux Jupiter chez les Grecs, deux Zoroastre chez les Perses, deux Zamolxis chez les Thraces, etc. (*Edda*. 1787, *p*. 59.)

La source des superstitions populaires n'est pas plus voilée, et ce n'est pas la faute de leurs prophètes si les Juifs sont tombés dans ces idolâtries de tout genre, puisque le Dieu suprême est si clairement distingué dans leurs écritures, et particulièrement dans les pseaumes, de tout ce que les hommes ont pris depuis pour Dieu. Mais en s'approchant des sacrifices, soit altérés, soit non-altérés, et en s'approchant de toutes les cérémonies pratiquées dans les abominations secondaires, l'homme aura vu que dans telles et telles circonstances, avec telles ou telles préparations des victimes, enfin avec tel ou tel arrangement et disposition des substances, il est arrivé tel ou tel résultat; il n'aura pas tardé à séparer de toutes ces formes l'esprit qui devoit les diriger et leur donner toute leur valeur; et il aura attendu de cette forme, de cette substance, de cette cérémonie isolée, ce qu'elles avoient rendu lorsqu'elles étoient animées par leur mobile.

On voit là comment les peuples en sont venus à consulter les entrailles des victimes; jusqu'au moindre mouvement que faisoit l'animal quand on l'immoloit; le vol des oiseaux; les talismans; les chiffres; les amulettes; la rencontre de tel ou tel objet; enfin, cette multitude de signes naturels auxquels l'opinion, l'inquiétude, et la cupidité ont prêté par-tout une importance et une valeur qu'ils n'avoient plus.

Tous ces tristes tableaux sont suffisans pour faire voir à quels écarts l'esprit de l'homme s'expose quand il cesse de veiller contre l'action irrégulière, qui, après l'avoir égaré dans le temps de sa gloire, l'a égaré encore lors de l'institution des sacrifices établis pour sa régénération, et a propagé ses désordres de manière à ce que l'homme ne puisse plus connoître le séjour de la paix, que sa demeure ne soit absolument renouvelée.

Il faut joindre d'ailleurs à ces observations, les présens que l'on offroit toujours au *voyant*, à l'imitation des offrandes que l'on faisoit au temple entre les mains des sacrificateurs. Ces présens et ces offrandes ont commencé par être en participation avec la *vertu* du sacrifice ; puis ils sont devenus des organes inférieurs de correspondance ; et enfin, de simples objets de spéculation pour l'avarice et la fourberie.

Toutes les loix données à l'homme depuis son péché, ont eu son avancement pour objet. Voilà pourquoi la loi se trouve toujours au-dessous du terme où elle doit conduire l'homme, quoiqu'elle soit supérieure au terme où elle le prend : voilà pourquoi aussi ces différentes loix auroient toujours été en croissant, si l'homme n'en avoit arrêté souvent le cours par ses écarts ; mais ayant lui-même multiplié sans cesse ses chûtes et ses ténèbres, il a fait descendre sur lui des loix rigoureuses, et des loix de contrainte dans les temps où il auroit dû recevoir des loix douces et remplies de consolation.

Après la première expiation du premier homme coupable, il reçut une loi, et sûrement elle fut plus vaste et plus lumineuse que celle qui depuis le déluge fut donnée aux Israélites ; nous en pouvons juger par la différence du nom qui a dirigé ces deux loix. C'est le nom propre de Dieu qui dirigea la première ; ce n'est que le nom représentatif qui dirigea la seconde. Voyez Paul (aux Galat. 3 : 19.) où il nous dit que cette loi a été donnée par les anges, par l'entremise d'un médiateur.

D'ailleurs Adam, quoique coupable, n'étoit plus que dans la privation de ses jouissances primitives ; il n'étoit plus dans la souillure du péché qui avoit été lavé par le baptême de sa délivrance des mains de son ennemi, ou par ce qu'on peut appeler sa grande circoncision ou sa circoncision spirituelle.

Enfin l'enveloppe corporelle dont on l'avoit revêtu, étoit l'extrait pur de toutes les substances les plus vives de la nature, laquelle n'avoit point encore subi les catastrophes secondaires qui lui sont arrivées depuis; il n'est donc pas étonnant que dans cette réunion de circonstances, la loi de retour qui fut donnée à Adam, eût plus de force et de vertu que la loi judaïque : nous pouvons nous contenter d'en citer un seul trait pour en faire sentir la différence.

Il fut défendu au peuple Hébreu de s'allier aux nations qu'il alloit combattre dans la terre promise; et la transgression de cette loi le conduisit seulement aux différentes servitudes particulières qu'il a subies. Quant à Adam et à sa postérité, c'est la terre entière qui leur est donnée pour la cultiver, et pour en déraciner les ronces et les épines ; et c'est, au contraire, pour l'avoir remplie d'iniquités, que le Seigneur retire son esprit de dessus les hommes, et qu'il verse le terrible fléau du déluge. Par l'étendue du crime, jugeons de l'étendue de la puissance, et par l'étendue de la puissance, jugeons de l'étendue de la loi.

Cette loi ne put point être donnée à Adam pendant qu'il étoit encore dans les abymes et sous le joug absolu de celui qui l'avoit séduit. Ce fut la grace pure qui agit dans ce terrible instant pour arracher à la mort éternelle celui qui étoit l'image et la ressemblance du Dieu des êtres ; et l'homme alors étoit incapable de mettre à profit aucune loi ; mais ce premier degré étant monté, l'homme devint susceptible d'une loi restauratrice ; or, celle qu'il reçut porta, sans

R

doute, les trois caractères que nous avons exposés plus haut ; disons-le donc, elle fut un jugement contre l'ennemi qui fut alors précipité ; elle fut un avertissement qui engagea l'homme à reconnoître les dangers qui l'environnoient, et à se préserver de nouvelles chûtes ; enfin elle fut pour lui un moyen de sanctification, par les voies de retour qui lui furent tracées, et par les sacrifices que nous trouvons établis et usités chez les premiers nés, et dont il put se servir.

L'affreuse conduite de sa postérité ayant rendu nulle cette loi restauratrice, l'homme, doublement coupable, fut de nouveau précipité dans l'abyme, et un simple rejeton fut conservé. Noé étoit resté fidèle aux ordonnances du Seigneur, et lorsqu'on le voit après le déluge offrir un sacrifice d'agréable odeur, on ne doit pas le regarder comme fondateur de cette loi des sacrifices, mais comme le conservateur et le ministre d'une loi aussi ancienne que l'origine même des choses ; ce qui est en effet un indice en faveur des sacrifices du premier homme.

Si la postérité de Noé s'étoit maintenue dans la sagesse et la sainteté de ce patriarche, l'œuvre auroit continué de marcher sur cette voie, et auroit avancé vers son terme, sans qu'il eût été nécessaire d'instituer une nouvelle loi, et de faire élection d'un peuple particulier, parce que le fléau du déluge ayant retranché de la terre tous les prévaricateurs, la famille conservée et ses descendans auroient été l'image vivante du premier homme dans sa voie de retour, et dans la loi qui devoit favoriser ce retour.

Mais cette postérité de Noé s'étant livrée à tous les crimes, a rendu nulle pour elle cette loi restauratrice, et il a fallu renouveler alors pour l'homme ce qui s'étoit passé au commencement, puisque toutes les langues étoient confondues, et qu'il ne restoit plus, comme au temps de Noé, une seule famille qui eût conservé la langue pure.

C'est dans cet état de ténèbres universelles, qu'Abraham est élu pour être le chef d'un peuple choisi ; tout lui fut donné en principe et pour ainsi dire prophétiquement, même jusqu'à l'histoire de son propre peuple, qu'il ne voit qu'en songe. Mais rien ne lui fut donné en développement ; il ne posséda point la terre qui lui fut montrée ; il fut même obligé d'acheter la caverne d'Ephron pour servir de sépulture à Sara. Il ne vit point la postérité nombreuse qui lui avoit été promise ; il vit seulement le fils de la promesse, et ne vit pas même les fils de ce fils de la promesse, puisqu'il mourut avant la naissance de Jacob et d'Esaü ; il ne fut chargé d'aucun culte cérémoniel, car le sacrifice même que Dieu lui ordonna, ne lui fut commandé que pour servir de témoignage à l'alliance, et Dieu ne le lui donna point comme institution.

En nous disant que la mesure des iniquités des Amorréens n'étoit pas encore remplie, l'Ecriture nous donne bien une espèce de raison pourquoi Abraham ne reçut pas la loi, mais on peut en trouver une plus directe ; c'est que la loi qui devoit être donnée, devoit tomber sur un peuple, et non pas sur un individu, comme au temps d'Adam, et que ce peuple n'étoit pas encore né. Elle devoit tomber sur un peuple, puisque c'étoient les peuples qui s'étoient pervertis et écartés de la loi ; puisque ces cérémonies de la loi demandoient un grand nombre de ministres ; puisque cette loi devoit s'appuyer sur le nombre perdu ou sur l'ancien dénombrement des nations, pour le leur rendre; et enfin, puisqu'il falloit à cette loi un réceptacle, qui, par ses subdivisions, pût se lier à toutes les branches de la loi, tandis que toutes ces branches avoient été rassemblées en un seul tronc lorsqu'elles furent données à Adam, qui est corporellement la racine et le tronc du genre humain.

L'élection faite dans Abraham ne put atteindre à son accomplissement que quand les douze enfans de Jacob eurent pu présenter par leur nombre un réceptacle susceptible de recevoir l'action réparatrice qui correspondoit à ce nombre. Et même les enfans de Jacob ne reçurent encore que le principe de cette action dans les bénédictions de leur père, et ce ne fut qu'à Sinaï que les douze tribus reçurent le développement de cette loi qui leur étoit nécessaire, et dont leurs ancêtres avoient reçu les prémices.

Cette loi n'opéra cependant encore pour eux qu'une sorte de préparation à la loi de l'esprit qui les attendoit lorsque la loi des formes et des sacrifices matériels auroit accompli son cours. Il falloit que cette loi des formes développât les bases et les essences spiritueuses qu'ils avoient en eux, pour qu'ils pussent à leur tour présenter à l'esprit un réceptacle de son genre, et sur lequel il pût venir se reposer.

Enfin cette loi de l'esprit elle-même ne devoit être que préparatoire à la loi divine, la seule qui soit le vrai terme de l'homme, puisqu'il est un être divin. Or, c'est dans cette progression lente, mais douce de tous les secours envoyés par Dieu sur la terre, que l'on peut dire en général de toutes les loix, ce que S. Paul disoit de la loi des Hébreux en particulier; (Gal. 3:34.)

savoir ; *quelle leur a servi de conducteur pour les mener comme des enfans*, etc. ; car il n'y a pas une de ces loix temporelles qui ne puisse se regarder comme un conducteur, par rapport à celle où elle nous mène, et pour laquelle nous sommes réellement des enfans, jusqu'à ce que nous y soyons admis, et que nous ayons les forces nécessaires pour la pratiquer.

Voyez quelle a été l'économie divine dans toutes ces époques. Lors du règne lévitique, ou des sacrifices sanglans, le prêtre n'étant encore que dans les régions naturelles, recevoit sa subsistance du peuple, et la loi lui décernoit des villes et des dîmes pour suppléer à son indigence spirituelle. Sous le règne prophétique, Dieu nourrit ses serviteurs par des voies particulières, quoique prises dans l'ordre des agens naturels, comme on le voit pour Élie et Daniel. Sous le règne de la loi de grace, l'intention du fondateur est que les prêtres n'aient plus à s'embarrasser de rien ; et la nourriture doit leur être donnée du ciel comme à S. Pierre, et comme le témoigne le tableau et la promesse des avantages attachés aux eaux vives.

Mais ce n'est que pour les enfans dociles et soumis que ces diverses loix conservent un semblable caractère, et elles nous montrent plutôt ce que l'homme pourroit être, que ce qu'il est réellement. Aussi la main qui dirige ces loix salutaires est souvent forcée de les laisser se déployer plutôt pour la punition des hommes que pour leur récompense.

Nous avons vu que telle a été la marche de la sagesse divine depuis le péché de l'homme jusqu'à la loi de Moyse, pendant que si la postérité d'Adam eût été fidèle aux secours qui lui étoient envoyés dans toutes les époques que nous avons parcourues, elle eût avancé de beaucoup son retour vers la vérité, et n'eût connu que la douceur des voies divines, au lieu d'en éprouver presque toujours les rigueurs et les amertumes.

Tel va être encore le cas du peuple Hébreu, dans l'époque où nous allons le considérer, savoir dans l'époque, ou le règne des prophètes.

Si le peuple eût suivi fidèlement les ordonnances du Seigneur, confiées aux chefs de la race sacerdotale, les mêmes faveurs qui l'avoient accompagné dans le désert, ne l'auroient pas abandonné dans la terre promise, et la loi des sacrifices des animaux l'eût conduit à la loi de l'esprit, dans laquelle il eût reçu directement les secours qu'il ne recevoit que par intermède sous cette loi des sacrifices.

Mais le peuple, les chefs, les prêtres n'ayant cessé d'accumuler abomination sur abomination, ayant violé toutes les loix des sacrifices, comme on en peut juger par la conduite des enfans d'Héli, ayant abandonné le gouvernement théocratique pour y substituer un gouvernement semblable à celui des autres nations, dont leur élection les avoit entièrement distingués, il n'est pas étonnant que ce peuple se soit retardé dans sa marche au lieu d'avancer ; il n'est pas étonnant enfin, que, selon le langage de l'Écriture, la parole de Dieu fût devenue rare.

Mais si l'homme se retarde dans sa marche par ses iniquités, le temps ne se retarde point dans la sienne ; et comme l'heure de la loi de l'esprit étoit venue pour les Juifs, elle ne pouvoit se dispenser de s'accomplir elle-même à leurs yeux, au risque de ne pas les trouver préparés. Seulement elle prit alors un double caractère, conformément au double type de miséricorde et de justice qu'elle a à opérer sur la terre; et la lumière qui fut allumée lors de l'élection des Juifs ne pouvant s'éteindre, manifesta alors à la fois les premiers rayons de sa clarté, et les terreurs de la colère divine.

Voilà pourquoi nous distinguons clairement deux classes de prophéties, les unes effrayant le peuple coupable par des menaces, les autres annonçant aux ames de paix les jours de consolation promis à la terre. Nous remarquons aussi combien à cette époque l'objet des prophéties s'étend et se rapproche de cette régénération de l'ame humaine qui avoit toujours été le but de toutes les manifestations divines antérieures, mais qui s'étoit tenu enveloppé dans les ordonnances figuratives.

C'est dans les prophètes que nous voyons se déployer le caractère de l'homme choisi pour être le prêtre et le sacrificateur du Seigneur; que nous voyons substituer les sacrifices de nos iniquités aux sacrifices des animaux; que nous voyons la circoncision de l'esprit et du cœur recommandée comme la vraie voie de la réconciliation de l'homme avec Dieu; que nous voyons les reproches faits aux faux prophètes et aux mauvais pasteurs, qui, après avoir trompé les ames du peuple, leur assurent ensuite qu'elles sont vivantes; enfin, que nous voyons percer l'aurore de ce règne divin et spirituel qui se levoit alors pour ne plus cesser; ce qui montroit déja à l'homme, quoique par des traits épars, qu'il étoit né dans la région de la sainteté et de l'esprit, et qu'il ne pouvoit trouver sa vraie loi et son lieu de repos que dans cette région de l'esprit et de la sainteté.

Nous disons que ces vérités ne lui étoient montrées

que par des traits épars, parce qu'indépendamment de l'homme général que ces prophètes venoient réveiller, ils avoient aussi à agir et à prophétiser aux divers peuples particuliers qui n'étoient point encore sortis des figures et de l'ordre représentatif. Mais sous tous ces rapports le prophète se pouvoit toujours regarder comme une victime, soit par la mort corporelle et violente que la plupart d'entre eux ont subie, soit plus encore par le travail de l'esprit qui les animoit.

En effet, la vertu éteinte des sacrifices passa alors dans la voix des prophètes, et ils prirent aux yeux de l'esprit la place des victimes qui ne s'offroient plus que selon la forme extérieure, et sans la foi du sacrificateur. Le sang versé de ces prophètes devenoit l'holocauste de propitiation, sur lequel l'action de l'esprit opéroit d'une manière à la fois plus terrible plus salutaire qu'il n'avoit opéré sur le sang des animaux.

Premièrement, il opéroit d'une manière plus terrible, parce que ce sang versé avec injustice étoit un témoin parlant des crimes et de l'aveuglement du peuple. Toutefois ce sang attiroit à lui les actions spirituelles les plus irrégulières dont ce peuple égaré et criminel étoit souillé, et cela conformément à ces loix de transposition exposées ci-dessus.

Les esprits des prophètes portoient aussi sur eux dans leurs souffrances et dans leurs travaux les iniquités d'Israël, afin qu'en divisant toutes ces actions irrégulières attachées sur le peuple, la communication des actions régulières lui fût plus facile et plus favorable. Si le peuple avoit profité de tous ces secours que la sagesse et l'amour suprême lui envoyoient, il auroit à son tour soulagé le sang et l'esprit des prophètes du poids de toutes ces actions irrégulières qui les accabloit, en leur communiquant et partageant avec eux l'effet de ces *vertus* et de ces actions salutaires que leur sacrifice corporel et spirituel faisoit descendre sur lui.

Mais s'enfonçant de plus en plus dans l'endurcissement, il prolongeoit encore après la mort des prophètes les travaux et les douleurs qu'il leur avoit occasionnés pendant leur vie ; il appesantissoit par sa résistance le poids de ses propres iniquités qu'ils avoient pris sur eux par les saints mouvemens de leur charité divine ; par-là il accumuloit sur lui-même le double reproche de n'avoir pas écouté la voix de la sagesse qui lui avoit parlé, et de retenir dans de pénibles mesures ceux que cette sagesse avoit pris pour ses organes ; et c'est pour cela qu'on lui redemandera le sang des prophètes qui a été versé *depuis Abel jusqu'à Zacharie* ; car n'oublions pas que le peuple Hébreu n'est que le représentant de l'homme et de toute la postérité d'Adam.

Secondement, le sang des prophètes opéroit sur le peuple d'une manière plus salutaire que le sang des victimes lévitiques, parce que le sang et la vie de l'homme servant de siége à la propre image de la Divinité, ne pouvoit être versé sans faire jour aux saintes influences que les ames des justes répandent naturellement autour d'elles ; et si les sacrifices des animaux avoient pu ouvrir au peuple Hébreu la région de l'esprit, le sang et la voix des prophètes lui ouvroit les avenues de la région divine.

C'est par ce double pouvoir que les prophètes accomplirent sur le peuple Hébreu l'acte de l'esprit qui les envoyoit. Cet acte opéré, les prophéties cessèrent parmi les Hébreux, parce que le séjour mixte que nous habitons, soumet l'action même de l'esprit à des intervalles et à des opérations partielles, quoiqu'il n'y ait point de temps pour l'esprit: aussi après la captivité de Babylone qui avoit confirmé, et réalisé les menaces des prophètes, l'œuvre de ces prophètes paroît terminée, et ils ne répandent plus que quelques lueurs, et qui même se bornent à presser la structure du second temple, et le peuple est remis à lui-même pour lui laisser le temps de reconnoître la justice des voies rigoureuses par lesquelles il venoit de passer.

Mais en le livrant ainsi à lui-même, l'esprit lui laissa pour guide, et les paroles des prophètes, et la mémoire des événemens qui venoient de se passer; comme après son élection et la sortie d'Egypte on lui laissa la loi lévitique, l'histoire de sa délivrance et de ses pénibles voyages dans les déserts; comme aussi après le déluge on avoit laissé aux enfans de Noé les instructions de leur père, et les traditions de ce qui s'étoit passé depuis Adam jusqu'à eux; et enfin comme on avoit laissé à Adam, après sa chûte, le souvenir de son crime, et du sacrifice d'amour que la bonté suprême avoit bien voulu faire en sa faveur pour l'arracher aux abymes.

C'est ainsi que depuis le premier contrat divin, et depuis la région pure où la vérité fait sa demeure, il y a une chaîne continue de miséricordes et de lumières qui s'étendent toujours jusqu'à l'homme à quelque époque qu'on le considère, et qui ne cessera de se prolonger jusqu'à la fin des siècles, c'est-à-dire, jusqu'à ce qu'elle rentre dans ce séjour dont elle descend, qu'elle y ramène toutes les ames de paix qu'elle aura rassemblées dans son cours, et qu'ainsi l'homme apprenne que c'est l'amour qui aura ouvert, dirigé et fermé le cercle des choses.

Le sang et la voix des prophètes n'avoit conduit le peuple Hébreu que jusqu'aux avenues du temple et de la région divine, parce que le terme n'étoit pas arrivé où l'homme pourroit entrer dans le temple même. Aussi y eut-il un grand nombre de prophètes employés à cette œuvre préparatoire, et la main qui les conduisoit leur traçoit différens sentiers dans ces déserts qu'ils fréquentoient pour la première fois. C'est pourquoi, marchant chacun sur leur ligne particulière, ils ne connoissoient pas toujours le terme final vers lequel tendoient leurs prophéties, et qui ne leur étoit dévoilé que par parcelles et comme dans un lointain.

Aussi le peuple qui n'avoit pas reconnu la loi de l'esprit dans les cérémonies lévitiques, quoiqu'elle y fût contenue, ne reconnut pas non plus la loi divine qui lui étoit annoncée dans la loi de l'esprit ou dans les prophéties, et continuant à marcher dans les ténèbres, il arriva ainsi à l'époque de l'universelle délivrance, dont non-seulement les prophètes n'avoient cessé de parler chacun selon ce qu'il leur en étoit accordé de connoitre, mais encore qui étoit aussi indiquée dans les livres de Moyse, particulièrement dans les bénédictions de Jacob; car si le peuple avoit réellement fait une étude soignée de ces livres, il auroit dû faire de sérieuses réflexions, lorsqu'il vit la puissance temporelle de Juda passer dans la main de l'Iduméen, nommé Hérode.

L'union intime de toutes ces loix, enveloppées les unes dans les autres, est un des plus sublimes secrets de la sainte sagesse, qui par-là se montre toujours la même malgré la diversité et les intervalles qu'elle met entre ses opérations.

Le peuple Juif eut l'esprit trop grossier pour pénétrer dans cette simple et profonde intelligence. Couvert d'ailleurs de toutes les iniquités dont il s'étoit souillé antérieurement par sa négligence à observer les loix et les ordonnances de Moyse, et par l'effusion du sang des prophètes, la loi de grace, dont l'époque étoit arrivée pour le genre humain, opéra pour la réprobation du peuple qui en avoit été, avec si peu de succès, le représentant; et au lieu de se laver de ses crimes dans la foi à cette nouvelle victime qui venoit s'offrir, il combla ses iniquités en la regardant comme son ennemie, et il épaissit ainsi pour lui-même le voile qui venoit de se déchirer pour toute la postérité d'Adam.

Le tableau naturel, en faisant voir la nécessité d'un réparateur Dieu-homme, a montré la hauteur du mystère de ce sacrifice où la victime s'est immolée elle-même sans être suicide, et où les aveugles sacrificateurs, en croyant immoler un coupable, donnoient au monde, sans le savoir, l'électre universel qui devoit en opérer la renaissance ; *l'homme de desir* a montré que le sang de cette victime étoit esprit et vie, et qu'ainsi les Juifs en demandant qu'il retombât sur eux et sur leurs enfans, ne pouvoient séparer la miséricorde qui s'y trouvoit unie avec la justice : nous ne rappelons ici qu'en passant ces consolantes et profondes vérités que l'esprit de l'homme ne sauroit trop se rendre présentes.

Nous avons vu que le sang, depuis le crime, étoit la barrière et la prison de l'homme, et que l'effusion du sang étoit nécessaire pour lui rendre progressivement la liberté par le moyen des transpositions que cette effusion du sang opéroit en sa faveur. Mais nous avons vu en même temps que chacune des loix qui lui fut donnée pour sa régénération, n'étoit qu'une sorte d'initiation à une loi supérieure qui la devoit suivre : ainsi toutes ces loix préparatoires n'avoient pour but que d'amener l'homme à opérer de lui-même un sacrifice libre et volontaire, dont tous les sacrifices antérieurs ne pouvoient tenir la place, puisque sans l'effusion de son propre sang, il ne pouvoit se dire réellement délivré de la prison que le sang élève autour de lui.

Or cette profonde et salutaire vérité, qu'est-ce qui pouvoit la lui apprendre ? ce n'étoient point les sacrifices des animaux, puisque ces animaux, dénués de moralité, ne lui donnoient aucune idée d'une immolation volontaire, et n'apportant à l'autel des holocaustes que leur physique corporel, ils ne pouvoient délier l'homme que de ses chaînes extérieures et corporelles comme eux.

Ce n'étoient point non plus les sacrifices et la mort des prophètes, parce qu'ils n'ont point été volontairement au supplice, quoiqu'ils aient pu y aller avec résignation ; parce que ce supplice, pour ceux qui l'ont subi, n'étoit qu'une suite incertaine de leur mission, et n'étoit point leur mission même ; parce qu'ils n'étoient envoyés que pour annoncer l'aurore du jour éternel de la délivrance de l'homme, et non point pour le remettre pleinement en liberté ; parce qu'enfin ils desiroient de pénétrer eux-mêmes dans ce grand jour qu'ils annonçoient sans le connoître, et qu'ils n'entrevoyoient que par des rayons épars, et comme par des éclairs de l'esprit.

Ainsi, quoique la voix et le sang des prophètes aient été plus avantageux pour l'homme que les victimes de la loi lévitique, quoiqu'ils aient pu l'amener à un degré plus élevé puisqu'ils ont pu délier son esprit, ils ne l'ont cependant point porté à cette idée sublime d'une immolation à la fois soumise et volontaire, fondée sur la connoissance de l'abyme dans lequel le sang nous retient, et sur l'espoir encourageant de notre absolue délivrance quand ce sacrifice est fait sous l'œil de la lumière, et dans les mouvemens de notre éternelle nature.

Il falloit donc une autre victime qui, en réunissant en elle-même toutes les propriétés des victimes précédentes, y joignît encore celle d'instruire l'homme par le précepte et par l'exemple, du véritable sacrifice qui lui restoit à opérer et à offrir pour satisfaire pleinement à l'esprit de la loi. Cette victime devoit apprendre à l'homme que pour atteindre le but essentiel des sacrifices, il ne lui suffisoit pas de mourir corporellement comme les béliers et les taureaux, sans aucune participation de l'esprit qui leur est refusé par leur nature ; qu'il ne lui suffisoit pas même de mourir corporellement comme les prophètes immolés par les injustices, et les passions des peuples auxquels ils annonçoient la vérité, puisqu'ils croyoient, sans manquer à leur mission, pouvoir se soustraire à la violence, comme Élie, lorsqu'ils en avoient la facilité.

Mais elle devoit lui apprendre qu'il lui falloit entrer de son propre mouvement, avec sa pleine science et une entière sérénité, dans cette immolation de son être physique et animal, comme la seule qui pût réellement le séparer des abymes où il est retenu par le sang qui est pour lui l'organe et le ministre du péché; enfin, qu'il lui falloit voler à la mort comme à une conquête qui lui assuroit la possession de ses propres domaines, et le faisoit sortir du rang des criminels et des esclaves.

Tel fut le secret sublime que le réparateur vint révéler aux mortels ; tel fut le jour lumineux qu'il leur fit découvrir dans leur ame en s'immolant volontairement pour eux, en se laissant saisir par ceux mêmes qu'il venoit de renverser par le souffle de sa parole, et en priant pour ceux qui donnoient la mort à son corps; et ce fut l'effusion de son sang qui compléta toutes ces merveilles, parce qu'en se plongeant dans l'abyme de notre ténébreuse région, le réparateur suivit toutes les loix de transposition qui la gouvernent et qui la composent.

En effet, l'effusion du sang de la victime doit opérer en raison du rang et des propriétés de cette victime ; et si le sang des animaux ne pouvoit délier que les chaînes corporelles du péché dans l'homme, puisqu'ils n'ont rien au-dessus de l'élémentaire ; si le sang des prophètes délioit les chaînes de son esprit en lui laissant entrevoir les rayons de l'étoile de Jacob, l'effusion du sang du réparateur devoit délier les chaînes de notre ame divine, puisque ce réparateur étoit lui-même le principe de l'ame humaine, et lui dessiller assez les yeux pour qu'elle apperçût la source même où elle avoit puisé la naissance, et qu'elle sentît que ce n'étoit que par l'immolation intérieure et volontaire de tout ce qui dans nous nage dans le sang et tient au sang, que nous pouvions satisfaire le desir et le besoin essentiel que nous avons de nous réunir à notre source divine.

Il n'est point étonnant que cette sorte de révélation

ait rendu nuls tous les sacrifices et toutes les victimes, puisque celle qui s'étoit offerte avoit placé l'homme dans le seul rang qui fût fait pour lui : aussi depuis cette époque l'Homme-Esprit est-il monté au rang de véritable sacrificateur, et il ne tient qu'à lui de rentrer dans les voies de sa régénération, et d'en atteindre, au moins par l'intelligence, le complément, même dès ce monde, s'il sait s'unir de cœur, d'esprit et d'œuvre à celui qui lui a ouvert les sentiers, et a touché le but devant lui.

Il n'est point étonnant non plus que, conformément à toutes les révélations antérieures, celle-ci nous soit parvenue par un homme, puisqu'elle avoit l'homme pour objet ; mais ce qui la distingue éminemment de toutes les autres, c'est qu'elle a été prêchée, prouvée et accomplie en entier dans un homme Dieu et dans un Dieu homme, au lieu que parmi toutes les autres il n'y en a aucune qui porte cet universel caractère.

La mort d'Abel ne fut point volontaire ; elle put servir à l'avancement d'Adam par la transposition que l'effusion de ce sang put faire des actions irrégulières qui étoient attachées sur ce coupable père du genre humain; mais elle ne compléta point l'œuvre de notre alliance avec Dieu, puisqu'Abel n'étoit qu'un homme conçu dans le péché, et que son frère Seth fut substitué à sa place, pour transmettre aux hommes la continuation et le cours des graces spirituelles que sa mort avoit arrêtées dans ses mains.

La révélation de la justice reçue par Noé, et exercée sous ses yeux sur la postérité humaine, le plaça sans doute au rang des premiers élus du Seigneur pour l'exécution des plans de sa sagesse divine ; mais il paroît plutôt dans cette grande catastrophe comme un ange exterminateur, que comme le libérateur du genre humain; et d'ailleurs, il n'offrit en holocauste que des victimes étrangères à lui, et qui ne pouvoient procurer à l'homme que des secours analogues à leur classe.

Abraham versa son sang par la circoncision, pour signe de son alliance avec Dieu, et comme témoignage de son élection; mais il ne versa point le principe même de ce sang où réside la vie animale, et nous pouvons nous dispenser de rien ajouter à ce que nous avons dit précédemment de ce patriarche.

Son fils Isaac approcha du sacrifice, et ne le consomma point, parce que l'homme n'étoit encore qu'à l'époque des figures, et que la foi du père produisit son effet pour la consolidation de l'alliance, sans qu'il fût besoin de la souiller par l'atrocité de l'infanticide.

Moyse a servi d'organe à la loi de l'élection du peuple Hébreu; il en a été même le ministre comme homme; et comme homme choisi pour opérer sur l'homme ou sur ses représentans; mais comme il n'agissoit que sur les représentans de l'homme général, il ne fut appelé aussi qu'à employer des sacrifices extérieurs, et des victimes figuratives, par cette constante raison que l'homme n'étant encore qu'à l'âge des figures et des images, la loi de transposition ne pouvoit opérer sur lui que dans ce rapport; et ne pouvoit pas s'élever plus haut.

Les prophètes sont venus donner leur sang et leur parole pour coopérer à la délivrance de l'homme. S'il avoit été nécessaire que des hommes vinssent pour exercer les vengeances de la justice, et tracer les voies représentatives de la régénération, il falloit bien plus encore que des hommes vinssent ouvrir les premières portes des sentiers réels de l'esprit ; aussi les prophètes étoient-ils comme l'organe, la langue et la prononciation même de l'esprit, tandis que Moyse ne reçut la loi, et ne la transmit au peuple qu'écrite sur des pierres ; enfin, Moyse, en présence des magiciens de Pharaon, n'avoit pris le serpent que par la queue ; il falloit un être puissant qui le prît par la tête, sans quoi la victoire n'auroit pas été complètement remportée.

Aussi tout nous montre ce qui manquoit aux prophètes pour pouvoir introduire l'homme dans la révélation de sa propre grandeur ; et nous pouvons ajouter une raison simple et frappante à tout ce que nous en avons dit, c'est que ces hommes privilégiés n'étoient pas le principe de l'homme.

Nous pouvons même trouver ici en partie l'explication du passage de S. Jean (10 : 8.) : *tous ceux qui sont venus avant moi sont des voleurs et des larrons, et les brebis ne les ont point écoutés*, quoique ce passage tombe bien plus directement sur les grands prêtres que sur les prophètes. Ce passage annonce bien que tous ces chefs et tous ces envoyés ne pouvoient introduire le peuple dans le royaume, puisqu'ils ne marchoient que par l'esprit, et que ce royaume est divin ; mais il annonce aussi qu'ils n'ont pas été les vrais pasteurs de ce peuple, puisqu'ils n'ont point donné volontairement leur vie pour lui, et puisqu'au lieu de le préserver soigneusement de la main de l'ennemi, ils ont été souvent les premiers à le livrer à sa fureur.

C'est ce que Dieu leur reproche si fortement dans Ézéchiel (22 : 24-31.), où, après avoir tracé les crimes des princes, et les prévarications des prophètes, il dit (v. 30.) : *J'ai cherché un homme parmi eux qui se présentât comme une haie entre moi et eux, qui s'opposât à moi pour la défense de cette terre, afin que je ne la détruisisse point, et je n'en ai point trouvé.*

Il étoit donc uniquement réservé à celui qui étoit le principe de l'homme, de remplir toutes ces conditions envers l'homme. Il n'y avoit que ce principe créateur, vivant et vivifiant, qui pût en être le véritable libérateur, parce que l'effusion volontaire de son sang auquel nul sang sur la terre ne sauroit se comparer, pouvoit seule opérer l'entière transposition des substances étrangères qui nageoient dans le sang de l'homme.

Il n'y avoit que ce principe d'vin qui, à la suite de cette opération, pût attirer l'ame humaine hors de ses abymes, et s'identifier, pour ainsi dire, avec elle, afin de lui faire goûter les délices de sa vraie nature ; il n'y avoit que lui qui, étant dépositaire de la clef de David, pouvoit d'un côté fermer l'abyme, et de l'autre ouvrir le royaume de la lumière, et rendre à l'homme le poste qu'il auroit dû toujours occuper.

Aussi c'est ne rien connoître de ce réparateur, que de ne le considérer que sous ses couleurs extérieures et temporelles, sans remonter, par les progressions de l'intelligence, jusqu'au centre divin auquel il appartient. Puisons donc dans la diversité des caractères dont il s'est revêtu, quelques moyens d'approprier à nos foibles lumières son *homification* spirituelle qui a précédé de beaucoup son *homification* corporelle.

Il a fallu d'abord qu'étant le principe éternel de l'amour, il prit le caractère de l'homme immatériel qui étoit son fils ; et pour accomplir une pareille

S..

œuvre, il lui a suffi de se contempler dans le miroir de l'éternelle Vierge, ou de la Sophie dans laquelle sa pensée a gravé éternellement le modèle de tous les êtres.

Après être devenu *homme immatériel* par le seul acte de la contemplation de sa pensée dans le miroir de l'éternelle Vierge ou Sophie, il a fallu qu'il se revêtît de l'élément pur, qui est ce corps glorieux englouti dans notre matière depuis le péché.

Après s'être revêtu de l'élément pur, il a fallu qu'il devînt principe de vie corporelle, en s'unissant à l'esprit du grand monde ou de l'univers.

Après être devenu principe de vie corporelle, il a fallu qu'il devînt élément terrestre, en s'unissant à la région élémentaire ; et delà il a fallu qu'il se fît chair dans le sein d'une vierge terrestre, en s'enveloppant de la chair provenue de la prévarication du premier homme, puisque c'étoit de la chair, des élémens, et de l'esprit du grand monde qu'il venoit nous délivrer. Et sur ceci je ne puis que renvoyer à Jacob Bœhme qui a répandu sur ces objets des lumières assez vastes et assez profondes pour dédommager les lecteurs de toutes les peines qu'ils pourront prendre.

On voit maintenant pourquoi le sacrifice que le réparateur a fait ainsi dans tous les degrés, depuis la hauteur d'où nous étions tombés, a dû se trouver approprié à tous nos besoins et à toutes nos douleurs.

Aussi c'est le seul sacrifice qui ait été terminé par ces paroles à la fois consolantes et terribles, *consummatum est* ; consolantes par la certitude qu'elles nous donnent que l'œuvre est accomplie, et que nos ennemis seront sous nos pieds, toutes les fois que nous voudrons marcher sur les traces de celui qui les a vaincus ; terribles, en ce que si nous les rendons vaines et nulles pour nous par notre ingratitude et notre tiédeur, il ne nous reste plus de ressource, parce que nous n'avons plus d'autre Dieu à attendre, ni d'autre libérateur à espérer.

Ce n'est plus le temps où nous puissions expier nos fautes, et nous laver de nos souillures par l'immolation des victimes animales, puisqu'il a chassé lui-même du temple les moutons, les bœufs et les colombes. Ce n'est plus le temps où des prophètes doivent venir nous ouvrir les sentiers de l'esprit, puisqu'ils ont laissé ces sentiers ouverts pour nous, et que cet esprit veille sans cesse sur nous, comme Jérémie, selon les Machabées (II.e livre, 15 : 14.) veille toujours sur le peuple d'Israël.

Enfin, ce n'est plus le temps où nous devions attendre que le salut des nations descende près de nous, puisqu'il y est descendu une fois, et qu'étant lui-même le principe et la fin, nous ne pourrions, sans lui faire injure, nous conduire comme s'il y avoit encore après lui un autre Dieu, et ne pas donner à celui qui s'est fait connoître à nous, une foi sans borne et une confiance universelle, qui ne peut réellement et physiquement reposer que sur lui, puisque lui seul est l'universalité. *Consummatum est.*

Nous n'avons plus désormais d'autre œuvre ni d'autre tâche, que de nous efforcer d'entrer dans cette consommation, et d'éloigner de nous tout ce qui peut nous empêcher d'en retirer tous les avantages.

Si le réparateur, en vertu de la loi simple, mais féconde, des transpositions, a remis toutes nos essences chacune à leur place, et a fait disparoître les désordres et les ténèbres pour l'homme, en le rétablissant dans son poste, il est aisé de reconnoître que le mal n'est point un principe éternel et essentiel, opposé par sa nature nécessaire, au principe du bien, comme l'ont cru les Manichéens ; système auquel on m'a cru dévoué, tandis que j'en étois l'adversaire ; il est aisé, dis-je, de sentir que la liberté étant le caractère distinctif qui place l'être moral entre Dieu et la matière, il suffit de lui laisser l'usage de cette liberté que l'auteur des choses ne peut lui donner et ôter tout à la fois, pour concevoir et l'origine du mal dans les êtres moraux, et l'infériorité de sa nature.

Il est aisé en même temps, d'après la définition de ce mal que nous montrons n'être appuyé que sur des transpositions de substances, d'appercevoir les diverses propriétés et utilités des sacrifices dont nous avons tâché d'expliquer la marche et les effets.

Enfin, il est aisé de sentir combien le sacrifice du réparateur a dû l'emporter sur tous ceux qui l'avoient précédé, puisqu'il falloit transposer jusque dans l'abyme le prince même de l'iniquité qui régnoit sur l'homme, et qu'il n'y avoit qu'au chef suprême et divin de la lumière, de la force et de la puissance qu'une pareille victoire pût être réservée.

Il n'est pas inutile d'observer ici en passant que les sacrifices sanglans des Juifs ont continué cependant depuis ce grand sacrifice jusqu'à la ruine de leur ville; mais depuis long-temps ils n'en possédoient plus que la forme ; l'esprit s'en étoit perdu pour eux ; il s'éloigna encore davantage depuis l'immolation de la victime divine.

Voilà pourquoi ils ne pourroient plus aller qu'en dégénérant, et cette période, à la fin de laquelle la grande vengeance éclata sur ce peuple criminel, montre à-la-fois la cessation de l'action protectrice de l'esprit qui les abandonnoit, et les terribles effets de la justice que l'esprit vengeur exerçoit sur eux ; rigoureux arrêt, qui n'auroit pas pu s'exécuter dans le moment de l'action réparatrice du régénérateur, puisqu'il n'étoit venu opérer que l'œuvre de l'amour et de la clémence.

Quoique le sacrifice du réparateur ait mis les hommes à portée de remplir, autant qu'il est possible ici-bas, la sublime tâche de leur régénération en s'unissant à lui, et en le servant en esprit et en vérité, il a voulu encore laisser sur la terre, en la quittant, un signe d'alliance qui pût journellement nous retracer sa manifestation et son dévouement pour nous, comme nous avons vu précédemment des signes et des témoignages demeurer après les diverses manifestations des loix de la justice, les ordonnances lévitiques, et les révélations prophétiques, qui ont été promulguées depuis le commencement du monde.

Il a voulu que ce signe d'alliance fût pour nous un développement de cette semence divine qu'il étoit venu répandre sur notre terre infectée et stérile ; et comme nous sommes des êtres mixtes, il a composé ce signe avec diverses substances d'opération, afin que toutes les substances qui nous constituent aujourd'hui trouvassent leur nourriture, leur préservatif et leur appui chacune selon sa classe et ses besoins. Mais il a voulu en même temps que cette institution tirât tout son prix de l'esprit qui a tout produit, et qui sanctifie tout ; et sous ce rapport, nous verrons les considérables avantages que cette institution peut nous procurer quand nous nous élevons jusqu'au sens sublime que lui a donné celui qui l'a établie.

Car, s'il est écrit qu'il faut être saint pour s'approcher de ce qui est saint, il faut aussi être esprit pour approcher de ce qui est esprit ; voilà pourquoi l'homme terrestre n'y peut jamais porter qu'un œil de ténèbres ou de profanation ; tandis que l'Homme-Esprit doit se rendre compte de tout ce qui est offert à son usage et à sa réflexion.

Aussi les administrateurs des choses saintes ont-ils fait rétrograder l'intelligence de l'homme au sujet de cette institution, en insérant, comme ils l'ont fait, dans ce qu'ils appellent les paroles sacramentales, les mots *mysterium fidei* entre deux parenthèses, lesquels mots ne sont point dans l'évangile, et étoient très-éloignés de l'esprit du fondateur, puisque si nous nous occupions de notre vraie régénération, comme il n'a cessé de nous y exhorter, il n'y auroit pour nous aucun mystère, et que nous sommes faits, au contraire, pour amener tous les mystères au grand jour, en qualité de ministres de l'éternelle source de la lumière.

Rappelons-nous donc que l'esprit avoit reposé sur l'agneau lors de la délivrance d'Egypte, et que c'est-là ce qui donna toute la valeur à ce sacrifice. Souvenons-nous ensuite que la vie divine a reposé et repose encore sur les substances du sacrifice de la nouvelle alliance, puisque l'esprit de vérité ne s'est point répandu en vain, et qu'il ne peut être trompé dans ses plans et dans ses effets ; ainsi depuis la nouvelle alliance, (et peut-être depuis l'origine des choses), nous pouvons regarder le pain et le vin comme étant marqués de l'esprit de vie qui a été répandu sur eux.

Nous n'aurions dû même dans aucun temps manger notre pain et boire notre vin sans nous rappeler ce signe sacré qui leur a été donné, au lieu de les laisser descendre uniquement sous les pouvoirs de l'élémentaire qui n'est pas saint.

Ces substances sont unies à l'élément pur, l'élément pur l'est à l'esprit, l'esprit l'est à la parole, et la parole l'est à la source primitive et éternelle, et c'est par cet ordre harmonique que l'institution de la nouvelle alliance opère utilement sur les principes qui nous composent. En effet, elle opère en esprit et en vérité sur tout notre être ; savoir le pain azyme pour la purification de notre matière ; le vin pour la purification de notre principe de vie animale ; le corps glorieux ou l'élément *pur* pour nous rendre le vêtement primitif que le péché nous a fait perdre ; l'esprit sur notre intelligence ; la parole sur notre verbe d'opération ; la *vie* sur notre essence divine ; et cela en élevant d'un degré chacune des classes de notre être sur lesquelles s'étend l'action qu'elle nous distribue.

Aussi cette institution de la nouvelle alliance a pour signes quatre grandes unités en efficacité sur nous ; savoir :

La double relation élémentaire qui nous est communiquée par les deux substances ;

Les correspondances de tous les élus, qui depuis l'origine du monde ont assisté au sacrifice ; qui sont assis à la table sainte, et font delà refluer sur notre cœur les paroles sacrées dont ils ont été les témoins, et qui sont probablement supérieures à celles connues dans la consécration ;

L'élément pur ou la vraie chair et le vrai sang qui corrobore toutes nos facultés d'intelligence et d'activité dans l'œuvre ;

Enfin, le divin agent lui-même, qui sous l'œil du père répand par-tout la sanctification dont il a reçu le sceau et le caractère, et qui étant à-la-fois l'auteur, le ministre et le fondateur de ce signe de son alliance, rétablit par-là en nous le poids, le nombre et la mesure.

Car, pourquoi cet agent divin est-il le seul qui puisse donner ainsi ce baptême universel ? Pourquoi est-il l'agneau qui ôte les péchés du monde, si ce n'est parce que sa seule présence remet tous les principes à leur place, puisqu'il n'y a de désordre que dans la transposition ?

Mais soumis à la loi du temps qui a tout divisé pour nous, il n'a fait reposer de nouveau sa virtualité sur les signes matériels de son alliance, que d'une manière passive, et qui attend la réaction de l'homme renouvelé ; c'est ainsi que lui-même, pendant tout le cours de ses opérations sur la terre, il a attendu la réaction de la parole de son père pour développer ses puissances.

C'est pourquoi il remit l'institution entre les mains des hommes qu'il avoit régénérés, tandis que lui-même est remonté vers sa source pour y boire le fruit nouveau de la vigne céleste, et prononcer sans cesse, dans le royaume invisible, des paroles de vie qui correspondent avec les paroles sacramentales. Par-là les hommes régénérés qui doivent administrer cette institution, peuvent se trouver en rapport avec lui et avec son œuvre régénératrice, et lier à cette même œuvre ceux qui veulent y participer et s'y unir en esprit et en vérité.

Rapelons-nous que nous étions morts, et qu'il falloit que le réparateur entrât dans notre mort pour se rendre semblable à nous ; mais de même qu'en entrant dans notre mort, il ne cessoit point d'être la vie ; de même en se rendant semblable à nous, il ne cessoit pas d'être notre unique principe ; ainsi il ne pouvoit mourir sans ressusciter, et sans nous ressusciter avec lui, afin de nous rendre semblables à lui ; il falloit cette résurrection pour que nous pussions goûter la vie, louer la vie, et la célébrer, ce qui fut et sera éternellement le but de l'existence de tout être spirituel formé à l'image du souverain auteur des êtres.

L'institution de la cène avoit donc pour objet de retracer en nous cette mort et cette résurrection avant même la dissolution de nos essences corporelles, c'est-à-dire, de nous apprendre à-la-fois à mourir avec le réparateur et à ressusciter avec lui. Ainsi cette cérémonie religieuse, considérée dans sa sublimité, peut devenir dans nous, en réalité, une production, une émanation, une création, une régénération, ou une résurrection universelle et perpétuelle ; et elle peut, dis-je, nous transformer en royaume de Dieu, et faire que nous ne soyons plus qu'un avec Dieu.

Toutefois il seroit bien essentiel que l'opérant répétât sans cesse aux fidèles ces mots de l'instituteur : *la chair et le sang ne servent de rien, mes paroles sont esprit et vie* ; car combien la lettre des autres paroles a-t-elle tué d'esprits ! Il faut que dans l'opérant, comme dans nous, l'idée et le mot de chair et de sang soient abolis, c'est-à-dire, il faut que nous remontions, comme le réparateur, à la région de l'élément pur qui a été notre corps primitif, et qui renferme enfin l'éternelle SOPHIE, les deux teintures, l'esprit et la parole. Ce n'est qu'à ce prix que les choses qui se passent dans le royaume de Dieu peuvent aussi se passer en nous.

Si l'on ne s'élève pas à cette sublime unité qui veut tout embrasser par notre pensée; si l'on confond l'institution avec l'œuvre que nous devons opérer sur nous-mêmes; et enfin, si l'on confond le terme avec le moyen, le subsidiaire avec ce qui est de rigueur, on est bien loin de remplir l'esprit de l'institution elle-même.

Car il veut, cet esprit, que nous annoncions la mort du Christ à nos iniquités, pour les chasser loin de nous; aux hommes de Dieu de tous les âges, pour qu'ils soient présens activement dans notre œuvre; à la Divinité, pour lui rappeler que nous sommes rachetés à la vie, puisqu'elle a mis elle-même son sceau et son caractère dans le libérateur qu'elle a choisi; enfin, il veut que nous annoncions universellement cette mort à l'ennemi, pour le faire fuir de notre être, puisque tel a été l'objet de la mort corporelle du réparateur.

Or, l'institution de la cène ne nous est donnée que pour nous aider à travailler efficacement à cette œuvre vive que nous devons opérer tous en notre particulier. Car, c'est dans cette œuvre vive que toutes les transpositions disparoissent par rapport à nous, que chaque chose rentre dans le rang qui lui est propre, et que nous recouvrons cet élément pur ou ce corps primitif qui ne peut nous être rendu qu'autant que nous redevenons images de Dieu, parce que la vraie image de Dieu ne peut habiter que dans un pareil corps.

Et ici nous pouvons découvrir la source naturelle de

toutes ces représentations antromorphiques qui remplissent le monde.

Si les artistes nous représentent sous des formes humaines, soit masculines, soit féminines, toutes les vertus tant célestes que terrestres ; si les poëtes personifient tous les dieux et les déesses de l'Empirée, et toutes les puissances de la nature et des élémens ; enfin, si les sectateurs des diverses religions, et les idolâtres remplissent leurs temples de statues humaines, le principe de tous ces usages n'est point illusoire et abusif, comme le sont les résultats qui en sont provenus.

La forme humaine primitive devoit en effet se montrer et dominer dans toutes les régions. L'homme étant l'image et l'extrait du centre générateur de tout ce qui existe, sa forme étoit le siège où toutes les puissances de toutes les régions venoient exercer et manifester leur action ; en un mot, le point où correspondoient toutes les propriétés et toutes les *vertus* des choses.

Ainsi toutes les représentations de lui-même qu'il se crée par son industrie, ne font que lui retracer des tableaux de ce qu'il pourroit et devroit être, et que le replacer figurativement dans les mesures où il n'est plus en réalité.

Car, disons-le en passant, lorsque les savans confrontent le corps de l'homme avec les corps des bêtes, et qu'ils appellent cela l'anatomie comparée, notre vrai corps n'entre pour rien dans cette anatomie comparée, qui, en effet, ne nous apprend autre chose, sinon que nous ressemblons aux autres animaux.

Ce seroit donc, au contraire, notre corps supérieur et non animal, qu'il faudroit comparer avec notre corps animal, si l'on vouloit avoir à notre égard la véritable anatomie comparée, parce qu'il ne suffit pas d'observer les choses dans leurs similitudes, et qu'il est aussi essentiel de les observer dans leurs différences.

C'est de cette comparaison de la forme actuelle de l'homme avec sa forme primitive, que nous retirerions des connoissances utiles sur notre destination originelle. Mais au défaut de cette importante comparaison, qui, dans le vrai, n'est pas à la portée du grand nombre, nous pourrions au moins tirer de lumineuses inductions sur notre ancien état, en considérant les prodigieuses merveilles que par notre industrie nous faisons encore sortir des organes corporels actuels de notre forme, toutes choses qui, malgré notre mesure réduite, et les ressources artificielles auxquelles nous sommes bornés, devroient nous ouvrir les yeux sur les merveilles naturelles que nous aurions dû engendrer, si nous avions conservé tous les droits attachés à notre forme corporelle primitive.

Quant aux abus de l'antropomorphisme religieux par lequel les temples se remplissent de statues humaines qui deviennent si aisément des objets d'idolâtrie et d'adoration pour les hommes simples, ils tiennent au mouvement même qui s'est fait dans le cœur de Dieu, à l'instant de notre chûte pour la restauration de l'espèce humaine, mouvement par lequel ce cœur divin s'est transmué en Homme-Esprit.

Or, comme cette alliance de restauration se trouve semée dans tous les hommes par leurs générations successives, ils sont toujours prêts à voir se réveiller ce germe en eux, et à regarder les idoles humaines qu'on leur présente, comme l'expression et l'accomplissement de cette alliance dont le besoin les presse, quoique ce sentiment secret qu'elle leur occasionne soit si confus. Bien plus, ils sont toujours tout prêts à se former à eux-mêmes, tant intérieurement qu'extérieurement, des modèles sensibles, par lesquels ils auroient tant de desir que ce grand œuvre s'opérât et s'accomplît pour eux.

Ainsi le besoin d'approcher d'eux le Dieu-homme, et la facilité à croire ce qu'ils desiroient, a été le principe de la création des idoles humaines, et des hommages qu'on leur a rendus. La fourberie opérant ensuite sur la foiblesse et l'ignorance, n'ont pas eu de peine à propager les superstitions, soit celles qui ne sont qu'absurdes, soit celles qui sont à la fois absurdes et criminelles, sans cependant qu'il faille exclure par là l'origine spirituelle active que peut avoir eu aussi l'antropomorphisme, comme je l'ai indiqué ci-dessus.

Il n'y a que le renouvellement de notre être ici-bas qui nous procure réellement ce que les hommes attendent en vain de leurs superstitions et de leurs idoles; et encore ce renouvellement n'est-il que la préparation à notre régénération parfaite qui, comme on l'a vu, n'a lieu qu'à la séparation de nos principes corporels, ou par l'effusion de notre sang. Aussi après notre mort, nous sommes comme suspendus au grand trinaire, ou au triangle universel qui s'étend depuis le premier être jusqu'à la nature, et dont chacune des trois actions tire à soi chacun de nos principes constitutifs divins, spirituels et élémentaires, pour les réintégrer si nous sommes purs, et pour rendre à notre ame la liberté de remonter vers sa source. Et c'est là ce que le Christ a laissé opérer physiquement sur lui par son supplice et dans son tombeau.

Mais si nous ne sommes pas purs, l'ennemi qui ne s'oppose pas à la séparation des parties corporelles qui ne sont que de forme, s'oppose à la réintégration des principes sur lesquels l'ame lui a laissé prendre empire ; et il retient le tout sous sa domination, au grand détriment de la malheureuse ame qui s'en est rendue la victime.

Or, nous ne pouvons faciliter cette réintégration des principes, qu'autant que nous avons fait renaître dans notre ame une éternelle *vierge*, dans qui puisse s'incorporer le fils de l'homme avec ses *vertus* et ses puissances, comme nous ne pouvons faire renaître en nous cette éternelle *vierge*, qu'en ranimant en nous notre corps primitif ou l'élément pur. Et c'est ici où nous allons observer et voir écrites dans l'homme toutes les loix des sacrifices figuratifs dont nous nous sommes occupés jusqu'à présent, et dont l'homme est l'objet, lors même qu'il paroît n'en être que l'organe et l'instrument.

L'homme étant en lui-même un petit abrégé des deux mondes physique et divin, il est certain que son corps renferme les essences de tout ce qu'il y a dans la nature, comme son ame renferme les essences de tout ce qu'il y a dans la divinité. Ainsi il doit y avoir dans son corps des correspondances avec toutes les substances de l'univers, et par conséquent avec les animaux purs et impurs, et avec tout ce qui pouvoit tomber sous les réglemens des sacrifices ; et quoique nous ne discernions point en nous ces essences, nous pouvons croire à la réalité de leurs correspondances avec l'extérieur, par les formes et tableaux sensibles que ces essences présentent à notre pensée, et par tous les symboles et images que les esprits bons et mauvais empruntent journellement et physiquement pour notre instruction et notre épreuve.

Sans qu'il soit donc nécessaire, pour procéder au sacrifice, que nous connoissions physiquement toutes ces choses, il suffit que notre intention soit pure et active, pour que ces premiers degrés de la loi matérielle s'accomplissent en nous; il suffit que, par la rectitude de notre sens spirituel naturel, nous laissions agir le principe de vérité qui nous anime, parce qu'il a sous lui ses *sacrificateurs* qui immoleront en nous les *animaux purs* dont l'offrande nous peut être utile, et qui sépareront de nous les *animaux impurs* qui ne doivent point entrer dans les sacrifices.

C'est là cette loi qui s'opère, pour ainsi dire, à notre insçu; qui n'exige de nous que la pureté légale recommandée au peuple Hébreu; mais qui n'exige pas de nous plus de connoissances qu'il n'en avoit lui-même en approchant de ses cérémonies : c'est la loi de l'enfance qui doit nous conduire en sûreté à la loi pure de l'homme fait.

Ne doutons pas que l'immolation de ces *animaux purs* en nous, n'entr'ouvre pour nous des voies de correspondances salutaires, comme nous avons vu que cela arrivoit pour le peuple Hébreu, lors de l'immolation de ses victimes extérieures.

L'effet même en seroit plus assuré et plus positif pour chaque homme en particulier, si cet ordre n'étoit continuellement dérangé par les *nations étrangères* que nous laissons assister au sacrifice, et par les *animaux impurs* que nous laissons se placer sous le *couteau du sacrificateur*, et qui nous ouvrent des correspondances inverses de celles qui nous seroient nécessaires ; parce qu'ici tout agiroit dans les principes de l'homme, au lieu que, dans la loi figurative des Hébreux, tout agissoit à l'extérieur.

Mais cette œuvre préliminaire étant au-dessus des forces de l'homme dans le premier âge, c'est à ses instituteurs et à ses guides temporels à la diriger en lui, et même à répondre de son sort lorsqu'il arrivera à l'époque suivante.

Quand il est arrivé à cette époque avec les préparations dont nous venons de parler, alors la loi spirituelle se lie en lui à la loi sensible, en attendant qu'elle en prenne entièrement la place. Cette loi spirituelle s'annonce en nous avec un éclat redoutable, comme elle s'annonça au peuple Hébreu sur la montagne de Sinaï ; elle annonce hautement en nous le premier commandement du Décalogue : *Je suis le Seigneur votre Dieu qui vous ai tirés de la terre d'Égypte, de la maison de servitude ; vous n'aurez point d'autres Dieux devant moi.*

Sa voix retentit dans tout notre être : elle en fait fuir non-seulement toutes les fausses divinités qui sont renversées par la terreur de ces paroles ; mais elle en détruit aussi toutes les nations étrangères ou toutes les affections idolâtres avec lesquelles nous avions vécu chez les *Chaldéens*, jusqu'à ce que nous fussions appelés dans la terre de *Chanaan*.

Elle prononce ensuite tous les autres préceptes du Décalogue, qui ne sont qu'une suite nécessaire de ce premier précepte. Or, comme elle ne prononce cette loi, à la fois salutaire et terrible, qu'à l'époque où nous sommes censés être sortis de la terre d'Égypte, et jouir de notre liberté, nous sommes dès-lors engagés à la loi de l'esprit, et nous devenons chargés de notre propre conduite, sous la lumière de cette loi qui nous est tracée. Voilà pourquoi il nous est recommandé dans le Deutéronome (ch. 6 : 9, etc.) *de graver cette loi dans notre cœur, de l'écrire sur notre front*, etc.

Dans ce nouvel état, la loi des sacrifices continue sans doute à nous être nécessaire ; mais c'est nous alors, qui devenons les lévites et les sacrificateurs, puisque l'accès de l'autel nous est ouvert, et que nous devons, suivant le rite lévitique, immoler chaque jour au Seigneur les victimes qu'il s'est choisies en nous, pour holocaustes et pour sacrifices d'agréable odeur.

Nous le devons, dis-je, pour notre propre avantage, et cela, par la raison fondamentale des correspondances ; car en faisant un saint emploi des *principes* qui nous constituent, nous nous unissons à des actions restauratrices qui leur sont similaires. Nous le devons en outre continuellement, pour nous conformer à l'esprit qui s'est établi en nous, parce que l'acte de l'esprit ne doit point s'interrompre, mais toujours croître.

C'est à cette importante occupation qu'est consacré ce que nous pouvons appeler le premier âge de la loi de l'esprit ; et cette obligation est si rigoureuse pour nous, que si nous y manquons, nous retombons bientôt dans différentes servitudes analogues à nos prévarications ; mais aussi, quand accablés du joug de nos tyrans, nous réclamons la main suprême, elle suscite divers libérateurs, qui nous rétablissent dans nos sentiers.

T...

Ces secours sont fondés sur les étincelles de vie et de lumière que notre appel à la loi de l'esprit a semés en nous, et qui ne s'y éteignant pas tout-à-fait malgré nos égaremens, fermentent d'autant plus par la contrainte et le tourment de nos divers esclavages, et jettant par ce moyen quelques rayons que la Divinité reconnoît pour être à elle, et qui l'engagent à descendre pour venir au secours de sa misérable créature.

C'est ainsi qu'elle s'est conduite envers les Hébreux, lorsque le temps de leur délivrance d'Egypte fut arrivé, parce qu'il ne faut pas oublier qu'ils étoient les fils de la promesse, et qu'ils portoient en eux l'esprit de l'élection de leur père ; c'est ainsi qu'elle s'est conduite avec eux sous le règne des juges, où ils représentoient alors l'homme dans sa loi d'émancipation ou de liberté. Enfin, c'est ainsi que dans une alternative presque continuelle de chûtes et de redressemens, nous arrivons au second âge de la loi de l'esprit, ou à l'âge prophétique.

Car il faut se rappeler qu'il fut dit au père des Juifs, que toutes les nations seroient bénies en lui ; or, jusqu'à cet âge prophétique, le peuple Hébreu vit séparé de tous les peuples, et n'a de relations avec eux que pour les combattre ; sa loi lui défend de s'allier avec les étrangers, et lui ordonne d'exercer pour son seul avantage, le culte et les cérémonies dont il a été fait dépositaire ; image représentative de ce que nous avons à faire dans notre premier âge de la loi de l'esprit où nous devons nous séparer de tout ce qui nous empêcheroit de croître et d'acquérir les dons nécessaires pour qu'un jour les *nations* soient bénies en nous.

Mais quand l'âge prophétique fut arrivé, ce fut alors

que les premiers germes de la charité se semèrent dans Israël, comme l'institution des sacrifices avoit semé en lui les premiers germes de l'esprit. Ce peuple qui, jusqu'à cet âge prophétique, s'étoit considéré seul, et avoit dédaigné tous les peuples, commença à sentir par l'ame de ses prophètes, le zèle du retour des nations à la vérité.

C'est alors que ses prophètes se sentirent oppressés par la douleur des maux qui menaçoient non-seulement Israël, mais tous les peuples prévaricateurs dont il étoit environné. C'est alors qu'ils furent chargés d'annoncer la colère du Seigneur à Ninive, à l'Égypte, à Babylone, et à toutes les isles des nations.

On en peut aisément appercevoir la raison ; c'étoit le moment où les promesses de l'alliance d'Abraham commençoient à s'accomplir ; mais le peuple Hébreu étant plus avancé dans l'accomplissement de ces promesses que les autres peuples, éprouvoit alors les premières douleurs de la charité, tandis que les autres peuples n'en recevoient encore que des avertissemens. C'est ainsi que l'homme particulier qui a passé le premier âge de l'esprit, commence aussi à souffrir pour les ténèbres de ses semblables, et qu'il se sent pressé du desir de les rappeler à la vérité.

Dans ce nouvel âge, l'homme continue, sans doute, à remplir la loi des sacrifices, puisqu'elle ne peut être entièrement accomplie que quand il a versé son sang ; mais il s'établit en lui une action plus forte que celle du premier âge de l'esprit, et cette action le gouverne et le domine, parce que c'est l'action divine même qui commence à faire son apparition sur la terre ; toutefois elle le laisse libre, parce que ce n'est qu'une loi initiative et d'avertissement, et non pas une loi d'opération.

Aussi avons-nous vu plusieurs prophètes résister aux ordres qu'ils avoient reçus, comme nous voyons bien des hommes dans le second âge de l'esprit ne pas faire l'usage qu'ils devroient de tous les secours qu'il leur communique, ce qui fait qu'il y a tant d'élus qui ne parviennent pas à la plénitude de leur élection.

Il n'en est pas moins vrai que c'est dans ce second âge de l'esprit, ou, si l'on veut, dans ce premier âge divin que commence à s'accomplir le véritable esprit des sacrifices, dont la charité et le bonheur des êtres fut, dès l'origine, le seul et unique terme.

Aussi l'esprit divin, en descendant sur les prophètes, et les chargeant du fardeau des nations, soulageoit ces mêmes nations d'une partie du poids qui les écrasoit, et il arrivoit par-là qu'elles pouvoient plus aisément à leur tour recevoir les premiers rayons de la clarté qui devoit les ramener dans leur voie ; elles pouvoient enfin, par les douleurs et les angoisses du prophète, voir se réaliser sur elles spirituellement ce que nous avons vu s'opérer sensiblement par les sacrifices matériels.

C'est aussi là l'emploi de l'homme particulier qui arrive à ce second âge de l'esprit ; et l'on peut dire que ce n'est qu'alors que commence véritablement l'âge de l'homme, ou le vrai ministère de l'Homme-Esprit, puisque ce n'est qu'alors qu'il peut commencer à être utile à ses frères, attendu que dans les âges précédens il n'a été utile qu'à la nature et à lui seul.

Quand la grande époque du salut fut arrivée, le véritable esprit des sacrifices acquit encore plus d'extension ; il ne se borna plus, comme au premier âge de l'esprit, à l'avantage d'un peuple particulier ; il ne se borna pas même à de simples avertissemens pour les autres peuples, comme au temps des prophètes ; mais il embrassa toute la famille humaine, en attirant tout à lui pour l'accomplissement de la promesse faite à Abraham, que tous les peuples seroient bénis en lui.

Aussi cette grande époque divine du réparateur place l'homme qui sait la mettre à profit, dans la voie de son véritable rétablissement, en lui procurant les moyens de délivrer les esclaves de la maison de servitude, et de manifester dans toutes les régions et dans toutes les classes, la gloire, la justice et la puissance du souverain Être, dont le saint réparateur lui transmet le sceau et le caractère.

C'est là que se dévoile le vrai sens des paroles adressées à Jérémie : (1 : 10.) *Je vous établis aujourd'hui sur les nations et sur les royaumes, pour arracher et pour détruire, pour perdre et pour dissiper, pour édifier et pour planter.* Car Jérémie ne fut établi que sur les royaumes terrestres, au lieu que le règne du Christ établit l'homme sur tous les royaumes spirituels.

Lorsque l'homme entre dans la loi de l'esprit, nous avons vu qu'il reçoit le premier précepte du Décalogue ; *je suis le Seigneur ton Dieu,* etc. Lorsqu'il entre dans la loi du réparateur, il reçoit un nouveau précepte, celui d'aimer son prochain comme lui-même, et ce précepte est la clef de l'œuvre du Christ ; car quel est l'homme dans la servitude qui ne feroit pas tous ses efforts pour recouvrer la liberté ? Il doit donc faire tous ses efforts pour procurer aussi la liberté à son prochain, s'il l'aime comme lui-même ; et s'il ne l'aime pas comme lui-même, il n'est point initié à l'esprit du réparateur, qui a porté l'amour jusqu'à se plonger avec nous dans nos abymes pour nous en arracher avec lui.

Quoique nous ne puissions répéter que dans une mesure limitée, à l'égard de nos semblables, cette œuvre immense que le réparateur a opérée sur la famille humaine toute entière, en brisant devant elle les portes de la mort et de sa prison ; c'est néanmoins par son esprit seul que nous pouvons en exercer la portion qui nous en est réservée ; et si par les sacrifices des animaux la loi attiroit sur les hommes des actions régulières temporelles, si par la voix des prophètes la sagesse envoyoit sur les nations des actions régulières spirituelles, par la voix de l'amour et de la sainteté du réparateur, nous pouvons faire descendre sur nous comme sur nos frères des *vertus* divines mêmes, qui leur procurent la paix, l'ordre et l'harmonie sacrée selon les mesures qui nous en sont permises ici-bas.

C'est lorsque notre enveloppe passagère sera dissoute, c'est lorsque le temps sera roulé pour nous comme un livre, que nous jouirons plus pleinement de l'esprit de vie, et que nous boirons avec le réparateur le jus nouveau de la vigne éternelle qui remettra dans leur parfaite mesure nos facultés originelles, pour être employées alors aux plans qu'il lui plaira de nous prescrire.

Mais ce seroit en vain que nous nous promettrions une pareille jouissance pour l'avenir, si nous n'avions pas rompli fidèlement ici-bas tous nos sacrifices, tant ceux qui tiennent à notre renouvellement personnel, que ceux qui tiennent à l'offre volontaire de tout notre être terrestre et mortel, et cela par nos soins journaliers à nous rendre une victime régulière et sans tache. Car dans cette région invisible où nous entrerons au sortir de ce monde, nous ne trouverons plus de *terre* pour recevoir ces diverses espèces de *sang* qu'il nous faut nécessairement répandre pour recouvrer la liberté; et si nous emportions avec nous la corruption dont ces diverses espèces de sang sont susceptibles, il n'y auroit plus pour nous qu'angoisse et douleur, puisque le temps et le lieu des sacrifices volontaires seroient passés.

Pensons donc à notre vraie vie. Pensons à l'œuvre active à laquelle nous devons tous nos momens, et nous n'aurons pas seulement le loisir de savoir s'il y a pour nous des angoisses futures à redouter, ou s'il n'y en a pas, tant nous serons remplis du zèle de la justice. Ce n'est que le crime qui laisse venir ces désolantes idées dans l'esprit de l'homme, et ce n'est que son inaction qui le conduit au crime, parce qu'elle le conduit au vide de l'esprit.

Aussi c'est le vide de son esprit qui le fait tomber dans le découragement, en lui faisant croire qu'on ne répare point le temps perdu. Cela peut être vrai pour les choses qui ne se font que dans le temps et par le temps; mais en est-il de même des choses qui se font par l'esprit et pour l'esprit? Si l'esprit n'a point de temps et ne connoît point de temps, un seul acte opéré par l'esprit et pour l'esprit, ne peut-il pas rendre à l'ame tout ce qu'elle auroit négligé d'amasser, ou même tout ce qu'elle auroit perdu par sa négligence?

C'est ici, sur-tout, où il faut nous souvenir de la onzième heure; mais aussi il faut voir que si celui qui y fut appelé reçut même beaucoup plus que son salaire, c'est parce qu'il avoit au moins travaillé pendant cette onzième heure, sans quoi il n'auroit rien reçu du tout, et ainsi nous n'aurions rien à prétendre au salaire, si cette onzième heure qui nous reste après avoir passé en vain les autres heures, nous ne la remplissions pas en travaillant à l'œuvre de l'esprit.

Depuis la chûte, nous ne pouvons être tous que des ouvriers de la onzième heure, qui a commencé en effet à l'instant où nous avons été déchus de nos droits. Les *dix heures* qui précèdent cette époque sont restées loin de nous et comme perdues pour nous, de façon que notre vie terrestre toute entière n'est réellement pour nous que la onzième heure de notre éternelle et véritable journée, qui embrasse le cercle universel des choses. Jugeons d'après cela si nous avons un instant à perdre.

Mais aussi tout ce qui nous est nécessaire pour nous acquitter utilement et avec profit du travail de cette onzième heure, nous est fourni abondamment ; plans, matériaux, instrumens, rien ne nous est refusé. Les obstacles même, et les dangers que nous rencontrons dans notre travail, et qui deviennent des croix pour nous quand nous reculons devant eux, deviennent des échelons et des moyens d'ascension quand nous les surmontons ; car la sagesse qui nous y expose n'a pas d'autre intention que de nous faire triompher.

Oui, si nous gardions fidèlement notre poste, jamais l'ennemi n'entreroit dans la place, quelque puissant qu'il fût. Mais aussi il faut en garder tous les passages avec une activité si soutenue, qu'à quelqu'endroit qu'il se présente il nous trouve vigilans et en force pour lui résister. Un instant de négligence de notre part suffit à l'ennemi qui ne dort point, pour faire brèche, pour monter à l'assaut, et s'emparer de la citadelle.

Ranimons donc notre courage. Si notre réhabilitation spirituelle demande, dans le vrai, tous nos soins, nous pouvons aussi la regarder comme assurée, pour peu que nous nous déterminions à l'entreprendre, car la maladie de l'ame humaine, si je puis me permettre de m'exprimer ainsi, n'est qu'une espèce de transpiration arrêtée; et la sagesse suprême ne cesse de faire passer jusques dans nous de salutaires et puissans sudorifiques qui tendent sans cesse à rétablir la circulation et l'ordre dans nos liqueurs.

La mort même qui tient aussi à notre œuvre, est dirigée et graduée avec la même sagesse qui gouverne toutes les opérations divines. Nos liens matériels se rompent progressivement, et d'une manière presqu'insensible. Les enfans en bas âge, étant encore entièrement sous le poids de leur matière, n'ont aucune idée de la mort, parce qu'en effet la matière ne sait ce que c'est que cette mort, attendu qu'elle ne sait pas non plus ce que c'est que la vie ou l'esprit.

Les jeunes gens, dans qui cet esprit ou la *vie* commence à percer au travers de leur matière, sont plus ou moins effrayés de la mort, selon qu'ils sont plus ou moins imprégnés de cet esprit, ou de la *vie*, et selon que le contraste de leur esprit et de leur matière se fait plus ou moins sentir en eux.

Les hommes faits et les vieillards dans qui leur esprit ou la *vie* a fait ses développemens, et qui ont suivi fidèlement la loi de leur être, se trouvent si remplis des fruits de leur œuvre lorsque le terme de leur carrière arrive, qu'ils voient non-seulement sans effroi et sans regrets, mais même avec joie, la démolition de leur enveloppe matérielle.

De son côté, cette enveloppe matérielle ayant été perpétuellement imprégnée des fruits de leur œuvre, a subi presqu'imperceptiblement la décomposition journalière de ses ressorts, et si les plans restaurateurs avoient été suivis, elle auroit subi communément sans douleur sa propre démolition finale. Peut-on donc concevoir rien de plus doux que toutes ces progressions que la sagesse suprême a établies pour la réhabilitation de l'homme ?

Mais si telles sont les jouissances que le dévouement au Ministère de l'Homme-Esprit nous présente, même ici-bas ; qu'est-ce que ce dévouement ne doit donc pas promettre à l'ame humaine, lorsqu'elle a déposé sa dépouille mortelle ?

Nous voyons qu'ici-bas nos corps sont destinés à jouir de toutes leurs facultés, et à se communiquer entre eux. Lorsqu'ils ne jouissent d'aucunes de leurs facultés, ils ne se communiquent rien, comme on le voit pour les enfans du premier âge.

Lorsque de tous ces corps les uns jouissent de leurs facultés, et que les autres n'en jouissent pas, ceux qui en jouissent peuvent communiquer avec ceux qui n'en jouissent pas, et les connoître ; tandis que ceux-ci ne connoissent rien des premiers. Appliquons ceci aux loix des ames.

Celles qui ici-bas ne jouissent point de leurs facultés, sont respectivement dans une nullité absolue ; elles ont beau être placées les unes auprès des autres, elles demeurent ensemble sans se connoître, et sans se transmettre aucune impression. Tel est le cas de la plupart des gens du monde, pour ne pas dire peut-être de l'humanité toute entière ; car pendant notre voyage terrestre, nos ames sont entre elles comme sont entre eux les corps des enfans au berceau, et elles ne se communiquent réellement pas davantage en comparaison de ces trésors actifs dont elles se seroient enrichies réciproquement, si elles fussent restées dans leur harmonie primitive.

Lorsque quelques-unes de ces ames sortent de cet état d'enfance, c'est-à-dire, lorsqu'elles quittent leur corps, et qu'après s'être dévouées ici au vrai Ministère de l'Homme-Esprit, elles se trouvent, après la mort, dans la jouissance de leurs facultés, il n'est pas étonnant qu'elles puissent communiquer quelques-uns de leurs trésors aux ames encore incorporées, quoique celles-ci ne comprennent ni la raison, ni le moyen de cette communication, tout en en ressentant les effets. C'est ainsi que le corps d'un enfant en bas âge peut sentir les impressions salutaires qu'un corps jouissant de ses facultés lui peut occasionner, quoiqu'il n'en voie pas la source, ni ne la puisse connoître.

Enfin, quand plusieurs de ces ames régénérées jouissent de leurs facultés actives, après avoir quitté leurs corps, il n'est pas étonnant alors qu'elles développent entre elles réciproquement tous leurs rapports, et cela doit paroître si simple, qu'il est inutile d'en chercher des témoignages dans l'ordre physique.

Or, si malgré notre dégradation et le peu de trésors que nous pouvons nous communiquer sur la terre les uns aux autres, nous sommes cependant si transportés lorsque nous pouvons seulement entrevoir dans les vertus de nos semblables, ce que c'est que la beauté d'une ame, ce que c'est que sa sublime dignité; enfin, lorsque nous appercevons ces foibles rameaux qu'il est permis à l'homme de manifester encore aujourd'hui, quoique ce ne soit que par intervalle, jugeons des joies qui doivent nous attendre dans la région vraie, lorsque nos ames harmonisées et dégagées de leur corps terrestre se trouveront toutes ensemble, qu'elles se communiqueront mutuellement toutes les merveilles qu'elles auront acquises pendant leur onzième heure, et toutes celles qu'elles ne cesseront de découvrir dans la région de l'infini.

Homme qui desire d'entrer, dès ce monde, dans le glorieux ministère du Seigneur, peins-toi donc journellement le tableau de ces eaux restauratrices que, depuis le crime, la bonté suprême n'a cessé de répandre dans les différentes époques de la postérité humaine ; car tu as assez scruté les voies de Dieu à notre égard pour savoir qu'il s'occupe non-seulement de la famille entière, mais encore de chaque homme en particulier, comme s'il n'en avoit qu'un à soigner.

C'est ainsi qu'un flambeau placé au milieu d'un cercle d'hommes éclaire chaque assistant de toute sa lumière. C'est ainsi que le soleil montre sa face toute entière à tous les mortels qui se présentent à son aspect ; c'est ainsi que la source divine de l'admiration est universelle, et ne cherche qu'à pénétrer dans toutes les ames qui veulent s'ouvrir à sa lumière.

Mais après avoir admiré cette source inépuisable, dont les trésors avoient été prodigués à l'homme lors de son origine, et par le contrat divin, et qui depuis sa chûte se sont accumulés et s'accumulent encore continuellement autour de nous, quelle impression pénible tu éprouveras, quand, malgré ces trésors, tu verras l'homme languir dans la détresse et dans une telle privation, que sa demeure ténébreuse semble ne reposer que sur deux élémens : le désespoir et la mort !

L'homme avoit abusé des dons supérieurs qui lui furent accordés dans le temps de sa gloire : après son crime, il a abusé de l'amour même qui venoit le chercher dans son ignominie. Plus les faveurs se sont multipliées pour lui, plus il a multiplié ses ingratitudes ; et quand on parcourt ces vastes tableaux, on découvre les deux prodiges les plus surprenans pour l'intelligence et la sensibilité de l'homme. Le premier, c'est le miracle de l'amour de Dieu pour l'homme, malgré nos crimes et nos injustices ; le second, c'est notre insensibilité et nos dédains pour Dieu, malgré son amour et son dévouement pour nous.

Non, il n'y a rien au-dessus de ces deux miracles. Mais aussi qu'est-il résulté pour l'homme de cette incompréhensible ingratitude ? (et c'est à tous mes malheureux frères que je puis adresser ces lamentations.)

Au lieu de cette supériorité qui devroit nous appartenir dans tous les genres, et par laquelle nous pouvions aller en témoignage dans toutes les contrées des domaines divins, quel est l'état dans lequel se trouvent les différens règnes ou les différens mondes qui nous composent ?

Il n'est pas besoin de dire que depuis notre dégradation, nos corps sont la proie journalière des élémens qui les dévorent, comme le vautour ronge, sans cesse, les entrailles de Prométhée. Nous n'ignorons pas que le corps de l'homme est tout entier comme une plaie toujours en suppuration, et que ses vêtemens sont un appareil chirurgical qu'il faut lever et réappliquer continuellement, si l'on ne veut pas que la plaie prenne un caractère pestilentiel.

Quand même cette plaie ne prendroit pas au-dehors un semblable caractère, nous n'ignorons pas que nous portons au sein des substances qui nous constituent depuis le crime, un venin corrupteur qui consume secrètement toutes nos chairs, et que ce venin, l'homme ne peut s'en délivrer; qu'il ne peut en corriger la malignité; qu'il ne peut arrêter un seul instant ses progrès, car ce venin lui-même est ce feu dévorant sur lequel repose aujourd'hui notre existence, et qui est reconnu des sciences humaines, au moins par ses effets, comme le principe de notre destruction, puisqu'elles avouent que notre respiration animale n'est qu'une combustion lente.

Qui ne sait donc pas que tous les individus qui errent sur cette surface, ne sont que comme autant d'instrumens nécessaires de leur propre mort; qu'ils ne peuvent jouir d'un souffle de vie, qu'en l'achetant au prix de la vie même, et qu'ils produisent par le même acte leur destruction et leur existence? Et c'est-là ce vêtement de mort que l'homme a substitué à cette forme pure et immortelle qu'il auroit pu puiser éternellement dans les trésors divins.

Il n'est pas besoin de dire non plus que pour contenir ce feu qui nous dévore, nous n'avons à notre disposition que des alimens corrosifs comme lui, et qui déposent journellement en nous leurs sédimens, et ne nous donnent la vie comme lui qu'en nous donnant la mort.

Enfin les maladies et les infirmités qui se joignent en nous à ces défectuosités naturelles, quel secours trouvent-elles dans ceux qui entreprennent de nous guérir ? Nous ne l'ignorons pas, les substances curatives qu'ils emploient, sont infectées comme notre propre corps et comme la nature. Elles ne nous sont utiles qu'autant qu'elles ont quelques degrés d'infection de moins que notre malheureux individu. Rien n'est vivant en elles ni en nous, ou au moins tout n'a là qu'une vie et une force relatives ; c'est la mort qui transige avec la mort.

Indépendamment de ces impérieuses calamités, l'état de nature nous fait honte, en ce que nous sommes obligés de pourvoir à nos besoins d'une manière qui n'est plus conforme à la dignité de notre être ; en ce que notre désir n'est plus suffisant pour cela, et que notre parole active ne s'y montre plus ; en ce que tous ces soins temporels, et tous les avantages passagers que nous cherchons à nous procurer sans cesse, sont le signe de notre réprobation, et en même temps de notre défiance à l'égard de notre principe dont nous ne méritons plus les secours vivifians et créateurs, depuis la chûte ; enfin, en ce que nous injurions en quelque façon par là la vérité suprême, puisque nous ne nous occupons qu'à nous passer d'elle pour le maintien de notre existence, tandis qu'il n'y a qu'en elle seule, et que par sa vive puissance, que devroient se maintenir l'existence, le mouvement et la vie de ce qu'elle a créé et fait sortir de son universel foyer générateur.

Mais ce qui est plus fâcheux, quoique cela soit moins observé, ce sont ces actions destructives et ces germes de puissances criminelles et désorganisatrices que nous laissons entrer dans nos essences par tous nos sens et par tous nos pores, et qui finissent par s'emparer de tous nos organes, et par rendre nos corps à la fois les réceptacles et les instrumens de l'abomination, ce qui est le cas de la presque totalité de l'espèce humaine; et cela est d'autant plus lamentable, que nous avons le droit et le pouvoir de nous en défendre; au lieu que nous ne pouvons avoir le même empire sur la caducité de nos essences elles-mêmes, et que nous ne saurions les empêcher de se dissoudre et de nous donner la mort à mesure qu'elles nous donnent la vie.

Quelle est toutefois la cause du prestige de ces illusions qui commencent par nous séduire et qui finissent par nous plonger dans de si funestes précipices? Elle tient malheureusement à une source qui ne nous devient si préjudiciable, que parce qu'elle auroit dû faire notre gloire si nous avions su la contenir dans ses mesures. Elle tient à ce que c'est toujours l'esprit, quoiqu'inférieur, qui nous travaille, lorsque nous écoutons en nous la voix ou l'attrait d'une affection fausse. Cet esprit agit sur le nôtre, et lui peint sous des formes sensibles une base où nous nous flattons de rencontrer les délices qu'il nous promet. Par là il s'insinue dans nos essences, et leur occasionne des impressions qui nous enchantent et nous transportent.

Ce n'est que parce que tout est esprit dans ce commerce, que nous le trouvons si ravissant. Mais nous ne nous donnons pas le temps de discerner quel est cet esprit. Nous nous pressons de porter cette vive image dont nous sommes épris, sur un objet terrestre qui se trouve toujours prêt à s'y lier. Là l'action de l'esprit s'évanouit, celle de la nature en prend la place, et comme elle est limitée, elle nous fait bientôt sentir sa bornè et son néant. On peut de là déduire trois instructions.

La première, que l'esprit inférieur nous trompe doublement, en ce qu'il nous montre spirituellement les délices que nous ne pouvons plus connoître en nature que par la matière, et en ce que cette matière nous laisse en deçà de ces délices qu'on nous montre spirituellement. Or, il n'y a que l'esprit mal ordonné qui puisse concourir à ces désharmonies et à ces disproportions. L'esprit bien ordonné nous montreroit, quoique toujours sous des images, quelle est la portion des délices qui doit appartenir à notre esprit dans nos rapports terrestres, et quelle est l'illusion des délices qui appartiennent à notre matière. Par ce moyen, nos deux êtres ne seroient point abusés, parce que l'ordre régneroit dans l'un et dans l'autre.

La seconde instruction est celle qui nous apprend pourquoi ici les hommes avancés en âge, mais qui se sont rendus le jouet de leurs sens, jouissent encore dans leur esprit dépravé de toutes les délices que leur matière ne peut plus éprouver; car ce n'est qu'une prolongation de leur première affection, ou de cette action de l'esprit inférieur.

Enfin, la troisième instruction est celle qui nous apprend d'où proviennent les dégoûts qui succèdent à nos illusions; car ce n'est point par la matière que nous devions jouer.

L'homme veut-il se considérer sous les rapports des connoissances, ou sous les rapports de son esprit? il rencontrera de nouveaux sujets de lamentations; car il le verra livré à des connoissances systématiques et conjecturales ; à des efforts continuels pour chercher seulement comment il composera la nomenclature de ses sciences ; enfin à des nuages d'idées qui se combattent sans cesse et font de sa pensée une mer mille fois plus agitée et plus orageuse que ne l'est l'atmosphère au milieu des plus violentes tempêtes.

Que sera-ce donc s'il pénètre jusqu'à son être intime ? il le trouvera non-seulement enseveli dans l'enfer divin, mais souvent même dans un enfer plus actif, et n'attendant que la rupture de ses liens terrestres pour opérer sa jonction complète avec cet enfer actif dont il est visiblement l'organe et le ministre sur la terre.

Que sera-ce enfin lorsque dans cette déplorable situation, il se verra environné d'empiriques de toute espèce, qui ne lui ouvrant jamais les yeux sur la source de son mal, l'empêchent par là d'en chercher le remède ; que dis-je ! qui même annullent pour lui les remèdes les plus spécifiques, et n'y substituent que des palliatifs ou inefficaces, ou malfaisans ? Et l'homme pourroit encore être insensible à sa misère et insouciant sur les dangers qui l'environnent !

Mais quel autre sort, quelle autre récompense pourroit-il attendre, après avoir payé, par l'ingratitude comme il l'a fait, tous les dons et tous les trésors de l'éternelle munificence ?

Aussi cet homme qui étoit fait pour appaiser la colère de Dieu, est celui qui la provoque sans cesse, en substituant les ténèbres à la lumière, et mille actions fausses à la place de l'action vraie qu'il porte au dedans de lui-même. Il n'avoit pas ici-bas d'ami plus proche de lui que son être intime pour s'appuyer, pour entendre parler de Dieu et pour participer aux fruits et aux merveilles de l'admiration. Au lieu de se ménager précieusement cette ressource, il s'est rendu lui-même son plus proche et son plus mortel ennemi ; il a cru de sa sagesse de se confondre avec la bête ; de commettre toutes les atrocités qui sont la suite de ce système, et de se créer par là l'enfer actif qu'il n'auroit dû qu'appercevoir, et encore seulement pendant son temps d'épreuves.

Car, temporellement, il n'est environné que de secours ; la nature ne lui offre que l'abondance de ses récoltes ; les élémens, que leur salutaire réaction ; l'esprit de l'univers, que son souffle et sa lumière ; les animaux utiles, que leurs services et des bienfaits ; les animaux malfaisans et les poisons mêmes, il a le moyen de les vaincre et de les désempester pour lui, tandis que lui-même il ne travaille qu'à s'infecter.

Te voilà donc, roi du monde, dans un état si abject et si infernal, que tu n'es pas même ton propre roi, et que de tout ce qui compose ton empire, tu n'aies à frémir que sur toi-même, et que tu ne puisses te considérer sans horreur ! Car c'est la transposition de ta volonté qui a tout renversé, et les choses universelles ne vont si mal que parce que les hommes transposent continuellement leur volonté fausse et variable, à la place de la loi vraie et éternelle, et que non-seulement ils veulent gouverner à leur manière les choses universelles, mais encore les composer eux-mêmes, au lieu de se rendre simplement leur action.

Si alors un homme de désir aspiroit à devenir un des ouvriers du Seigneur, quels seroient ses moyens pour venir au secours de ses semblables, dans cet état de détresse spirituelle, et dans le péril effrayant qui menace constamment leur être intime ? Il n'auroit que des pleurs à leur offrir ; il seroit réduit à frissonner sur leur état lamentable, et il ne pourroit leur aider que par ses sanglots.

Homme de desir, rappelle-toi que l'essence fondamentale de l'homme prononceroit naturellement un mot sublime et nourrissant pour elle, si elle étoit ramenée à ses élémens primitifs. Ce mot, tout à la gloire de son principe, quel est-il ? Saint ! Saint ! Saint ! C'est là ce qu'elle proféreroit sans interruption pendant la durée de toutes les éternités.

Aujourd'hui la langue de l'homme a subi, comme cet homme lui-même, une effroyable altération ; et avant de recouvrer cette langue primitive, qui étoit exclusivement la langue de la sainteté et du bonheur, les essences de l'homme ne peuvent plus proférer que le mot *douleur*, parce que c'est la principale sensation dont elles soient maintenant susceptibles. Écoute-le bien attentivement ce mot *douleur*, lorsqu'il se prononcera en toi ; écoute-le comme la première des voix secourables qui puissent se faire entendre aujourd'hui dans les déserts de l'homme : recueille soigneusement ce précieux spécifique, comme le seul baume qui puisse guérir les nations.

Depuis la grande altération des choses, la vie de la nature ne repose que sur cette base. Depuis la dégradation de l'homme, nous n'avons pas d'autre moyen pour sentir notre propre existence spirituelle et divine ; nous n'en avons pas d'autre pour la faire sentir à nos semblables. Ce n'est point ici la douleur des mystiques qui ont porté l'amour jusqu'à faire leurs délices des afflictions : c'étoit leur propre salut, leur propre bonheur qu'ils envisageoient dans leurs souffrances. Ici tu n'auras pas même le temps de penser à ta propre sainteté, puisque tu seras constamment vexé et comme écrasé sous le poids de ce croisement de puissances, qui fait jaillir la vie dans tous les êtres.

Sans doute ce simple tableau pourroit suffire pour enflammer ton courage, et pour exciter ton dévouement ; car quel plus beau mobile que celui qui porte l'homme à travailler à faire sabbatiser l'ame humaine ? Mais ce mobile deviendra bien plus pressant et plus actif, quand tu penseras que ton œuvre ne se borne pas à la postérité entière, passée, présente et future, du premier homme, et qu'elle peut s'étendre jusqu'à ce premier homme lui-même, par les rapports que cette postérité conserve avec lui ; car il a tellement souffert par le contact de l'atmosphère désharmonisée que nous habitons, qu'il n'auroit pas pu en supporter le choc jusqu'à présent, si la main suprême n'en eût tempéré les premières atteintes.

En effet, lorsque le premier homme eût laissé s'altérer et disparoître les glorieux avantages dont il auroit dû jouir éternellement par les droits de sa primitive origine, l'éternelle parole vint à son secours dans ce lieu de délices où la main suprême l'avoit placé. Elle lui promit que la race de la femme écraseroit la tête du serpent.

Par cette seule promesse, elle sema dans Adam le germe de sa restauration. Elle n'a cessé d'arroser ce germe par toutes les faveurs spirituelles qu'elle a transmises au monde par le ministère de ses élus, jusqu'à ce qu'elle soit venue l'arroser elle-même de son propre sang. Mais l'arbre, ou l'homme, demeure toujours chargé de produire ses fruits par le concours de tous ses descendans. Elle ne pouvoit rien de plus que de se donner elle-même pour lui, et elle ne pouvoit anéantir la loi par laquelle cet arbre devoit lui-même manifester librement ce qu'il avoit reçu dans ses essences.

Aussi elle le laisse s'avancer chaque jour vers l'époque finale, où en supposant que tous ses rameaux eussent rempli les vues bienfaisantes de leur source réparatrice, ils eussent été destinés à montrer aux derniers temps l'arbre majestueux de l'homme tel qu'il parut dans le jardin d'Eden, et de plus, orné des brillans rameaux de toute sa postérité qui devroit le seconder de tous ses efforts, attendu que l'œuvre est commune à l'une et à l'autre, et aux enfans comme à leur père.

Mais au lieu de ce concours si important de la part de la postérité du premier homme, quelle est cette accumulation de crimes et de désordres qu'elle ne cesse de faire tomber sur les racines de cet arbre antique, et qui devroit être si sacré pour elle ! Avec des substances si hétérogènes et si destructives, quels progrès cette postérité du premier homme peut-elle faire dans sa croissance spirituelle ? Quels rameaux, quelles fleurs peut-elle produire ? Et quels fruits peut-on attendre d'elle lors de l'époque de la fructification ?

C'est ici, ouvriers du Seigneur, que votre désolation, quelque grande qu'elle puisse être, paroîtra toujours légitime ; mais aussi c'est-là où se rassembleront en foule les motifs les plus touchans de ranimer votre zèle par la noblesse et l'importance de l'entreprise, puisqu'il ne s'agit de rien moins que de contribuer au repos du chef de toute la famille, en annonçant à tous ses enfans quelle est la sublimité du ministère de l'Homme-Esprit !

Voyez donc l'homme primitif étendu sur son lit de douleur, quoiqu'il souffre plus pour vous que pour lui ; voyez-le contempler avec les regards de la souffrance tous les membres de sa postérité passée, présente et future ; entendez-le pendant tout le cours des siècles leur demander avec de longues supplications, de ne pas au moins aggraver ses plaies par leurs crimes, s'ils ne savent pas lui aider à achever de les guérir par leurs vertus.

Tâchez de vous faire une idée de son affliction, quand vous verrez que de toute cette nombreuse postérité à laquelle il s'adresse, il n'y en a pas un qui écoute ses plaintes ; pas un qui cherche à partager l'œuvre avec lui ; non, pas un qui s'attendrisse sur l'état douloureux où il languit ; que dis-je ! pas un peut-être qui ne verse chaque jour du fiel et du venin dans ses blessures.

Oppressés par votre propre douleur, vous vous renfermerez dans vous-même ; mais du sein de votre propre asyle le plus secret, votre zèle vous portera vers vos frères égarés et insensibles, soit à leurs propres maux, soit à ceux qu'ils font souffrir à la tige vénérable de la famille humaine. Là vous vous tiendrez assidûment auprès de leur être intime, comme Jérémie à la porte du temple de Jérusalem. Vous l'importunerez en ne cessant de fixer son esprit sur l'exercice de ses sublimes pouvoirs, et sur l'importance de la justice.

Vous direz à cet être intime, que c'est le fruit de son

champ qui doit concourir à entretenir l'abondance ; que s'il reste dans la paresse, et qu'il ne fournisse pas sa portion des approvisionnemens, la subsistance générale en souffrira ; que bientôt le champ abandonné à la stérilité pourra se couvrir de ronces et d'épines qui ne pourront que blesser la main lorsqu'elle voudra s'en approcher, ou de poisons qui répandront par-tout l'infection ; que ce champ même ne tardera pas à donner asyle à des bêtes venimeuses et féroces, qui seront toujours prêtes à dévorer leur propre maître.

Vous lui direz que si le fil qui nous unissoit à Dieu a été rompu, il est toujours prêt à se renouer, et à prouver que c'est dans le contrat divin seul que se trouvent la vie, la lumière et tous les trésors destinés à satisfaire cette faim que nous avons de l'admiration ; de même que c'est au principe suprême que se doivent rapporter tous les fruits, car Dieu seul peut offrir des réservoirs capables de recevoir et de contenir ses propres récoltes.

Vous lui direz qu'aussitôt que nous fûmes descendus dans les abymes, Dieu déploya autour de nous le grand arc-en-ciel ou cette immensité d'échelles septenaires qui nous environnent et sont toujours prêtes à nous aider à remonter hors de notre précipice ; que c'est avec ces puissans secours que Dieu arme lui-même ses guerriers comme font les souverains de la terre ; mais qu'il ne les fait également servir chacun que selon leur arme, et qu'il ne les emploie que selon leurs lumières, leurs forces et leurs connoissances.

Vous l'engagerez à entrer dans l'armée du Seigneur, en lui persuadant que sa main puissante ne nous exposera jamais à plus de dangers, ni à plus de travaux que nous ne pourrons en supporter.

S'il vous résiste, vous redoublerez d'efforts, vous emploierez même tous les droits attachés à votre ministère pour le subjuguer, et pour éloigner de lui, au nom de votre parole, tous les ennemis qui tentent journellement de le séduire et de l'égarer; vous ne vous donnerez point de relâche que vous n'ayez obtenu de le faire rentrer dans les voies de la justice, et que vous ne puissiez l'offrir ensuite au Souverain des êtres et à l'ami des êtres purs, comme un sacrifice d'agréable odeur.

Ce n'est donc pas pour le seul intérêt de votre frère que vous vous dévouerez ainsi à l'œuvre sacrée de faire sabbatiser les ames; mais ce sera aussi pour l'intérêt du Dieu suprême dont vous ambitionnez d'être les ministres.

En effet, ceux de ses serviteurs les plus chéris de lui sont ceux qui s'occupent de réintégrer dans les armées du Seigneur les ames qui peuvent étendre sa gloire en se signalant à son service.

Ce sera en outre pour l'intérêt de la triste demeure des hommes. Car ici-bas lorsque Dieu ne trouve point d'ame humaine où il puisse se placer et par laquelle il puisse agir, c'est alors que les désordres s'engendrent et se succèdent sur la terre d'une manière déchirante pour ceux qui aiment le bien, et cela montre que le crime du premier homme fut de s'être rendu vide de Dieu, pour ne suivre que son propre esprit ténébreux. Mais ces abus auxquels sa postérité se livre, font que si l'esprit de l'homme se porte ainsi tout d'un côté, la force divine se porte de l'autre à son tour toute entière, et que par son grand poids elle se fait jour à la fin dans quelques ames humaines d'où elle s'étend ensuite au dehors pour contenir l'excès du mal et arrêter les désordres ; sans cela, l'univers seroit déja renversé.

Les ames humaines qui secondent ce zèle de la Divinité, ont alors de grands fardeaux à porter et de grands travaux à soutenir ; mais elles ont aussi de grands salaires à attendre et de grands appuis à espérer dans leur œuvre, car elles y sont soutenues par un grand mot d'ordre, qui, quand il se prononce sur elles, met en jeu et en activité toutes leurs forces et toutes leurs puissances ; c'est là ce qui devroit faire journellement le soutien, la vie et la lumière de l'homme ; comme dans le régime militaire, le mot du commandant fait la sûreté de toute son armée.

D'ailleurs ces ames ne sont-elles pas abondamment payées par le bonheur d'avoir été en témoignage ? car ce sont ceux qui auront été en témoignage, qui seront reconnus au temps à venir pour de fidèles serviteurs, et c'est particulièrement dans l'ame des hommes que nous devons aller en témoignage. Ces témoignages que nous aurons semés dans les ames des hommes, ressusciteront avec elles, et serviront, à leur tour, de témoignage pour nous, afin que non-seulement on oublie et on efface nos propres dettes, mais que même on nous distribue notre salaire.

Ouvriers du Seigneur, employez tous vos efforts pour que l'on vous envoie en témoignage, et pour que vous ne restiez pas sans consolations et sans espérances au temps à venir. Heureux ! si vous pouvez vous dire chaque jour : Je n'ai point perdu ma journée ; j'ai porté un témoignage dans l'ame d'un homme, (et cela dans le secret de votre être, et même sans que les yeux matériels de l'homme en aient connoissance) ; et j'ai accru par-là l'état de mes futures créances !

Vous pourrez même espérer qu'en faveur de ces témoignages, Dieu vous paiera dès ce monde, non-seulement par les joies qu'il versera dans votre ame, mais même par les assistances marquées qu'il vous enverra, et par les œuvres divines et merveilleuses qu'il fera sortir de vos mains, comme une sorte de récompense, ou comme un retour et un échange des services que vous lui aurez rendus d'avance dans le ministère de l'Homme-Esprit.

Oui, pour peu que l'homme voulût suivre courageusement la ligne du véritable ministère de l'Homme-Esprit, il reconnoîtroit bientôt qu'il auroit beaucoup moins de peine à se donner, et moins de temps à employer pour faire un miracle, que pour apprendre, dans tous ses détails, la moindre des sciences qui occupent les hommes, et auxquelles ils consacrent leurs jours et leurs sueurs. Ouvriers du Seigneur, voici ces joies et ces récompenses dont Dieu aime à nourrir votre espérance :

Réactions mutuelles de toutes les puissances divines combinées en nous pour y opérer la pénitence ;

Réaction en nous de ces mêmes puissances pour y opérer la résignation ;

Réaction pour y opérer la corroboration ;

Réaction pour y opérer la supplication, de concert avec tous les êtres passés, présens et futurs ;

Réaction pour y opérer la conviction intime et intégrale ;

Réaction pour y opérer la direction de toutes nos pensées, de tous nos desirs et de tous nos pas ;

Réaction pour obtenir la gratification de la parole ;

Réaction pour que nous osions parler à la parole, puisque la parole nous parle ;

Réaction pour que nous puissions prier la parole de s'exaucer elle-même dans les gémissemens qu'elle pousse dans le sein de toutes nos misères et de toutes nos infirmités corporelles et spirituelles particulières ;

Réaction pour obtenir l'investiture et la distribution active et effective des forces dominantes, jugeantes, opérantes, justiciantes et justifiantes, que cette parole vivante, émue par sa propre prière, peut faire descendre dans les foyers et les sièges où elle demeure et où elle fermente.

Voilà ce que peuvent opérer les ouvriers du Seigneur qui auront été en témoignage dans l'ame de leurs semblables ; voilà comment nous pouvons faire que Dieu participe à toutes nos œuvres, et participer nous-mêmes à toutes les siennes.

Ouvriers du Seigneur, si vous obtenez de semblables faveurs, ce sera alors que vous pourrez, avec confiance, vous approcher du lit de douleur où est encore retenu le chef de la famille humaine, par les égaremens et les souillures de sa postérité. Vous le consolerez dans son affliction, vous le soulagerez par vos œuvres sublimes et saintes ; et il se réjouira de voir quelques-uns de ses enfans prendre part à ses tendres sollicitudes.

LE MINISTÈRE DE L'HOMME-ESPRIT.

TROISIÈME PARTIE.

De la Parole.

S'il n'y avoit pas une puissance harmonisée qui s'engendrât elle-même éternellement, jamais nous ne verrions l'ordre renaître et succéder aux altérations de tout ce qui constitue le cercle des choses, comme cela se passe sous nos yeux à tous les instans. Aussi, disons le hautement, il y a une éternelle parole, qui comme dépositaire de l'éternelle mesure, de l'éternelle lumière et de l'éternelle vie, balance continuellement et particulièrement pour l'homme ici-bas, le désordre, l'angoisse et l'infection où il est plongé. S'il ne se tient pas constamment à la hauteur où réside cet universel appui, il retombe dans l'abîme des maux et des souffrances qui résident à l'extrême opposé. Il n'y a pas de milieu pour lui; s'il ne fait pas usage de la force d'Hercule, il reste écrasé sous le poids énorme de l'Atlas.

Oui, il lui faut toute la lumière divine pour dissiper l'immensité des ténèbres dont il est environné. Il lui faut toute la vertu divine pour contre-balancer la région du crime à laquelle il est lié ; enfin, s'il n'atteint pas à la sainteté même, il reste dans l'abomination.

En vain l'homme prétend obtenir tous ces triomphes par des moyens mitigés et par les foibles spéculations de son esprit et de sa raison. Tous ces prétendus expédiens le trompent et ne sont qu'illusoires.

Elles le trompent bien davantage encore, ces distractions vaines et factices dont il berce tous les jours son existence ; le seul moyen profitable est le moyen vif ; ce moyen vif ne peut être que la main suprême elle-même, et c'est parce qu'elle seule peut tout soutenir et tout gouverner, qu'elle seule peut faire la compensation de tout ce qui nous manque.

Car lorsqu'on a dit de l'agent suprême qu'il soutenoit tout par la puissance de sa parole, on n'a point dit une chose mystique et qui tienne notre pensée dans le vague ; on a dit une chose positive et physiquement vraie, et cela dans toutes les classes où puisse se porter notre réflexion.

Il est très-vrai que si la parole ne soutenoit pas l'univers dans son existence et ne le dirigeoit pas dans tous ses mouvemens, il s'arrêteroit à l'instant dans sa marche, et rentreroit dans la non-apparence ;

Il est très-vrai que si la parole ne soutenoit pas les animaux et les plantes, ils rentreroient aussitôt dans leur propre germe, et leur germe dans l'esprit temporel de l'univers ;

Il est très-vrai que si la parole ne soutenoit pas l'action et le jeu de tous les phénomènes de l'univers, il ne s'en manifesteroit plus aucun à nos yeux ;

Il est également vrai pour le spirituel, que si la

parole ne soutenoit pas la pensée et l'ame de l'homme, comme elle soutient tous les êtres de l'univers, notre pensée retomberoit à l'instant dans les ténèbres, et notre ame dans l'abîme au dessus duquel nous ne surnageons journellement, malgré nos crimes, que par l'incommensurable et miséricordieuse puissance de la parole; ainsi, à moins de nous dévouer volontairement à la démence, et d'être sciemment nos premiers ennemis, nous ne devrions pas cesser un instant de nous porter vers le principe des choses, et de nous appuyer sans interruption sur la parole, sans quoi c'est renier notre existence et renoncer à être utiles aux diverses régions qui attendent les bienfaits du ministère de l'Homme-Esprit.

Aussi, malheur à vous froids méthaphysiciens qui ne faites de l'être divin et de toutes les conséquences qui en résultent, qu'un simple objet de dissertations et de raisonnemens! malheur bien plus à vous, spéculateurs publicistes, qui ne donnez à la chose religieuse d'autre base que le politique, pendant que sa base essentielle est l'éternelle parole, sans laquelle rien ne peut se soutenir!

Vous ne voyez sans doute, dans cette chose religieuse que ses formes obscures, et obscurcies encore par les abus qui la défigurent; vous ne la voyez, dis-je, alors, que comme un moyen de lier le simple par ces chaînes mystérieuses qui ne vous offrent pas un autre principe et un autre but. Et je vous excuse sous ce rapport, tant les ténèbres qui couvrent la terre sont épaisses:

Mais je ne vous excuse plus quand vous voulez aussi soumettre le mot hommage à vos manipulations politiques. Dieu, la parole et l'hommage qui leur est dû, ne sont point le résultat de la réflexion et du calcul ; c'est peu même, si vous ne regardez que comme un devoir la croyance dans ce Dieu suprême et dans son éternelle parole qui a tant de droits au respect de sa créature. Cette croyance est plus qu'une conséquence philosophique ; elle est même plus qu'une justice et une obligation; elle est un besoin radical et constitutif de votre être, et vous en avez la preuve positive et effective dans votre situation, puisque le dénuement universel où vous vous trouvez est propre à vous faire sentir ce besoin-là à tous les momens de votre vie, et puisque dès l'instant que vous cessez de vous occuper du soin de le satisfaire, vous retombez dans l'abîme.

Contemplons ici un flambeau universel qu'on peut porter en général sur les punitions, sur les fautes, et sur le principe contre lequel ces fautes ont eu lieu.

Dans l'exacte justice comme dans l'exacte vérité, il faut qu'il y ait une analogie parfaite entre la punition et la faute. Aussi en examinant soigneusement l'état malheureux de l'homme ici-bas, on ne pourroit manquer de trouver clairement le genre de son égarement et de son crime ; car cette punition et le crime doivent être scrupuleusement calqués l'un sur l'autre.

Dans cette même exacte justice, il doit y avoir des rapports antipathiques, mais aussi marqués entre la faute et le principe contre lequel elle a été commise, puisque cette faute ne doit être, dans tous ses points, que le contraire et l'inverse de ce principe; et même on se feroit encore mieux comprendre, en disant qu'elle ne peut être qu'une direction opposée à celle de ce même principe. Par conséquent en allant en rétrogradant sur la ligne de cette faute, on ne pourroit manquer d'arriver au principe qui a été lésé, comme en examinant le genre de la punition et de la souffrance on ne pourroit manquer de connoître le genre de la prévarication dont elles sont les suites.

L'examen de la punition doit être la première opération, puisque c'est celle qui doit nous faire connoître la faute. La seconde opération doit être de marcher en rétrogradant sur la ligne de cette faute pour arriver au principe. Ainsi notre premier devoir est de cesser nos murmures, et de parcourir avec résignation tous les degrés de notre punition, si nous voulons arriver à la vraie connoissance de notre infirmité.

Notre devoir second est l'activité vive et ardente, sans regarder ni à droite, ni à gauche, parce que c'est-là ce qui peut seul dissiper nos ténèbres et nous ramener à la vie, et dans la vie dont la faute ou l'altération nous a séparés.

Lorsque nous examinons la punition, le principal caractère que nous y remarquons, c'est de nous retenir renfermés et liés à un univers qui n'a point de parole, quoiqu'il soit sans cesse soutenu par la parole, et cette observation opère sur nous un double supplice ; l'un, de nous faire sentir la honteuse disproportion qui se trouve entre nous et tous les êtres muets qui nous entourent ; l'autre, de sentir combien l'existence de cet univers muet doit affliger la parole elle-même, puisque cette parole voudroit et devroit être manifestée partout, et correspondre librement avec tout ce qui existe.

Or, le premier de ces supplices se démontre, non-seulement par le fait de l'état des choses, mais encore par la marche et la conduite de l'homme avec ses semblables.

Quoiqu'il y ait bien loin des conversations des hommes à la véritable parole, cependant, lorsqu'ils se trouvent ensemble, s'ils ne vivifioient pas leur atmosphère par leurs discours ou par ces foibles ombres de la parole ; enfin, s'ils ne ranimoient pas un peu par-là ce sépulcre dans lequel ils existent, ils ne connoîtroient dans leur esprit que le froid et l'ennui de la mort.

Le second de ces supplices démontre qu'il faut qu'il y ait aussi une source vivifiante, qui cherche sans cesse à ranimer le cercle des choses par la parole universelle, comme l'homme cherche à ranimer ses silencieuses demeures par la parole particulière ; car sans cela l'homme ne jouiroit pas même de cette parole particulière, dont il fait journellement un si puérile usage, et dont il peut attendre si peu de profit tant qu'elle n'est pas régénérée.

Ainsi on peut dire que nous sommes aussi éclairés que nous pouvons l'être sur la punition qui nous est infligée. Mais vu l'analogie nécessaire que nous reconnoissons entre la punition et la faute, nous devons conclure que si nous sommes punis par la disette de la vraie parole, c'est sûrement contre la parole que nous avons péché.

Par la seconde loi, ou par une suite de cette analogie, qui doit se trouver entre la faute et le principe, il résulte que si nous marchions dans notre parole, dans le sens inverse à celui dans lequel nous y avons marché par l'altération primitive, et dans lequel nous y marchons tous les jours, nous parviendrions de nouveau jusqu'à cette grande parole fixe et lumineuse avec laquelle nous sentons que nous aurions besoin d'habiter, et avec laquelle nous habiterions en joie, au lieu des souffrances qui nous tourmentent.

Mais comment les hommes arriveroient-ils à la jouissance active de cet instrument universel, puisque cette parole, toute respectable et toute importante qu'elle puisse être, est cependant le seul talent, ou si l'on veut, le seul métier qu'ils exercent, sans s'y préparer par un long apprentissage, comme pour tous leurs autres talens ? Car, je le répète, ce que les hommes disent par-tout et toute la journée, il faut bien se garder de le prendre pour *la parole*, quoiqu'ils soient assez ignorans et assez vains pour le regarder comme tel, tandis que c'en est absolument l'inverse.

Et en effet, on n'apprend à connoître *la parole* que dans le silence de tout ce qui est de ce monde ; ce n'est que là où elle se manifeste, et lorsque nous ne parlons, soit avec nous-mêmes, soit avec les autres, que de ce qui tient à ce monde, il est clair que nous agissons contre *la parole* et non pour *la parole*, puisque nous ne faisons par-là que nous abaisser et nous naturaliser avec ce monde, qui comme nous l'avons dit tout-à-l'heure, n'a point de parole, et est par cette raison-là l'instrument et le mode de notre punition.

N'oublions pas cependant un autre rapport aussi vrai et incomparablement plus consolant : c'est de sentir que si la prévarication nous a privés de tout, et nous a mis dans un dépouillement absolu, il faut nécessairement que, pour nous guérir, tout nous soit donné à son tour par l'incommensurable et universel amour ; sans quoi, notre guérison ne pourroit jamais être absolue. Or ce présent universel que l'amour a voulu de nouveau faire au monde, est compris tout entier dans les merveilles de la parole, puisque c'étoit la perte de ces trésors qui nous tenoit dans la disette. Mais aujourd'hui nous ne pouvons apprendre cette parole de l'Esprit qu'avec lenteur, et comme nous voyons que les enfans apprennent la parole humaine. Nous la devrions aussi apprendre d'une manière naturelle et insensible, puisque c'est la marche qu'ils suivent. Delà le mot de l'Évangile : *vous ne posséderez point le royaume de Dieu, si vous ne le recevez comme des enfans.*

Contemplez donc dans cet Esprit, mais avec admiration, tout ce dont la parole nous a rendu la connoissance : voici un extrait de ce que nous y apprendrons :

C'est par la parole que Dieu forma le contrat divin et l'alliance universelle avec l'immensité de tout ce qui existe.

C'est par la parole que Dieu, dans ses voies de restauration, forma l'alliance générale spirituelle temporelle, dans les diverses époques d'opérations de graces qu'il a manifestées par l'origine et la création de la nature, par la promesse faite à Adam prévaricateur, par les divers élus principaux qui ont répandu ses loix, et ses ordonnances sur la terre, soit avant le milieu des temps, soit au milieu du temps ; et par ceux qu'il manifestera jusques et compris la fin des temps.

C'est par la parole que Dieu forme aussi une alliance particulière spirituelle avec l'homme particulier, en semant en lui divers germes de dons et de *vertus* qui s'attirent et se rassemblent par leur attraction, jusqu'à ce qu'ils aient acquis, par leur force et leur activité harmonique, une assez grande affinité avec l'unité, pour que cette unité vienne se joindre à eux, et les consacrer par sa sanction.

C'est par la parole que Dieu gouverne le cours de son alliance générale spirituelle temporelle : ce n'est que quand cette alliance a acquis la somme de forces nécessaires par l'attract de ses puissans élémens divins, que la parole lui laisse opérer son explosion, et qu'elle se porte elle-même dans le torrent de cette explosion, pour en faire mieux pénétrer les substances salutaires dans les régions qui les attendent ; et c'est là une des merveilles des nombres actifs qui toutefois ne sont rien par eux-mêmes, ainsi qu'on l'a vu précédemment, mais représentent fidèlement la marche cachée de la parole et de ses incommensurables propriétés.

C'est par la parole que Dieu forme aussi une alliance particulière et continuelle dans la classe de la végétation et de la nature terrestre, où toutes les productions sont précédées de toutes les gradations d'activités, de germinations, de croissances, qui s'attirent réciproquement et se terminent par une explosion, ou par une fleuraison, ou une naissance, quand, dans chaque chose, l'œil ou le centre de la vie a dissipé les obstacles qui l'environnoient, et qu'il peut entrer dans ses droits.

De même que toutes ces bases d'action sont disséminées dans la nature, de même tous les germes de sciences sont disséminés dans tous les hommes : il ne nous manque qu'une langue analogue ou la parole pour nous les communiquer. Si nous avions l'attention de cultiver soigneusement ces germes, ils nous produiroient eux-mêmes la langue qui nous serviroit à nous transmettre leurs fruits ; mais notre impatience nous entraîne, et au lieu d'attendre la fructification de cette langue, nous nous pressons de nous en composer nous-mêmes de plusieurs espèces, selon la science que nous pratiquons.

Toutefois ces langues-là n'étant pas fécondes, comme le seroit la langue dont elles prennent la place, dès-lors elles ne nous transmettent pas de fruits, puisqu'elles n'atteignent pas les germes dont ces fruits devroient sortir.

Aussi tous les résultats scientifiques des hommes s'arrêtent-ils pour la plupart à nos langues composites et factices ; aussi les sciences humaines ne sont-elles généralement leur demeure que dans les mots et non pas dans les *vertus* de la parole ; aussi les langues scientifiques humaines n'ayant point la *vie* en elles, ne peuvent pas se vivifier les unes et les autres ; aussi ne pouvant se vivifier les unes et les autres, elles ne peuvent que commencer par se disputer et se combattre, et elles ne peuvent finir que par se détruire.

Voilà comment elles laissent se propager la mort qui a étendu par-tout son empire depuis la chûte ; tandis que c'étoit à elles à seconder la vie ou la parole, qui, depuis la grande altération, ne sauroit faire un pas sans avoir un combat à livrer. En effet, toute génération, toute végétation, toute action restauratrice, toute opération, toute pensée tendant vers la région de la lumière, forment autant de résurrections et de véritables conquêtes sur la mort. Celui qui pourra percer jusqu'à concevoir et sentir la résurrection continuelle de la grande parole, aura par-là de grandes grâces à rendre, et je serois bien étonné s'il n'étoit pas à-la-fois attendri et stupéfait d'admiration. Et vous donc puissances célestes, spirituelles et divines, quelle joie pour vous, lorsque vous parvenez à engendrer dans le monde de la vérité et de la lumière, un homme qui vous ressemble, et qui soit votre fils chéri !

La vraie parole est universellement dans l'angoisse, aussi nous ne pouvons rien recevoir ni opérer que par l'angoisse ; aussi tout ce qui existe de visible ne cesse-t-il de démontrer physiquement la parole dans l'angoisse ; aussi ne devrions-nous pas fuir l'angoisse interne ; aussi n'y a-t-il que les paroles d'angoisse qui profitent, qui sèment et qui engendrent, parce qu'il n'y a qu'elles qui soient l'expression de la vie et de l'amour.

Homme, ne crains pas de voir une annonce de cette rigoureuse loi dans les cris de ta mère lorsqu'elle te donne le jour, ainsi que dans les pleurs que tu verses dès ta naissance. Apprends-là aussi ce qu'il en a dû coûter à la source du rafraîchissement pour se procréer dans la forme de ton altération spirituelle, et pour se rendre de ton espèce. Mais compare ta vie temporelle active et libre à celle que tu menois dans le sein de ta mère, et vois même si elle ne te procure pas des jouissances et une existence qui te font oublier tes premières larmes ; et apprends par-là ce que tu dois attendre des moindres impressions que la véritable angoisse peut te faire sentir.

Dispose aussi tes yeux et ton intelligence pour voir, admirer et comprendre ce qui provient chaque jour de l'angoisse particulière du rafraîchissement ou de la parole, et ce qui proviendra à l'avenir de leur angoisse générale ; car les résultats de toutes ces angoisses sont aussi certains qu'incommensurables.

Voilà pourquoi aucune parole salutaire et vive ne pouvant naître en nous que par l'angoisse, il est bien certain que les hommes que nous écoutons journellement ne disent point de paroles, et qu'ils nous trompent quand ils prétendent nous annoncer la vérité, puisqu'ils nous parlent sans le secours et la puissance de l'angoisse.

D'ailleurs, les paroles de l'angoisse sont toujours nouvelles, puisque c'est-là où se trouve le principe des langues. Or, les paroles de ceux que nous écoutons journellement, ne sont jamais nouvelles, et ne nous offrent que des réminiscences et des redites qui ont été déjà répétées mille fois avant eux.

Mais veux-tu appercevoir quel est le sublime objet de cette angoisse de la parole? Lorsque l'homme s'écoute bien attentivement, la vérité semble lui dire : *Homme, je ne puis verser mes pleurs que dans ton sein.*

Ainsi donc le cœur de l'homme est choisi pour être le dépositaire de l'angoisse de Dieu, pour être son ami de prédilection et le confident de tous ses secrets et de toutes ses merveilles, puisque dans ce genre il n'y a rien qui puisse avoir d'issue et d'effusion que par l'angoisse. Aussi après cette annonce si tendre et si amicale, l'homme en ressent la réalisation, puisqu'il peut dire à son tour : *des torrens de douleurs s'accumulent dans mes veines, et tout mon être se sent gonfler d'amertume;* remercie alors, car c'est-là le moment où la *vie* commence.

Voici un moyen sûr de ne pas laisser s'éteindre en toi ces premiers élémens de ta vie ; prends garde de sortir un instant de dessus le feu radical et central sur lequel tu reposes, et qui ne doit cesser de te travailler dans la douleur, pour que cette douleur s'étende dans toutes tes facultés et leur fasse produire leurs fruits.

C'est ce feu là qui doit sans cesse te préparer et te tenir en crainte ; et sans cette préparation continuelle qu'il opère sur ton être, la parole vive de l'angoisse n'entrera point en toi ; tu deviendras pour elle un objet de dégoût, et quand elle voudra t'embrasser, elle sera obligée de détourner la tête parce qu'elle se sentira infectée de l'haleine de ta bouche ; car si l'Homme-Esprit est si souvent infecté de l'haleine qui sort de la bouche de l'homme, comment Dieu pourroit-il la supporter ?

Demeure donc constamment sur ce feu radical et central, comme un enfant reste dans le sein de sa mère, jusqu'à ce qu'il ait atteint les forces nécessaires pour se présenter à la lumière du jour ; ou, si l'on peut employer une comparaison moins distinguée, comme un mets reste en cuisson jusqu'à ce qu'il soit à son point.

Il y a là-dessous de grandes vérités de principe et d'expérience. La plus importante est de sentir quelles sont les plus fortes angoisses que Dieu éprouve. Ce sont celles qui viennent des tentatives continuelles qu'il fait pour s'exhumer du cœur de l'homme, et celles qui tiennent aux épouvantables obstacles que ce cœur de l'homme lui oppose.

Voilà pourquoi il n'y a pas trop du feu de l'abyme embrasé au-dessous de nous pendant toute notre vie, pour dissoudre les épaisses coagulations qui nous obstruent.

Car si ce feu de l'abyme ne prépare pas ainsi les voies, la parole de l'angoisse divine n'entrera point en nous, et si la parole de l'angoisse n'entre point en nous, nous ne pourrons rien comprendre aux angoisses de l'universalité des choses, et nous ne pourrons pas leur servir de consolateur. Oui, si nous n'avons pas en activité en nous la substance de vie, comment pourrons-nous juger et sentir ce qui est mort autour de nous?

Ainsi, ce n'est plus seulement du sabbat de la nature, ni du sabbat de l'ame humaine, dont il devient urgent de nous occuper; c'est encore de faire sabbatiser la parole elle-même, puisque nous ne pouvons nier que par l'usage nul, faux ou pervers que l'homme fait de la parole divine, elle ne soit sur son lit de douleur, pour ne pas dire sur son lit de mort; et l'homme ne pourra lui apporter aucun soulagement qu'il ne sente naître en lui les angoisses successives de la parole.

Nous avons vu que les hommes appliquent le nom de croix expiatoires aux contrariétés de la vie temporelle, aux afflictions dont ce monde est rempli, aux infirmités corporelles, etc., tandis que le vrai sens de ces croix ne convient qu'aux douleurs spirituelles des hommes dévoués à l'œuvre du Seigneur, et appelés à y servir chacun selon leurs dons.

Cette classe d'hommes est ordinairement liée à des circonstances entièrement opposées à cette œuvre divine qu'ils desirent, pour laquelle ils sont faits, et dont ils peuvent si peu parler, qu'ils aiment mieux souvent se laisser couvrir de dérisions et de dédains, que d'en ouvrir la bouche. C'est à cette classe d'hommes que s'applique la leçon de l'évangile : *Celui qui ne prend pas sa croix sur lui et ne me suit pas, n'est pas digne de moi.* Car s'ils ne se déterminent pas à supporter la croix qui leur est présentée et à avancer malgré les angoisses qu'elle leur offre, ils courent risque de manquer leur œuvre et d'être traités comme de mauvais serviteurs.

L'esprit du monde a travesti dans des significations vulgaires et communes les plus belles intelligences des écritures saintes. Je ne crains point de dire que de très-grands saints eux-mêmes n'ont pas donné à ce beau passage toute la sublimité du sens qui lui appartient; et le fameux mot de Ste Thérèse, *ou souffrir ou mourir*, n'en présente que la moitié, en admettant même qu'il ne porte pas sur des souffrances corporelles. Car la croix est bien antérieure au mal; et si elle nous froisse aujourd'hui quand elle agit dans le resserrement de nos entraves spirituelles actuelles, ce n'est que pour nous amener à son action libre, et nous apprendre encore malgré nos souillures, et par sa merveilleuse munificence, ce que c'est que la croix antérieure au mal.

Non, non, la croix n'est pas une souffrance; c'est l'éternelle racine de l'éternelle lumière. Il n'en est pas moins vrai que si les élus doivent supporter courageusement les douloureux efforts que cette croix fait en eux pour arriver à sa région de liberté, à plus forte raison devons-nous tous supporter les tribulations terrestres, corporelles et spirituelles, auxquelles nous donnons le nom de croix, et que cette résignation peut nous être d'autant plus méritoire, que dans l'état de désordre et de desharmonie, où l'altération a plongé toutes nos mesures, nous ne sommes pas tous appelés à sentir au moins au même degré les angoisses de la croix supérieure.

Aussi je ne veux point exclure les utiles moissons

que les hommes peuvent retirer de leur manière, quelqu'inférieure, de considérer le précepte de l'évangile relativement à la croix. Je veux seulement avertir les hommes de desir qu'ils ont encore de bien plus grands avantages à en attendre ; car c'est dans les contrariétés divines dont leur desir est à la fois froissé et alimenté, qu'ils apprennent à connoître ce que c'est que les souffrances de la parole, et par conséquent à se consoler et même à se réjouir au lieu de se plaindre, parce que la parole n'avance point dans ses douleurs, qu'elle n'avance vers la grande époque de sa délivrance.

C'est en avançant ainsi qu'elle voit s'étendre de plus en plus ses angoisses et ses tribulations ; aussi les pseaumes seroient bien autre chose que ce qu'ils sont, si l'on les faisoit à présent. Car la parole est le desir divin personnifié humainement et en action. A mesure qu'elle perce et qu'elle se montre à l'atmosphère humaine, à mesure aussi elle est réduite à ne trouver pour sa nourriture et sa subsistance que du fiel et de l'amertume. Mais quel dédommagement pour elle quand elle rencontre quelque ame de desir et qui cherche à être réellement régénérée selon la nouvelle loi de l'esprit et de la vérité !

Homme de Dieu, ne compte donc plus au rang des souffrances profitables que celles qui ont le salut public pour objet. Le soldat tombé malade par sa négligence ou par ses intempérances, pourra-t-il être regardé comme servant à l'état, quand il suivra exactement le régime que le médecin lui prescrit, et qu'il fera usage de tous les remèdes convenables à sa situation ? Non. Il ne sera censé alors ne servir qu'à lui, puisqu'il ne s'agit là que de son rétablissement, et ce ne sera que quand il sera rétabli, et qu'il ira combattre, qu'il servira réellement la patrie.

Telle est généralement notre situation ici-bas; nous sommes tous sous le régime curatif et médicinal, soit par l'effet de la grande altération, soit par une suite de nos propres écarts : lorsque nous observons tout ce qui nous est ordonné pour notre santé spirituelle, nous ne sommes par là utiles qu'à nous. On a tort d'appeler cela servir Dieu, puisque ce n'est pas servir à Dieu.

C'est quand nous sommes régénérés, et que nous pouvons remplir les divers ministères de notre maître, que nous sommes censés véritablement servir à Dieu ; car c'est alors que nous pouvons, par le moyen de nos propres douleurs, sentir et connoître, par expérience, ce que c'est que les douleurs de la parole. Jusques-là, nous ne sentons que nos propres douleurs. Fermons donc en nous les portes du mal et du néant, pour que les régions vives viennent nous pénétrer.

Lorsque la main de Dieu est sur l'homme, et que c'est pour sa punition, l'homme est lié dans toutes ses facultés. Il est tourmenté par l'inquiétude et le besoin de l'action, et du mouvement, et par la *gehênne* insupportable qui tient tout son être dans une violente contraction ; mais il reste dans l'inactivité, et tout se suspend pour lui.

Lorsque c'est pour le progrès de l'œuvre, et pour l'avancement de la parole, le poids de la main de Dieu le tourmente aussi, mais c'est par l'impatience de la justice ; et la *gehênne* qu'il éprouve, le fait chaque jour avancer dans les régions vivantes et lumineuses de l'activité spirituelle.

Les prestiges insinuans de la région apparente, ont beau l'entourer de leurs illusions, il passe outre et ne les apperçoit pas. Les ténèbres et les passions terrestres ont beau le poursuivre, il les traverse et les laisse derrière lui.

Vous lui laisserez souffrir tous les besoins de la vie, le poids de la main du Seigneur l'entraîne, et l'impatience de la justice est encore plus forte en lui que ces besoins. Vous le martyriserez, il vous laissera faire, et ne sentira que le poids de la main du Seigneur qui le tourmente par l'impatience de la justice.

Lorsqu'on lance un vaisseau, et que l'élan lui est donné, sont-ce les foibles liens dont il peut être encore attaché, qui seront capables de l'arrêter dans son cours ? Il les brise et se rend avec impétuosité dans la plage. Sont-ce les légers obstacles qui peuvent se trouver devant lui ? Il les pulvérise ou les enflamme, et il se rend avec impétuosité dans la plage.

Voilà ce que l'homme peut devenir quand il a le bonheur de sentir le poids de la main du Seigneur, et d'être tourmenté par l'impatience de la justice.

Mais comment parviendras-tu, homme de desir, à sentir le poids de la main du Seigneur, et à être tourmenté par l'impatience de la justice ? C'est en faisant un pacte avec toi-même, et en te disant : « je ne quitterai jamais la prière que quand j'aurai senti que Dieu même prie avec moi. »

« Si je suis fidèle à observer ce pacte, je ne serai plus dans le cas d'attendre les lenteurs de ma prière pour que Dieu prie avec moi, et il priera avec moi dès le commencement de ma prière. »

« Bientôt il priera même avec moi lorsque je ne

prierai pas. *Mes élus ne travailleront point en vain, dit le Seigneur,* (Isaïe, 65 : 23. 24.) *parce que c'est la race des bénis du Seigneur ; avant qu'ils appellent, je les exaucerai ; je les entendrai avant qu'ils aient fini de parler.* »

« Oui ; ma vie entière ne sera plus qu'une prière non interrompue, puisque ce ne sera plus moi qui chercherai Dieu par ces élans morcelés des foibles desirs de l'homme ; mais que ce sera Dieu qui me cherchera par la continuité de son intarissable action. »

« Ne faut-il pas que nous devenions un jour comme autant de torrens enflammés, et lançant à tout moment des éclairs vifs et brûlans, de tous les points de toutes nos substances ? Pourquoi nous auroit-on dit que notre Dieu est un feu dévorant, et que nous sommes destinés à être son image et sa ressemblance ? »

C'est alors que tu pourras dire : « mon ame a rencontré l'ami de sa vie, ils se sont embrassés, et ils ne se sépareront plus. Ce n'est point dans les faubourgs et dans les places de la ville qu'elle a été chercher cet ami ; elle n'a point eu besoin non plus de le demander aux gardiens de Jérusalem. »

« Cet ami est venu la trouver lui-même dans les transports de son amour ; ils se sont embrassés, et ils ne se sépareront plus. »

« Voici les trésors qu'il m'a apportés, et qu'il a versés dans mon cœur dans les transports de son amour. »

« Car j'étois une ame accablée sous le poids de sa propre misère, le désespoir étoit prêt à s'emparer de moi. Mais quand j'ai vu s'approcher le consolateur, j'ai entendu sortir de sa bouche ces douces paroles :

Pourquoi perdre la confiance ? Dieu ne t'a-t-il pas dit de pardonner à ton frère septante fois sept fois ? Si Dieu t'a jugé capable d'avoir une pareille indulgence pour tes frères, crois-tu qu'il ne soit pas capable d'en avoir autant pour toi ? »

« Demande-lui donc de te pardonner à son tour, non-seulement septante fois sept fois, mais par le nombre éternel de son infinité ; ne prends point de relâche que tu ne sentes qu'il a scellé ton pardon, et qu'il a lui-même observé la loi, le précepte, et le commandement qu'il te donne. »

Quand il t'aura ainsi justifiée, dis-lui : « Seigneur, la ville ne sera plus renversée ; vous demandiez au moins dix justes pour pouvoir suspendre les fléaux dont vous menaciez Sodôme et Gomorrhe, et les dix justes ne se sont pas trouvés. »

« Vous demandiez seulement un juste, du temps de Jérémie, pour sauver Jérusalem, et ce juste ne se trouva point. »

« Mais aujourd'hui la ville ne sera point renversée si vous demandez ce juste, parce que ce juste est trouvé ; ce juste est entré dans la ville, et ce juste, c'est vous-même qui êtes entré en alliance avec moi. »

« Ce juste sauvera la ville et tous ses habitans, parce que ce juste est votre unité divine, et que votre unité divine s'étendra par elle-même sur tous les habitans de Jérusalem. »

« Vous disiez bien aussi à votre prophète Jérémie, que quand même Moyse et Samuël paroîtroient devant vous, vous ne pardonneriez pas à votre peuple (15 : 1.) »

« Mais ils n'étoient pas prêtres selon l'ordre de Melchisédec ; et n'étant que les ministres de la loi figurative, ils ne pouvoient ouvrir la porte sainte de la miséricorde éternelle. »

« Maintenant cette porte vivante est ouverte, et cette porte vivante, c'est vous-même ; vous ne pouvez donc plus vous défendre de sauver l'homme qui vous cherche, vous êtes vous-même le prophète qui est placé devant vous pour implorer la grace de votre peuple, et vous vous êtes contraint vous-même à délivrer mon ame lorsqu'elle vous exposa sa détresse et sa misère. »

Mais l'homme de desir ne tardera pas à gémir encore :
« Pourquoi pleures-tu, ô mon ame ! pourquoi pleures-tu ! Quel est le nouvel objet de ta douleur ? »

« Si je gémis, c'est que l'homme est devenu le meurtrier de la parole et de la vérité ; c'est que les régions vives ne trouvent en lui que la mort, et sont obligées de se retirer ; c'est que ses propres maux, ses propres négligences, ses propres douleurs, ou plutôt ses propres illusions l'empêchent de sentir les douleurs de la parole. »

« Hélas ! comment me lasserois-je de pleurer, puisque le tableau des douleurs de la parole est toujours suspendu devant mes yeux, et que l'affliction fait toute ma substance ? »

« Sortez de l'homme, fleuves infects, sortez de lui comme des fleuves qui ne roulent que des eaux bourbeuses ; ma seule tâche doit être désormais de l'empêcher d'approcher de la parole, de peur qu'il ne lui communique son infection. »

« Je serai tout entier à cette tâche, je m'y emploierai avec une ardeur qui ne connoîtra point d'interruption. C'est la seule chose qui me soit recommandée comme étant nécessaire ; tout ce qui ne tiendra point

Y.

à cette sainte et indispensable occupation, je le ferai comme ne le faisant pas. »

« Et toi, prière, tu seras la compagne de mon travail, ou plutôt tu en seras le maître, l'agent et le principe, et tu m'apprendras à devenir comme toi le maître, l'agent et le principe de mon œuvre, parce que tu m'apprendras à devenir prière comme toi. »

« Comment ne deviendrois-je pas prière, puisque la parole s'est invoquée elle-même sur moi, et qu'après s'être invoquée sur moi, elle a chassé de moi tous les ennemis de la vérité, afin que tous les *hommes de Dieu* descendissent en moi et y célébrassent ensemble la joie d'avoir trouvé une demeure de paix. »

« Oh ! comme ils se réjouiront d'avoir trouvé cette demeure de paix ! Ils y feront des festins de jubilation, ils y chanteront avec transport les hymnes de la vie, et ils élèveront assez la voix pour que leurs compagnons les entendent et s'empressent de venir prendre part à leurs félicités. »

En traitant de l'ordre politique, j'ai dit il y a plusieurs années, que l'homme ne pouvoit être qu'administrateur dans le poste qui lui étoit confié, et qu'il ne pouvoit pas être législateur. J'ai prétendu que, rigoureusement parlant, un homme législateur étoit un être de raison ; qu'il étoit sans exemple qu'un être fût envoyé dans une région où il eût à établir les loix qu'il auroit à y suivre ; je disois en outre que par une suite de ce principe fondamental et incontestable, le pouvoir administratif avoit englobé le pouvoir législatif dans tous les gouvernemens de la terre, ce qui se vérifieroit aisément par l'étude des faits, et sur-tout par celle de l'histoire religieuse.

Je puis aujourd'hui étendre ce principe jusqu'à l'homme considéré dans son poste divin, où loin d'avoir aucunes loix à établir, il ne doit avoir d'autre emploi que celui d'être sans interruption l'organe et le ministre de son maître. C'est même en raison de cette qualité d'organe toujours employé à l'action ou à l'œuvre de son maître que ceux des hommes qui en sont là ne doivent guères avoir le loisir de disserter sur leurs droits, tant l'œuvre presse et demande une activité et une vigilance aussi continuelles qu'universelles.

C'est pour cela que nos connoissances spirituelles ne devroient être que le prix journalier de notre action constante; que les magnifiques lumières qui nous ont été communiquées par des hommes choisis, notamment par Jacob Bêhme, sembleroient même n'appartenir qu'à l'époque qui succédera à l'existence de ce monde, et auroient l'air de ne devoir être que le prix de l'action universelle qui est censée nous appeler, en qualité d'administrateurs, à renouveller la face du monde, et à faire descendre les nouveaux cieux et la nouvelle terre où nous aurons à contempler l'universalité des merveilles naturelles, spirituelles et divines de la parole.

Ne crois donc point, homme de desir, que tu aies jamais d'autres loix à promulguer que celle de ton maître.

Ne crois pas non plus que quand dans tes exercices spirituels il te vient des joies divines, ce soit pour toi qu'elles te soient envoyées. Non, elles ne peuvent avoir pour objet que l'œuvre de ton maître, qui, par leur moyen, veut soutenir tes forces et alimenter ton courage. Lors même que la parole descendroit en toi, n'oublie point cet important avertissement que tu viens de lire, et dis alors à cette parole :

« Est-ce pour moi que vous viendriez me visiter, moi qui n'ai rien fait pour que vous vous approchiez de moi, et qui, au contraire, ai tout fait pour que vous vous en éloigniez ? Je ne me livrerai donc point à ma joie, que je n'aie senti que c'est pour vous, et non pour moi, que vous venez en moi ; »

« Je ne me livrerai point à ma joie, que je n'aie senti ce désir universel qui vous anime et qui vous crée éternellement. »

« Je ne me livrerai point à ma joie, que je n'aie senti l'objet particulier pour lequel vous venez en moi, et l'espèce de tâche que vous venez me prescrire dans l'ordre de l'amélioration des choses. »

« Non-seulement ma joie seroit vaine sans cela ; mais ma marche seroit incertaine comme celle des simples néophytes, et pourroit même à tout moment me laisser retomber dans la région ténébreuse des hommes du torrent. »

Ainsi donc, homme de désir, lorsque la parole divine descendra en toi, ne songe qu'à la laisser pénétrer dans ton être, afin que dans toutes les régions qui te composent, elle fasse fructifier les germes féconds dont elles sont dépositaires, en y portant les développemens de sa propre génération éternelle.

Songe qu'elle est si puissante, que par le seul souvenir des faveurs que tu en auras reçues, tu seras capable de faire fuir l'ennemi, comme la seule ombre des apôtres guérissoit les maladies ; car cette parole divine ne sauroit se montrer nulle part, qu'elle n'y laisse des traces indélébiles : il ne nous manque que de les observer avec plus de soin, et de les suivre avec plus de confiance. Songe qu'elle ne demande rien autre chose à tous les hommes que d'employer tous leurs efforts à se maintenir en état de prier efficacement pour l'amélioration universelle, c'est-à-dire, d'être en état d'exercer le ministère de l'Homme-Esprit.

C'est là ce que cette parole entend quand elle recommande à l'homme de se tenir prêt : il faut qu'il soit sans cesse disposé à répondre à son impulsion quand elle jugera à propos de l'appeler à l'œuvre restauratrice ; car cette parole est la mesure par excellence ; et elle ne tend qu'à rétablir les hommes dans leurs propres mesures originelles, pour qu'ensuite ils puissent faire revivre les mesures divines dans toutes les régions qui les ont perdues ; c'est-là la vraie extension du règne de Dieu ; c'est d'abord pour lui, et ensuite pour nous qu'il cherche à étendre son règne.

Pour peu que l'on ait le bonheur de connoître, par expérience, les puissans pouvoirs de cette parole, l'exclusive universalité de son empire, la vivacité de son action et la suavité de sa sève, on est profondément affligé de voir les hommes, non-seulement comme privés de son ineffable assistance dans leur marche habituelle, mais encore ne soupçonnant pas son immortelle et éternelle existence, et ne mettant en sa place que la nature morte, c'est-à-dire, le néant.

A ce mouvement de douleur succède un mouvement de surprise ; car après avoir reconnu cette parole comme l'unique soutien de tout ce qui est ordre, de tout ce qui est vivant, et de tout ce qui est acte harmonique et régulateur, on ne revient pas de son étonnement de ce que les hommes se passant journellement de son indispensable appui, ou même se déclarant ses adversaires, ils ne soient pas encore pires qu'ils ne sont, et qu'il leur reste encore, ne fût-ce que dans leur pensée, quelques traces figuratives, ou quelques idées de justice et de perfection.

Comment s'avanceroient-ils dans la ligne de la réalité et de la vie, avec cet énorme amas de paroles nulles, vides, terrestres, matérielles, fausses et cupides, qui remplissent chaque jour l'immensité du globe ? Depuis l'altération ils sont tombés tous sous le régime de la parole morte qui les gouverne despotiquement, et ne leur permet pas un instant de se soustraire à son empire.

Contemplez l'homme de toutes les classes, rassemblez toutes les paroles qui sortent de leur bouche dès l'instant où ils s'éveillent, jusqu'au moment où ils se replongent dans le sommeil ; en trouverez-vous une qui ait rapport à leur avancement dans la véritable justice, et vers leur primitive destination ?

Ne faites point mention ici de l'homme de peine, qui en cultivant la terre en silence et au prix de ses sueurs, et accomplissant par-là le décret porté sur la famille humaine, semble au moins, par sa résignation et par cette espèce de parole muette, opérer dans l'ordre inférieur ce que nos paroles virtuelles devroient opérer dans l'ordre de l'esprit. Sans vous arrêter même à ces paroles que nous arrachent nécessairement les soins de la vie, nos misères terrestres et nos souffrances temporelles, considérez ce torrent de paroles, soit infécondes, soit pestilentielles, que nous immolons journellement à l'oisiveté, au néant, à nos occupations frivoles, à nos passions, à la défense de nos faux systèmes, à nos prétentions, à nos fantaisies, à nos injustices, à nos crimes, et à nos abominations.

Depuis que la parole vive s'est retirée de l'homme, il n'est environné que d'une atmosphère de mort. Il n'est plus assez actif pour unir sa parole au foyer vivant. Plutôt que de supporter courageusement cette douloureuse privation, et d'attendre en paix que l'aurore de la parole vraie se lève pour lui, il y supplée par cette intempérance de paroles si peu fructueuses, à laquelle il est entraîné par tous les délires de sa pensée. Il aime mieux s'infecter ainsi lui-même, et infecter en même temps ses semblables, que de laisser humblement et avec docilité agir sur lui la main de la parole restauratrice, qui ne cherche qu'à le vivifier comme elle vivifie sans cesse tous les êtres auxquels elle a donné l'existence.

Il oublie que cette substance des paroles de l'homme en se répandant dans les airs, ne s'y détruit point, et ne s'y évapore pas pour cela, qu'elle s'y amasse et corrompt l'atmosphère de l'esprit, comme nos exhalaisons putrides corrompent l'atmosphère de nos habitations ; que toutes les paroles que la langue de l'homme aura prononcées, se représenteront un jour à ses yeux, et que l'air, dont notre bouche se sert pour former ces paroles, les rendra telles qu'ils les aura reçues, comme chaque élément rendra ce qui aura été semé en lui selon sa classe ; que même nos paroles muettes et prononcées tacitement dans le secret de notre être, reparoîtront également et retentiront autour de nous, car le silence a aussi ses échos ; et l'homme ne peut produire une pensée, une parole, un acte, que cela ne s'imprime sur l'éternel miroir où tout se grave et où rien ne s'efface.

C'est du sentiment profond de ces principes qu'est dérivée primitivement la sainte terreur que porte avec soi l'idée d'un serment, parce que lorsque nous pénétrons jusqu'aux bases de notre être, nous trouvons que nous pouvons nous lier par notre parole à l'ineffable source de la vérité, mais que nous pouvons aussi, par le criminel emploi de cette parole, nous lier au terrible abyme du mensonge et des ténèbres.

Aussi plusieurs peuples sauvages qui n'ont pas nos sciences, mais qui sont moins égarés que nous, ne connoissent rien de plus important que leurs sermens, puisqu'ils se dévouent à la perte même de tout ce qui constitue notre essence, s'ils en imposent, ou s'ils viennent à se parjurer, tandis que parmi les peuples civilisés l'usage des sermens n'est plus qu'une simple formalité, dont les suites morales paroissent sans conséquence.

Mais sans remonter jusqu'à ces faux sermens et jusqu'aux parjures, ne suffiroit-il pas, pour nous rendre sages, de voir les maux journaliers qui doivent résulter de l'abusive administration de notre parole ?

Homme, si tu n'es pas assez soigneux de la santé de ton propre esprit pour daigner surveiller tes paroles par rapport à toi-même ; surveille-les au moins par rapport à l'esprit de ton semblable ; ne te contentes point de ne pas l'abuser comme tu le fais tous les jours par des paroles stériles, dont il ne puisse retirer d'utilité, et qui l'entraînent avec elles dans le cercle de toutes les fluctuations, et de tous les prestiges ; mais fais ensorte que tes paroles soient pour lui à-la-fois un flambeau qui le guide, et une ancre qui le fixe et le rassure contre les tempêtes.

Quelles sont donc les loix essentielles de l'administration de la parole envers ton semblable ?

C'est de considérer assez l'intelligence humaine pour sentir qu'elle ne doit frayer qu'avec l'intelligence, et qu'on ne doit lui rien présenter qui ne soit digne d'elle, et qui ne puisse accroître ses richesses.

C'est de te persuader que cette intelligence de l'homme doit être traitée comme les grands personnages de l'Orient, qu'on n'aborde jamais sans avoir des présens à leur offrir.

C'est de faire que tu ajoutes toujours aux lumières et aux vertus de ceux qui conversent avec toi, et que ta parole présente toujours des profits à ceux qui les entendent.

C'est de ne les entretenir que d'objets solides et que de vérités profondes, au lieu de ne les nourrir que de récits et de narrations frivoles, puisque ces récits et ces narrations frivoles sont composées de temps où il n'y a que du passé et du futur, au lieu que les grandes vérités sont toujours présentes comme les axiômes ; aussi ne sont-elles pas du temps, mais de la région permanente et éternelle.

C'est de distribuer ta parole avec sobriété, parce que ce ne sont que les mauvaises causes qui demandent tant de paroles pour les défendre.

C'est de ne point oublier que la parole est la lumière de l'infini qui ne doit jamais aller qu'en croissant.

C'est d'examiner toujours avant de parler, si ce que tu vas dire remplira ces importans objets.

Si tu te tiens seulement au niveau des intercoluteurs, l'œuvre n'avance point. Si tu te tiens au-dessous, l'œuvre recule. Or, en observant toutes ces loix à l'égard des interlocuteurs avec qui tu t'entretiens, c'est principalement pour le bien de l'œuvre que tu dois te conduire ainsi, puisqu'il n'y a pas un souffle de ta vie qui ne dût être employé à l'avancement de l'œuvre.

Je sais que ce n'est point dans les cercles oiseux que toutes ces loix de la parole peuvent être observées, parce que ce n'est pas là que la parole peut exercer convenablement son ministère ; aussi ce n'est point à eux que je m'adresse. Au reste, c'est à toi à te conduire de manière à ce que la parole te donne un ministère à remplir en quelque lieu que tu te trouves ; car si tu veux le remplir par toi-même, tu ne fais que joindre une extravagance à une prostitution.

Toute parole ne peut être que le fruit d'une pensée, et toute pensée ne peut être que le fruit d'une alliance ; mais les alliances que nous pouvons faire étant si différentes les unes des autres, il n'est pas étonnant que notre parole soit susceptible aussi de prendre tant de diverses couleurs.

En effet, ce n'est que par notre alliance ou si l'on veut par notre contact avec Dieu, que nous avons des pensées divines. Nous en avons de spirituelles par notre contact avec l'esprit : de sydériques ou astrales par notre contact avec l'esprit astral que l'on nomme l'esprit du grand monde : de matérielles et de terrestres par notre contact avec les ténèbres de la terre : de criminelles par notre contact avec l'esprit de mensonges et d'iniquité. Nous avons le pouvoir et la liberté de contracter celle de toutes ces alliances que nous voulons ; c'est à nous de choisir.

Mais ce qui devroit nous tenir dans une surveillance active et continuelle, c'est que par la nature de notre être dont le feu ne peut s'éteindre, nous sommes à tout instant pressés de contracter l'une ou l'autre de ces alliances. Bien plus, nous ne sommes jamais sans en contracter quelqu'une, soit d'un genre, soit de l'autre. Enfin, nous ne sommes jamais sans engendrer des fruits quelconques, puisque nous sommes sans cesse en contact avec les uns ou les autres de ces foyers divins, spirituels, sydériques, terrestres, infernaux qui nous environnent. Or, c'est à bien examiner les paroles qui correspondent à ces fruits et à ces pensées, ou à ces alliances, que consiste généralement la tâche de l'homme, et particulièrement celle de l'homme de vérité qui aspire à devenir ministre de Dieu, et ouvrier du Seigneur ; et voici ce qui se passeroit dans cet homme s'il étoit rétabli dans ses mesures divines, par l'effet de sa régénération.

Pas un desir qui ne fût une obéissance.

Pas une idée qui ne fût une communication sacrée.

Pas une parole qui ne fût un décret souverain.

Pas un acte qui ne fût un développement et une extension du règne vivificateur de la parole.

Au lieu de cela : nos desirs sont faux, parce qu'ils ne viennent que de nous.

Nos pensées sont vagues ou corrompues, parce que nous faisons sans cesse des alliances adultères.

Notre parole est sans vertu, parce que nous la laissons s'émousser journellement par les substances aigres et hétérogènes sur lesquelles nous ne cessons de l'appliquer et de l'aiguiser.

Nos actes sont insignifians et stériles, parce qu'ils ne peuvent être que les résultats de notre parole.

Dans cette triste énumération, il n'y a rien pour l'œuvre. Il n'y a rien pour la gloire et la consolation de la parole, puisqu'il n'y a rien pour le véritable Ministère de l'Homme-Esprit.

Le pouvoir de chasser l'ennemi, quoique formant, en vertu de notre parole, un de nos droits primitifs, demeure non-seulement suspendu, mais même comme supposé et imaginaire, à force de tomber en désuétude; et ici indépendamment de l'oisiveté qui rapproche continuellement les gens du monde les uns des autres, on pourroit entrevoir la raison pour laquelle ils aiment tant à veiller et à faire de la nuit le jour. Car ils sont bien loin de croire que ce penchant qui les entraîne tienne à une racine profonde.

Si l'homme étoit dans sa vraie loi militante, il veilleroit bien plus encore la nuit que le jour pour chasser l'ennemi, comme cela a été primitivement l'objet des prières nocturnes des affiliations religieuses, et comme cela se pratique matériellement dans les camps de nos guerriers. Car c'est pendant la nuit que dans les deux ordres les ennemis peuvent opérer leurs plus grands ravages, comme en effet c'est pendant le sommeil de l'homme primitif qu'il devint la proie de son adversaire, et que le contrat divin fut oublié.

Si, sans s'élever à cette loi militante spirituelle, l'homme étoit dans sa pure loi naturelle, il dormiroit paisiblement pendant la nuit, et il puiseroit là dans le repos le renouvellement des forces qui lui sont nécessaires pour son travail : tel est le cas de l'homme de peine et du villageois, qui, communément, sont peu en prise de la part de l'ennemi pendant leur sommeil.

Mais l'homme du monde qui ne se remplit que de néant et de corruption, et qui ne travaille point, n'a pas des nuits aussi tranquilles que l'homme de peine ; et comme il est poursuivi par ces substances fausses dont il se laisse continuellement imprégner, et sur lesquelles l'ennemi a des droits qu'il réclame encore plus dans les heures nocturnes que pendant le jour, voilà pourquoi les gens du monde qui sont sans parole et qui se fuient eux-mêmes personnellement, se recherchent cependant les uns et les autres avec tant d'ardeur pendant la veille de la nuit, parce que par là ils tempèrent, sans le savoir, les poursuites de leur ennemi.

C'est aussi une chose connue que quelques hommes très-braves qui affrontent la mort et les dangers continuellement, n'entreroient pas seuls la nuit dans une église, ou dans un cimetière. Sans doute cela n'arrive qu'à ceux de ces braves qui n'ont pas développé en eux tous les principes de leur raison ; mais le seul développement de leur raison ne suffiroit pas pour triompher dans ces circonstances, s'il y avoit une base vraie à cette impression de timidité qu'inspirent les ténèbres ; et ce que les savans appellent à cet égard le développement de leur raison, consiste, non pas à vaincre l'obstacle, mais à se persuader qu'il n'y en a pas.

Si l'on veut parler un langage vrai, on dira que cette peur tient à des bases certaines, et que ce qui peut véritablement nous mettre au-dessus, c'est de nous porter vers la région lumineuse de la parole, ou de l'esprit développé et nourri des clartés qui lui sont propres.

Là nous apprendrons que la nature a été donnée à l'homme pour lui servir de type ou de figure de la vérité suprême qu'il ne voit plus ; que quand il est privé de ce type par les ténèbres, et qu'il n'a pas recouvré sa parole, cette séparation où il est de la vérité devient double ; que l'homme n'ayant plus auprès de lui ni le modèle, ni la copie, est dans la privation la plus entière, et que le néant le poursuit avec toute l'horreur qui l'accompagne. Mais cette solution, quoique juste, n'est cependant pas la plus profonde. En voici une qui l'est davantage et qui n'est pas moins vraie.

La nature a pour objet de servir de prison à l'ennemi, encore plus que d'en servir à l'homme même ; car elle a été donnée à l'homme pour lui servir aussi de préservatif. Lorsque ce préservatif n'est plus devant ses yeux, l'idée de cet ennemi se réveille secrètement en lui, et peut-être, en effet, l'ennemi s'approche-t-il plus facilement quand l'obstacle a moins d'activité, et quand les yeux de l'homme ne peuvent pas pomper dans le préservatif tous les secours qu'il y peut puiser par la vue. Aussi dans ce cas-là la présence de la moindre personne le rassure, parce que leurs forces réunies peuvent éloigner l'ennemi ; c'est donc cette terreur secrète de son ennemi qui poursuit l'homme dans les ténèbres ; et cette terreur ne se peut dissiper complètement que par le sentiment de la force spirituelle qu'il peut retrouver dans sa vraie renaissance ou dans son alliance avec la parole.

Quand on reconnoît que l'absence de la nature agit si fortement sur nous, et que la vue de sa présence opère tant sur notre sécurité, je ne sais pas comment on ne devine pas qu'elle a été donnée à l'homme, autant pour son préservatif et pour sa sûreté, que pour le séparer de la grande lumière.

On a observé aussi que la peur produisoit des vers dans certaines personnes.

Cette opinion avancée par le médecin Andry dans son Traité de la génération des vers dans le corps de l'homme, s'accorde parfaitement avec les principes. Ceux qui auront eu l'occasion de considérer et de connoître les formes fondamentales de la nature, n'ignorent pas que le ver ne fait qu'en représenter la racine, en nous peignant l'avilissement que cette nature a éprouvé, et les efforts qu'elle fait, mais en vain, pour se délivrer de son angoisse en circulant continuellement.

La main restauratrice qui a étendu un réfrigérant sur cette racine désordonnée, fait que pendant la durée de notre existence animale, cette racine nous demeure cachée. Elle est comme absorbée par le réfrigérant, tant qu'il conserve son pouvoir harmonique et bienfaisant. Mais quand il vient à se déranger et à perdre son empire par quelque cause que ce soit, le ver de la racine doit naturellement reprendre le sien et se montrer. Or, parmi toutes nos passions et nos foiblesses, la peur qui est une de celles qui nous privent le plus de la parole, est aussi une de celles qui sont le plus propres à déranger le réfrigérant, et par conséquent à rendre à notre ver radical et à tous ses produits une prééminence qu'il n'auroit pas sans cela, et si nous jouissions de notre parole.

Quant au pouvoir de guérir, qui ne seroit cependant qu'au nombre de nos droits secondaires, quand même nous serions régénérés, disons qu'il devient un des piéges tendus par l'ennemi, quand pour administrer ce pouvoir, nous employons des moyens extraordinaires, et sur-tout quand nous les employons par notre simple volonté humaine. Quand l'homme se livre à cette œuvre, par ordre et par la puissance divine, il est parfaitement dans la mesure, soit pour lui, soit pour le malade, parce qu'alors il n'y a que la volonté suprême qui les gouverne l'un et l'autre. On peut dire aussi que ce n'est qu'alors qu'il peut être sûr de son succès. Quand il marche par les voies magnétiques et somnambulistes, il peut nuire à son malade, même en le guérissant, parce qu'il ne sait pas si sa maladie n'avoit pas un but moral qui devient nul par une guérison anticipée, et en cela, le guérisseur s'expose beaucoup, parce qu'il s'ingère avec ignorance dans un ministère supérieur ; en outre, il a toujours lieu d'être incertain sur le résultat.

Quand il ne marche que par la médecine commune, il ne pèche point, quoiqu'elle soit ignorante ; parce que comme il n'emploie là que des substances inférieures, il n'agit aussi que sur la matière de l'homme ; et si la maladie a un but moral et une cause morale, le remède sera rendu nul par ce moral même qui lui est supérieur. Aussi le médecin ordinaire qui n'emploie sa science qu'avec prudence et modestie, et en en remettant toujours l'issue au grand ordonnateur, est-il plus en mesure et plus en sûreté que le magnétiseur qui emploieroit ses moyens supérieurs avec trop de confiance, avec légèreté et avec orgueil.

C'est dans ces diverses observations que nous apprenons à concevoir combien l'homme est loin du but quand il abuse, comme il le fait tous les jours, d'un droit bien supérieur au pouvoir de guérir les maladies corporelles, je veux dire de ce baume universel, qui pour guérir nos maux spirituels, devroit continuellement découler de la bouche des gens de lettres et de la plume des écrivains, et qui, distribué par eux, ne porte guères de meilleurs fruits que ne fait la parole dans les futiles conversations des hommes.

Aussi c'est à vous, poëtes et littérateurs, que je vais m'adresser ; vous êtes regardés comme les fanaux de l'esprit de l'homme ; vous êtes censés suppléer par vos dons à ce qui manque au commun des autres mortels. Avec quelle précaution ne devriez-vous donc pas vous conduire à leur égard, si vous étiez persuadés que l'homme eût à remplir sur la terre le sublime ministère de la vérité ?

Le seul objet des gens de lettres, le seul charme qui les entraîne, c'est le style. Quand ils peuvent faire dire de leurs ouvrages, cela est bien écrit, ils semblent avoir atteint le but suprême. Ce principe a tellement gagné parmi eux, qu'un de leurs coryphées n'a pas craint de dire que tout étoit dans le style. Oui, pour pour ceux qui n'ont développé en eux que leur sens externe, et qui se trouvent pleins dès que ce sens externe est satisfait ; aussi cette idée tient-elle au système des fibres qui est celui de notre siècle.

Or, la fibre peut bien influer sur le caractère du style, mais non pas toujours sur le caractère de la pensée qui ne tient point à nos fibres, quoiqu'elle passe par nos sens pour nous parvenir. Aussi on peut bien, au style d'un écrivain, deviner sa fibre; mais à son style on ne devinera pas toujours sa pensée, sur-tout si comme les sages et comme les poëtes qui devroient l'être, il porte habituellement son esprit au-delà de la région des fibres, et si le lecteur au contraire ne demeure que dans cette région des fibres.

Il est donc bien vrai que quant à ces bruyans admirateurs du style, ce ne sont en général que leurs sens externes qui sont frappés et qui soient susceptibles de l'être d'après la direction qu'ils ont donnée à leurs facultés. Leur homme interne n'est que pour peu de chose dans leurs plaisirs, souvent pour rien. Leur *imaginative* y est pour tout, et encore n'est-ce pas toujours dans sa partie rationelle et judiciaire, mais bien plutôt dans sa partie sensible qui, chez eux, approche plus du sensitif et du conventionel, que de la vivante réalité. De beaux vers, de belles périodes suffisent pour les transporter, n'importe que ce soit le mensonge ou la vérité qui en soit le résultat.

Pour moi qui rends un hommage sincère à la véritable littérature, moi qui voudrois la voir appliquée à son légitime emploi, moi qui pense qu'elle est vaste comme l'infini, et qu'elle est faite pour jouir comme lui des privilèges les plus immenses, je m'afflige quand je vois ses partisans la réduire à des triomphes si inférieurs, et la borner à peser des mots, tandis qu'elle ne devroit s'occuper qu'à rallier les grandes pensées qui sont disséminées et comme égarées dans notre désert depuis notre lamentable dispersion. Aussi quand je vois les littérateurs et sur-tout les poëtes se renfermer dans les bornes de toutes les loix conventionelles de la versification et de l'art d'écrire, et se glorifier ensuite de ces traits heureux mais passagers qu'ils offrent de temps en temps à nos yeux, il me semble voir un homme robuste et vigoureux qui enchaîneroit ses membres dans mille entraves, et qui croiroit devoir s'honorer de tous ces liens, lorsque, malgré leur poids, il lui arriveroit encore de remuer de temps en temps le bout du doigt.

Les privilèges de la véritable littérature sont d'être gouvernée par les loix de l'esprit même, et par les droits féconds de la parole. Cette espèce de littérature est au-dessus de toutes les entraves, et elle a le pouvoir d'aller étudier ce qu'elle doit dire et la manière dont elle doit s'exprimer, jusques dans le sanctuaire de la vérité.

Mais qu'arrive-t-il à ces ardens partisans des formes et du style ? Lorsqu'il se présente à eux quelque ouvrage qui, pour les formes et la diction, s'écarte de leurs conventions accoutumées, ils ne l'expliquent que par des raisons locales et de climats ; ou bien ils le condamnent par des jugemens sans appel.

En errant comme nous le faisons sur cette terre, nous marchons souvent sur des pierres précieuses cachées à peu de profondeur dans son sein, et nous ne les appercevons pas ; il en est de même des littérateurs et des gens du monde qui leur ressemblent; en lisant les écrits des amis de la vérité, ils n'y voient que du sable et de la poussière, et n'appercoivent pas les germes féconds enfermés sous l'enveloppe. Oh ! combien l'œuvre de Dieu est cachée, à compter depuis le voile de la nature jusqu'aux dernières ramifications des choses sociales, et jusqu'aux innombrables ignorances et obscurités des hommes !

C'est pour cela que les expressions hardies, les

figures imposantes et extraordinaires qui remplissent les livres saints et les livres des amis de la vérité, n'ont paru susceptibles d'être excusées aux yeux vulgaires, qu'en les attribuant au style oriental. Mais ces expressions pourquoi sont-elles si étrangères aux hommes du torrent? C'est qu'ils ont perdu l'usage des grandes affections qui les auroient enfantées chez eux; c'est qu'ils se sont ensevelis dans des régions inférieures où les contrastes sont médiocres; les nuances presqu'uniformes; et comme nulles, les impressions qui en résultent.

Suspendez vos jugemens, écrivains qui devriez nous ramener au ministère de la vérité; contemplez le grand travail de l'esprit et de la parole; voyez les mondes s'agiter et se choquer continuellement les uns contre les autres avec une force épouvantable. Voyez les ruisseaux de lait et de miel descendre de l'éternelle Jérusalem, pour consoler et conforter les fidèles serviteurs de la vérité.

Voyez l'ennemi de cette vérité chercher sans cesse à convertir en acides corrosifs et en poisons ces ruisseaux salutaires, afin que les serviteurs cessent d'être consolés, et qu'ils finissent par être infidèles. Voyez l'ame de l'homme repousser elle-même ces présens qui lui sont envoyés, et se détourner des festins de jubilation pour aller se repaître de serpens. Voyez la terrible justice étouffant par-tout avec violence tous les agens du désordre qui se montrent comme en sortant de dessous la terre.

Voyez, dis-je, l'univers de vérité déployant perpétuellement les merveilles de sa puissance, pour attester son existence au monde, et lui faire avouer qu'il y a un Dieu. Voyez, au contraire, l'univers du mensonge déployer à son tour son imposture et ses illusions pour attester que Dieu n'est point.

Si vous restez froids et insensibles à un pareil spectacle ; si votre langue, si votre pensée n'éprouvent pas mille contractions plus déchirantes les unes que les autres, et ne prennent pas un style qui y réponde ; alors vous aurez raison de regarder le style des écritures, comme un style attaché au climat.

Mais si vous vous élevez assez pour parvenir à être admis par l'esprit à la connoissance de ces actes vifs dont il compose tous ses tableaux ; si vous assistez en esprit, comme les prophètes, à ces scènes terribles qui faisoient hérisser leurs cheveux sur leur tête, ou à ces scènes délicieuses qui développoient à leurs yeux toutes les merveilles divines, vous ne serez plus étonnés que des hommes de Dieu aient rendu tous ces tableaux avec des couleurs si vives et si tranchantes, puisque ce sont des couleurs que vous ne pourrez vous empêcher d'employer vous-mêmes, et vous vous trouverez encore heureux de pouvoir rencontrer ces couleurs sous votre main, tant vous sentirez la hauteur des objets que vous aurez à peindre.

L'art d'écrire, s'il n'est pas un don supérieur, est un piége, et peut-être le plus dangereux que notre ennemi puisse nous tendre. Il cherche par-là à nous remplir d'orgueil en nous exposant à nous contempler dans nos ouvrages, ou bien à nous retarder dans notre marche en nous faisant attendre long-temps ce que nous desirons d'écrire, et la manière dont nous devons l'écrire. Car dès que nous n'écrivons qu'étant menés par des puissances inférieures, il est trop près d'elles pour qu'il ne se ressente pas de son influence.

Ce sont nos propres affections qui servent de substance à l'esprit, quel que soit celui qui nous dirige. L'esprit pur, quand il veut nous instruire, prend lui-même la couleur de ces affections pour nous communiquer sa pensée. Saint Pierre avoit faim lorsque l'esprit lui annonça figurativement qu'il ne devoit pas se refuser à commercer avec les Gentils. Aussi l'ange prit pour emblème une nappe remplie de toutes sortes d'animaux terrestres à quatre pieds, de bêtes sauvages, de reptiles et d'oiseaux du ciel.

Avec quel soin les écrivains ne devroient-ils donc pas veiller sur leurs affections? Car l'esprit de mensonge peut se servir d'elles comme l'esprit de vérité, et il ne néglige rien pour nous amener aux pieds de ses autels. Mais si nous avons l'attention de maintenir l'ordre et la pureté dans nos affections, elles pourront chacune tendre et parvenir à leur accomplissement, sans que l'une puisse nuire à l'autre, et au contraire, elles se soutiendront et se surveilleront mutuellement.

Le réparateur eut faim aussi dans le désert; le prince du mensonge profita de cette affection pour le tenter; mais cette loi de matière à laquelle le réparateur étoit soumis, n'offusqua point en lui la lumière de l'esprit, et la loi de son intelligence triompha des embûches que l'ennemi lui tendoit dans une loi pure de sa matière.

Poëtes, littérateurs, reconnoissez donc tout ce que l'esprit peut introduire dans vos plus brillantes productions. Toutes ces images, toutes ces figures que vous employez se combinent et s'engendrent presque généralement des habitudes, des localités, des mœurs et des affections des peuples que vous habitez.

Elles s'engendrent aussi, et plus souvent encore de vos propres habitudes, de vos propres localités, de vos propres mœurs et de vos propres affections, car chaque homme est un peuple, une nation, un monde.

Voilà pourquoi vous vous trouvez autant de facilité à peindre le mensonge que la vérité.

Si du style nous passons au fond des choses, nous verrons que les écrivains, les critiques, les moralistes même semblent n'être occupés qu'à nous peindre les vices et les défauts de l'humanité ; on diroit que leur seule tâche seroit de nous remplir de haine pour notre espèce, ou au moins de ne nous donner pour elle que du mépris et du dédain, en ne nous en montrant que les côtés blâmables et repoussans. Ils ne réfléchissent pas combien par-là ils nuisent à eux-mêmes et à nous.

Premièrement, leur orgueil est la seule chose qui gagne en eux à ce travail, parce qu'il n'est guères possible de connoître si bien les défauts des autres, sans se glorifier secrètement, et prouver en quelque sorte, par de pareilles remarques, que l'on est exempt de ces défauts-là.

Secondement, ils ignorent combien ils seroient plus pour leur gloire et pour notre bonheur, s'ils nous peignoient plutôt les belles couleurs de l'espèce humaine, qui peuvent toujours se reconnoître au milieu même de la fange où elle s'ensevelit. Notre faculté aimante et notre indulgence y gagneroient, et ce rayon d'amour qu'ils auroient allumé chez nous, suffiroit peut-être pour consumer une grande partie des herbes venimeuses et malfaisantes qu'ils s'occupent si fort à faire remarquer dans le domaine de l'homme.

Illustres écrivains, célèbres littérateurs, vous ne concevez pas jusqu'où s'étendroient les droits que vous auriez sur nous, si vous vous occupiez davantage de les diriger vers notre véritable utilité. Nous nous présenterions nous-mêmes à votre joug : nous ne demanderions pas mieux que de vous voir exercer et étendre votre doux empire. La découverte d'un seul des trésors renfermés dans l'ame humaine, mais embelli par vos riches couleurs, vous donneroit des titres assurés à nos suffrages, et des garans irrécusables de vos triomphes.

Vous dites que vous ne cherchez qu'à vous faire entendre : eh bien ! pourriez-vous mieux y parvenir qu'en tâchant d'introduire nos esprits dans les régions de l'intelligence universelle ? Alors c'est d'elle, par elle et pour elle que vous parleriez ; et comme elle est la langue naturelle et éternelle de tout ce qui respire et de tout ce qui pense, vous exerceriez par-là le véritable ministère de la parole, et vous rempliriez l'attente et le besoin de tous les êtres. Or ce besoin est si radical et si impérieux, que si vous parveniez à le satisfaire en vous faisant entendre dans ce sens-là, c'est-à-dire, en nous parlant le langage de l'universelle intelligence, il n'est pas un être qui ne vous bénît.

Mais les professeurs en littérature, et généralement ceux qui ne nous nourrissent que des travaux de l'imagination, se tiennent toujours sur les confins de la vérité ; ils circulent sans cesse autour de son domaine ; mais ils semblent se garder d'y entrer et d'y faire entrer leur auditoire ou leurs lecteurs, de peur que ce ne fût sa gloire seule qui brillât.

Enfin, pour appuyer nos affligeantes observations, disons-le : il n'y a presque pas un des ouvrages célèbres parmi les écrits produits par l'imagination des hommes, qui ne soit fondé sur une base fragile et caduque, sans compter ceux qui le sont sur un blasphême, ou au moins sur une impiété enfantée par une orgueilleuse hypocrisie. Car les écrivains qui parlent d'une providence, d'une moralité, même d'une religion, ne sont pas exempts de ce reproche, s'ils ne sont pas en état de rendre raison de ces grands objets de leurs spéculations, s'ils ne les emploient que pour servir de décoration à leurs ouvrages et d'aliment à leur orgueil, et si leur morale ne pose pas spécialement sur le renouvellement radical et complet de notre être, la seule ressource que nous ayons pour remplir le véritable objet de notre existence.

Mais comment un auteur enseignera-t-il cette doctrine, s'il n'en a pas lui-même l'intelligence ? Malheureusement ce que l'esprit frivole ou égaré (et quel est l'esprit qui ne l'est pas?) demande aux écrivains, c'est qu'ils lui fassent goûter les plaisirs de la vertu, en le dispensant de ce renouvellement continuel et pénible auquel nous pouvons si difficilement nous déterminer ; c'est qu'ils lui montrent tous les malheurs du crime comme secrètement enchaînés avec la force du destin, lui permettant dès-lors de trouver le repos dans ses fautes, et lui donnant lieu de se passer de son code primitif et originel, qui lui eût appris à franchir son destin même.

Le charme que nous causent sur-tout la plûpart de

nos romanciers, ne nous vient que de là. Ils nous épargnent la fatigue de travailler à nous rendre vertueux, tout en nous réchauffant par quelques images de la vertu ; ils nous dispensent de nous unir au principe, et même ils nous permettent de le mettre de côté à force de nous identifier avec ce qui n'est pas lui. Ainsi c'est en caressant notre lâcheté et en nous applanissant les sentiers de l'ordre matériel et ténébreux, qu'ils s'assurent de leurs succès et de nos suffrages.

C'est ce qui fait que les siècles des grands écrivains ne sont pas toujours les plus propres à l'avancement de la sagesse. Un auteur s'attache à donner à une pensée un agrément par un tour nouveau. Le lecteur s'en pénètre avec grand plaisir. Mais tous deux satisfaits, l'un d'avoir mis au jour une belle maxime, l'autre de l'avoir sentie, se dispensent communément de la pratiquer.

Quand est-ce que la marche de l'esprit humain se dirigera vers un but plus sage et plus salutaire ! Faut-il que la littérature entre les mains des hommes, au lieu d'être le sentier du vrai et de la vertu, ne soit presque jamais que l'art de voiler, sous des traits gracieux et piquans, le mensonge, le vice, et l'erreur ! Seroit-ce dans une pareille carrière que la vérité feroit sa demeure ! Le pseaume LXX nous montre le cas qu'elle en fait lorsqu'elle dit : (v. 15.) *Non cognovi litteraturam.*

Je le répète, ô vous, habiles écrivains, célèbres littérateurs, ne cesserez-vous point d'employer vos dons et vos richesses à des usages aussi pernicieux, aussi futiles ! L'or n'est-il destiné qu'à orner des habits de théâtre ? Les foudres fulminantes dont vous pourriez disposer pour terrasser les adversaires de notre bonheur, devroient-elles se réduire à amuser l'oisive multitude par des feux artificiels ? Vous voyez que dans les empires bien ordonnés on ne donne à ces divertissemens que le superflu de ces foudres et que les épargnes des trésors de l'état. Vous voyez que tous les soins du Gouvernement, comme toutes les substances utiles dont la nature a gratifié son territoire, ne sont employés qu'à procurer aux citoyens l'abondance et la sûreté, et à la chose publique une défense redoutable contre ses ennemis.

Vous cherchez, dites-vous, à exciter dans nos ames et dans nos cœurs de vives émotions qui les transportent. Où en trouveriez-vous de plus vives que dans le grand drame de l'homme, dans ce drame qui ne cesse d'être en action depuis l'origine des choses ; enfin dans le tableau de ces réelles douleurs, et de ces dangers imminens qui assiègent sans relâche la famille de l'homme insouciant, depuis sa chûte ? Vous trouveriez-là des scènes toutes faites et cependant toujours nouvelles, et par conséquent pouvant avoir plus de prise sur nous que toutes celles que vous nous composez au prix de vos sueurs, et qui ne vous repaissent, ainsi que nous, que de l'image factice des véritables émotions que vous auriez droit de faire naître en nous.

C'est là où la parole développant devant nous ses merveilleux pouvoirs, vous rendroit en effet les maîtres de tous nos mouvemens, en même temps qu'elle vous rendroit nos bienfaiteurs. Mais comment feriez-vous pénétrer tous ces prodiges dans nos ames, si vous ne commenciez par vous familiariser vous-mêmes avec eux ?

Il est vrai que Dieu nous prête quelquefois notre pensée, c'est-à-dire qu'il nous laisse à nous-mêmes, comme un maître donne quelques momens de récréation et de liberté à ses serviteurs après qu'ils ont fait son ouvrage. On pourroit croire même que c'est là le cas de l'immense majorité des penseurs de ce monde qui ont l'air en effet d'être comme des écoliers en vacance. Mais ces écoliers là, ou ces serviteurs, sont en vacance et en récréation, sans avoir auparavant fait leur devoir de classe, ni la besogne du maître; ils consument leurs momens de liberté dans des lieux de dispute, à se quereller et à se battre, souvent même à dénigrer le régent, ou à former des projets spoliateurs contre leur maître.

Que seroit-ce si je parlois ici des écrivains dans l'ordre des sciences, eux qui ne veulent porter notre pensée que sur des résultats et sur des surfaces, au lieu de la diriger vers le principe et vers le centre? Mais je me suis assez expliqué à leur égard dans divers endroits de cet écrit.

L'homme devant être le signe de son principe qui est Dieu, il faudroit que tout fût divin dans son existence et dans les voies qui doivent le mener à son but, c'est-à-dire, qu'il faut que tout soit *DEO*cratique pour lui dans sa marche et dans ses mesures sociales, politiques, spéculatives, scientifiques, littéraires, etc.

Aussi qui ignore combien les ténébreuses spéculations de l'homme répandent de ténèbres sur la terre quand il est livré à son propre esprit? Aussi, au milieu de cet extralignement des sciences et de la littérature, qu'est devenue la parole? Qu'est devenue même la langue de l'homme?

Les mots sont devenus dans les langues humaines ce que la pensée est devenue dans l'esprit des hommes. Ces mots sont devenus comme autant de morts qui enterrent des morts, et qui souvent même enterrent des vivans, ou ceux qui auroient le désir de l'être. Aussi l'homme s'enterre-t-il lui-même journellement avec ses propres mots altérés et qui ont perdu tous leurs sens. Aussi enterre-t-il journellement et continuellement la parole.

Je n'ai considéré, pour ainsi dire, jusqu'ici que la littérature de goût, et qui a principalement pour objet notre amusement, et je n'ai fait qu'effleurer ce que nous pouvons appeler la littérature religieuse. Nous allons maintenant nous occuper de celle-ci plus particulièrement, parce qu'elle tient encore de plus près au ministère de l'Homme-Esprit et à la parole.

Des écrivains remplis de talent ont essayé de nous peindre les glorieux effets du christianisme. Mais quoique je lise leurs ouvrages avec une fréquente admiration, cependant n'y trouvant point ce que leur sujet les obligeroit, ce me semble, de nous donner, voyant qu'ils remplacent quelquefois des principes par de l'éloquence, ou même si l'on veut par de la poésie, je ne les lis, parfois, qu'avec précaution. Néanmoins, si je fais quelques remarques sur leurs écrits, ce n'est sûrement, ni comme athée, ni comme incroyant, que j'ose me les permettre. J'ai combattu depuis long-temps les mêmes ennemis que ces auteurs attaquent avec courage; et mes principes en ce genre n'ont fait, avec l'âge, qu'acquérir plus de consistance.

Ce n'est pas non plus comme littérateur, ni comme érudit, que je vais leur offrir ici mes observations ; je leur laisse sur ces deux points tous les avantages qu'ils possèdent.

Mais c'est comme amateur de la philosophie divine que je me présenterai dans la lice, et sous ce titre, ils ne doivent pas se défier des réflexions d'un collègue qui, comme eux, aime par-dessus toutes choses ce qui est vrai.

Le principal reproche que j'ai à leur faire, c'est de confondre à tous les pas le christianisme avec le catholicisme. Ce qui fait que leur idée fondamentale n'étant pas d'à-plomb, ils offrent nécessairement dans leur marche un cahotage fatigant pour ceux qui voudroient les suivre, mais qui sont accoutumés à voyager dans des chemins plus unis. En effet, je vois de célèbres professeurs de littérature attribuer à la religion les fruits de la plume d'un fameux évêque, qui dans plusieurs circonstances marquantes, s'est écarté grandement de l'esprit du christianisme.

Je vois d'autres écrivains distingués, tantôt vanter la nécessité des mystères, tantôt en essayer l'explication, tantôt même regarder comme pouvant être comprise par les esprits les plus simples, la démonstration que Tertulien donne de la Trinité. Je les vois vanter l'influence du christianisme sur la poésie, et convenir, en plus d'un endroit, que la poésie n'a que l'erreur pour aliment.

Je les vois flotter au sujet des nombres, rejeter avec raison les futiles spéculations qui ont découlé par-tout de l'abus qu'on a fait de cette science, et cependant dire que *trois* n'est point engendré, ce qui, selon l'opinion attribuée à Pythagore, fait regarder ce nombre comme étant sans mère, tandis qu'il n'y a pas de nombre dont la génération soit mieux démontrée, puisque deux est évidemment sa mère, soit dans l'ordre naturel, soit dans l'ordre intellectuel, soit dans l'ordre divin ; avec cette différence que dans l'ordre naturel, cette mère engendre la corruption, comme le péché a engendré la mort ; que dans l'intellectuel, elle engendre le variable, comme on le peut juger à l'instabilité de nos pensées, et que dans le divin, elle engendre le fixe, comme on le reconnoît à l'universelle unité.

Enfin, malgré le brillant effet que leurs ouvrages doivent produire, je n'y vois point la nourriture substantielle dont notre intelligence a besoin, c'est-à-dire, l'esprit du véritable christianisme, quoique j'y voie l'esprit du catholicisme.

Le véritable christianisme est non-seulement antérieur au catholicisme, mais encore au mot de christianisme même ; le nom de chrétien n'est pas prononcé une seule fois dans l'Evangile, mais l'esprit de ce nom y est très-clairement exposé, et il consiste, selon saint Jean (1 : 12) *dans le pouvoir d'être faits enfans de Dieu ; et l'esprit des enfans de Dieu ou des Apôtres du Christ et de ceux qui auront cru en lui, est,* selon saint Marc (16 : 20.), *que le Seigneur coopère avec eux, et qu'il confirme sa parole par les miracles qui l'accompagnent.*

Sous ce point de vue, pour être vraiment dans le christianisme, il faut être uni à l'esprit du Seigneur, et avoir consommé notre alliance complète avec lui.

Or, sous ce rapport, le vrai génie du christianisme

seroit moins d'être une religion que le terme et le lieu de repos de toutes les religions et de toutes ces voies laborieuses, par lesquelles la foi des hommes, et la nécessité de se purger de leurs souillures, les obligent à marcher tous les jours.

Aussi c'est une chose assez remarquable que dans les quatre évangiles tout entiers, et qui reposent sur l'esprit du véritable christianisme, le mot religion ne se montre pas une seule fois ; que dans les écrits des Apôtres qui complètent le nouveau testament, il n'en soit fait mention que quatre fois.

L'une dans les actes (26 : 5.) où l'auteur ne parle que de la religion juive.

La seconde dans les Colossiens (2 : 18.) où l'auteur se borne à condamner le culte ou la religion des anges.

Et les troisième et quatrième dans saint Jacques (1 : 26 et 27.) où il dit simplement : 1.º que *celui qui ne réprime pas sa langue, mais qui livre son cœur à la séduction, n'a qu'une religion vaine.* Et 2.º que *la religion pure et sans tache aux yeux de Dieu le père, consiste à visiter les orphelins et les veuves dans leurs afflictions, et à se garantir de la corruption du siècle* ; exemples où le christianisme paroît tendre bien plus vers sa divine sublimité, ou vers le lieu de repos, qu'à se revêtir des couleurs de ce que nous sommes accoutumés à appeler religion.

Voici donc un tableau des différences du christianisme au catholicisme.

Le christianisme n'est que l'esprit même de Jésus-Christ dans sa plénitude, et après que ce divin réparateur a eu monté tous les degrés de la mission qu'il a commencé à remplir dès la chûte de l'homme, en lui promettant que la race de la femme écraseroit la tête du serpent. Le christianisme est le complément du sacerdoce de Melchisédec ; il est l'ame de l'évangile ; c'est lui qui fait circuler dans cet évangile toutes les eaux vives dont les nations ont besoin pour se désaltérer.

Le catholicisme, auquel appartient proprement le titre de religion, est la voie d'épreuve et de travail pour arriver au christianisme.

Le christianisme est la région de l'affranchissement et de la liberté : le catholicisme n'est que le séminaire du christianisme ; il est la région des règles et de la discipline du néophyte.

Le christianisme remplit toute la terre à l'égal de l'esprit de Dieu. Le catholicisme ne remplit qu'une partie du globe, quoique le titre qu'il porte se présente comme universel.

Le christianisme porte notre foi jusques dans la région lumineuse de l'éternelle parole divine; le catholicisme borne cette foi aux limites de la parole écrite ou des traditions.

Le christianisme dilate et étend l'usage de nos facultés intellectuelles. Le catholicisme resserre et circonscrit l'exercice de ces mêmes facultés.

Le christianisme nous montre Dieu à découvert au sein de notre être, sans le secours des formes et des formules. Le catholicisme nous laisse aux prises avec nous-mêmes pour trouver le Dieu caché sous l'appareil des cérémonies.

Le christianisme n'a point de mystères, et ce nom même lui répugneroit, puisque par essence le christianisme est l'évidence et l'universelle clarté. Le catholicisme est rempli de mystères, et ne repose que sur une base voilée. Le sphinx peut être placé sur le seuil des temples, construits de la main des hommes ; il ne peut siéger sur le seuil du cœur de l'homme, qui est la vraie porte d'entrée du christianisme.

Le christianisme est le fruit de l'arbre ; le catholicisme ne peut en être que l'engrais.

Le christianisme ne fait ni des monastères ni des anachorètes, parce qu'il ne peut pas plus s'isoler que la lumière du soleil, et qu'il cherche comme elle à répandre par-tout sa splendeur. C'est le catholicisme qui a peuplé les déserts de solitaires, et les villes de communautés religieuses, les uns pour se livrer plus fructueusement à leur salut particulier, les autres pour offrir au monde corrompu quelques images de vertu et de piété qui le réveillassent dans sa léthargie.

Le christianisme n'a aucune secte, puisqu'il embrasse l'unité, et que l'unité étant seule, ne peut être divisée d'avec elle-même. Le catholicisme a vu naître dans son sein des multitudes de schismes et de sectes qui ont plus avancé le règne de la division que celui de la concorde ; et ce catholicisme lui-même, lorsqu'il se croit dans le plus parfait degré de pureté, trouve à peine deux de ses membres dont la croyance soit uniforme.

Le christianisme n'eût jamais fait de croisades : la croix invisible qu'il porte dans son sein n'a pour objet que le soulagement et le bonheur de tous les êtres. C'est une fausse imitation de ce christianisme, pour ne pas dire plus, qui a inventé ces croisades; c'est ensuite le catholicisme qui les a adoptées : mais c'est le fanatisme qui les a commandées ; c'est le *jacobinisme* qui les a composées; c'est l'anarchisme qui les a dirigées ; et c'est le *brigandisme* qui les a exécutées.

Le christianisme n'a suscité la guerre que contre le péché : le catholicisme l'a suscitée contre les hommes.

Le christianisme ne marche que par des expériences certaines et continues : le catholicisme ne marche que par des autorités et des institutions. Le christianisme n'est que la loi de la foi : le catholicisme n'est que la foi de la loi.

Le christianisme est l'installation complète de l'ame de l'homme au rang de ministre et d'ouvrier du Seigneur : le catholicisme borne l'homme au soin de sa propre santé spirituelle.

Le christianisme unit sans cesse l'homme à Dieu, comme étant, par leur nature, deux êtres inséparables : le catholicisme, en employant parfois le même langage, nourrit cependant l'homme de tant de formes, qu'il lui fait perdre de vue son but réel, et lui laisse prendre ou même lui fait contracter nombre d'habitudes qui ne tournent pas toujours au profit de son véritable avancement.

Le christianisme repose immédiatement sur la parole non écrite : le catholicisme repose en général sur la parole écrite, ou sur l'évangile, et particulièrement sur la messe.

Le christianisme est une active et perpétuelle immolation spirituelle et divine, soit de l'ame de Jésus-Christ, soit de la nôtre. Le catholicisme, qui se repose particulièrement sur la messe, n'offre en cela qu'une immolation ostensible du corps et du sang du réparateur.

Le christianisme ne peut être composé que de la race sainte qui est l'homme primitif, ou de la vraie race sacerdotale. Le catholicisme, qui se repose particulièrement sur la messe, n'étoit, lors de la dernière pâque du Christ, qu'aux degrés initiatifs de ce sacerdoce; car lorsque le Christ célébra l'Eucharistie avec ses apôtres, et qu'il leur dit, *Faites ceci en mémoire de moi*, ils avoient bien reçu déjà le pouvoir de chasser les démons, de guérir les malades, et de ressusciter les morts; mais ils n'avoient point encore reçu le complément le plus important de la prêtrise, puisque la consécration du prêtre consiste dans la transmission de l'Esprit saint, et que l'Esprit saint n'avoit point encore été donné, parce que le réparateur n'avoit point encore été glorifié (*Jean*, 7 : 39.).

Le christianisme devient un continuel accroissement de lumières, dès l'instant que l'ame de l'homme y est admise : le catholicisme, qui a fait de la sainte cène le plus sublime et le dernier degré de son culte, a laissé les voiles s'étendre sur cette cérémonie, et même, comme je l'ai remarqué en parlant des sacrifices, il a fini par insérer dans le canon de la messe les mots, *Mysterium fidei*, qui ne sont point dans l'évangile, et qui contredisent l'universelle lucidité du christianisme.

Le christianisme appartient à l'éternité; le catholicisme appartient au temps.

Le christianisme est le terme; le catholicisme, malgré la majesté imposante de ses solennités, et malgré la sainte magnificence de ses admirables prières, n'est que le moyen.

Enfin, il est possible qu'il y ait bien des catholiques qui ne puissent pas juger encore ce que c'est que le christianisme; mais il est impossible qu'un vrai chrétien ne soit pas en état de juger ce que c'est que le catholicisme, et ce qu'il devroit être.

Lorsqu'on fait honneur au christianisme du progrès des arts, et particulièrement du perfectionnement de la littérature et de la poésie, on lui attribue un mérite que ce christianisme est bien loin de revendiquer. Ce n'est point pour apprendre aux hommes à faire des poëmes, et à se distinguer par de charmantes productions littéraires, que la parole est venue dans le monde : elle y est venue, non pas pour faire briller l'esprit de l'homme aux yeux de ses semblables, mais pour faire briller l'esprit éternel et universel aux yeux de toutes les immensités.

Pourquoi le christianisme n'a-t-il pas besoin de s'occuper de tous ces talens des hommes? C'est qu'il habite parmi les merveilles divines, et que, pour les chanter, il n'a point à chercher comment il s'exprimera ; elles lui fournissent à-la-fois les affections, l'idée et l'expression. Aussi c'est lui seul qui peut répondre à l'observation que font d'éloquens écrivains : *On ne sait pas où l'esprit humain a été chercher cela ; toutes les routes pour arriver à ce sublime sont inconnues.* Car dans cet ordre-là, l'esprit humain n'a rien cherché, puisque l'esprit du christianisme lui a donné tout.

Mais bien plus, le catholicisme à qui l'on donne avec trop de facilité le nom de christianisme, ce catholicisme, dis-je, n'est pas lui-même ce qui a produit le développement de la littérature et des arts. Ce n'est point dans lui ni par lui que les poëtes et les artistes modernes se sont formés : ils ont considéré les chefs-d'œuvres de l'antiquité qui étoit païenne, et ils ont cherché à les imiter ; mais comme ils vivoient au milieu des institutions du catholicisme, il n'est pas étonnant que leurs travaux se portassent presque généralement sur des objets religieux.

Il n'est pas étonnant non plus qu'en s'approchant de plus en plus de ces objets religieux, ils découvrissent et les beautés réelles avec lesquelles ils ont toujours quelques rapports, quoiqu'indirects, et les sources inépuisables de trésors dont la Bible est remplie, parce qu'elle contient des fruits de la parole. Enfin il n'est pas étonnant qu'ensuite ils aient essayé d'appliquer ces trésors et ces beautés à l'espèce d'art qu'ils cultivoient, et que par-là ils espérassent d'en étendre la gloire, comme, en effet, il n'est aucun art qui n'en ait retiré de l'illustration.

Mais il est si peu vrai que le catholicisme fût le principe et le mobile de l'illustration des arts et de la littérature, qu'au contraire, ce sont ces arts eux-mêmes et cette littérature qui ont suggéré au catholicisme l'idée de les employer à sa propre illustration. Car le catholicisme admirant avec raison ces chefs-d'œuvres des arts et de la littérature, a cherché bientôt à faire des uns l'ornement de ses temples, et des autres l'aliment et la gloire de l'éloquence de ses orateurs et des illustres écrivains qu'il renferme dans son sein.

En effet, s'il n'y avoit pas eu des Phidias et des Praxitèles, est-on bien sûr que nous eussions eu les Raphaël et les Michel-Ange, ainsi que les chefs-d'œuvres qu'ils ont enfantés, après en avoir puisé les sujets dans l'ordre des choses religieuses? S'il n'y avoit pas eu un Démosthène et un Cicéron, qui sait si nous aurions un Bossuet et un Massillon? S'il n'y avoit pas eu un Homère et un Virgile, jamais le Dante, le Tasse, Milton, Klopstok, n'auroient probablement songé à revêtir des couleurs de la fiction poétique les faits religieux qu'ils ont chantés ; parce que le génie épuré du simple catholicisme même se seroit opposé à ces fictions, et à ces ouvrages de l'*imaginative* des hommes.

Mais si l'empire de Constantinople n'avoit pas été renversé, le catholicisme eût-il joui lui-même de tant de merveilles et de tant de génies dans tous les genres dont cet événement l'a rendu comme le centre et le foyer ? Et si l'Italie n'avoit pas reçu ce brillant héritage, la France qui, en écrivains et en orateurs, a été la plus belle couronne du catholicisme, auroit-elle eu en ce genre un tel degré de gloire ?

Nous pouvons avec confiance nous décider pour la négative, et affirmer que sans le siècle de Jules II et de Léon X, le catholicisme n'eût pas développé tous les talens, et recueilli toutes les palmes qui l'ont distingué sous Louis XIV. Mais comme toutes ces ressources étrangères dont nous parlons, tous ces arts, tous ces modèles de l'antiquité dans l'éloquence et la littérature, ne prêtoient au catholicisme qu'une vie d'emprunt, comme ils le portoient bien plus vers une gloire humaine, que vers une gloire solide et substantielle qu'ils ne connoissoient pas eux-mêmes, ils ne pouvoient pas lui procurer un avantage durable et toujours croissant.

Aussi n'ayant avec lui que des rapports précaires et fragiles, ils n'ont pas tardé à le laisser derrière eux et à porter seuls la couronne. Plus ils ont fait de progrès, plus le catholicisme a reculé, et l'on a vu en effet combien ils ont étendu leur règne dans le dix-huitième siècle, et combien dans ce même siècle le catholicisme a décliné ; et l'on peut ajouter qu'ils sont bien loin de lui céder l'empire dans l'époque actuelle, malgré les efforts du Gouvernement pour le rétablir ; or, c'est une victoire qu'ils n'obtiendroient pas si aisément sur le christianisme ou sur la parole.

Si nous remontons à des époques plus anciennes, nous verrons qu'ils ont toujours été comme les subsidiaires du catholicisme, et jamais ses élèves ni ses pupilles. Dans les premiers siècles de notre ère, les saints pères qui n'avoient déjà plus qu'un reflet et qu'un historique du vrai christianisme, et qui n'élevoient chaque jour que l'édifice du catholicisme, vivoient au milieu des monumens littéraires de la Grèce et d'Alexandrie ; ils y puisèrent ces couleurs imposantes, quoiqu'inégales, qu'ils ont répandues dans leurs écrits.

Ils puisèrent même chez les célèbres philosophes de l'antiquité plusieurs points d'une doctrine occulte, qu'ils ne pouvoient expliquer que par la lettre de l'évangile, n'ayant plus la clef du véritable christianisme. Voilà pourquoi ils ne furent la plûpart que comme les disciples de ces philosophes, tandis qu'ils auroient dû en être les maîtres.

Quand les siècles de Barbarie furent arrivés, quand les beaux-arts, la belle littérature, et les nombreux monumens de l'esprit humain furent anéantis, le catholicisme perdit aussi bientôt l'illustration qu'il en avoit reçue ; et n'ayant point de fixité à lui, étant toujours mobile, toujours dans la dépendance des impressions externes, il ne put pas résister à l'impétuosité du torrent qui se débordoit.

Après avoir été érudit et élégant avec les Platon, les Aristote, les Cicéron, il fut ignorant et grossier avec les peuples grossiers et ignorans qui inondèrent l'Europe. Il devint barbare et féroce avec les peuples féroces et barbares; et n'ayant d'un côté, ni la douce lumière, ni la puissance irrésistible du christianisme, et de l'autre, ni le frein des lettres, ni l'exemple des peuples policés, il ne se fit plus remarquer que par les fureurs fanatiques d'un despotisme en délire. On peut dire que telle a été son existence pendant près de dix siècles.

Si l'on voit par tous ces faits que le catholicisme n'a jamais eu que des rapports de dépendance avec les arts et la littérature, et qu'il n'a jamais eu sur eux une influence active et directe; que dirons-nous donc du christianisme qui non-seulement n'a point eu ces rapports directs avec eux, mais qui même n'a point eu à leur égard les rapports de la dépendance? Pour justifier la distance immense de ces arts et de cette littérature avec lui, nous pouvons donc nous contenter de répéter que dans ces œuvres de l'homme, c'est l'esprit de l'homme et quelquefois moins qui fait tous les frais; et que dans le christianisme, c'est l'éternelle parole seule qui s'en charge.

Je sais combien cette idée aura peu de crédit auprès des littérateurs religieux, même croyans, malgré les efforts qu'ils font pour glorifier ce qu'ils appellent le christianisme; mais la marche même des plus remarquables de ces littérateurs croyans, me force à m'appuyer de plus en plus sur cette idée, parce que tout en paroissant croire au christianisme, ils ne croient peut-être réellement qu'au catholicisme.

L'un de ces éloquens écrivains dit avec une douce sensibilité qu'il a pleuré, et puis, qu'il a cru. Hélas, que n'a-t-il eu le bonheur de commencer par être sûr ! combien ensuite il auroit pleuré ! ! ! !

Il pardonnera, je l'espère, à un ancien cultivateur de la philosophie divine, de faire les observations que je me permets ici, d'autant qu'il sembleroit être absolument pour moi, à n'en juger que par le beau parallèle qu'il fait de la Bible avec Homère, si toutefois il avoit pu donner à son christianisme une base plus solide que la lettre de la Bible. Néanmoins il paroît incomparablement plus avancé en fait de croyance que ses collègues; car, parmi les littérateurs, même religieux, combien en est-il qui soient dévoués de cœur et d'esprit à ce christianisme de la lettre, ou, ce qui est la même chose, au catholicisme ?

Mais si lui-même, malgré sa croyance, ne s'apperçoit pas que la plupart des auteurs qu'il loue sous le rapport religieux, non-seulement n'ont pas été influencés par le catholicisme, mais suivent souvent en outre dans leurs écrits une route contraire à la lettre de la Bible, comment pourrois-je les regarder comme ayant été influencés par le véritable christianisme ?

Il est vrai qu'au milieu des ravissemens qu'excitent en lui les fameux poëtes qu'il passe en revue, il lui échappe des élans de franchise et de vérité qui me montrent que, par nature, il est réellement de mon système, et que ce n'est que par accident qu'il s'en écarte. C'est ce qui se voit clairement dans ce qu'il dit au sujet de l'histoire du genre humain tracée en peu de mots par la Genèse. Il ne peut s'empêcher de s'écrier : « Nous trouvons dans cette scène de la Genèse quelque chose de si extraordinaire et de si grand, qu'elle se dérobe à toutes les explications du critique ; l'admiration manque de termes, et l'art rentre dans la poussière. » Je dirai, moi, au sujet de cet art : Plût-à-

Dieu qu'il ne fût jamais sorti de cette poussière, car il ne devroit pas avoir d'autre demeure, et il auroit dû sans cesse laisser le champ libre à la parole.

Voyons, en effet, ce que l'art a produit en s'approchant des grandes vérités.

L'éloquent écrivain en question a beau s'extasier au sujet du réveil d'Adam, et dire que Milton n'eût point atteint ces hauteurs, s'il n'eût connu la véritable religion : je répondrai que si Milton avoit connu le vrai christianisme qui est la parole, il nous auroit peint Adam sous d'autres couleurs.

L'art n'a d'autres secrets que de faire des rapprochemens d'après les objets qui sont livrés à sa connoissance. Cet art nous apprend que l'enfant est un être qui *s'éveille à la vie, dont les yeux s'ouvrent, et qui ne sait d'où il sort.* C'est sur cet exemple que Milton a tracé le portrait d'Adam : il n'en fait qu'un grand enfant, à cela près qu'il lui donne un sublime sentiment de sa nature, et d'éminens pouvoirs de nommer les choses, ce qui est refusé à l'enfant ; et l'on seroit embarrassé de dire pourquoi le père les ayant eus, l'enfant ne les auroit pas aussi, puisque le fruit doit tenir de son arbre générateur.

Or, c'est aussi chez l'homme enfant et l'homme sauvage que les matérialistes et les idéologues ont puisé les fragiles systèmes de leurs sensations, de l'origine des langues, etc. ; et c'est en s'arrêtant là qu'ils ont finalement animalisé tout notre être. Mais la Bible (car je ne puis dire que cela ici), qui est censée avoir servi de guide à Milton, nous montre Adam sous une autre face.

Premièrement, on peut croire qu'Adam, au sortir des mains du Créateur, n'étoit point assujetti au sommeil, puisque ce n'est qu'après qu'il a eu donné les noms à chaque chose, que le Créateur lui envoya un sommeil, pendant lequel la femme est extraite de ses os ou de ses *puissantes essences*.

Secondement, il est probable que ce sommeil et cette extraction étoient une suite d'une altération quelconque déjà commencée dans Adam, puisque le Créateur avoit dit, à la suite de la création (à la fin du premier chapitre de la Genèse), *que toutes les œuvres qu'il avoit faites étoient bonnes*; et que cependant il dit (dans le second chapitre) *qu'il n'est pas bon que l'homme soit seul*.

Troisièmement, soit que cette exacte application des noms aux choses ait été faite par Adam au sortir des mains du Créateur, ou seulement après cette altération commencée (ce dont le texte, joint à la réflexion précédente, semble laisser le choix, quoique les principes excluent la seconde hypothèse), il est sûr, selon la lettre, que cette application des noms aux choses s'est faite avant le sommeil.

Dans ce cas-là, Adam devoit jouir alors d'une grande lumière et d'une science vaste et efficace, puisque le Créateur l'avoit établi sur tous les ouvrages de ses mains, puisqu'il l'avoit installé lui-même dans le jardin de délices, et puisqu'il l'avoit chargé de le cultiver en lui livrant toutes les plantes dont il étoit rempli, et même l'arbre de la science du bien et du mal, dont il lui défendit de manger.

Ainsi donc Adam n'avoit pas besoin de s'éveiller à la vie ; mais c'est lui au contraire qui éveilloit la vie dans les êtres : ce qui est très-différent de ce qui se passe dans les enfans ; mais l'art avoit voilé ces choses à Milton, en le livrant à son *imaginative*.

C'est aussi d'après l'art qu'il a peint les amours d'Adam et d'Ève, les supposant toujours l'un et l'autre dans leur premier état céleste où ils n'étoient plus. Car il leur reconnoît des sexes, et célèbre l'accomplissement de leur mariage qui ne pouvoit avoir lieu que selon la loi des animaux, et qui produisit un fruit si mauvais dans la personne de Caïn.

Or, comment auroient-ils connu l'amour pur, s'ils étoient déjà sous la loi animale ? Et comment auroient-ils connu l'amour animal, s'ils n'avoient pas déjà connu en eux les organes de leur bestialité, puisque nous voyons que dans l'homme, l'époque de l'amour est celle où sa bestialité lui parle ? Mais comment auroient-ils connu cette bestialité, s'ils n'eussent été coupables, puisque, selon le texte, ce n'est qu'alors qu'ils s'apperçurent qu'ils étoient nus ? Et s'ils étoient coupables, que deviennent donc leurs célestes amours, toute leur pureté et toute leur innocence, dont le poëte se plaît à faire de si brillans tableaux ?

Sans doute ils n'avoient point alors cette *pudeur impudique* qui n'est qu'une pudeur secondaire et d'éducation ; mais ils avoient une honte profonde, appuyée sur la comparaison de l'état bestial où ils se trouvoient avec l'état qu'ils venoient de perdre ; car c'est alors que leurs yeux furent ouverts sur leur avilissante dégradation, et fermés sur les merveilles divines.

Milton n'a point connu les gradations de la prévarication de nos premiers parens, parmi lesquelles il en est une où, en effet, ils ont pu passer quelques momens de délices dans le jardin d'Éden, après l'altération commencée ; mais où ils s'occupèrent plus des recommandations du souverain Maître, et de la défense qu'il leur avoit faite, que de leurs charmes et de leur amour ; et quand ce degré-là fut passé, ils se trouvèrent probablement trop occupés de leur laborieuse et périlleuse situation, pour converser si paisiblement et si tendrement ensemble : ce qui ne convient qu'aux amans aveugles et oisifs de notre monde qui n'ont que cela à faire.

Milton a donc copié ces amours-là sur les amours de la terre, quoiqu'il en ait magnifiquement embelli les couleurs. Oui, la longue description des amours d'Adam et d'Ève prouve que, dans cette circonstance, le poëte n'avoit trempé tout au plus qu'à moitié son pinceau dans la vérité. L'Écriture est d'ordinaire plus concise sur ces sortes de détails. Dans l'exemple actuel, elle se borne à dire qu'Adam connut Ève, qu'elle conçut et engendra Caïn en disant : *Je possède un homme par la grace de Dieu.* Je répète donc que, comme le christianisme ou la parole ne se trouveroit pas honoré d'avoir contribué à l'enfantement de toutes ces fictions de Milton, il est bien loin de les revendiquer.

Ce n'est pas que comme amateur de la littérature, je n'admire le talent poétique de Milton, et que je ne sois enchanté des traits magnifiques qui sortent de son pinceau. Je suis fort aise aussi, comme dévoué à la chose religieuse, qu'il nous retrace quelques nuances du bonheur céleste, et de l'amour pur qui lui sert de base ; et en faveur de ces douces peintures, je suis prêt à lui passer son anachronisme : mais, comme amateur de la vérité, je regrette que cet auteur, ainsi que tous ses confrères, ne nous donne pas des choses plus exactes, étant censé parler le langage des Dieux. Le droit d'un poëte s'étend bien jusqu'à broder, à son gré, sur le canevas de l'histoire des hommes ; mais il lui est interdit d'en faire autant de l'histoire de l'homme. Il n'y a que la vérité qui doive se charger d'en parler.

Ce peu d'exemples doit suffire pour faire comprendre l'immense distance du christianisme à l'art des littérateurs religieux, et fixer les bornes de l'influence que notre éloquent écrivain attribue au christianisme sur la poésie. Il n'y a aucun des grands ouvrages qu'il passe en revue, sur lesquels il ne fût possible d'appliquer nos remarques ; sans compter qu'il se trouveroit plusieurs de leurs auteurs qui, malgré les magnifiques couleurs religieuses, sorties de leur pinceau, non-seulement ne croyoient pas au christianisme, c'est-à-dire, à l'éternelle parole, mais même ne croyoient pas au catholicisme qui auroit dû représenter cette parole sur la terre.

En général, je trouve que quand les littérateurs et les poëtes se sont emparés des richesses de l'Ecriture sainte, ils les ont plutôt altérées qu'embellies, soit en les mélangeant avec des couleurs fausses, soit en les affoiblissant par des diffusions, parce qu'ils n'étoient pas dirigés dans leur entreprise par le véritable esprit du christianisme ; aussi n'ont-ils jamais plus brillé que quand ils se sont contentés de montrer ces richesses dans leur simplicité et leur intégrité littérale. En effet, pourquoi Athalie est-elle regardée comme un chef-d'œuvre de perfection ? C'est que Racine n'a fait pour ainsi dire dans cet ouvrage que copier l'Ecriture.

Car les savans critiques dans la littérature, auront beau louer l'art avec lequel il a ordonné son poëme, le vulgaire est comme étranger à ces sortes de secrets, mais il ne l'est pas aux beautés simples et sublimes renfermées dans l'Ecriture, et plus on les lui présentera nues, plus on sera sûr de le frapper. Voyez l'effet imposant que produit au théâtre ce simple vers dont la lettre est à toutes les pages de la Bible : *Je crains Dieu..... et n'ai point d'autre crainte ?*

Mais en même temps, si l'on veut juger du peu de fruits que dans les mains des littérateurs ces richesses-là rapportent au christianisme, on n'a qu'à observer à quoi se réduit au théâtre le succès des plus belles pensées et des maximes les plus appropriées au vrai besoin de notre être. Le spectateur qui les entend, mais qui, comme le poëte, n'a d'ouvert en lui que l'homme externe, éprouve une légère impression, une sorte d'émotion sentimentale qui le transporte pour le moment, mais qui n'ayant point de racines profondes, et ressemblant presque à une sensation musculaire, se termine à l'extrémité de ses nerfs par des battemens de mains, et va s'évaporer par là dans les airs. Aussi la pièce finie, les spectateurs s'en vont-ils se replonger dans leur néant et leurs futilités accoutumées, sans se ressouvenir seulement de ce qu'ils ont senti, et encore plus sans en profiter.

Or ce qu'on voit se passer au théâtre pour le spectateur, est ce qui se passe aussi pour le lecteur des beaux ouvrages d'éloquence et de poésie, qui s'appuient sur les trésors des Ecritures et la sainteté du catholicisme. Ce seroit bien pis, s'ils parloient du véritable christianisme, ou de l'éternelle parole et de l'éternelle liberté, puisque très-certainement on ne comprendroit pas un mot à leurs discours; et au sujet de cette parole, je les renvoie encore à l'auteur Allemand, dont j'ai parlé dans plusieurs endroits de cet écrit.

Les littérateurs, en général, soit qu'ils travaillent pour le théâtre, ou dans un genre sentimental quelconque, ont l'air de n'avoir pour objet que la science de nous émouvoir, sans songer pour quel but les émotions nous devroient être envoyées. Comme ils cherchent à la fois à nous plaire et à se faire louanger par nous, ils ont soin de ne nous conduire que jusqu'à ces émotions qui sont en même temps et leur objet et leur moyen. Le spectateur comme le lecteur est d'intelligence avec eux; s'ils le faisoient arriver jusqu'à des émotions plus imposantes et qui l'engageassent davantage, il ne voudroit plus les écouter; ils veulent bien l'amuser par la figure du vrai, mais ils craindroient de le porter jusqu'au vrai lui-même, parce qu'alors ils n'auroient plus rien à faire, attendu que ce seroit le vrai qui feroit tout lui-même.

Aussi ce vrai gémit-il continuellement du peu de profit qu'il lui revient de ces merveilleux talens que les grands écrivains et les grands poëtes développent tous les jours, et de ce que s'ils abordent quelquefois jusqu'à ses confins, ce n'est que pour l'absorber et l'ensevelir ensuite lui-même dans une région nulle et apparente, qui n'est pas la sienne; et ce que je dis là des littérateurs en général, n'appartient malheureusement que trop aussi aux littérateurs religieux; voilà pourquoi leur science n'est devenue qu'un art entre leurs mains. Avec cet art-là, avec les formes et les préceptes qu'ils établissent, enfin avec les dépôts de formules et de règles qui constituent leur code littéraire, on pourroit en quelque façon produire, à coup sûr, sinon des ouvrages solides et gracieux, au moins des ouvrages corrects comme on fait une pièce de musique avec des dez; mais le vrai génie et surtout le génie religieux, ne se met point en formules. En un mot, ils ont étudié les moyens de nous remuer et de nous occasionner des émotions, comme les restaurateurs étudient l'art de réveiller des sensations dans notre palais.

Mais les uns et les autres craindroient d'employer des ingrédiens propres à produire des sensations fortes qui opéreroient en nous des purifications et le renouvellement de nos sucs digestifs; ils abandonnent ce soin-là aux officiers de santé, et cependant on peut convenir que d'après notre manière d'être dans ce bas monde, les officiers de santé seroient bien plus nécessaires et plus utiles que les restaurateurs.

Ce qui fait que communément la littérature et la poésie même religieuses rapportent peu de fruits à la vérité, c'est que ceux qui les cultivent et les professent, n'imaginent seulement pas que cette vérité pût réellement leur servir de guide, et qu'ils ne devroient être que ses organes et ses ministres; de même que ne concevant rien de plus grand que de beaux poëmes, ils croient véritablement que l'homme n'a rien de plus glorieux à faire sur cette terre, que de tâcher de gagner la palme sur ses concurrens dans cette carrière.

Dans cette pensée ils s'évertuent, ils redoublent d'efforts pour établir des règles et des loix, pendant qu'il leur faudroit simplement suivre celles que cette vérité dicte éternellement. Ils travaillent péniblement pour mettre en action leur propre industrie et leur propre esprit, tandis que la première chose qu'ils auroient à faire, ce seroit d'oublier ce ténébreux esprit de l'homme, et de postuler bien humblement la bienveillance de la vérité, afin qu'elle daignât les admettre à son service.

Il est bien douteux alors, j'en conviens, que ce fût des poëmes qu'elle leur commandât, et s'il arrivoit qu'elle leur en commandât, ce ne seroit qu'après qu'ils auroient effectivement travaillé à son œuvre, car elle ne leur ordonneroit de chanter que des faits qui la concernent, que des faits dont elle les auroit rendus les agens, et qui dès-lors seroient devenus réellement leurs propres faits, attendu que nul chantre ne sauroit s'en acquitter mieux que celui qui les auroit opérés lui-même. C'est pourquoi un amateur de la poësie religieuse a dit qu'un poëte,

Qui du suprême agent seroit vraiment l'oracle,
Ne feroit pas un vers qu'il n'eût fait un miracle.

Lors donc que je vois notre éloquent écrivain vanter la grande adresse de Milton à s'être emparé de ce premier mystère des Écritures, où le Très-Haut s'étant laissé fléchir, accorde le salut du genre humain; quand je le vois nous parler des grandes machines du christianisme, et nous dire que le Tasse a manqué de hardiesse, et n'a touché qu'en tremblant aux choses sacrées; quand je le vois nous faire observer que les poëtes chrétiens ont tous échoué dans la peinture du ciel; que les uns ont péché par timidité, comme le Tasse et Milton; les autres par fatigue, comme le Dante; par philosophie, comme Voltaire; ou par abandance, comme Klopstok, je ne puis pas m'empêcher de lui dire à mon tour:

« *Est-ce que la vérité a besoin d'adresse? Est-ce que la vérité peut déboucher? Est-ce que la vérité se trompe? Est-ce que si c'était le christianisme qui eût animé tous ces poëtes, vous auriez de pareils reproches à leur faire?* Car tous ces reproches je les leur fais comme vous; mais aussi j'en conclus qu'ils n'ont eu aucune expérience positive de tous les sublimes objets qu'ils ont essayé de nous peindre; j'en conclus que leur pensée leur a fourni sur ces objets au moins autant de choses fausses que de vraies; j'en conclus que le christianisme ne les a pas dirigés, ou au moins qu'ils n'ont pas écouté ses leçons, et qu'ils en ont même mal copié la lettre, parce qu'il ne connoît point de mélange; parce qu'il n'annonce rien que d'après des faits réels, et une science expérimentale à l'abri de tout mensonge et de tous les phantômes de l'imagination humaine; et parce que les machines qu'il possède il ne les confie qu'à ceux qui croient réellement qu'elles existent, et qui sont jugés par lui en état de les évaluer et de les faire mouvoir. »

« N'allez donc plus rapprocher des choses aussi distantes que les productions poétiques et le christianisme, car ce seroit lui faire injure que de le faire concourir à la fabrication des mensonges. N'avez-vous pas assez de quoi développer votre beau système des bienfaits que la religion a procurés au monde, soit par les idées morales qu'elle a introduites dans les différentes classes de la société, et même dans l'ordre politique, soit par les respectables et utiles institutions qu'elle a fondées, telles que les ordres de chevalerie, les hospices et autres établissemens de bienfaisance de tout genre, soit par les magnifiques parallèles que vous faites des peuples chrétiens, avec ceux qui ne sont point compris dans cette dénomination, soit par les touchans tableaux de nos missions, toutes choses où la religion se montre en actes, et n'a rien à inventer ni à feindre, au lieu que les poëtes inventent tout, feignent tout, sans avoir même besoin d'opérer aucuns faits, ni d'offrir aucunes vertus, puisque toute leur tâche se réduit à nous enchanter. »

« Quant à ce que les poëtes chrétiens ont tous échoué dans la peinture du ciel, et qu'en général les tableaux du malheur sont pour nous bien plus faciles à peindre, je conviens que vous en donnez d'assez bonnes raisons; mais S. Paul en donne une bien meilleure en nous parlant de ces choses ineffables qu'il a entendues dans le troisième ciel, et en se taisant sur leur compte, parce que les langues humaines ne pourroient les exprimer. »

Aussi ce qui m'afflige, c'est de voir les poëtes vouloir nous peindre ce qu'ils ne connoissent pas, et ce dont ils ne pourroient pas nous parler quand même ils le connoîtroient. Je sais que de temps en temps les poëtes ont senti la nécessité d'être dirigés par la vérité, car c'est toujours elle qu'ils sont censés invoquer sous le nom de leur muse; mais les poëtes religieux eux-mêmes, n'est-ce pas en idée et par étiquette qu'ils l'invoquent? Et croient-ils bien fermement à son existence, lors même qu'ils en prononcent le nom ?

C'est sans doute aussi ce besoin secret de la vérité

qui a fait dire à Boileau au commencement de son Art
Poëtique :

> C'est en vain qu'au Parnasse un téméraire auteur, etc...
> S'il ne sent point du ciel l'influence secrète,
> Si son astre en naissant ne l'a formé poëte.

Mais l'auteur Allemand dont j'ai parlé apprendra à
ceux qui le liront, quel ciel il faut entendre dans les
paroles de Boileau, en nous montrant le pouvoir universel du règne astral sous lequel l'espèce humaine est tombée depuis le péché, et qu'il nous faut traverser et soumettre si nous voulons vaincre : ce qui est d'autant plus difficile que l'ennemi s'est emparé de tous les postes et qu'il domine sur tous les royaumes de ce monde, comme il le dit lui-même au réparateur dans l'Évangile.

Or, Milton nous fait assez voir combien il a pu être souvent lui-même dans la dépendance de l'influence de ce ciel astral, puisqu'il ne pouvoit travailler à ses poëmes que dans certaines saisons de l'année. Or, si ce poëte qui, à côté de cette influence astrale, a peut-être aussi reçu directement quelques clartés supérieures, comme quelques endroits de ses écrits pourroient l'indiquer, si cet auteur, dis-je, a été souvent aussi la victime de cette influence astrale et inférieure, qui est toujours aveugle et quelquefois fausse et corrompue, que doit-on penser de ceux de ses collègues qui auroient été comme lui sous l'influence astrale, et qui n'auroient pas eu les mêmes compensations que lui ?

Quand je vois d'après cela notre éloquent écrivain se confondre avec la tourbe des Aristarques littéraires qui se sont rendus les magistrats du Parnasse de ce monde; quand je le vois descendre avec eux dans l'arène, je regrette qu'il ne sente pas davantage sa dignité et sa supériorité sur eux ; je regrette de le voir s'arrêter avec eux à cette question secondaire : Si l'épopée est dans le drame, ou le drame dans l'épopée, question si étrangère au christianisme, et qui, à mon avis, se résoudroit d'elle-même, par la raison que le sujet où l'action doit exister ou être supposé, c'est-à-dire, avoir été en drame ou en acte avant qu'on puisse le chanter ou le réciter.

Je regrette de le voir reprocher à Milton comme au Dante, d'avoir fait du merveilleux le sujet et non la machine de leurs poëmes, comme s'il n'y avoit de merveilleux que les machines magiques, ou, pour mieux dire, comme si tout n'étoit pas magique, et par conséquent merveilleux, à commencer depuis la source radicale et éternelle des choses jusqu'à leur développement dans toutes les régions, et jusqu'à leur retour vers leur principe ; et par cette raison, comme si le merveilleux n'étoit pas réellement le principe, le sujet, et la machine de toute œuvre vraiment épique.

Car si le poëte choisissoit pour sujet un fait purement historique dans l'ordre terrestre, et qu'il y voulût joindre un autre merveilleux que celui de la fable, c'est-à-dire, un autre merveilleux que celui des contes de fées, il feroit un contre-sens, à moins qu'il ne commençât par élever ses héros jusqu'à la qualité de demi-dieux, comme le pratiquent tous les faiseurs de poëme épique ; et dès-lors rentrant dans l'esprit du vrai christianisme qui ne fait de l'homme rien moins qu'un fils de Dieu et qu'une image de Dieu, ils pourroient sans contre-sens, et devroient même nécessairement développer toutes les machines merveilleuses qui constituent la merveilleuse existence des êtres depuis Dieu jusqu'au ciron, et qui entretient par un acte vif et constant l'ineffable harmonie des choses; or dans ce genre qu'auroient-ils de plus merveilleux à nous présenter que les trésors actifs de la parole ?

Quant à la persuasion où est cet éloquent écrivain, que le christianisme a fait naître et a favorisé la poësie descriptive, en étendant jusqu'aux objets de la nature les harmonies de la religion; je crois qu'à cet égard il a jugé les choses, plutôt sur ce qu'elles pouvoient être que sur ce qu'elles sont en effet. Nos auteurs distingués dans la poësie descriptive, ont encore plus puisé dans les sciences naturelles et dans le goût régnant pour les connoissances physiques, que dans des mobiles religieux.

Sous ce rapport notre poësie descriptive auroit peut-être plus retardé le règne de la vérité que ne l'auroit fait le système mythologique de l'antiquité. En effet, la mythologie, en plaçant des génies imaginaires dans toutes les parties de la nature, offroit au moins une image des puissances réelles par lesquelles cette nature est gouvernée sous l'œil de l'éternelle sagesse ; au lieu que nos poëtes à force de suivre le torrent, nous offrent bien par-ci, par-là, et comme par extrait dans leurs tableaux, quelques traits des doctrines religieuses, sans que nous soyons sûrs toutefois qu'elles ne soient pas pour eux de vrais problèmes ; mais ils nous donnent abondamment des descriptions et des détails purement physiques, comme le font les savans dans la matière, et nous reportent plutôt par-là vers les ténèbres que vers la lumière.

Car s'ils semblent joindre quelques idées d'un autre genre à ces objets physiques qu'ils font entrer dans leurs descriptions, c'est communément pour réveiller en nous les impressions d'une sensibilité secondaire, et réduite à un cercle limité; rarement des sentimens vraiment moraux; et plus rarement encore des sentimens vraiment religieux; et parconséquent ils nous tiennent toujours au-dessous de ce que je reconnois pour être exclusivement le christianisme, et comme tel, appartenant aux développemens de la parole.

Il y a un autre genre descriptif qui me paroît avoir aussi ses abus. C'est celui par lequel les habiles critiques en littérature s'épuisent à disséquer les beaux endroits des grands auteurs; et je ne puis m'empêcher de leur dire : Si ces passages portent leurs beautés avec eux-mêmes, je n'ai pas besoin de votre secours pour les goûter. J'ai encore moins besoin de vos dissections. J'aurois moins de plaisir si je savois tant pourquoi j'en ai. Vous me trompez en refroidissant mes jouissances, comme les poëtes descriptifs de la nature me trompent en me donnant journellement leurs fictions personnelles pour ses véritables intentions.

Pour que le christianisme pût réellement favoriser ce que l'on devroit appeler la poésie descriptive, il faudroit que les poëtes devinssent ce qu'étoit Adam avant son sommeil, c'est-à-dire que, comme lui, ils sussent éveiller la vie dans les êtres, au lieu de ne nous entretenir que de ce qui n'est en quelque sorte que l'anatomie de ces êtres, ou même que leur figure extérieure.

Et véritablement ce que je lis de ces harmonies de la nature, composées de la main des hommes, produit en moi plus de douleur que de plaisir, car je vois que tout ce qu'ils nous donnent en ce genre s'appuie sur une base fausse, en ce qu'ils oublient que la nature est dégradée, et qu'ainsi, en lui prêtant sans cesse ce qu'elle n'a plus, ils ne m'offrent que les fantastiques tableaux d'une imagination égarée, sans compter que quand je les vois y mêler quelques couleurs religieuses, ils m'affligent encore davantage, en ce que je ne puis ignorer que la plûpart d'entr'eux croient fort peu à cet ordre de choses, et ne le connoissent pas davantage.

Ce seroit donc le christianisme véritable et primitif, ou la parole, qu'il faudroit commencer par démontrer aux hommes, avant de développer éloquemment, comme l'a fait l'auteur, la prépondérance que la religion ou le catholicisme a eue sur toutes les autres religions. Car il me semble que l'auteur laisse en arrière précisément la chose essentielle, dans les réponses qu'il fait aux athées.

La principale difficulté ne seroit pas, à mon avis, de prouver aux incrédules l'existence de Dieu et celle de l'ame même; sur-tout si l'on prenoit ses preuves dans l'Homme-Esprit. Aussi nombre de philosophes, en prenant ce flambeau pour guide, ont prouvé ces deux faits par des raisonnemens, tels que les demande la secte des athées; en un mot, par des raisonnemens que les esprits positifs peuvent comparer à ce qu'ils appellent des démonstrations par A + B.

Et cela ne doit pas surprendre, puisque malgré toutes les rêveries des athées et des matérialistes, la seule impuissance, que l'on soit dans le cas de reconnoître dans Dieu, c'est celle de ne pouvoir se cacher; et que l'ame de l'homme, qui est son image, se montre perpétuellement dans tous nos actes, même dans les efforts que nous faisons pour la nier.

Mais c'est moins ces deux articles qui offusquent les réfractaires, que tout l'édifice religieux que l'on veut élever sur ces deux bases ; ainsi prouver les deux premiers points, ce n'est pas prouver les conséquences positives qu'on en veut déduire.

En effet, le raisonnement et la logique ne prouvent que l'existence de Dieu et celle de l'ame. La chose religieuse doit avoir pour objet de prouver leurs rapports et de les réunir l'un à l'autre ; cette réunion ne peut se faire sans un concours intérieur de notre part, et sans l'action volontaire de notre être. La simple croyance à l'existence de Dieu et de l'ame ne demande point un pareil concours.

Voilà pourquoi il est plus aisé de guérir un matérialiste et un athée qu'un déiste. Dans le vrai, comment persuader un déiste de la source naturelle de la chose religieuse, de son utilité, de sa nécessité, si ce n'est en en faisant reposer la base sur l'état infirme et ténébreux de l'homme dégradé? Mais comment s'étendre jusques-là après le tort que la philosophie humaine a fait à l'homme? Comment trouver des hommes en état de faire faire ce chemin à leurs semblables?

Ne soyons donc plus surpris que les tentatives journalières, en faveur de la chose religieuse, soient si peu fructueuses. Convenons même que quand il s'agit d'attaquer le matérialisme et l'athéisme, les instituteurs ordinaires n'ont encore que des armes bien impuissantes, puisqu'ils ne prouvent Dieu que par l'univers, et qu'ils ne prouvent l'ame que par les livres théologiques. Comment prouveroient-ils donc l'ame et Dieu, s'il n'y avoit ni livres, ni univers?

Ils n'étudient point les choses éternelles ; ils n'étudient point la parole ; ils n'étudient point son action universelle, ni pourquoi c'est cette action seule qui porte la vie. Comment verroient-ils donc la source divine de l'homme pensant et immortel ? Comment verroient-ils sa liaison naturelle avec son principe ? Comment verroient-ils l'objet profond de la chose religieuse, et comment nous apprendroient-ils à admirer notre Dieu dans son économie restauratrice, et dans la sublimité de sa sagesse ?

Il reste donc à démontrer immédiatement aux réfractaires l'altération de la famille humaine, et l'espèce de cette altération ; puis les secours que la bonté suprême a envoyés dès l'origine, et qu'elle envoie journellement aux mortels pour les soulager dans leur infortune ; puis le caractère de ces secours, ou celui de la chose religieuse en général, et enfin les droits que les ministres de cette chose religieuse prétendent chacun dans leur ressort posséder exclusivement pour diriger leurs semblables, et les moyens qu'ils disent exister en eux pour donner le repos aux ames, et leur faire accomplir les véritables loix du Créateur.

Or, ce sont ces articles importans que les philosophes religieux n'ont point prouvé par $A + B$, comme ils l'ont fait pour les deux autres ; cependant si toutes ces choses sont vraies, elles doivent avoir aussi leurs preuves positives, puisque chaque chose doit faire sa propre révélation.

Mais ces preuves doivent prendre un nouveau caractère, à mesure que leur objet se substantialise et s'empare d'un plus grand nombre de nos facultés. Néanmoins elles ne doivent pas plus dépendre de l'arbitraire que les deux autres; elles ne doivent pas plus qu'elles reposer sur le simple littéral, et encore moins sur l'enseignement impérieux d'un autre homme, mais elles doivent porter avec elles-mêmes leur évidence.

Notre éloquent écrivain a reconnu lui-même qu'il y avoit une géométrie intellectuelle, et quoi qu'il en dise, je crois que cette géométrie là a été plus familière à certains philosophes anciens qu'elle ne l'a été à Leibnitz, à Descartes, à Newton, même à Pascal, qui en a plus approché que ces trois hommes célèbres.

Ainsi donc s'il y a un $A + B$ pour prouver l'existence de Dieu et l'immatérialité de l'Homme-Esprit, il doit y avoir un $A + B$ pour prouver notre altération, et par suite la chose religieuse qui en est le remède, comme il doit y avoir un $A + B$, pour prouver l'efficacité de ce remède, qui ne peut être que spécifique, puisque si la volonté des êtres libres peut le rendre nul à leur égard, et l'empêcher d'opérer pour eux, ils ne peuvent pas l'empêcher d'opérer contre; or toutes ces espèces de preuves, quoique différentes, doivent être positives chacune dans leur genre.

La première de ces preuves, ou celle qui a pour objet l'existence de Dieu et de l'Homme-Esprit, nous pouvons l'appeler preuve positive, rationnelle ou intellectuelle, parce qu'en effet elle est du ressort de la simple observation réfléchie ou du raisonnement.

La seconde, qui a pour objet notre altération, et par suite la chose religieuse, nous l'appellerons preuve positive, sentimentale ou affective, parce qu'elle exige nécessairement que l'homme mette en œuvre une nouvelle faculté de lui-même, outre celle de son jugement, comme la médecine qui fait appercevoir à un homme imprévoyant qu'il est atteint d'une maladie grave, lui donne par-là de l'inquiétude et même de la frayeur sur le danger de sa situation, et en même-temps l'éclaire sur le remède qui peut lui être utile, tandis que pour connoître l'existence de la science médicinale et la posséder, il suffit à l'aspirant à cette science de mettre sa raison à l'étude et en exercice.

Enfin la troisième preuve qui a pour objet de démontrer les pouvoirs du ministre de la chose religieuse, et en même temps la supériorité et l'efficacité de cette chose religieuse elle-même, nous la nommerons preuve positive expérimentale, parce qu'elle gît dans les faits, et que, saisissant toutes les facultés de notre être, elle devient confirmative des deux preuves antérieures, ou de la preuve positive sentimentale, et de la preuve positive intellectuelle. Si on transpose ces différentes espèces de preuves, ou si on n'en emploie qu'une, lorsqu'il faudroit les employer toutes, peut-on condamner les adversaires de ne se pas soumettre ?

Il n'est pas bien difficile, comme nous l'avons dit, de démontrer la nécessaire et exclusive grandeur d'un être supérieur et unique, ainsi que notre rapport radical et originel avec lui ; sans quoi nous ne pourrions seulement pas nous occuper de son existence, ni même en avoir la pensée.

En effet, on ne peut réellement appeler grand qu'un être qui le soit tellement, que nul autre ne puisse le surpasser, ni même l'égaler. Or, dans ce sens, il n'y a de grand que Dieu, parce que lui seul étant tout, il est impossible qu'aucun autre être, non-seulement excède sa grandeur, mais même qu'il la puisse jamais atteindre. Voilà pourquoi après Dieu, il ne peut y avoir que des grandeurs relatives ; et voilà pourquoi tout pour nous n'est que proportion : mais en même temps voilà pourquoi il faut qu'on nous ait gratifiés de quelques moyens positifs de démontrer son influence génératrice relativement à tous les êtres, et son influence restauratrice relativement à nous ; enfin de nous démontrer par le fait, et non par des livres, l'exclusive suprématie de l'être des êtres, et les rapports effectifs que la parole cherche sans cesse à avoir avec nous.

C'est cette idée-là sans doute qui m'a porté jadis à dire dans l'Homme de desir, n.° 166, que le sublime, c'étoit Dieu, et tout ce qui nous mettoit en rapport avec lui. Cette intelligence me vint après avoir entendu avouer à un célèbre professeur, que le sublime étoit indéfinissable.

J'ai lu depuis dans les ouvrages de ce même professeur : *Ce qui est beau, ce qui est grand, ce qui est fort admet le plus ou le moins : il n'y en a pas dans le sublime*, etc.

J'ai reconnu là que son idée et la mienne sur le sublime étoient les mêmes, sauf la persuasion où je suis que ce que nous croyons lui et moi au sujet du sublime, nous pouvons l'étendre à toutes les autres qualités, *vertus*, etc., qu'il en excepte ; car il n'y a que dans Dieu où toutes ces choses-là soient positives ; et la parole est l'universel et éternel proclamateur de toutes ces positives sublimités.

Je peux joindre ici une observation importante, c'est que rien ne nous peut paroître vraiment sublime qu'en nous communiquant un extrait de ce qui se passe dans la région supérieure et divine qui est la source de toutes choses et de toutes les sublimités. Auguste nous transporte en disant : *Cinna, soyons amis ; c'est moi qui t'en convie*, parce que c'est là le langage positif et continuel de l'éternelle vérité envers l'homme ; et c'est ce qu'on peut induire de tous les autres exemples de sublime, soit de paroles, soit de faits. Ils ne font chacun que lever le voile, et qu'ouvrir l'inépuisable foyer de tous les actes et de toutes les pensées sublimes, sur lequel repose la racine de notre être. Or, pour peu qu'on nous approche de cette région, et qu'on nous mette à même d'en entendre parler le langage, comme ce langage est celui de notre nature, il ne faut pas s'étonner qu'il nous ravisse.

D'après ce principe qui mériteroit d'être traité *ad hoc*, et qui seroit susceptible d'être étendu à l'infini, en raison de l'infinité d'objets qu'il embrasse, et des témoignages qui déposeroient en sa faveur, on conçoit pourquoi Malebranche disoit que nous voyons tout en Dieu ; mais on conçoit aussi que l'on pourroit rendre son idée sous une forme moins gigantesque, et sinon plus simple, du moins plus rapprochée de nos foibles esprits, et plus propre à les remplir d'une douce lumière, au lieu de ce flambeau éblouissant qui les aveugle.

Ce seroit de dire que nous voyons réellement Dieu dans tout, et que véritablement nous ne verrions rien dans quelques objets que ce fût, si le principe de toutes les qualités, c'est-à-dire, si Dieu n'opéroit activement en eux, soit par lui, soit par ses puissances.

C'est ainsi que les corps sonores restent sourds, si

l'on les prive de la communication de l'air qui doit nécessairement s'insinuer en eux pour qu'ils rendent des sons : par la même raison, nous pouvons dire que le son lui-même ne pourroit pas nous être sensible ou se manifester, s'il n'y avoit pas un son universel et générateur qui se montrât dans les sons partiels ; ce qui est la vraie cause pourquoi la musique a toujours eu tant d'empire sur les hommes.

Ainsi les différens exemples du sublime, ou les reflets partiels du centre universel et générateur qui nous sont transmis, nous portent toujours plus loin et au-delà de ce qu'ils nous montrent.

C'est pour cela que de tous les moyens qui nous sont offerts pour jouir du sublime, il n'en est point de plus sublime que la parole ou le véritable christianisme, puisqu'il n'est autre chose que notre union même avec l'esprit et le cœur de Dieu ; et l'on pourroit tirer de-là une preuve directe que ce christianisme est divin, puisque c'est au fruit qu'on connoît l'arbre. Mais cette preuve ne peut s'acquérir que par l'expérience : c'est là son $A+B$. Elle ne peut s'établir d'une manière complète par l'$A+B$ du raisonnement.

Toutefois l'admiration des littérateurs et des rhéteurs pour ce qu'ils regardent comme sublime, me confirme dans la persuasion où je suis que les beaux-esprits et les génies selon les hommes font leur demeure habituelle dans des régions très-inférieures, et que quand ils rencontrent quelques traits, quelques idées, quelques expressions qui les élèvent un peu au-dessus de ces régions, ils éprouvent une impression qui remplit le vide où ils sont, et qui ne semble leur avoir fait atteindre au dernier degré du sublime, que par la privation constante où ils se trouvent dans la région stérile qu'ils habitent.

S'ils connoissoient la région vraiment sublime pour laquelle l'homme est fait, ils réduiroient à leur valeur tous ces traits de sublime devant lesquels ils s'extasient, et ils ne les considéreroient que comme des jeux d'enfans ; et sur cela, il suffiroit de les renvoyer aux prophètes.

Quant à la croyance que les beaux-esprits et les génies en question peuvent avoir à ces preuves positives et expérimentales, dont je viens de parler, on n'ignore pas ce que l'on doit en penser. Ne les voit-on pas mettre sur la même ligne, ceux qui se croient athées, et ceux qui, quoique raisonnables, deviennent illuminés, prophètes, thaumaturges, à force de vanité, d'exaltation ou de curiosité ? Ne les entend-on pas dire que toute passion forte peut donner à l'esprit un trait de démence ? Ne sait-on pas en outre ce qu'ils disent du spectre d'Athènes, et ensuite du fantôme d'Athénodore, deux relations qu'ils rient de voir rapportées par Pline le plus sérieusement du monde, et qu'ils croient pouvoir regarder comme l'original de tous ces contes de revenans répétés et retournés en mille manières, attendu que chacun peut raconter à sa fantaisie ce qui, selon eux, n'est jamais arrivé ?

O vous, doctes et beaux-esprits, qui montez en chaire pour régenter le monde, je suis bien loin de plaider contre vous pour défendre ces questions de fait, mais je voudrois qu'en qualité d'instituteurs des nations vous eussiez commencé par vous instruire à fond des questions de droit. C'est alors que vos assertions sur

le fait auroient plus de poids, soit pour, soit contre :
jusques-là elles nous laissent libres de ne les regarder
que comme des opinions de jeunesse, et qui, comme
telles, peuvent être aussi fantastiques que les fantômes
même ; et ainsi elles nous permettent de juger à quoi
se réduisent les pas que vous avez faits dans la carrière
de la philosophie divine et du véritable christianisme,
ou, ce qui est la même chose, dans le ministère de
la parole.

Je répéterai donc ici le reproche que j'ai déjà fait
aux littérateurs en général, et aux littérateurs religieux en particulier : c'est qu'atteignant quelquefois,
soit par leurs dons naturels, soit par leurs efforts, la
région de la vérité, ils dissipent les trésors qu'ils y
rencontrent, en les usant sur des sujets inférieurs aux
plans de cette région sublime ; et qu'ils réduisent bientôt le domaine de la parole à l'art de peindre et d'écrire
avec régularité et avec grace, sacrifiant ainsi continuellement à la forme, le fond qu'ils ne connoissent
pas.

C'est ce qui m'a fait dire que la littérature humaine
en général étoit un des filets de l'ennemi, et qu'il s'en
sert avec beaucoup d'adresse pour retarder les hommes dans leur marche, tout en leur donnant sujet de
croire qu'ils sont très-avancés, puisqu'en effet ils le
sont plus dans leur art que le commun des autres
mortels.

La pensée de l'homme et sa parole sont des armes
tranchantes et des sucs corrosifs qui lui sont donnés
pour briser et dissoudre toutes les substances infectes
qui l'environnent. Lorsqu'il n'applique pas ces dons
puissans à leur véritable destination, ils le corrodent

et le détruisent, parce qu'ils ne peuvent rester sans activité. Voilà pourquoi l'action est si utile à l'homme : voilà pourquoi il lui est si avantageux d'être employé à l'œuvre active de la parole qui est le vrai christianisme.

Nous allons maintenant nous adresser à ceux qui, par état, sont chargés spécialement du ministère de cette parole.

Vous donc, ministres de cette parole, croyez-vous qu'elle n'ait aucun reproche à vous faire ? Vous qui l'avez mise comme en tutèle, et qui avez appauvri votre pupille, sans vous enrichir de ses trésors, ne pourroit-elle pas vous dire que si vous n'obtenez rien d'elle, c'est que vous ne lui demandez rien ; et que si vous ne lui demandez rien, c'est que vous croyez avoir tout ?

N'avez-vous jamais ravalé cette parole, en réduisant son administration à des institutions figuratives, à des discours et à une pompe extérieure, en ne nous offrant jamais les merveilleux fruits de ses fertiles domaines, et en enseignant que le temps des merveilles de cette parole est passé, comme si cette parole étoit caduque, et comme si le besoin que nous avons de ses fruits n'étoit pas aussi urgent depuis votre règne qu'il l'étoit auparavant, et qu'il le sera jusqu'à la consommation des choses ? N'avez-vous jamais fait, à l'égard de cette parole, ce que le réparateur reprochoit aux prêtres Juifs ; savoir, de s'être emparés de la clef de la science, et non-seulement de n'y être point entrés, mais même d'avoir empêché ceux qui vouloient y entrer ? N'avez-vous jamais paralysé l'œuvre divine, en resserrant dans d'étroites limites les hommes de desir qui, par vos dons et vos lumières, auroient dû devenir des ouvriers du Seigneur ?

Vous voyez ce que l'industrie humaine fait produire chaque jour aux simples substances de la nature par les superbes découvertes qui se font sous vos yeux dans les sciences. Avez-vous réfléchi, d'après cela, à tous les prodiges que vous auriez pu attendre de l'ame de l'homme, si, au lieu de la contraindre dans ses mouvemens, et de la retenir dans des entraves, vous vous étiez occupés de seconder ses élans divins, et de lui ouvrir les sublimes régions de la liberté où elle a pris la naissance ?

N'avez-vous jamais fait rétrograder par vos institutions le réparateur dans le temple dont il avoit annoncé d'avance la destruction, et dans lequel on ne voit pas qu'il ait reparu une seule fois depuis qu'il fut sorti du tombeau, quoique depuis cette glorieuse époque il se soit montré fréquemment à ses disciples ?

N'avez-vous jamais neutralisé le moyen curatif de l'ame humaine, en vous contentant de lui parler vaguement de détruire en elle le vieil homme, mais en ne lui enseignant point à faire naître en elle le nouvel homme, et en ne lui aidant point à opérer en elle cette renaissance qui n'est autre chose que le renouvellement de son contrat divin ; renouvellement que vous deviez seconder efficacement par tous les moyens qui sont en vous ?

N'avez-vous jamais fait comme ceux des professeurs spiritualistes, mystiques et pieux, qui défendent que l'on marche par la raison ?

Mais pourquoi défendent-ils que l'on marche par la raison ? C'est qu'ils n'ont pas fait attention que s'il y a une raison humaine qui est contre la vérité, il y a aussi une raison humaine qui est pour elle. Ils sont sages et prudens lorsqu'ils nous défendent la première espèce de raison, car, en effet, elle est l'ennemie de toute vérité, comme on le voit aisément aux outrages que font à cette vérité les docteurs dans les sciences externes qui sont l'objet et le résultat de la simple raison de ce monde naturel. La principale propriété de cette espèce de raison est de craindre l'erreur, et de ne se livrer qu'avec défiance à ce qui est la vérité. Toujours occupée de scruter les preuves, elle ne laisse presque jamais à l'esprit le temps de goûter le charme des jouissances vives. Elle a une marche ombrageuse qui empêche que le goût du vrai ne pénètre jusqu'à elle. Voilà ce qui entraîne à la fin les sociétés savantes dans l'incroyance, après les avoir retenues si long-temps dans les doutes.

Mais ils ne seroient plus sages ni prudens s'ils nous défendoient l'usage de la seconde espèce de raison, parce que cette seconde espèce de raison est au contraire le défenseur de la vérité. C'est l'œil perçant qui la découvre continuellement, et ne tend qu'à en faire appercevoir les trésors ; et loin que sous ce rapport la raison soit condamnable, ce sera au contraire un crime pour nous de ne l'avoir pas suivie, puisque ce présent avoit été fait à tous les hommes dans le seul et unique but qu'ils s'en serviroient, et dans la persuasion où est l'agent suprême, que ce flambeau, en se présentant humblement au foyer de la lumière universelle, eût suffi pour nous apprendre tout, et nous conduire à tout.

En effet, comment l'agent suprême auroit-il pu exiger que nous crussions à lui et à toutes ses merveilles, si nous n'avions pas par notre essence tous les moyens nécessaires pour les découvrir? Oui, la vérité seroit injuste si elle n'étoit pas clairement et ouvertement écrite par-tout aux yeux de la pensée de l'homme. Si cette éternelle vérité veut être crue, elle, et tout ce qui dérive d'elle, c'est qu'il nous est donné de pouvoir à tous les pas nous assurer de son existence; et cela, non pas sur le témoignage de la simple assertion des hommes, ni des ministres mêmes de la vérité, mais par des témoignages directs, positifs et irrésistibles.

Car la croyance que vous faites naître quelquefois dans la pensée de vos prosélytes, quelqu'utile qu'elle soit, est bien loin de cette certitude qui doit s'appuyer sur de pareils témoignages. Ce n'est pas une chose rare que de rencontrer des hommes sur la croyance desquels on puisse exercer quelque empire; ce n'est pas même une chose rare que d'entendre dire dans le monde qu'il n'y a rien de plus aisé que de croire ; on y trouve même des gens qui prétendent qu'ils croient, en effet, tout ce qu'ils veulent.

J'accorde cela pour la croyance aveugle, parce qu'elle ne consiste qu'à écarter l'universalité, et à ne saisir qu'un seul point. Dès-lors on est dispensé de toute comparaison; et même par cette loi, plus on descendra dans les particularités, plus on sera disposé à croire, ce qui explique le fanatisme des superstitieux, qui est en raison directe de leur ignorance.

Mais je le nie par rapport à la certitude qui est l'opposé de la croyance aveugle, parce que l'on n'arrive à cette certitude qu'à mesure que l'on monte vers l'universalité, ou vers l'ensemble des choses, attendu que lorsque l'on fait des confrontations dans cet ensemble des choses, et qu'on y découvre l'unité ou l'universalité de la loi, il est impossible que l'on n'ait pas la certitude. Et, en effet, cette certitude est l'opposé de la croyance, parce qu'elle est en raison directe de l'élévation et des connoissances.

Ainsi j'accorde que rien n'est plus aisé que de croire, mais qu'il n'est pas si aisé d'être sûr. Les gens du monde lancent de temps en temps de ces propositions spécieuses qu'ils croient péremptoires, parce que personne ne leur répond. Ce sont des espèces de réactifs chimiques qu'ils introduisent auprès du vrai, et avec lesquels ils cherchent à le précipiter au fond du vase. Mais on voit qu'il n'est pas impossible d'échapper à ces subterfuges ?

En général les hommes ne s'enfoncent, soit dans les croyances aveugles, soit dans les défiances, soit même dans le scepticisme, que parce qu'ils s'en tiennent à contempler les opinions ténébreuses ou impérieuses des hommes, leurs systèmes incohérens, et leurs passions ; en un mot, parce qu'ils ne regardent que dans les hommes, en qui tout est divers et en opposition. S'ils regardoient dans l'homme, ils y verroient la racine de toutes les *vertus*, de toutes les lumières et de toutes les harmonies ; enfin, ils y verroient le système divin lui-même, et ils se trouveroient dans une uniformité de principes et de certitudes qui les mettroit bientôt tous d'accord. N'éloignons donc pas celle de nos deux raisons humaines qui a le pouvoir d'atteindre à la vérité.

Ceux qui font cas des Écritures n'ont qu'à voir combien elles prisent l'intelligence, combien elles menacent de priver de ce guide ceux qui s'écarteront de la ligne, et combien elles promettent de récompenser par ce flambeau ceux qui auront aimé la vérité. Ils n'ont qu'à voir comment tous les élus de Dieu, chargés d'annoncer sa parole, ont réprimandé les peuples, les individus, et les ministres religieux, qui négligeoient de faire usage de cette intelligence ou de cette raison divine, et de ce discernement pénétrant qui ne nous est donné que pour séparer continuellement la lumière des ténèbres, comme le fait l'esprit de Dieu ?

Vous donc, ministres des choses saintes, voyez quelle est l'œuvre que la vérité a droit d'attendre de vous. Contemplez si vous le voulez la marche respectable des mystiques de tout genre. Mais ne vous confondez point avec ces timides piétistes, en nous interdisant, comme eux, l'usage du flambeau que l'homme a reçu par sa nature. Il n'est pas rare de voir de ces mystiques, soit féminins, soit masculins, nous peindre merveilleusement l'état le plus parfait des ames, et nous donner même une description exacte des régions ou impressions par où passent les vrais ouvriers du Seigneur.

Mais ces mystiques semblent n'être appelés à approcher de ces régions, que pour en faire la peinture, et ils n'ont pas la vocation active qui semble appartenir aux véritables administrateurs ; ils voient la terre promise et ne la labourent pas ; les autres souvent la labourent sans la voir ; ils craindroient même de se distraire, s'ils s'arrêtoient trop à la considérer, tant ils ont d'ardeur pour la rendre fertile. Leur poste n'est pas dans les régions partielles. Nous en pouvons juger en considérant la nature du desir.

Le desir ne résulte que de la séparation ou de la distinction de deux substances analogues, soit par leur essence, soit par leurs propriétés ; et quand les gens à maximes disent qu'on ne desire pas ce qu'on ne connoît point, ils nous donnent la preuve que si nous desirons quelque chose, il faut absolument qu'il y ait en nous une portion de cette chose que nous desirons, et qui dès-lors ne peut pas se regarder comme nous étant entièrement inconnue. En outre, il est certain, comme je l'ai dit souvent, que tout desir fait son industrie pour atteindre au but qui l'attraye, ce qui se voit dans tout ordre quelconque où nous voudrons choisir nos exemples ; ce qui en même temps doit inculper notre paresse, réveiller notre courage, et condamner ceux qui le paralysent.

Je peux ajouter ici que le desir est le principe de tout mouvement, qu'ainsi c'est une chose incontestable que le mouvement et le desir sont proportionnels, et cela depuis le premier être, qui étant le premier desir, le desir *un*, ou le desir universel, est aussi par-là le mobile du mouvement même, jusqu'à la pierre qui est sans mouvement, parce qu'elle est sans desir.

Je peux ajouter encore que chaque desir agit sur sa propre enveloppe ou sur son enceinte pour se manifester ; que plus l'on prend l'exemple dans un ordre relevé, plus l'enveloppe est susceptible de sentir et de participer au desir qui est renfermé en elle ; que c'est par cette raison que l'homme peut être admis au sentiment et à la connoissance de toutes les merveilles divines, parce que son ame est l'enveloppe et le réceptacle du desir de Dieu.

Aussi, d'un côté, la magnificence de la destinée naturelle de l'homme, est de ne pouvoir réellement et radicalement appéter par son desir que la seule chose qui puisse réellement et radicalement tout produire. Cette seule chose est le desir de Dieu ; toutes les autres choses qui entraînent l'homme, l'homme ne les appète point, il en est l'esclave ou le jouet. D'un autre côté, la magnificence de son ministère, est de ne pouvoir réellement et radicalement agir que d'après l'ordre positif à lui prononcé à tout instant, comme par un maître à son serviteur, et cela par la seule autorité qui soit équitable, bonne, conséquente, efficace, et conforme à l'éternel desir. Tous les autres ordres qu'il reçoit journellement, ce n'est point comme serviteur; c'est lui qui les provoque par intérêt, et souvent même par orgueil et en se faisant souverain. Aussi presque par-tout dans ce monde les serviteurs se mettent à la place des maîtres.

Je ne peux plus cacher ici que le desir divin qui se fait sentir dans l'ame humaine, a pour but d'établir l'équilibre entre Dieu et elle, puisqu'un desir vient d'une séparation de substances analogues qui ont besoin d'être unies ; or, cet équilibre n'est pas un effet mort et inerte, mais un développement actif des propriétés divines qui constituent l'ame humaine, en tant qu'elle est un extrait divin universel.

Mais si ces notions étoient éteintes dans l'ame humaine, c'étoit à vous, ministres des choses saintes, à les y faire renaître ; si ce desir étoit affoibli dans les hommes, c'étoit à vous à lui rendre ses forces, en lui en retraçant d'avance les avantages. Quel beau rôle vous auriez eu à faire en travaillant ainsi à opérer dans un ordre si supérieur la réunion de ce qui est séparé et qui se desire ! Vous voyez qu'un simple desir animal, tel que la faim, a pour but d'établir l'équilibre entre notre corps élémentaire et la nature, afin de mettre ce corps en état de manifester et d'accomplir toutes les merveilles élémentaires ou les propriétés corporelles dont la nature l'a composé, en tant qu'il est l'extrait de cette nature. Que n'auroit-on donc pas à attendre de ce desir puisé dans un autre ordre, et de ce besoin sacré, dont la source suprême a composé notre essence ?

Homme, si tu veux faire une utile spéculation, observe que ton corps est une expression continuelle du desir de la nature, et que ton ame est une expression continuelle du desir de Dieu ; observe que Dieu ne peut être un instant sans desirer quelque chose, et que Dieu ne doit pas avoir un desir que tu ne puisses connoître, puisque tu devrois les manifester tous. Tâche donc d'étudier continuellement les desirs de Dieu, afin de n'être pas traité un jour comme un serviteur inutile.

Mais il y a une raison majeure, qui rend très-laborieuse pour nous notre réunion avec ce Dieu dont nous sommes séparés ; et cette raison qui nous apprend pourquoi il nous faut agir si fortement et si persévéremment pour atteindre à Dieu, repose sur deux difficultés.

La première est que depuis l'altération, nous sommes dans une véritable prison, qui est notre corps, pendant qu'il devroit être encore plus notre préservatif ; et même au lieu de diminuer selon leurs forces et leur industrie le poids de leurs fers, la plûpart des hommes concourent à ce que leur ame devienne de la nature de leur prison, en se matérialisant, comme ils le font. Ainsi l'ame humaine étant devenue par-là, pour ainsi dire, prison elle-même, on peut voir quelle est aujourd'hui sa lamentable situation. On peut voir aussi pourquoi elle est dans sa propre servitude, au lieu d'être au service de son maître.

La seconde difficulté, et qui à elle seule est d'un poids immense, c'est que Dieu se concentre en lui-même, comme font tous les êtres; c'est que par sa propre attraction centrale, il tend sans cesse à se rapprocher de lui-même, et à se séparer de ce qui n'est pas lui; c'est que, par ce moyen, il se rend perpétuellement un monde à part, enfermé dans sa propre enveloppe sphérique universelle, comme nous voyons prendre cette forme à tous les mondes particuliers, puisque tous les corps, jusqu'aux globules d'eau et de mercure, se forment tous une enveloppe de cette espèce.

Or, comme nous avons été renfermés par le péché dans un monde qui n'est pas divin, comme d'ailleurs journellement nous nous formons par nos souillures, nos illusions et nos ignorances, un monde qui l'est encore moins, on voit combien il nous faut faire d'efforts pour annuler ces mondes faux, obscurs et pesans qui nous environnent, et pour faire entr'ouvrir le monde divin dans lequel il nous seroit si doux et si nécessaire d'entrer. Les grands efforts que nous aurions à faire pour cela seront faciles à imaginer, quand nous n'oublierons pas que tous ces mondes-là, en se concentrant chacun en eux-mêmes, tendent sans cesse à se séparer les uns des autres.

Cependant il ne faut pas se décourager pour cela, parce que ce monde divin, qui tend à se concentrer, tend néanmoins en même temps à s'universaliser, parce qu'il est tout, ou du moins qu'il voudroit être tout, puisque c'est son droit. Ainsi notre travail, s'étoit bien entendu, auroit pour but principal d'atténuer et de laisser dissoudre tous ces mondes faux dont nous nous environnons sans cesse, parce que le monde universel ou divin en prendroit la place naturellement, puisque toutes les places lui appartiennent ; et ces résultats seroient prompts et faciles, puisque nous concourions par-là avec la tendance de ce monde universel lui-même.

Or, quel est le vrai spécifique pour opérer cette œuvre merveilleuse, ou pour atténuer les mondes faux qui nous environnent, ou que nous nous formons nous-mêmes tous les jours, et pour ouvrir le monde divin qui ne tendroit qu'à prendre leur place ? Je ne craindrai point de le répéter, n'étoit-ce pas à vous, ministres des choses saintes, à nous faire connoitre ce spécifique ? N'étoit-ce pas à vous à nous enseigner et à nous prouver qu'il consiste dans les vertus de la parole ? Oui, l'éternelle parole n'agit et n'élève sa voix que pour exterminer les mondes de l'illusion, ou ces Titans qui escaladent journellement le ciel, et pour faire régner par tout, le monde divin et réel dont elle est à-la-fois l'organe et le principe.

Je sais que les obstacles sont innombrables, les difficultés immenses, et les dangers presque continuels ; mais aussi il y a des appuis de toute espèce accordés universellement aux forces de l'homme, pour qu'il puisse par-tout se défendre, remporter la victoire et remplir toutes les destinations de son être, sans que l'ennemi en retire autre chose que de la honte.

Quoique nous consommions journellement notre zèle à mille objets inférieurs et à mille occupations secondaires qui ne nous avancent point dans le véritable ministère de l'Homme-Esprit, cependant, lorsque nous nous renfermons dans la mesure de nos besoins et de la justice, ces occupations mêmes peuvent nous être utiles comme préservatifs.

En effet, les nombreuses diversions, affections et entraînemens que nous suggèrent journellement les travaux et les soins de la vie, soit animale, soit sociale et politique, sont autant de secours qui ne cessent de se présenter à nous pour nous retenir au bord de nos abymes ; car notre esprit pourroit sans cela s'y précipiter à tout instant. Ce sont autant de digues et de palissades qui se trouvent par-tout au long des précipices où nous marchons pendant notre passage dans ce bas-monde.

Il n'y a pas un moment de notre existence qui ne rencontre un pareil appui, et ce sont ces appuis-là qui nous font traverser nos ténèbres infectes sans que nous éprouvions les effroyables dégoûts, et les insupportables amertumes qui nous y attendroient. Ainsi, quand l'homme se laisse aller aux crimes ou simplement aux foiblesses, c'est qu'à coup sûr il n'a pas su faire un salutaire usage de ces appuis qui l'environnoient, puisque c'est une vérité qu'il avoit autour de lui tous ceux qu'il lui falloit, sinon pour avancer, au moins pour ne pas tomber.

Sans nous élever ici à ces sublimes principes de morale qui nous recommandent, avant de nous livrer à nos illusions, de regarder si autour de nous il ne nous reste pas quelqu'œuvre utile à laquelle nous puissions nous consacrer, on voit au moins là d'où découlent les principes des moralistes les plus ordinaires, qui nous recommandent tant d'éviter l'oisiveté, soit du corps, soit de l'esprit ; on y voit aussi pourquoi communément il y a moins de corruption et de foiblesses parmi les hommes qui s'occupent, que parmi ceux qui vivent dans l'inaction et la fainéantise ; pourquoi il y a moins de fous dans la classe occupée que dans la classe oisive, et moins dans la classe occupée d'objets naturels et matériels que dans celle occupée des ouvrages de la pure imagination ; pourquoi enfin il y a moins de gens livrés aux mauvaises sciences, dans la classe inférieure et occupée, que dans celle de la grandeur et de l'oisiveté.

Non-seulement ces secours et ces supplémens sont nos continuels remparts contre l'ennemi ; mais si nous les employons avec zèle et une intention pure, ils nous lient toujours un peu, chacun selon leur mesure, à ce délicieux magisme que la vérité porte avec elle-même, et que sa parole ne cesse de faire filtrer partout, même à notre insçu ; de façon que d'un côté, nous imprégnant de leurs sucs vivifians, et de l'autre, nous rendant comme invisibles et inabordables à l'ennemi, ils ne nous offrent par-tout que la sécurité et le bonheur, et neutralisent perpétuellement l'amertume qui est toujours prête à pointer dans nos jouissances.

Il n'y a point de situation dans la vie à qui l'emploi de cette doctrine ne soit applicable. Les états pénibles, comme les états doux, y trouveront chacun leur recette, et le régime qu'ils ont à suivre selon leurs diverses circonstances ; car les états doux ont leurs inconvéniens comme les états pénibles, et même ils en ont plus que ces derniers : voilà pourquoi ils ont encore plus besoin de ces supplémens, et demandent encore plus d'être en surveillance.

Or, comme la parole est toujours unie secrètement à ces appuis, il n'en est aucun qui ne puisse parvenir à partager avec elle sa vivifiante action. Voilà pourquoi ce seroit en nous préservant de l'oisiveté de l'esprit dans les états doux, et de l'oisiveté du corps dans les états pénibles, que nous nous lierions insensiblement à la parole, et que peut-être nous deviendrions naturellement des ministres de la parole.

Car cette éternelle parole passe sans cesse de la mort à la vie pour nous ; elle n'existe elle-même que de cette manière : elle est en soi un continuel prodige toujours renaissant ; comme elle agit par-tout et continuellement selon ce même mode et selon ce même caractère, elle répand universellement cette même empreinte et cette même teinte active sur tout ce qu'elle opère et sur tout ce qui est, soit visible, soit invisible.

Voilà notre boussole, voilà notre vaisseau, voilà notre port, voilà notre ville de refuge. Allons à ce guide par notre esprit et par nos actes ; unissons-nous à lui, et par-tout il nous fera renaître de la mort à la vie, par lui et avec lui ; par-tout il nous fera participer à sa propriété d'être un continuel prodige, et l'ennemi sera obligé de nous laisser passer sans avoir mis d'imposition ni sur nous, ni sur notre félicité présente et future.

Ne demandons plus ce qui attend l'homme de bien, même sur cette terre, lorsqu'il remplit avec exactitude et résignation cette partie du décret qui nous condamne tous à combattre, si nous voulons vaincre. Ce qui l'attend, cet homme de bien, ce ne peut être autre chose que les faveurs de la parole, puisque ces faveurs de la parole sont celles dont il auroit joui si nous fussions restés fidèles au contrat divin. Il est donc vrai que si nous nous conduisions sensément, non-seulement nous ne douterions pas qu'il y eût eu pour nous autrefois un ordre parfait que nous pourrions appeler un optimisme primitif, mais même nous découvririons autour de nous un optimisme secondaire qui nous rempliroit de consolations dans nos épreuves et dans notre pénible situation ici-bas.

Mais si en général la base radicale de notre être nous porte volontiers à croire, soit par besoin, soit par persuasion, à un optimisme primitif dans lequel tout étoit bien, nous avons plus de peine à admettre un optimisme secondaire, en voyant tant de mal autour de nous. Cependant cet optimisme secondaire cesseroit bientôt d'être contesté si nous voulions ouvrir les yeux sur la source de vie et d'amour qui nous cherche sans cesse jusque dans nos abîmes ; et nous serions obligés de convenir que si nous ne faisons pas connoissance avec cet optimisme secondaire, nous ne la ferons jamais avec l'optimisme primitif.

C'est faute d'avoir distingué ces deux genres d'optimisme que les raisonneurs, ou plutôt les déraisonneurs, ont tant balbutié sur le bien et le mal. Nous descendons tous de l'optimisme primitif ; nous tendons tous à y retourner, mais nous ne nous donnons pas le temps de faire le voyage ; et quelqu'inconséquentes que soient nos décisions, nous voulons nous regarder comme arrivés, tandis que nous sommes encore en route ; il est bien vrai que, quoique nous soyons si extralignés de l'optimisme primitif, il nous est toujours possible de le sentir, et même de le voir naître par-tout au travers de l'optimisme secondaire. Car la parole divine ouvre continuellement en nous la porte à la divinité ; c'est-à-dire, à la sainteté, à la lumière et à la vérité. L'ennemi a aussi une parole, mais en la prononçant il n'ouvre la porte qu'à lui-même. Plus il parle plus il s'infecte, et comme il prononce toujours cette parole de mensonge, il est toujours à s'infecter. Il ne fait autre chose que verser son sang empoisonné et le boire. Voilà son œuvre perpétuelle.

On rendit, au contraire, une parole pure au premier des humains après son crime ; on lui en rendit une plus glorieuse et plus triomphante au milieu des temps ; que sera donc celle qu'on lui rendra à la fin des temps, lorsque la parole pourra se donner dans son complément et dans l'éternelle plénitude de son action ?

On voit ici que comme tout est amour, et comme la parole est l'hymne continuel et universel de l'amour, cette parole remplit toutes les voies de l'homme par des progressions douces, appropriées à tous les degrés de son existence. C'est pour cette raison que pour l'ame humaine tout commence par le sentiment et l'affection, et que c'est par-là que tout se termine.

Aussi notre intelligence ne se développe qu'après que notre être intérieur a éprouvé en soi-même les premiers sentimens de son existence. C'est ce qui se fait connoître dans l'âge où l'homme va commencer à penser. A cette époque de notre vie, nous sentons naître en nous un foyer neuf, et une sensation morale que nous ne connoissions pas auparavant. L'intelligence ne tarde pas à donner aussitôt des signes de sa présence, mais cela n'arrive à cet âge-là qu'après que le foyer moral s'est développé.

Dans un âge plus avancé la sève monte à force vers la région de notre intelligence, et c'est le moment où nous avons le plus de besoin de surveillans, qui en dirigent le cours, et qui nous préservent des dangers de ces impétueuses irruptions; car, faute de soin, notre foyer moral seroit bientôt obscurci ou altéré. Aussi c'est alors que les savans mettent les idées avant le moral, puisque même ils l'en font dépendre, comme ils font dépendre les idées des sensations et des objets externes.

Mais si ce foyer moral de sentiment et d'affection a l'initiative par droit de nature, il faudroit par conséquent que tout lui revînt en dernier résultat, comme nous voyons que les alimens que nous prenons ne nous sont utiles et ne remplissent leur objet qu'autant qu'ils portent leurs sucs et leurs propriétés jusque dans notre sang ou dans le foyer de notre vie.

Aussi sera-t-on obligé de convenir que toutes les clartés que l'intelligence des hommes acquiert par le raisonnement, ne leur servent qu'autant qu'elles pénètrent jusqu'au foyer moral, où elles apportent chacune l'espèce de propriété dont elle est dépositaire. C'est un tribut et un hommage qu'elles doivent rendre toutes à cette source, en venant témoigner, par le fait, le caractère de leur relation avec elle. Enfin, l'intelligence pourroit nous aider à reconnoître autour de nous les fruits abondans de l'optimisme secondaire, mais le moral peut même nous faire manger des fruits de l'optimisme primitif; et tels sont les services que pourroient nous rendre les administrateurs de la parole.

Ceux des penseurs de ce monde qui croient à la

source universelle de l'amour, pourront concevoir delà comment il faut que ce soit par l'amour et par la parole que tout finisse pour l'homme de désir. Ils verront aussi pourquoi ce monde matériel ne peut pas durer éternellement. C'est par la raison qu'il n'est qu'un tableau, actif, à la vérité, mais sans amour et sans parole, et qu'ainsi il faut qu'un jour il fasse place à l'amour et à la parole, c'est-à-dire, qu'il faut qu'un jour il rentre dans l'amour et dans la parole dont il a été comme extraligné par le crime.

Si l'on vouloit étendre cette loi jusqu'à l'ennemi de toute vérité qui a lui-même été la cause de ce que cet univers est extraligné, et comme exilé de l'amour et de la parole, il faudroit observer que malheureusement cet ennemi n'est pas sans parole, ce qui fait qu'il opère lui-même son propre extralignement et son propre exil.

D'ailleurs ceux qui enseignent hautement le retour final de cet être coupable, ne font pas attention à l'impossibilité où ils sont d'avoir dans ce monde une notion positive sur ces grands objets. En effet, quelque profondes et quelque merveilleuses que soient les connoissances qu'ils puissent acquérir sur la région divine et sur la région infernale, cependant, tant qu'ils sont dans leur enveloppe matérielle, ils ne peuvent atteindre, ni jusqu'au Dieu principe, ou à ce que nous appelons le ciel des cieux, ni jusqu'au chef pervers, ou à ce que nous appelons l'enfer démoniaque complet. Aussi n'avons-nous ici dans ces deux genres que des résultats de ces deux principes, parce que notre corps a à la fois pour objet de nous tenir dans la privation de Dieu, et de nous servir de rempart contre le démon.

La vraie raison de tous ces jugemens de l'homme, c'est que, sans être Dieu, il est cependant un être universel, et que par conséquent il ne peut sentir un point de son être, qu'il ne se trouve *imageairement* dans une universalité, soit bonne, soit mauvaise. On peut dire aussi que c'est cette idée d'universalité qui l'engage si aisément à sauver tous les hommes prévaricateurs; il ne voit pas que quand il n'y en auroit qu'un de sauvé, cette idée miséricordieuse, qui lui fait honneur, se trouveroit toujours être vraie, puisqu'il n'y a pas un seul homme qui ne soit une universalité.

D'un autre côté, il s'est jeté, au sujet de la prédestination, dans des labyrinthes inextricables. Mais vous, administrateurs des choses saintes, et de la parole, n'auriez-vous pas pu l'en garantir en lui montrant la différence de la destination à la prédestination?

La destination ne semble jamais se prendre qu'en bonne part; la prédestination a deux faces. Dieu donne souvent des destinations aux hommes, et c'est par-là qu'il a eu des élus de toute espèce; mais il ne leur donne point de prédestination, parce que, sous le rapport même le plus avantageux, ce mot entraîne avec lui une sorte de contrainte qui semble nuire à la liberté; et, sous le rapport désastreux, il entraîne une sorte de fatalisme qui sembleroit nuire à la justice.

C'est par abus que ce mot s'est introduit. Dieu a pu dire à plusieurs: *Je vous ai choisis dès le sein de votre mère, et avant que le monde fût;* mais c'est l'esprit de l'homme qui a recouvert cette élection du mot de prédestination; les foibles en ont encore altéré le sens, et les fanatiques ignorans en ont abusé.

Par son origine l'homme auroit pu se dire prédestiné

à manifester l'être divin, cependant il n'en a rien fait. Depuis sa chûte, quand il est appelé à l'œuvre, il ne fait que rentrer dans sa destination naturelle; et si, dans ces cas-là, il se trouve supérieur à ses semblables comparativement, il ne fait néanmoins que rentrer dans la ligne primitive dans laquelle il auroit dû toujours marcher, et par conséquent il ne mérite pas le nom de prédestiné dans le sens reçu du vulgaire; car il est même encore bien au-dessous de ce qu'il auroit été s'il fût resté dans sa gloire, et bien au-dessous de ce qu'il sera à la fin des temps s'il y arrive régénéré.

Au lieu de ce système décourageant de la prédestination, n'auriez-vous pas pu nous apprendre qu'au contraire c'est l'homme qui, par son amour, peut même en quelque façon gouverner Dieu?

Car ceux qui se pressent ne voient pas que non-seulement Dieu se conduit d'après nos besoins, mais même d'après nos desirs. Il est non-seulement avec nous comme un médecin habile, qui suit pied-à-pied le cours d'une maladie, et dirige à chaque instant ses remèdes en conséquence, mais encore comme une mère attentive et tendre qui étudie tous nos goûts, et qui, lorsque nous nous empressons de lui complaire, n'a rien de cher pour nous, et ne voit en nous que l'objet chéri de toutes ses complaisances. Quelle est la mère que son fils ne possède pas toute entière, et ne domine pas quand il se conduit envers elle comme il le doit ?

Ne soyons donc pas étonnés que loin que Dieu fût injuste et dur avec nous si nous étions sages, il ne fût, au contraire, occupé qu'à nous prévenir en tout point; que notre amour n'obtint sur lui l'empire le plus puissant, et que cet amour de notre part eût un attrait magique, auquel il fût toujours prêt à faire toutes sortes de sacrifices, même celui de sa suprématie et celui de sa gloire.

Oui, oui, c'est une vérité certaine, que si nous voulions, nous gouvernerions Dieu par notre amour, et que Dieu s'afflige de ce que nous lui laissons tant d'autorité, pendant qu'il ne voudroit employer auprès de nous que de la complaisance et la plus bienveillante amitié.

Lisez le 41.e chapitre d'Isaïe, à commencer du verset 8, et vous verrez que non-seulement Dieu a donné le nom de son ami à Abraham, mais qu'en raison de ce beau nom, il l'a comblé de soins et de toutes les faveurs de son amitié.

Lisez le 2.e des paralipomènes (ch. 20 : 7.), vous verrez dans la prière de Josaphat, qu'Abraham étoit regardé par sa nation comme l'ami de Dieu, ainsi que Judith le rapporte (ch. 8 : 22.).

Lisez le livre de la Sagesse (ch. 7 : 27.), et vous verrez que Dieu emploie ce doux nom d'ami envers les ames saintes. Enfin, voyez dans le nouveau Testament (Jean, 15), combien le réparateur se plaît à donner ce nom à ses disciples.

Ministres des choses saintes, n'étoit-ce pas à vous à développer ces vérités à notre esprit ?

L'essence première peut réellement siéger en nous, et se plaire en nous quand nous nous rendons véritablement ses amis ; c'est pour cela que nous sommes une vraie et vivante copie de l'être par excellence, lorsque nous sommes régénérés, puisqu'alors c'est cette essence elle-même qui se caractérise en nous.

Toutes les *sensibilisations* spirituelles, qui ne sont que les productions des opérations de la Divinité, ont pour but d'avertir les régions que l'être existe, et qu'il est présent; elles l'oublieroient sans cela, comme nous l'oublierions nous-mêmes, à cause de sa sublime existence; vérité qu'on peut étendre jusqu'aux *sensibilisations* physiques, et à l'existence de notre être corporel, de même qu'à l'existence de toute la nature, puisque chacune des *sensibilisations* que nous voyons, que nous entendons, que nous goûtons, n'est qu'un avertissement et une expression de l'être, tandis que sans cela nous sommeillerions près de lui, et nous serions comme étant sans lui, tant il est, non pas loin, mais séparé et distinct de nous.

Ne soyons donc point étonnés, quand nous nous régénérons, de sentir renaître en nous les sept sources ou les sept puissances qui sont les colonnes fondamentales de tous les êtres, ou d'y sentir se former, et s'y mouvoir les sept organes de l'esprit, puisque l'esprit veut être connu, et que c'est nous qu'il a choisis pour être ses témoins vivans. Si les *sensibilisations* spirituelles ne sont que les indices des opérations éternelles de l'essence première, il faut que nous soyons *sensibilisés* spirituellement avant de pouvoir faire connoître cette essence.

Aussi, lorsque nous sommes *sensibilisés* spirituellement à ce degré-là, c'est alors que la langue se tait; elle ne peut plus rien dire, et il n'est pas nécessaire qu'elle parle, puisque l'être agit lui-même en nous, par nous, et qu'il le fait avec une mesure, une sagesse et une force dont toutes les langues humaines ne seroient pas capables.

Dans ce tableau nous appercevons comment l'homme prouve Dieu, et peut être utile à Dieu, puisqu'il en doit être le témoin universel. Nous voyons aussi combien cet homme doit lui être cher, en raison de cette sublime destination. Car selon que je l'ai exposé souvent, il est certain que s'il n'y avoit point de Dieu, nous ne pourrions plus avoir de quoi admirer; mais que s'il n'y avoit point d'ame spirituelle immortelle, Dieu n'auroit plus d'objet permanent qui pût être comme le foyer et le réceptacle complet de son amour.

Quant aux divers noms de l'homme, on l'a déjà vu, le premier nom actuel de l'homme, c'est *douleur*, *affliction*: il faut que ce nom résonne dans tout notre être, avant que nous puissions arriver aux portes de la vie et de la parole. Mais le second nom que l'homme trouve aux portes de la vie, c'est la *sainteté*, dont la racine hébraïque signifie renouveler. Quand il a le bonheur de faire renaître ce nom-là en lui, alors il peut espérer d'entrer dans le ministère de l'Homme-Esprit, attendu que la parole ne demande pas mieux que d'avoir des ouvriers; et celui qui comprendra la dignité de ce nom, les clarifications qu'il procure, et les délicieux et magnifiques services qu'il nous met à même de rendre à l'universalité des choses, connoîtra ce que c'est que le bonheur et la gloire d'être un homme.

Il ne se donnera donc point de relâche qu'il ne se soit mis en état d'être employé; car pour être vraiment utile aux régions universelles, ce n'est point assez que d'arriver au sentiment vif et permanent de son titre d'esprit, s'il ne parvient en outre à se faire employer comme tel dans le champ divin, spirituel, céleste, terrestre, régionnaire, israélitique, grammatical-vif, patriarchal, prophétique, apostolique, etc., contre le mal, le vide et les ténèbres. Il ne sera point arrêté par la honte d'être obligé de faire apprendre à toutes ses essences et à tous ses organes spirituels, cet élément de la langue universelle, vu l'espoir qu'il a de pouvoir aussi un jour le faire apprendre à tout ce qui ne le connoît point, et gémit après cette connoissance.

Ce second nom engendre dans l'homme tous les autres noms partiels dont sa carrière peut lui offrir le besoin et la propriété dans les divers dons et emplois qui peuvent lui être destinés, et selon les diverses fonctions et améliorations qui peuvent se rencontrer sur sa route. Aussi, quand l'Homme-Esprit se livre courageusement au travail de sa régénération, et qu'il développe l'activité des facultés qui sont en lui, il semble que, des divers points de l'horizon spirituel il se rassemble sur sa tête comme autant de vapeurs actives et vivantes qui viennent établir des sources fécondes et abondantes au-dessus de lui.

Le feu de ces nuages fermente ; il éclate : la source s'entr'ouvre, et il en découle mille ruisseaux de rosée divine qui descendent sur l'homme et qui l'inondent; ces ruisseaux vivifians s'introduisent en lui et le pénètrent, comme font les pluies matérielles pour les champs terrestres. C'est le zèle et le desir de l'homme qui est le premier centre et le premier noyau de ces nuages si salutaires ; c'est lui qui attire et fixe les vapeurs divines et spirituelles qu'il a le pouvoir de convoquer et de mander, pour ainsi dire, de toutes les contrées où Dieu agit, c'est-à-dire de l'entière universalité des choses. C'est là un des plus beaux privilèges de l'homme, et celui qui lui montre de la manière la plus convaincante comment il a été investi du droit d'être l'image et le représentant de la Divinité.

Dieu a produit éternellement, et il produit encore continuellement les essences de toutes ces vapeurs : l'homme, comme image de Dieu, a le pouvoir de les rassembler, de les rendre sensibles, et d'en former des régions à la force desquelles rien ne peut résister. C'est en quelque sorte en répéter la génération, ou au moins c'est la répéter dans le degré inférieur et visible ; le degré supérieur n'étant réservé qu'à Dieu seul.

Cependant combien ces droits de l'homme de desir ne rencontrent-ils pas d'obstacles ! Dans quelles affligeantes limites ne se trouvent-ils pas renfermés ! Car Dieu a bien dit aux hommes du temps de Noé, qu'il n'y auroit plus de déluge, parce que, selon les loix de la justice et de la nature, lorsque le germe de prévarication qui tomboit sur les formes corporelles, et qui, comme tel, étoit analogue à l'eau, eut fait son explosion et eut attiré la punition correspondante, il ne pouvoit plus répéter le même désordre ; et par conséquent la punition du déluge aquatique qui y correspondoit, ne pouvoit pas avoir lieu non plus. Mais Dieu n'a pas dit pour cela qu'il n'y auroit plus de déluge spirituel ; et, en effet, loin de croire que cette espèce de déluge ne puisse avoir lieu, on peut dire qu'il est universel et continuel, en voyant les torrens d'erreurs qui couvrent la pensée de l'homme, et qui l'inondent.

Aussi les différens Noés qui sont nommés pour présider à tous ces déluges, ont-ils à supporter l'effort des torrens de douleurs qui les poursuivent et traversent leur être dans tous les sens. Ils ne se plaignent pas même quand ils se sentent ainsi assaillis; ils aiment que ces torrens s'accumulent en eux, qu'ils s'amoncèlent et se pressent les uns et les autres jusqu'à faire des irruptions dans toutes les facultés et toutes les puissances de leur être.

Ils attendent, avec une foi vive et une délicieuse espérance, que les *eaux* s'écoulent par tous ces canaux qui s'ouvrent en eux, que la *terre* reprenne autour d'eux sa fertilité, que l'*olivier* arrive apporté par la *colombe* qui est la parole, et qu'ils puissent restituer aux régions stériles et désertes tous les *animaux* qu'ils ont recueillis dans leur *arche sainte*, et dont ils sont si empressés de voir *perpétuer les races*.

Néanmoins dans les afflictions d'esprit que l'homme de desir éprouve au milieu des travaux de sa régénération et de son ministère, il en est une qui lui paroît d'abord extrêmement désolante, et il est surpris de ne pouvoir pas en abréger le terme à son gré; c'est de savoir qu'on peut tout obtenir du père au nom du réparateur, et que cependant on n'obtienne pas encore le redressement des voies universelles, l'abolition des iniquités humaines, et la délivrance de la nature.

Quelquefois cet homme de desir se complaît dans ses douces perspectives que lui montre sa pensée, et qui ne vont rien moins qu'à lui persuader que ce grand œuvre doit être possible d'après la promesse. Quelquefois même il se sent ému par de saints élans qui l'entraînent à croire qu'il pourroit, par sa foi, parvenir à réaliser quelques parties de ces plans sublimes; et il n'y a pas de joies alors qui ne s'emparent de lui. Mais quand il se consulte scrupuleusement sur ce point, voici la réponse qu'il reçoit :

Toutes les voies divines sont dirigées par l'amour : les puissances de Dieu sont sans bornes à la vérité, et elles peuvent tout, excepté ce qui contrarie l'amour. Or, c'est par amour que Dieu temporise ; c'est parce qu'il aime tout qu'il veut donner à tout les moyens et les temps nécessaires pour se remplir de lui, et pour que rien ne revienne à lui vide de lui. En brusquant les opérations et les temps, il pourroit sûrement faire disparoître toutes les apparences fausses et ténébreuses qui retiennent l'esprit comme captif ; mais il pourroit aussi par-là faire disparoître l'esprit même qui seroit entraîné avec l'apparence, s'il n'étoit pas encore saturé de la teinture divine ; or cette teinture ne peut s'y infiltrer que par degrés. Si elle y pénétroit subitement et tout à-la-fois, elle le porteroit dans des mesures violentes qui excéderoient ses forces, et auxquelles il ne pourroit pas résister.

Ainsi la longanimité divine tempère nos desseins même pour l'avancement du règne divin ; ainsi l'homme de desir, quelles que soient les ardeurs de son zèle, ne pourra marcher dans les voies de la sagesse, qu'autant qu'il se pénétrera du sentiment de cet amour universel qui *dispose tout suavement*; et quand il éprouvera de ces mouvemens vifs qui le porteront à rechercher le redressement des sentiers tortueux, il faudra qu'il porte ces desirs jusques dans le sein de l'éternel amour, qui seul peut savoir l'emploi qu'il en doit faire pour l'accomplissement des bienfaisantes et sages volontés divines ; il faudra qu'il se retire dans les profondeurs de son cœur, et que là, gémissant comme la colombe, il soupire en silence après l'extension du règne de la vie et de la parole; il faudra qu'il y travaille dans les douleurs de l'attente et de la patience, et qu'il n'oublie jamais que si c'est par l'homme coupable que le mal inonde l'univers, ce ne peut être que par l'homme redevenu juste, que le règne du bien peut reprendre sa place.

Il faudra, en un mot, qu'il prenne garde de n'écouter que son imprudence et son aveuglement sur ses propres ténèbres, sur sa privation et sur son impuissance si authentiquement méritées, tandis qu'il ne croiroit au contraire écouter que sa justice, et qu'il se croiroit en droit d'exiger de Dieu plus que sa mission actuelle ne lui permet même de lui demander.

Qu'il songe donc que l'occupation continuelle de Dieu, c'est de séparer le pur de l'impur, et que le temps entier est consacré à ce grand œuvre. C'est ainsi qu'il l'opère en nous dès le moment de notre naissance, et même dès notre incorporation, puisque dès-lors il ne cherche qu'à délivrer graduellement notre ame de sa prison; et cependant il n'opère cette délivrance qu'à la fin de notre vie: encore cela dépend-il de la manière dont nous avons vécu.

Nous avons vu déjà plusieurs fois que l'esprit de l'opération divine sur l'homme et sur l'univers étoit une immolation perpétuelle, un dévouement continuel de la parole à se sacrifier elle-même sans cesse pour substituer dans tous les êtres la substance divine en place de ce qui les gêne et les tourmente. Comme nous venons de Dieu, ce seroit ce même esprit qui devroit à tous les instans nous animer, si nous voulons être son image et sa ressemblance, et faire revivre en nous le contrat divin. Aussi ce n'est pas seulement par vertu que nous devrions être sages, c'est par équité et par égard pour notre propre titre, aussi bien que par honneur pour celui qui nous en a revêtus, et que nous sommes chargés de représenter.

Si tous ces motifs-là n'étoient pas suffisans pour nous rendre sages, nous devrions alors l'être par charité pour tous les êtres et toutes les régions qui sont en rapport avec nous, puisque nous ne pouvons cesser d'être sages sans leur donner la mort au lieu de la vie qu'ils attendoient de nous ; or, si nous ne sommes point assez élevés pour pouvoir leur donner la vie, au moins ne nous abaissons point assez pour leur donner la mort. Heureux lorsque nous pourrons monter d'un degré ! Car dès-lors toutes les *vertus* sortiront de nous, et nous ferons activement par devoir le bonheur de tous les êtres.

Le sage travaille pour son propre repos, en effaçant chaque jour les taches qui obscurcissent l'homme depuis le péché, et en cherchant à faire descendre en lui la fontaine de vie qui seule peut lui donner la paix ; c'est là le terme où tout homme doit tendre s'il veut être juste. L'homme de charité va plus loin ; il ne se contente pas de son propre bonheur ; il a encore besoin du bonheur de ce qui n'est pas lui ; et ici cet esprit de charité peut porter deux différens caractères, l'un spirituel, et l'autre divin.

Par le premier, l'homme cherche à opérer le repos de son semblable ; par le second, il cherche même à faire sabbatiser la parole, et c'est-là où il y a beaucoup d'appelés, mais bien peu d'élus.

Ministres des choses saintes, ne seroit-ce pas à vous à nous enseigner ces vérités si imposantes et si peu connues ? Car, qui est-ce qui se persuade ici-bas que nous ne soyons autre chose que les grands économes des domaines de Dieu, et chargés de travailler à son repos ? Hélas ! on pourroit dire que l'homme ne travaille qu'à l'œuvre opposée, et qu'il se conduit comme s'il ne cherchoit qu'à opérer le repos de l'ennemi, tandis que nous ne devrions nous occuper qu'à guérir les plaies qu'il fait sans cesse à toutes les régions ; et tout nous apprend que nous pourrions atteindre à ce haut emploi, en nous attachant en esprit et en vérité au ministère de la parole, puisque s'il y a d'un côté une progression descendante des abominations de l'homme et de son ennemi, depuis l'origine du monde, il y a aussi une progression ascendante des trésors divins développés devant nous, depuis cette même origine, et qui ne cesseront de se développer jusqu'à la clôture du temps.

Si nous réfléchissions à ce qui est caché sous le monde matériel universel, nous remercierions les magnificences divines de s'être mises si fort en mouvement pour dérober à nos yeux cet horrible spectacle.

Si nous réfléchissions au malheureux état de la famille humaine, visible ou invisible, nous remercierions les puissances de la nature d'épargner à nos regards ce tableau déchirant, et nous remercierions la sagesse suprême d'avoir permis que l'homme et la femme puissent rallier en eux aujourd'hui et l'amour et la lumière sous le voile de l'éternelle Sophie, parce qu'il n'y a pas un de ces mariages saints qui ne soit célébré universellement dans toute la famille de l'homme, et qui n'y porte la joie, comme nos mariages terrestres portent la joie dans nos familles temporelles.

Si nous réfléchissions quelles sont les angoisses de la parole, nous la remercierions d'avoir eu la charitable générosité de se dévouer, comme elle l'a fait, à notre repos ; et nous nous dévouerions à son repos, à notre tour, comme elle s'est dévouée au nôtre.

C'est en marchant ainsi dans ces voies d'amour et de charité, que finalement nous repousserions le mal et la douleur de toutes les régions, et que nous reconnoîtrions dans quelle incommensurable proportion le bien l'emporte sur le mal. Car il est bien vrai que le démon est si méchant, que sans la base divine ou la bonté qui est descendue dans l'homme, nous ne pourrions pas savoir seulement qu'il y a un Dieu ; mais aussi les hommes sont tellement environnés de cette bonté divine, que sans la méchanceté de l'homme, nous ne nous appercevrions seulement pas de l'existence du démon.

Il y a même dans le monde de si superbes manifestations de la parole, et cela indépendamment des traditions connues, et sur-tout indépendamment de la superbe manifestation de la nature, que quand je jette les yeux sur les magnifiques développemens découverts par la générosité de la sagesse à quelques-uns de ses serviteurs, je ne peux m'empêcher d'être étonné de cette prodigalité de sa part. Je serois tenté de croire alors qu'elle ne connoît pas l'état d'abrutissement, d'ignorance, et de grossier endurcissement où sont les hommes relativement à la marche de la vérité, et au régime fécond de l'esprit.

En effet, malgré son universelle surveillance, je crois qu'elle ne s'apperçoit des écarts et de la méchanceté des hommes, qu'autant qu'ils comblent les diverses mesures fausses où ils se trouvent, parce qu'alors cet extralignement démesuré perce jusqu'à la régularité de l'ordre suprême, et stimule la justice, qui sans cela aimeroit à reposer éternellement dans son voile d'amour.

L'état habituel de Dieu et des esprits par rapport aux hommes, c'est de les croire moins mauvais qu'ils ne sont, parce que Dieu et les esprits habitant le séjour de l'ordre, de la paix, de la vertu et de la bonté, portent sur tout ce qui est, cette teinte de perfection qui est leur perpétuel élément. Ils ont beau être déçus continuellement, en quelque façon, par les abus récidivés de l'espèce humaine, cela ne les empêche pas de lui prodiguer, l'instant d'après, de nouvelles faveurs : vérité, dont les deux testamens des Juifs et des Chrétiens nous offriroient comme une chaine de témoignages non-interrompue : vérité qui ne surprend plus quand on a l'apperçu de la racine génératrice éternelle, qui ne cesse de se renouveler continuellement elle-même.

Cette manière d'être de la part de Dieu et des Esprits par rapport à l'homme, ne s'oppose point à la surveillance continuelle où ils sont à son égard pour le préserver, l'avertir et le diriger dans les voies qui peuvent lui être ouvertes par la sagesse, parce que toutes ces choses sont des œuvres de l'amour et de la bienfaisance, et que c'est-là leur élément naturel.

C'est toujours par-là qu'ils commencent avec lui, et loin de soupçonner le mal en lui, il faut qu'il soit lié complètement aux désordres, pour qu'ils s'en apperçoivent au point de l'abandonner à lui-même et aux suites de ses écarts, et encore ne tardent-ils pas à lui donner de nouvelles marques de leur attention et de leur attachement.

Les deux progressions de maux et de bien se trouvent dans notre être, et c'est par là que nous pouvons avoir des rapports avec tous les mondes, et y exercer le ministère de l'Homme-Esprit. Mais ce n'est rien que de savoir ces choses ; l'essentiel est de les réaliser. Le savant n'est rien aux yeux de Dieu ; il n'y a que les ouvriers qu'il prise et qu'il récompense. A chaque degré que nous parcourons dans l'œuvre, nous acquérons de nouvelles forces ; et l'homme qui suit les sentiers vifs de sa régénération, peut arriver jusqu'à la montagne sainte pour y apprendre les ordonnances du Seigneur.

Mais là l'impatience de la justice s'empare de lui, quand il voit les abominations auxquelles se livre le peuple d'Israël.

Il brise les tables de la loi, parce que ce peuple n'est pas digne de les entendre. Dans sa colère, il extermine tous les prévaricateurs qui engagent l'ame humaine à se prostituer avec les nations, et qui sont armés contre la parole.

Il lance la foudre contre les géans qui veulent assaillir le ciel, et s'en rendre maîtres : *O mon peuple, qu'est-ce que ton Dieu t'a fait, pour que tu te sois irrité contre lui ! Qu'est-ce que vos pères* (Jérémie, 2 : 5) *ont trouvé d'iniquité en moi, pour qu'ils se soient éloignés de moi, qu'ils aient marché après des illusions, et qu'ils se soient rendus la vanité et le néant !*

A mesure que nous nous élèverons sur cette montagne, nous nous revêtons du manteau d'Élie, dont nous pouvons hériter dès notre vivant, et par l'organe duquel nous pouvons faire tomber le feu du ciel, diviser les eaux du fleuve, guérir les maladies, ressusciter les morts ; car il n'y a que ce manteau d'Élie, ou notre vêtement pur et primitif, qui puisse conserver la *parole* en nous, comme un manteau terrestre conserve notre chaleur corporelle. L'être animal ne peut point contenir en soi cette parole vive : il n'y a que notre corps virginal qui puisse la fixer.

L'usage d'embaumer les corps des morts, et de les remplir des aromates les plus précieux, est une transposition de ce principe qui nous appelle tous à notre régénération, soit corporelle, soit spirituelle. Il est certain que nous n'aurions pas d'autre tâche dans le monde, si nous étions prudens, que de travailler continuellement à revivifier dans nous le corps pur et l'esprit de vérité qui y sont comme éteints et comme morts ; en sorte qu'à notre mort physique, nous nous trouvassions parfaitement embaumés dans tous les sens corporels de notre première forme, non pas à la manière des momies terrestres, qui demeurent sans vie et sans mouvement, et finissent par se dissoudre ; mais comme emportant avec nous le baume vivant et incorruptible qui rendra à tous nos membres leur agilité et leur activité primitives, et cela dans des progressions toujours croissantes, comme l'infini et l'éternité.

Or, nous pouvons même ne pas attendre le moment de notre mort physique pour cela. Le prophète Ahia ne pouvoit plus voir, parce que ses yeux s'étoient obscurcis à cause de son grand âge ; et cependant il sut reconnoître la femme de Jéroboam et son dessein, lorsqu'elle entra chez lui déguisée pour le consulter sur la maladie de son fils qu'elle craignoit de perdre.

Oui, si nous ne sommes pas des êtres égarés et liés par notre ennemi, nous pouvons tellement ouvrir les pores de notre esprit, de notre cœur et de notre ame, que la vie divine les pénètre tous, qu'elle nous imprègne de l'élément pur, que, malgré le dépérissement auquel l'âge expose nos organes matériels, nous exhalions tous les parfums de la région à venir, et que nous soyons ainsi des organes ambulans de la lumière et de la gloire de notre souveraine source : et telle étoit notre primitive destination, puisque nous devions être unis et animés de l'esprit et de la parole qui produit d'elle-même toutes ces choses.

En suivant la trace des grands ouvriers du Seigneur, nous devons donc orner ainsi notre vrai corps de toutes les œuvres auxquelles nous aurons concouru, ou que nous aurons opérées nous-mêmes, comme le réparateur orna son corps de gloire de toutes les œuvres qu'il avoit manifestées, soit par lui-même, soit par les patriarches et les prophètes. C'est par là que nous concourrons à orner ce même corps de gloire, dans lequel le réparateur se montrera à la fin des temps, *lorsqu'il viendra pour être glorifié dans ses saints, et pour se faire admirer dans tous ceux qui auront cru en lui* (2.ᵉ Thess. 1 : 10); c'est par là que nous concourrons à la destruction de *cet homme de péché qui se forme depuis long-temps, et qui se compose des iniquités des hommes* (*id.* 2 ; 7).

Car l'ennemi ne se contente pas de nous avoir dépouillés de notre corps primitif ; il voudroit encore nous dérober notre corps élémentaire pour couvrir sa nudité, parce qu'il ne reçoit aucun secours de cette nature physique dans laquelle il est renfermé, et qu'il n'en éprouve que la rudesse et l'âpreté, attendu que ce sont là les seules qualités qu'il ait primitivement réveillées en elle, et que ce n'est qu'en se revêtant ainsi de notre corps élémentaire, qu'il pourra mettre un jour le comble à ses prestiges, à ses abominations et aux illusions de ceux qui n'auront pas établi leur confiance dans la vérité.

Ministres des choses saintes, ce seroit à vous à nous instruire de toutes ces profondeurs. Vous savez que le Seigneur a dit au prophète Jérémie (26) : *Tenez-vous à l'entrée de la maison du Seigneur, et dites à tous les habitans des villes de Judée qui viennent adorer.... voici ce que dit le Seigneur... Si vous ne faites ce que je vous dis, en marchant selon la loi que je vous ai donnée, et en écoutant les paroles des prophètes qui sont mes serviteurs, que je vous ai envoyés de bonne-heure, et que j'ai conduits vers vous, et que vous n'avez point écoutés, je réduirai cette ville dans le même état où est Silo, et je rendrai cette ville l'exécration de tous les peuples du monde.*

Eh bien ! ministres des choses saintes, c'est vous que le Seigneur a envoyés à l'entrée de l'ame de l'homme, et à qui il a ordonné de lui faire connoître les loix et les ordonnances du Seigneur.

Vous devriez donc vous tenir à l'entrée de l'ame de l'homme, et là vous devriez dire à cette ame toutes les paroles que le Seigneur vous a ordonné de lui dire ; car s'il a choisi l'homme pour être le prophète de Dieu, comment ne pourroit-il pas se choisir des hommes pour être les prophètes de l'homme ?

Aussi le prophète de l'homme n'est-il que le serviteur des serviteurs de Dieu.

Tenez-vous donc à l'entrée de cette ame de l'homme, et dites-lui ce que le Seigneur vous aura dit, *sans en retrancher la moindre parole, pour voir s'ils écouteront et s'ils se convertiront en quittant leur mauvaise voie, afin que le Seigneur se repente du mal qu'il avoit résolu de leur faire, à cause de la malice de leur cœur.*

Ce seroit à vous à enseigner aux hommes que pour qu'ils ne deviennent pas la vanité et le néant, il faudroit que la parole même habitât en eux. Enfin ce seroit à vous à leur faire sentir ce qu'ils auroient à faire pour que la parole même habitât en eux. Ils savent que quand quelque ami chéri est attendu dans un palais, tous ceux qui habitent ce palais, soit maîtres, soit serviteurs, se mettent en mouvement. Ils savent aussi ce qui se passe dans les places de guerre, et dans tous les autres grands établissemens publics, lorsque quelqu'un de puissant ou quelque souverain doit y paroître. Ils y voient le même empressement se manifester, et cela par les signes les plus marquans. C'est à qui s'évertuera le plus pour s'acquitter de la fonction qui lui est confiée.

Eh bien, pour les disposer à recevoir l'hôte important qui ne demande pas mieux que de les venir visiter, il n'y a donc pas une faculté de leur être qui ne dût sans cesse développer son zèle, et s'acquitter de son emploi avec un empressement plus vif encore et qui annonçât à la fois le respect et l'amour. Il faut que tout ce qui constitue leur être, et que les diverses régions de leur existence se livrent à une activité ardente et non interrompue, afin que tout ce qui est en eux devienne le canal, l'organe et l'agent de la parole, ou de cet hôte majestueux et ineffable à qui leur être même peut servir de demeure, et dans qui il veut venir célébrer les saints mystères.

Célébrer les saints mystères ! Heureux l'homme qui aura senti en lui-même le moindre trait de cette œuvre merveilleuse et incompréhensible, et qui aura eu le moindre apperçu de ce vivant et magnifique prodige dont on n'a pas le loisir, ni peut-être la possibilité de saisir l'intelligence, tant il nous absorbe dans le bonheur et dans le plaisir, et parce qu'il appartient exclusivement au ministère de la parole !

Malheureusement à peine le réparateur ou la parole visible, eut-il disparu de dessus la terre, que la lumière déclina, et que les ministres des choses saintes, tombant dans la discussion des loix terrestres, étoient obligés d'aller aux voix, parce que, hors cette parole, nous ne trouvons plus de clarté fixe et imperturbable; et ils oublioient que cette parole leur avoit promis d'être avec eux jusqu'à la consommation des siècles.

Aussi je serois inconsolable si Paul avoit été chancelant dans sa foi après son élection, parce que cette élection avoit été faite après la clôture du temple terrestre, et après l'ouverture du temple divin; au lieu que je ne le suis pas du reniement de S. Pierre, qui eut lieu avant l'une et l'autre. Je ne le suis pas non plus des fureurs du doux Jean, empêchant un homme de chasser les démons au nom de son maître que cet homme ne suivoit point.

Je ne le suis pas des fureurs du doux Jean voulant faire descendre le feu du ciel sur un village Samaritain où son maître n'avoit pu être reçu, parce qu'il paroissoit qu'il alloit à Jérusalem.

Le maître nous apprend quelle étoit l'ignorance de ses disciples en ce temps-là, puisqu'ils ne savoient pas à quel esprit ils étoient. Ne perdons point de vue les progressions et les époques temporelles et spirituelles auxquelles le réparateur lui-même a été assujetti.

Mais vous qui n'êtes entrés dans la ligne de l'administration de la parole qu'après que toutes les portes spirituelles et divines en avoient été ouvertes, ne croyez-vous pas avoir travaillé quelquefois à les fermer ? Pourquoi dans toutes vos solemnités ne nous donnez-vous que pour des commémorations, ce qui ne devroit avoir lieu que pour opérer en nous des réalités toujours croissantes ? Pour que ces solemnités fussent de vraies fêtes religieuses, il faudroit que l'esprit qui devroit y présider par votre organe, nous fit monter réellement lors de chaque période au degré de virtualité où la chose divine a monté elle-même dans le monde lors de cette époque.

C'est ainsi que du temps des Juifs, lors de la fête des tabernacles, il auroit fallu que l'homme interne et invisible montât en lui-même par le secours des ministres sacrés, jusqu'à la région des tabernacles spirituels et éternels vers lesquels nous devons tendre tous en ce monde.

C'est ainsi que lors de leurs sacrifices sanglans, ils auroient dû monter intérieurement jusqu'au sacrifice intime de tout leur être terrestre, afin que leur ardente volonté s'élevant au travers de cette victime qui est eux-mêmes, ils pûssent s'unir au desir saint et à l'amour sacré de la suprême sagesse, qui ne cherche qu'à renouveler son antique alliance ou son contrat primitif avec nous.

C'est ainsi qu'en célébrant la fête du sabbat, ils auroient dû s'élever en esprit au-dessus des six actions ou puissances élémentaires qui emprisonnent l'homme aujourd'hui, et unir leur être intime aux sept sources universelles dont il découle, dont il est comme une virtuelle représentation, et dont il n'auroit jamais dû se séparer.

C'est ainsi que les enfans de la nouvelle loi, lors de la fête de la naissance du réparateur, devroient, par votre ministère et votre exemple, faire naître en eux ce réparateur lui-même, et lui ouvrir la porte à l'accomplissement de toute sa mission dans leur individu, comme il l'a accomplie pour l'universalité.

C'est ainsi qu'à la fête de la Pâque, ils devroient travailler à le faire ressusciter en eux du tombeau, où nos élémens corrompus, nos ténèbres et nos souillures le retiennent habituellement enseveli.

C'est ainsi qu'à la fête des semaines ils devroient travailler à ressusciter en eux l'intelligence de toutes les langues que l'esprit parle sans cesse à tous les hommes, et que notre épaisse matière nous empêche d'entendre. Chaque année le retour de chacune de ces fêtes devroit opérer dans le fidèle un nouveau degré de développement, et c'est ainsi qu'il arriveroit progressivement jusqu'au terme de régénération qui lui seroit accordé dans ce bas monde.

Ne craignez-vous point que l'usage que vous lui

faites faire de toutes ces mémorables et salutaires époques, n'imprime dans sa mémoire qu'un stérile souvenir, et ne retarde l'homme qui chercheroit sous vos ailes à devenir ouvrier du Seigneur ? Cependant où se trouvera la consolation et le sabbat de la parole, s'il ne se forme pas des ouvriers du Seigneur ? Elle attend que les hommes rétablis dans le ministère divin, en exercent les importantes fonctions chacun selon son grade et selon son poste.

Or, ce ministère consiste à se remplir de merveilleuses fontaines divines, qui s'engendrent elles-mêmes de toute éternité, afin qu'au seul nom de son maître, l'homme précipite tous ses ennemis dans l'abyme ; afin qu'il délivre les différentes parties de la nature des entraves qui la resserrent et la retiennent dans l'esclavage ; afin qu'il purge l'atmosphère terrestre de tous les venins qui l'infectent ; afin qu'il préserve le corps des hommes de toutes les influences corrompues qui le poursuivent, et de toutes les maladies qui les affligent ; afin qu'il préserve encore plus leurs ames de toutes les insinuations malignes qui les altèrent, et leur esprit de toutes les images ténébreuses qui l'obscurcissent ; afin qu'ils rendent le repos à la parole que les fausses paroles humaines tiennent dans le deuil et dans la tristesse ; afin qu'il satisfasse les desirs des anges qui attendent de lui le développement des merveilles de la nature ; afin, en un mot, que l'univers devienne plein de Dieu comme l'éternité.

Voilà ce que l'on pourroit appeler la prière journalière de l'homme ou son breviaire naturel ; vérité profonde, que l'église externe a cru peut-être ne devoir pas enseigner, mais dont elle conserve au moins la figure en mettant le breviaire des prêtres au nombre de leurs devoirs rigoureux ; et voilà l'emploi que l'homme peut espérer d'obtenir quand il s'élève vers son principe, et qu'il ose le solliciter de sortir de sa propre contemplation pour venir au secours de la nature, au secours de l'homme, et au secours de la parole : telle est l'époque que l'esprit attend, et pour laquelle il soupire avec des gémissemens ineffables.

Pour toi, homme de desir, tels sont les sentiers que tu suis, et non-seulement tu conserves des traces réelles de ta véritable destination, mais tu sais par expérience, autant que par persuasion, que tous ceux de nos instans qui ne sont pas pour Dieu sont contre Dieu, puisque le seul objet de notre existence est d'aider à Dieu à rentrer dans son royaume, et à se rétablir universellement sur son trône. Aussi tu ne cesses de dire :

« Pleurez, pleurez, prophètes ; pleurez, ames de desir, de ce que le moment n'est pas encore venu, où la parole puisse verser sur la terre toutes ses richesses : elle pleure encore plus que vous de se voir ainsi contrariée dans son amour. »

« Ma pensée s'est déterminée, par une sainte et ferme résolution, à se porter toute entière à l'avancement de son œuvre ; elle s'y est fixée, et a juré de ne jamais plus s'en détourner. Ma pensée posera son feu sur toutes les matières combustibles et étrangères à mon essence. »

« Elle l'y laissera jusqu'à ce qu'elles s'échauffent et qu'elles s'embrasent, et jusqu'à ce qu'il se fasse au milieu de toutes ces matières combustibles une explosion universelle qui, à chaque instant de mon existence, fasse entendre les sons les plus imposans. »

« Pourquoi le feu de ma pensée n'opéreroit-il pas une semblable explosion ? Ne vois-je pas un feu périssable se poser sur les nuages, et les faire voler en éclats ? »

« Et toi, pensée de l'homme ; toi, rayon vivant, sorti d'un feu plus vivant encore que toi-même, tu aurois moins de privilège que le feu de la nature, de qui un jour les yeux de la Divinité se détourneront, et il ne sera plus ! »

» Non, non, sens ta dignité, sens ta grandeur, porte-toi toute entière vers le but de ton œuvre et de ton avancement. Ils sont là, les ennemis de ton œuvre et de ton avancement : quand même ils ne seroient plus identifiés avec toi, ils se sont emparés du seul poste qui soit fait pour toi, et ils n'oublient rien pour t'empêcher d'y rentrer. »

« Ne te détournes point de ton œuvre, jusqu'à ce que tu aies tellement nettoyé ce poste, que toi seule y conserves de l'autorité, et que jusqu'aux moindres traces de tous les pas de l'ennemi en soient effacées. »

« Ayes soin même d'allumer des feux purificateurs dans tous les lieux où il aura habité et par lesquels il aura passé, parce que ce poste, après avoir été un champ de meurtre et de carnage, doit devenir le temple de la paix et de la sainteté. »

» LA SAINTETÉ DE LA PAROLE, voilà le feu qu'il faut allumer dans tous les lieux où l'ennemi aura habité et par lesquels il aura passé ; et même ce mot seul le fera fuir et lui fera abandonner son poste. »

« N'en prononce plus d'autre le reste de tes jours ;

ne séjourne plus parmi les ténébreuses opinions des hommes, laisse-là leurs obscures recherches. Tu es sûr d'être dans la ligne de vie, dès que ton cœur aura prononcé ce mot, LA SAINTETÉ DE LA PAROLE ! »

« Les ténébreuses opinions des hommes et leurs obscures recherches t'imprégneroient de leurs confuses ignorances ; ne tourne plus la tête derrière toi, dès l'instant que tu as mis la main sur le timon de la charrue. »

« Que la paix règne entre toi et tous ceux qui croiront à LA SAINTETÉ DE LA PAROLE, et que toutes les diversités d'opinions disparoissent. Naaman, général du roi de Syrie, avoit cru à LA SAINTETÉ DE LA PAROLE : aussi, quand il demande à Élisée, qui l'avoit guéri de la lèpre, s'il lui sera permis désormais d'aller, avec le roi, adorer dans le temple de Remmon, le prophète lui répond : Allez en paix. »

« Que les fantômes, que les illusions de tous les mondes, que les puissances déchaînées des abymes se présentent devant toi : il faut désormais qu'elles s'y présentent en vain, parce qu'il faut qu'elles te trouvent à ton poste, et qu'elles sachent que tu y veux demeurer pour l'éternité. »

Homme, vois quelle est la sublimité et l'étendue de tes privilèges ! L'univers est dans la souffrance ; l'ame de l'homme est sur son lit de douleur. Le cœur de Dieu attend de toi que tu procures l'accès à sa parole, dans l'univers, et dans l'ame de l'homme. Ainsi tu as le pouvoir de rendre le repos à l'univers, à l'ame de l'homme, et au cœur de Dieu.

Homme, n'entends-tu pas comme ils te demandent

leur repos, comme ils te sollicitent de ne pas le retenir, comme ils t'adressent ces touchantes supplications : dis une parole et mon ame sera guérie ! supplication que toi-même devrois sans cesse avoir à la bouche envers celui qui, le premier, t'a tendu les bras pour te secourir dans ta détresse.

Dis-la donc, homme, cette parole, car tu n'auras pas toi-même le repos que tu ne l'aies prononcée. Fais que le cœur de l'homme ne se renferme plus dans sa froide enceinte ; fais que le centre de l'ame humaine s'entr'ouvre. Elle est si grande, que c'est à son propre repos et à sa propre gloire qu'est attaché le repos de toutes les régions ; non-seulement tu es par-là comme le souverain et le dominateur établi sur les œuvres de Dieu ; mais tu es même constitué et établi par l'éternelle charité divine, pour que ton zèle et ton amour deviennent l'aiguillon du zèle et de l'amour de l'éternelle puissance ; pour que ton cœur devienne, en quelque sorte, le Dieu de ton Dieu.

Mais aussi dès que ton cœur peut être, en quelque sorte, ici-bas, le Dieu de ton Dieu ; vois ce qui doit résulter quand tu t'arrêtes. Oui, l'homme ne peut cesser un instant son œuvre sublime, que tout ne souffre de sa paresse et de son indolence. Respecte ton emploi, ô homme ! glorifie-toi de ton saint ministère, mais trembles. Tu es comptable de l'harmonie de la nature, du repos de l'ame de tes semblables, et des joies ineffables de celui qui est ; et qui s'appelle le Toujours.

Il est donc vrai que la prière de l'homme n'est pas moins nécessaire au bonheur des êtres, que le mouvement n'est nécessaire à l'existence de l'univers ; mais cette prière a deux temps ; l'un doit s'employer à atteindre à notre poste ; l'autre doit s'employer à le remplir. Or, ni l'un ni l'autre de ces deux temps ne doit connoître un instant de suspension.

L'homme ne devroit pas plus se reposer que Dieu même ; car le repos de l'homme devient même une prière, lorsque cet homme a eu soin de prier virtuellement avant de se reposer. L'action de Dieu et l'action de l'homme sont liées l'une à l'autre, elles doivent être perpétuellement simultanées. L'homme est esprit, Dieu est esprit ; l'homme a le pouvoir de dire à Dieu : nous sommes esprits l'un et l'autre, coordonnons mutuellement notre action. L'homme peut assister, sous l'œil de Dieu, à l'oscillation du balancier qui règle les mouvemens des diverses régions des êtres ; il est chargé d'en gouverner tous les battemens.

Que l'homme voit là s'il doit jamais rien se permettre que ce ne soit de concert avec Dieu. Jacob Bëhme a dit qu'un desir même étoit un péché. Si un desir que nous ne partageons pas avec Dieu est un péché, une pensée qui n'est pas de Dieu est une embûche ; un projet qui n'est pas de Dieu est une atteinte à sa puissance ; une parole qui n'est pas de Dieu est une usurpation sur ses droits ; une action qui n'est pas de Dieu est un vol fait à son universelle activité ; un seul mouvement qui n'est pas de Dieu est le crime d'une imprudente ambition.

Avant toutes choses, l'homme doit donc dire à toutes les facultés, propriétés et formes qui le composent : je vous ordonne, comme père et chef de famille, de vous attacher chacune à vos fonctions en moi, et de n'être pas un instant sans concourir par votre vigilance et votre activité à l'ordre qui doit régner en moi, pour que l'ordre universel me trouve prêt lorsqu'il lui plaira de s'approcher de moi. Employez constamment vos puissances à cette œuvre particulière ; vous êtes des êtres d'action ; pour moi, il me suffit d'y employer ma volonté, parce que je suis l'image du principe.

Homme, ta dégradation même ne te dispense pas de cette permanence de ta prière ; tes mains devoient autrefois être perpétuellement élevées vers le ciel. Le décret divin te condamne à les baisser laborieusement jusqu'à terre pour en faire sortir ta subsistance ; mais pendant que tu remplis cette pénible tâche, tu peux élever encore les mains de ton ame vers la source universelle de la lumière ; ce ne sont que les mains de ton corps qui sont condamnées au travail terrestre. Garde-toi sur-tout de les employer à l'injustice. L'homme du torrent, non-seulement n'élève plus ses mains vers le ciel, non-seulement il ne les abaisse plus jusqu'à terre pour subir le décret; mais il dérobe, afin de se soustraire à ce décret souverain, et par ce crime social, il viole à-la-fois la loi céleste, la loi terrestre, et la loi de famille, ou celle de la fraternité.

O cupidité ! quels maux ne fais-tu pas au ciel, à l'homme et à la terre ! Au ciel, parce qu'elle t'ôte la confiance dans le suprême principe, le seul puissant, et de qui tu puisses attendre la richesse vivante, au lieu de ces trésors morts et sans *vertu* que tu dérobes et que tu entasses avec soin. A l'homme, parce qu'indépendamment de ce qu'elle lui ôte la confiance en son principe, elle lui ôte aussi l'industrie et l'activité, pour accomplir le grand décret, qui condamne au travail et à la sueur l'espèce humaine. A la terre, parce que tu lui retiens par-là sa culture.

Mais si c'est pour le but le plus sublime que la

parole a été donnée à l'homme, quel sera donc un jour le sort de sa parole après l'emploi si abusif qu'il en en fait tous les jours ?

Toute parole qui n'aura pas concouru à l'amélioration universelle, sera mise à la refonte.

Toute parole qui aura été employée à augmenter encore l'altération, sera mise au rebut.

Toute parole qui aura été employée à la dérision et au blasphême, sera jetée dans l'étang corrosif, où elle deviendra encore plus vénéneuse et plus putride.

Il faudra que la parole éternelle repompe et reprenne dans son sein toutes les paroles fausses, nulles et infectes de l'homme, et qu'en les faisant passer au feu puissant de son ineffable jugement, elle refonde celles qui en seront encore susceptibles, qu'elle mette de côté celles qui auront été viciées, et qu'elle jette dans l'étang corrosif celles qui d'avance se seront remplies d'infections.

« Suprême agent, s'écrie l'homme de désir, quelle douleur peut être comparable à ma douleur, lorsque je vois ainsi la parole dont tu avois gratifié l'homme, devenir dans sa bouche un instrument meurtrier, dirigé contre toi-même et contre la parole !

« Oh ! non, tu me mets à de trop rudes épreuves ! elles excèdent la force de ma nature, il ne lui est pas donné de les supporter, ni de résister à de pareilles douleurs. Quelle est donc l'immensité inépuisable de ton ame éternelle et divine, ô puissance suprême, puisque l'ame humaine, qui n'en est qu'un reflet, peut sentir approcher de soi de semblables douleurs ! »

« Pourquoi laisses-tu approcher de l'ame humaine des douleurs si aiguës ? Pourquoi aussi sont-elles d'un genre qui ne lui permet qu'à peine d'avertir ses semblables de leur infortune ? Il faut qu'elle leur taise, en quelque façon, leurs propres maux ; il faut qu'elle renferme en elle-même ses plus épouvantables angoisses, comme tu renfermes dans ton cœur ineffable toutes les angoisses que lui font sentir les paroles fausses et réfractaires de l'universelle humanité. »

« Tu aimes à être violenté ; je ne te donnerai point de relâche que tu n'aies rendu la respiration à ma parole, pour qu'elle puisse gémir librement sur la désharmonie de la nature, sur les malheurs de l'homme et sur les angoisses de ton ame divine. »

« Mais le seul vrai moyen d'obtenir cette faveur de toi, c'est de travailler sans cesse à établir dans mon être individuel l'harmonie que tu engendres et maintiens sans cesse dans l'universalité des régions des êtres. Oui, il faut que je travaille sans cesse à rendre ma parole le Dieu de mon moi et de mon cercle, comme tu es le Dieu du cercle illimité ; alors devenu esprit, comme tu es esprit, je cesserai d'être un étranger pour toi ; nous nous reconnoîtrons mutuellement pour esprits, et tu ne craindras plus de t'approcher de moi, de frayer et de commercer avec moi. »

« Ce n'est qu'alors que je serai vivant ; ce n'est qu'alors que ma parole pourra se faire entendre au milieu des déserts de l'esprit de l'homme. Pour que je fasse un usage vrai et juste de ma parole, *il ne faut pas que j'en prononce une qui ne produise autour de moi l'amélioration et la vie. Pour que je ne prononce pas une parole qui ne produise autour de moi l'amélioration et la vie, il ne faut pas que j'en prononce* une qui ne me soit suggérée, prêtée, communiquée, commandée. »

« Suprême auteur de l'ordre et de la paix, combien tu es fécond et inépuisable dans tes sagesses et dans tes bienfaisans trésors ! Tu as établi le ministère de l'homme et son bonheur sur la même base ; il est destiné à n'agir et à ne parler que pour faire le bien comme toi ; et il ne peut faire le bien qu'il n'ait commencé par être heureux, ou vivifié par ta parole. »

« Il est destiné à jouir comme toi d'une permanente félicité ; il lui suffiroit pour cela de ne jamais se séparer de ta parole, et de ne jamais interrompre son commerce avec elle. Car pourquoi Dieu ne fait-il que le bien ? C'est qu'il ne peut laisser sortir de lui que la parole vivifiante. »

« Pourquoi est-il heureux sans interruption ? c'est qu'il ne cesse jamais de sentir, de proférer et d'entendre la parole de vie. Pourquoi est-il toujours dans le repos et la sérénité ? ou pourquoi est-il vivant ? C'est qu'il parle toujours, et que la parole qu'il prononce intérieurement et dans son propre centre, ne cesse d'y engendrer l'ordre et la paix, parce qu'elle ne cesse d'y engendrer la vie. »

Et toi, ô homme ! tu es destiné à être éternellement parole active dans ta mesure, comme Dieu est éternellement parole active dans l'universalité. Homme, homme, ne diffère pas un moment à travailler de toutes tes forces à devenir continuellement parole active dès ce monde ; non-seulement cela ne doit pas t'être impossible, mais cela doit être un devoir pour toi, puisque ce ne sera là que rentrer dans tes droits, attendu que tu es destiné à être éternellement parole active.

Oui, l'homme qui s'unit sans cesse à sa source, peut arriver à un tel point d'activité et de sagesse, que son haleine ne rende pas un souffle qui ne produise et ne répande de glorieux bienfaits, comme étant une quintessence du baume purificateur universel.

Ainsi l'homme est un être indigne de ce nom : c'est un être injuste au suprême degré, un épouvantable criminel, quand il est un instant sans répandre la parole active et sainte autour de lui, soit sur la nature, soit sur l'homme, soit sur la vérité affligée.

Hélas ! pourquoi est-elle possible, cette effroyable, infructueuse et aveugle consommation de paroles que les hommes font à tous les instans ? Le psalmiste a dit que la bouche de l'homme étoit un sépulcre ouvert ; mais cette région terrestre, que sera-t-elle donc, puisqu'elle ne cesse de recevoir dans son sein ces paroles mortes et cadavéreuses qui ne cessent de sortir de la bouche de l'homme, et qui errent si librement dans l'atmosphère ! Quelle ténébreuse obscurité que celle dans laquelle la famille humaine presque toute entière passe toute la longueur de ses jours !

Ils disent que le temps est trop court : hélas ! s'ils se donnoient la peine de le mesurer, ils verroient quelle est son immense étendue ; ils seroient étonnés de l'abondance de temps que Dieu nous prodigue. Elle est telle que si nous pouvions employer une infiniment petite partie du temps qui nous est donné, nous serions bientôt replacés au-dessus du temps. En effet, il n'y a pas un homme qui, dans sa vie, n'ait eu un instant suffisant pour atteindre et embrasser l'éternité ; car il n'y a pas un point du temps dans qui cette éternité toute entière, pour ainsi dire, ne soit renfermée. Comment ne connoîtrions-nous pas alors la vaste étendue du temps, puisque nous pourrions le mesurer avec l'éternité même qui est son échelle, au lieu que nous ne le mesurons qu'avec les résultats morcelés de ce temps, qui sont toujours variables, indéterminés, corrosifs ou nuls ?

Alors nous n'en sentons que le vide : voilà pourquoi il nous paroît si court et si stérile. Oh ! si nous pouvions sentir de quoi il est plein, combien il nous paroîtroit vaste et fertile ! L'universalité des choses est une grande balance, l'éternité en est le sommet et le régulateur, le temps en est les deux bassins. L'éternité est le pivot du temps : ce n'est que sur ce point fixe et universel que le temps repose et peut se mouvoir.

D'un autre côté, ils disent que le temps est bien long, et ils ne cherchent qu'à l'abréger ; mais ce n'est point en pompant ce qui est en lui qu'ils cherchent à l'abréger, c'est en le laissant passer sur eux sans qu'ils s'en apperçoivent, c'est en le laissant expirer sans qu'ils se remplissent de la *vie* qui est en lui ; et quand le temps est écoulé, ils croient avoir atteint le terme, pendant qu'ils n'ont fait que s'écouler aussi avec leurs projets vains, et leurs futiles occupations, pour ne pas dire avec leurs cupidités criminelles et outrageuses à leur principe.

En effet, les hommes ne savent pas fixer le présent, puisqu'il ne se trouve plus auprès d'eux ; mais espérant toujours qu'ils vont rencontrer quelque chose de ce présent qui leur manque, ils saisissent avec avidité tout ce qui s'offre journellement à leurs yeux dans l'ordre terrestre, politique, scientifique, et dans l'ordre simplement social et rempli de ces puérils événemens dont nous sommes sans cesse les témoins. Voilà ce qui fait courir la multitude à tous les spectacles de tout genre, depuis le théâtre jusqu'aux moindres des faits qui se passent sur les places publiques, et jusqu'aux moindres des conversations qui se passent dans les cercles frivoles de la société.

Mais au lieu de fixer le *présent* par là, tout ce que leur inquiète curiosité leur fait recueillir, ils le reportent dans le passé. Comme, en effet, ils ne recueillent que des choses du temps, elles deviennent toujours passées pour eux. Aussi ne s'en servent-ils que pour les réciter ensuite ; et c'est ce qui fait qu'il y a tant de conteurs dans le monde. S'ils s'occupoient du véritable *présent* ou de ce qui n'est pas dans le temps, ils porteroient leurs yeux sur l'avenir ; et peut-être qu'au lieu de ne devenir que des conteurs, ils deviendroient naturellement des prophètes.

Ils ne songent pas qu'il y a trois éternités, l'éternité souffrante, l'éternité militante, et l'éternité triomphante : expressions qui ont été transposées à l'église externe. Mais ces trois éternités peuvent n'en faire qu'une pour l'homme, et l'accompagner à tous les pas.

Par conséquent si la triple éternité accompagne l'homme à tous les pas, et que l'homme soit l'image de Dieu, il s'ensuit que l'homme ne remplit pas son emploi, et ne peut être en repos, s'il ne participe habituellement aux trésors de cette triple éternité ; et ces trésors, c'est de se délivrer continuellement de la mort et d'en délivrer tous les êtres. Ce n'est que cette espèce de prodiges qu'il ait à opérer dans le temps : après le temps il pourra s'appliquer à une autre sorte de prodiges, s'il a gagné ce privilège par son zèle et son étude à cultiver le champ des prodiges antérieurs ; et cette nouvelle espèce de prodiges sera de concourir à faire manifester éternellement les merveilles de la vie.

Lorsque l'homme de Dieu instruit ses semblables, il n'y a donc pas une de ses paroles qui ne dût être confirmée par les signes vivans de son élection et de la virtuelle présence de l'esprit de vie en lui. Ainsi cet homme devroit, pour ainsi dire, n'être qu'un foyer perpétuel et inépuisable de prodiges qui pourroient sans cesse sortir de toutes ses facultés et de tous les organes de son être, puisque telle devoit être sa propriété dans son état primitif, et puisque telle sera sa destination finale, quand il sera réintégré dans l'universelle source où les prodiges et les miracles n'auront même plus que des délices à réveiller et à répandre, puisqu'ils n'auront plus le spectacle douloureux de l'iniquité et des désordres à contempler, ni la tâche pénible de travailler à les combattre.

On n'a plus besoin de se demander pourquoi l'homme devroit être ainsi en petit un foyer perpétuel et inépuisable de prodiges : c'est que perpétuellement la vie divine devroit demeurer en lui, et perpétuellement s'ouvrir une entrée en lui, pour y apporter sans interruption les œuvres qu'elle a à lui confier, et qui sont si innombrables, que tous les efforts réunis de tous les hommes et à tous les instans suffiroient à peine à les accomplir. Que doit-ce donc être quand, au contraire, il y en a si peu qui sachent seulement le nom de cette œuvre importante de consolateur qu'il devroit sans cesse exercer ici-bas ?

Oui, la vie divine cherche continuellement à briser les portes de nos ténèbres, et à entrer en nous pour y apporter ses plans de la restauration de la lumière : elle y vient en frémissant, en pleurant, en nous suppliant, pour ainsi dire, de vouloir concourir avec elle dans cette grande œuvre ; à chacune de ses sollicitations, elle dépose en nous un germe vivant, mais un germe concentré que c'est à nous ensuite à développer. Or pour nous aider dans cette divine entreprise, elle ne dépose en nous aucun de ces germes, qu'elle n'y dépose en même temps un extrait de la substance sacramentale, sur laquelle notre confiance peut reposer, dans la joie et dans l'espérance que ces germes ne peuvent manquer de venir à bien, si nous nous appliquons en esprit et en vérité à leur culture.

Ces signes ne tarderoient pas à se manifester en nous et autour de nous, si nous prisions cette substance sacramentale comme elle veut l'être, et que nous la soignassions avec l'ardeur qu'elle mériteroit de notre part, et qu'elle ne cesse d'attendre de nous.

Car elle voudroit que tout devînt centre et parole comme elle ; et c'est pour cela qu'elle cherche sans cesse à nous rendre centre et parole universellement, afin que, par notre organe, toutes les régions devinssent centre et parole à leur tour. Aussi ne nous approche-t-elle jamais sans dissoudre d'abord quelques portions de nos substances hétérogènes et qui s'opposent en nous à la libre et universelle communion.

Homme, c'est ton état terrestre, c'est l'univers qui

est un obstacle à ce que tu manifestes ces glorieux signes et ces témoignages si solemnels, et cela parce qu'il est un obstacle à ta prière : aussi Isaïe avoit raison de demander que l'univers se tût pour l'écouter ; car l'univers fait trop de bruit pour que la parole se fasse entendre.

Anime-toi d'une sainte fureur, prends l'instrument purificateur ; va dissiper les épais nuages qui t'environnent ; va dissoudre ces substances coagulées qui rendent opaque cet univers, qui sont cause qu'il sert d'obstacle à ta prière, et qui t'empêchent de percer jusqu'au sanctuaire divin, pour arracher l'agent suprême à sa propre admiration, et l'appeler au secours de toutes les régions.

Prends le flambeau vivant qui peut tout consumer, puisqu'il peut tout produire, et va mettre le feu à toutes les essences corrompues de cet univers qui le rendent un obstacle à ta prière. N'est-ce pas toi, homme, qui as été cause que toutes les essences corrompues de cet univers se sont ainsi pesamment entassées et accumulées sur toi ? N'est-ce donc pas toi qui dois concourir à leur clarification ?

Que dis-je ? N'est-ce pas toi qui dois l'opérer toi-même ? N'est-ce pas toi qui es cause que ces fragiles substances se sont étendues devant toi comme un fantôme, et qu'elles te dérobent la vue du temple de la prière ? N'est-ce donc pas à toi à les pulvériser et à en faire disparoître jusqu'aux moindres vestiges ?

Quelle gloire et quelle consolation pour toi, homme de desir, si, par tes efforts et tes larmes, tu peux coopérer à cette grande victoire, ainsi qu'au repos de l'ame humaine, et au repos de la parole ! Tous ceux qui auront coopéré comme toi à ces sublimes œuvres, seront placés un jour comme des épées signalées et redoutables dans les arsenaux du Seigneur ; ils y seront suspendus à jamais aux voûtes éternelles de ses temples ; et au-dessus de chacune de ces brillantes épées sera écrit un nom immortel qui en proclamera les triomphes et les services pendant la durée de toutes les éternités.

Voici donc le sentier qui te mènera à la demeure de la prière ; car c'est la prière qui doit t'investir de tous tes pouvoirs. Commence par repousser loin de cet univers l'ennemi qui le poursuit et ne cherche qu'à le corrompre, comme un prisonnier cherche à surprendre le geolier qui le surveille, et à se défaire de lui. L'ennemi aura dès-lors un grand obstacle de moins à opposer à ta prière, et l'univers se montrera à toi dans ses simples mesures constitutives, quoiqu'horriblement altérées.

Qu'est-ce que tu auras ensuite à combattre ? Ce sera cette âpre fermentation qui tient dans la violence et dans une confuse agitation toutes les bases fondamentales de la nature. Travaille à contenir et à suspendre cette fermentation, et l'esprit de l'univers, délivré de cette effroyable entrave, deviendra plus accessible à tes efforts ; car il faut aussi que tu l'atténues et que tu le soumettes. N'est-il pas un ouvrier aveugle qui fait indifféremment le bien et le mal ?

Quand tu auras atténué et soumis cet esprit de l'univers, tu arriveras à cette éternelle nature qui ne connoît pas le bien et le mal, qui ne connoît pas l'âpre fermentation, et qui connoît encore moins les poursuites de l'ennemi. Traverse l'enceinte de cette éternelle nature, et tu trouveras dans sa demeure ton lieu de repos et l'autel où tu dois déposer ton offrande ; car elle est habitée par l'esprit pur, par l'intelligence, par l'amour, par la parole, par la majesté sainte : et c'est alors que tu sentiras ce que c'est que la prière ; ce n'est en effet que de ces divines sources qu'elle dérive et qu'elle pourra découler dans ton sein, pour que tu la répandes sur les nations.

C'est-là l'œuvre que chaque individu de l'espèce humaine est chargé d'opérer sur lui-même ; c'est-là l'œuvre que la sagesse suprême s'efforce de remplir en grand par rapport à l'univers ; et c'est à concourir avec elle à cet œuvre immense que sont appelés les ouvriers du Seigneur en esprit et en vérité. Travaillez, ouvriers du Seigneur, ne vous ralentissez point dans votre magnifique entreprise ; des récompenses si glorieuses vous attendent !

A la fin, l'univers s'écroule ! Il s'embrâse ! Il va se démolir et se dissoudre jusques dans ses fondemens ! Entendez-vous la sainte et éternelle prière qui s'élève au travers des débris du monde ! Combien elle se presse de sortir des enceintes qui la retenoient ! Combien ses sons plaintifs et douloureux sont pénétrans ! Enfin, homme, tu vas donc prier, tu vas donc voir succéder à ces sons plaintifs et douloureux les sons de la consolation et de la joie !

Réjouissez-vous, régions sacrées, voici les saints cantiques qui se préparent, voici les harpes pures qui s'avancent ; réjouissez-vous, les hymnes divins vont commencer ; réjouissez-vous, il y a si long-temps que vous ne les avez entendus ! Le chantre choisi vous est enfin rendu, l'homme va entonner les chants de la jubilation, il n'y a plus d'obstacles qui puissent retenir sa voix ; il vient de dissoudre, de démolir et d'embraser tout ce qui servoit d'obstacle à sa prière. Dieu de paix sois béni à jamais. *Amen.*

Quelqu'encouragé que puisse être l'homme de desir par les tableaux qu'il vient de parcourir, et qui ne l'appellent à rien moins qu'à s'approcher du sanctuaire divin, et à solliciter l'éternelle sagesse elle-même de sortir de son propre repos et de sa propre contemplation, pour regarder et soulager tout ce qui souffre, je vois cet homme de desir, lui-même retenu par sa propre humilité, je l'entends se dire intérieurement :

« Suprême et éternel auteur des choses, est-ce à ta créature défigurée et paralysée par le crime universel, à venir stimuler le principe générateur de tout ce qui est ordre et harmonie ? Est-ce au néant à faire sortir l'être des êtres de sa propre contemplation ? Est-ce à la mort à réveiller la vie ? Non, je n'aurai point cette audace. »

Mais je le vois aussi poursuivi par le sentiment de l'énormité du mal, par la douleur de tout ce qui souffre, et par le dévorant besoin de la justice. Je le vois donc ranimer son courage ; je le vois prendre confiance dans la parole qui lui a tout promis, pourvu qu'il demandât tout en son nom. Je le vois s'approcher de la porte sainte, et je l'entends présenter lui-même ses humbles supplications :

« Suprême et éternel auteur des choses, si celui que j'ose appeler l'élu de son propre amour, m'avoit regardé avec un œil de tendresse, et qu'il eût daigné faire sa demeure en moi, c'est à lui que j'aurois recours pour me guider et me soutenir dans ma sublime et sainte entreprise ; c'est à lui que je remettrois tous les droits que tu m'as donnés comme homme, sur ton inépuisable munificence, et je serois sûr alors qu'il n'y auroit pas de profondeurs en toi que je ne pusse atteindre ; point de clartés en toi que je ne pusse voir allumer ; point en toi de sentimens d'amour et de bienfaisance que je ne pusse faire germer, puisque cet élu ne fait qu'un avec toi, étant liés lui et toi par une éternelle et indissoluble alliance. »

« Suprême et éternel Auteur des choses, c'est au nom de cet élu de son propre amour, que j'oserai me présenter devant toi ; il m'a appris à le connoître, lui que tu as envoyé ; il m'a appris à te connoître, toi par qui il est envoyé ; c'est en son nom que je solliciterai ton amour et ton zèle bienfaisant pour tout ce qui est comme banni de l'ordre et de l'harmonie. C'est par lui que j'essaierai d'interrompre les paisibles ravissemens que t'occasionne perpétuellement l'admiration intime et ineffable de ton être ; c'est par lui que je te prierai de suspendre les charmes de ta propre contemplation. »

« C'est en son nom que je te solliciterai de changer tes jours de joie en des jours de tristesse, de laisser se couvrir de deuil le radieux séjour de ta gloire, et de venir plonger dans un climat aride et froid tes regards pleins de feu, et dans la région de la mort ta source d'amour qui porte éternellement avec elle-même la source universelle de la vie. »

« Rien de plus urgent que les motifs qui me font réclamer ton vigilant intérêt. Il s'agit de venir au secours de la nature, au secours de l'homme, et au secours de la parole. »

Qui m'aidera à buriner profondément le tableau de ce que l'homme de desir doit devenir pour pouvoir réveiller la majesté suprême de l'enivrement divin que lui causent sans cesse sa propre grandeur et l'éclat de ses propres merveilles ? Ce sera celui qui partage cet enivrement divin, et qui siége au milieu des merveilles éternelles.

Les élans de notre volonté nous sont donnés pour empêcher l'ennemi de nous aborder.

Les principes de notre vie élémentaire nous sont donnés, non-seulement pour garder les postes, mais encore pour battre en brèche les remparts de la citadelle et nous ouvrir les voies, afin d'aller à l'ennemi et de le poursuivre dans ses repaires.

L'activité des puissances de la nature est remise à notre disposition pour consolider les principes de notre force, et renouveler continuellement nos moyens de combattre l'ennemi lorsque la brèche est ouverte.

Les puissantes *vertus* des hommes de Dieu de toutes les époques nous sont offertes pour nous seconder et nous fortifier, afin que notre *vertu* spirituelle prenne du courage et de la confiance dans le combat; de même que pour nous instruire des merveilles et des magnificences qui remplissent le royaume de Dieu, et auxquelles ils ont commencé d'être admis, lors même qu'ils habitoient encore leur forme terrestre.

L'appui virtuel et sacré du réparateur nous est accordé pour vivifier en nous toutes nos régions et puissances antérieures, sur lesquelles il se plaît à siéger et à s'établir pour leur communiquer la vie de son universalité.

Ame humaine, ne perds pas un instant pour ranimer

en toi toutes ces mesures, si tu les as laissé s'altérer. Fais que toutes ces puissances, chacune dans sa classe, procèdent toujours en avant de soi, sans regarder ni à droite, ni à gauche; car c'est-là ce que l'on appelle la voie de la justice.

Fais que ta volonté et les élémens préparent ainsi un sentier libre aux puissances harmoniques de la nature.

Fais que les puissances harmoniques de la nature ouvrent un sentier libre aux *vertus* vivifiantes des hommes de Dieu de toutes les époques où ils ont manifesté ou au moins annoncé les merveilles du royaume de vie.

Fais que les *vertus* vivifiantes des hommes de Dieu de toutes les époques ouvrent un sentier libre à la voix dominante et souveraine du chef divin et réparateur qui commande dans le ciel, sur la terre et dans les enfers; car tu es un membre mort et bientôt mortifère, s'il cesse un seul instant de faire parvenir réellement ses ordres par sa parole dans tout ton être.

Homme de desir, c'est alors qu'étant *agilisé*, sanctifié et harmonisé dans toute ton universalité, tu seras, par ton unité partielle, l'image de l'universelle unité; c'est alors que par la sainte analogie qui se trouvera entre l'agent suprême et toi, ton ame entrera naturellement dans le sanctuaire de ce Dieu suprême; et quand il la verra entrer ainsi naturellement dans son sanctuaire, il ne pourra s'empêcher de l'accueillir et de s'enivrer d'amour pour sa beauté, car tu seras aussi une de ses merveilles.

Mais que ton cœur n'oublie pas ici le dessein qui t'amène : tu ne seras monté jusqu'au trône de la majesté divine, que pour la faire sortir en quelque sorte de cet enivrement que tu viens encore alimenter par ta présence.

Saisis donc cet instant salutaire où tout sera divinisé pour toi et autour de toi ; fais entendre un soupir au milieu de cette enceinte de bonheur et de joie. A ce soupir, l'agent suprême tournera avec intérêt ses yeux sur toi. De la part de Dieu, arrêter ses regards sur une ame, c'est la chercher jusques dans ses profondeurs ; c'est l'inviter, par une tendre prévenance, à exprimer elle-même tout ce qui se passe en elle. Approche-toi donc encore plus près de lui dans ce moment, et dis-lui :

« Seigneur, je n'apporte que des gémissemens au milieu de tes célestes délices ; ma voix ne sauroit former que des cris de douleur au sein de l'allégresse divine. Eh ! toi-même, Seigneur, quand tu auras entendu les justes motifs de mon amertume, puisses-tu suspendre tes transports et tes ravissemens ! »

« Les trésors que tu as donnés en dépôt à la nature sont méconnus de l'homme que tu avois placé dans le monde pour développer les prodiges qu'ils renferment dans leur sein, et pour leur faire obtenir le rang qu'ils méritent aux yeux de l'intelligence humaine ; et même par la négligence de cet administrateur insouciant et infidèle, ils sont devenus la proie de l'ennemi qui, après les avoir dérobés, les a dissipés, ou bien les a empoisonnés de son venin corrosif, en sorte que l'homme ne peut plus les approcher sans s'exposer à s'infecter à leur vapeur pestilentielle. »

« Les fleuves de l'univers, au lieu de circuler librement, et de transporter par-tout des eaux fertilisantes, sont transformés en des masses glacées et inutiles au monde. »

« Toutes ces magnifiques productions que tu avois créées, comme autant d'instrumens chargés de nous transmettre les sons d'une harmonie pure, sont dans le silence, parce que l'*air* et l'esprit ont cessé de s'y introduire. Des voix rauques, repoussantes, ou portant l'effroi avec elles, sont seules ce qui compose le concert de la nature. En vain l'homme la presse et lui demande de publier ta gloire, en manifestant les merveilles que tu as déposées dans son sein ; elle ne répond point : tes merveilles restent cachées comme dans des antres impénétrables, et ta gloire ne parvient plus jusqu'à l'oreille de l'homme. »

« Si je te parle des maux de la famille humaine, mes gémissemens vont s'accroître bien davantage. Ton homme, cette image chérie et rayonnante de ta propre splendeur, a laissé ternir totalement ses couleurs. Non-seulement l'homme ne se souvient plus de ses titres originels, mais il s'est tellement éloigné de sa destination primitive, qu'au lieu de te manifester, comme c'étoit le vœu et le droit de sa nature essentielle et constitutive, il s'est armé contre toi, et n'est plus reconnu vivant par ceux qui se sont faits souverains dans les domaines de la pensée, qu'autant qu'ils le voient prendre rang parmi tes adversaires, et servir dans les armées de tes ennemis. »

« Selon ces maîtres impérieux, il est mort, s'ils n'apperçoivent pas en lui cet indice : c'est le seul signe auquel ils croient pouvoir le reconnoître et l'admettre au nombre des hommes ; sans cela, il n'est plus pour eux qu'une production informe, et dont même ils n'osent avouer l'existence. »

« La bouche des hommes qui auroit dû annoncer ta gloire, et faire retentir par-tout tes merveilles, n'est plus seulement un sépulcre ouvert, comme ta parole l'a dit, mais la mort même est devenue vivante en eux. Ce ne sont plus des ossemens entassés dans des sépulcres blanchis, ce sont des ossemens actifs, sortis tout corrompus de leur tombeau, et allant porter par-tout l'infection ; car en s'électrisant au foyer de l'iniquité, ils ont fait prendre en eux le mouvement à la corruption même. »

« Les ames humaines sont devenues comme des cadavres ambulans errant en liberté sur toute la terre, et faisant fuir de tous côtés, par leur odeur empestée et mortifère, tout être qui a l'idée de la vie. »

« Oui, qu'un homme de desir te cherche aujourd'hui dans le cœur de ses semblables ; qu'il s'approche de ce miroir dans lequel seul sur la terre se devoient réunir tous tes traits, il n'y en appercevra pas même la moindre trace, il sera obligé de se retirer pénétré de douleur en voyant qu'il ne sait plus où trouver le temple de son Dieu : et toi-même, ô souverain Auteur des êtres, si tu ne développes quelques nouveaux traits de ton amour et de ta puissance, tu vas bientôt te trouver sans témoignage et sans témoins dans l'univers. »

« Si ces tristes tableaux ne suffisent pas pour éveiller ta pitié et stimuler ta gloire, je te parlerai de celui en qui réside la plénitude de ta divinité, de celui en qui tu as comme déposé ton propre cœur pour qu'il vînt sur la terre le transmettre et le distribuer à cette même famille humaine qui s'étoit éloignée de toi. »

« Les hommes, au lieu de recevoir leur portion de cet ineffable présent, ou de ce flambeau inextinguible dont la moindre étincelle auroit ranimé tout leur être, cherchent à proscrire ce souverain remède, et à le faire passer pour un venin pestilentiel. »

« Les moins corrompus d'entr'eux retiennent cet être divin dans d'épouvantables angoisses, en ne lui donnant en eux aucun asyle, et le laissant errer autour d'eux, exposé à toutes les intempéries de l'*air* corrosif de la demeure du mensonge, et aux traits aigus de tous les chefs de l'iniquité. Les autres, mille fois plus pervers, cherchent à percer ce cœur lui-même, se promettant par-là d'anéantir infailliblement ta propre existence. »

« Dieu suprême, pour l'intérêt des merveilles éternelles que tu as semées dans la nature périssable; pour le bonheur de l'homme, dans qui tu daignes graver ton image; enfin, pour l'intérêt de ton amour et le soin de ta propre gloire, détourne un instant tes regards de cette splendeur qui remplit tes célestes demeures, porte-les sur toutes tes productions. »

« Viens faire reprendre à la nature ses merveilleux ornemens, viens arracher l'ame humaine à la mort, en l'empêchant de s'empoisonner elle-même. »

« Hélas! viens toi-même au secours de ton propre cœur et de ta propre parole, et par pitié pour toi, viens épargner aux hommes un déïcide; car celui qu'ils veulent commettre est mille fois plus criminel que celui que le peuple Juif a commis sur le corps matériel de ton Christ. »

« Au temps de Moyse tu vis l'affliction de ton peuple, et tu descendis pour le délivrer des mains des

Égyptiens ; vois aujourd'hui l'affliction de toute la nature, l'affliction de toute la famille humaine, l'affliction de celui que tu avois envoyé au monde comme la bonne nouvelle et le royaume de joie, et tu ne dédaigneras pas de descendre et de faire pour le soulagement de tant de maux, ce que tu fis pour le soulagement d'un seul peuple. »

« Puisque tu as permis à mon ame de pénétrer jusque dans ton sanctuaire, et d'y apporter les gémissemens de la terre, les malheurs des hommes et les angoisses qu'éprouve de leur part ton divin Envoyé, elle n'est sûrement pas la seule qui desire fixer tes yeux sur cet abyme de désolations ; et il en existe, sans doute à plusieurs autres qui sont prêtes à remplir tes ordres souverains, à se dévouer à l'administration de tes bienfaits, et à voler par-tout où tu voudras les appeler à une œuvre à-la-fois si urgente et si immense. »

« Si elles paroissoient se défier de leur propre force et de la vérité de leur appel, tu leur dirois, comme Moyse, *je serai avec vous, et ce sera là le signe qui vous fera connoître que c'est moi qui vous aurai envoyé.* » (Exode 3 : 12.)

Alors, homme de desir, attends en paix le fruit de ta prière, tu ne tarderas pas à sentir le cœur de ton Dieu pénétrer dans toutes tes essences, et les remplir de ses douleurs ; et quand tu te sentiras crucifié par les propres angoisses de ce cœur divin, tu reviendras dans le temps, pour y remplir selon ta mesure et selon ta mission, le véritable ministère de l'Homme-Esprit,

FIN.

Table

Introduction   51
Errata   xvi

De la Nation.   1.
De l'Homme   145
De la Vérité..   219

www.ingramcontent.com/pod-product-compliance
Lightning Source LLC
Chambersburg PA
CBHW071622230426
43669CB00012B/2036